# 商业元创新

## 如何捕获已经发生的未来

李久鑫 著

ZHEJIANG UNIVERSITY PRESS
浙江大学出版社
·杭州·

图书在版编目（CIP）数据

商业元创新 ： 如何捕获已经发生的未来 / 李久鑫著. --
杭州 ： 浙江大学出版社，2023.10
ISBN 978-7-308-24215-8

Ⅰ．①商… Ⅱ．①李… Ⅲ．①商业模式－研究 Ⅳ.
①F71

中国国家版本馆CIP数据核字(2023)第178852号

**商业元创新：如何捕获已经发生的未来**

李久鑫　著

| | |
|---|---|
| **责任编辑** | 张　婷 |
| **责任校对** | 陈　欣 |
| **封面设计** | violet |
| **出版发行** | 浙江大学出版社 |
| | （杭州市天目山路148号　　邮政编码　310007） |
| | （网址：http://www.zjupress.com） |
| **排　　版** | 杭州林智广告有限公司 |
| **印　　刷** | 杭州钱江彩色印务有限公司 |
| **开　　本** | 710mm×1000mm　1/16 |
| **印　　张** | 26.5 |
| **字　　数** | 449千 |
| **版 印 次** | 2023年10月第1版　2023年10月第1次印刷 |
| **书　　号** | ISBN 978-7-308-24215-8 |
| **定　　价** | 78.00元 |

# 目 录
C O N T E N T S

# 引 言

# 已经发生的未来

中国网络文学有个特别的流派是"穿越小说"。在这类小说中，一个普通的现代人因为种种原因，能够穿越回古代。他利用知识、见识上的"金手指"碾压那个时代的社会精英，从而获得成功与荣耀。小说虚幻，人们读完之后，还得面对现实的困境。

不过换个思路，假如一个人不是从当下穿越到古代，而是从未来穿越到当下，现实的困境就是这个人如何拿到脱颖而出的机会。

从身体上，我们不可能从未来穿越到当下，但是从思想上，我们是否可以拥有超越当下这个时代的商业见识，并借助这些"金手指"解决社会难题，成就一番事业？

本书试图尝试从这个角度重新梳理出一个商业创新的思想体系。

## 《商业元创新》适合哪类创业者

在思想领域，任何言语都是药。汝之蜜糖，彼之砒霜。不同的求道之路有不同的方法，不同的问题需要不同的药方。

本书面向的是"创业者"而非"生意人"，面向的是"要做有意义之事"的那群创业者。

中国社会全面进入市场经济不足 50 年，在这块土地上已经分化出众多的商业道路。总体而言，可以分为"创业"和"做生意"两条主要分支，在这两条主干道之后又细分出一系列的岔路。

简而言之，"创业"和"做生意"有 3 个显著的差异：

1. 做生意要追风口；创业要坚守一个领域。

生意人是什么赚钱干什么，今年养猪后年开矿大后年有可能又卖奶粉去了，其代表人物之一是我国香港工商业者李嘉诚先生。

创业家的代表人物之一是华为的任正非先生，他主导的《华为基本法》第一条就写道："为了使华为成为世界一流的设备供应商，我们将永不进入信息服务业。"

**2. 做生意需"快速模仿"；创业则一定要"持续创新"。**

创业者的创新始终围绕客户的需求，创造新产品、优化改进老产品性能、降低成本让利客户，从而获得生存发展的机会。

所以，创业需要在一个领域持续创新，创新就要习惯于拥抱不确定性；而做生意的理想是赚钱、赚快钱，最好是"低风险地赚快钱"。

生意人的首选策略必是模仿市场上已经获得成功的产品，收割因为信息差而产生的行业红利。甚至有些生意人不会真正关心客户的需求，他们更关心全身而退的交易时机。诸如击鼓传花、火中取栗等生意手段，玩的都是时间差。

**3. 生意伙伴本质是"利益团伙"；创业伙伴则一定要有"理想信念"。**

做生意和创业都需要伙伴。

做生意追求的就是一个"利"字，而金钱的结果相对容易计算和达成交易，所以生意团伙的领导力在于如何分利，管控每个人的欲望预期及满足程度。

但是正如《战国策·中山》所云："同欲者相憎；同忧者相亲。"生意伙伴这种追求无止境欲望的利益团伙很容易"相憎"。

而创业伙伴则"同忧者相亲"，大家为如何实现某种理想信念而"忧"。这个信念会源于创业者对自己生命意义的思考，会基于创业团队的组织使命而存在。

什么人必须要用商业元创新这套思想系统？

在做生意与创业两条道路之后还有更多的岔路，我们简单地整理下（图0.1）：

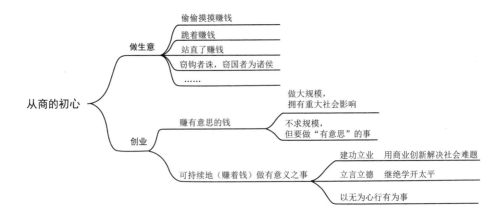

图0.1 做生意与创业之后的更多区别

做生意赚钱可以分为偷偷摸摸赚钱、跪着赚钱、站直了赚钱等，对走这些道路的生意人而言，商业元创新的思想价值不大。

走创业这条道路的创业者又分为两大类：赚有意思的钱、赚着钱做有意义之事。前者所追求的创业意义偏重"个人感受"，以自己开心、自我实现等作为初心。而赚着钱做有意义的事这条道路，指向的是利他、社会价值的从商初心，这里已经触及一个新、旧商道的问题。

● 以"股东利润"为最终目标，基于资本逐利意志驱动的商业哲学，我们称之为"旧商道"。在这个价值观下，资本第一，员工第二，客户第三，创业者要建设的是"股东企业"。

● 以"利他使命"为最终目标，把商业利润作为达成"利他使命"的手段，运用商业创新的方法，帮助某些处于困境的人，这样的商业哲学我称之为"新商道"。在这个价值观下，客户第一，员工第二，资本第三，创业者要建设的是"客户企业"。从事新商道的创业者，我称之为"善义创业者"。

赚着钱做有意义的事，走"新商道"，这类创业者就是善义创业者。商业元创新思想体系服务于善义创业者。如果不能开创出新品类、新行业，善义创业者就难以实现"利他使命"。毕竟之前相对容易解决的社会问题，都已经被股东企业、社会组织解决了，剩下的硬骨头难题不通过"元创新"很难去破解。

另外，只有成为新品类新行业的开创者，发挥先发优势，善义创业者才有可能从与旧商道的残酷竞争中存活下来，才有机会持续改进产品，更好地实现利他使命。商业元创新是善义创业者最好的竞争"护城河"。

实际上，已经有不少人在践行新商道，也形成了诸如共益企业（Benefit Corporation）、社会影响力投资、社会企业等方向的探索，甚至一些公益机构也在思考"公益向右，商业向左"的问题。但是在斩断旧商道牵绊方面，这些思想探索做得还不够深入。比如共益企业的目标是取得商业和社会利益的双重成就。对一个初创企业而言，单一目标都很难达成，何况这样的多目标平衡。而且，这样的骑墙思想，只会招致更多投机分子。

20世纪法国的伟大诗人保尔·瓦雷里（Paul Valery）曾说：**"思想必须以极端的方法才能进步，然而又必须以中庸之道才能延续。"**《商业元创新》一书的核心贡献，也许就是其斩断旧商道的极端方式。所以，也真诚期望有更多人能够从中得到借鉴，找到可以将之延续的中庸之道。

歌德有一句名言："我们所能给孩子的，只有两个可以长久持续的遗产：一个是根，另一个是翼。"

**善义创业者的"根"是利他使命，"翼"是商业元创新。**

## 亟待澄清的三大商业创新思想误区

毋庸置疑，有关商业创新的思想方法很重要。正如哲学家阿尔弗雷德·怀特海（Alfred Whitehead）所说："只有当人类'发明了发明的方法'之后，人类社会才能快速地发展。"

经济学家约瑟夫·熊彼特（Joseph Schumpeter）将创新定义为"发明和市场的新结合"。更简洁地说，"创新就是产品的普及"。当产品设计、技术改进没有实现"惊险的一跳"、没有被市场认可，创新就未发生。因此在熊彼特的视角下，技术研发的阶段不会出现任何创新。在当下的中国社会，这样的表达还很难成为共识。所以，**不妨把熊彼特所讨论的"创新"更精准地描述为"商业创新"。**

攻读完博士学位后，我又在市场一线从事商业创新实践 20 多年，越来越意识到现有的主流商业创新思想方法存在重大误区，会对年轻的创业者、公共政策制定者造成严重误导。其中，有三大误区亟待澄清：

**1. 没有"高高山顶立"。**

现有商业创新理论关注的是如何让创新者成功，而不是让客户成功；也并不区分"财务创业"还是"善义创业"。

因此，现有商业创新理论更热衷于谈爆品、抓技术、搞增长，不怎么研究如何用商业创新解决社会难题。在这种价值观和方法论体系下，很难缔造出改变世界的伟大商业组织。

现有商业创新理论也关心客户满意度问题，但大多是把它当作企业获取暴利的高效手段。基于"财务自由意志驱动"而不是"利他使命驱动"的商业创新，只会让人心更泥泞、更不堪。鸟儿的翅膀上如果缀满了黄金，又如何能高高翱翔于九天之上？

伟大的商业创新能够成功开创新行业，拯救客户于痛苦之中，实现社会进步。商业利润只是它实现伟大使命的工具，是它飞向星辰大海的燃料而已。

有没有一套为"人"而不是为"狼"服务，可以实现"利他使命"的商业创新思想方法？

有没有一套"让好人得到好报，从而可以持续去做好人"的商业创新方法论？

2. 不去"深深海底行"。

商业的生存根基在客户，在消费者的人心。在现有商业创新理论中，来自企业内部的诸项工作，比如高科技的研发、新奇特的营销和超费心的团队等，这些供给侧的环节都被当成重点，占用着创业家的大部分精力。反倒是投入在理解客户、建设客户关系方面的工作量严重不足。

商业创新者可以计算一下：一周的工作时间中，你有多长时间与客户在一起？如果你连30%的比重都不到，那么你就是离开大地母亲的巨人安泰。

热衷新技术、新产品、新营销，而不关注新刚需，这样的商业创新如杨花柳絮，大风一过自然就会坠入尘埃。不是基于新刚需的商业创新没有"根性"。

特别需要强调的是：是来自客户的"颠覆性需求"而不是来自企业的"颠覆性技术"，创造了"颠覆性创新"——这一真相至今依然很少有人看清。也很少有人会想到大量的产品突破点、创新解决方案实际上是由客户给出的。

种子客户、需要、刚需、苦点、PMF（Product-Markrt Fit，产品—市场匹配）障碍、MOT（Moment of Truth，关键时刻）等问题，需要商业创新者花费大量时间与客户在一起，倾听客户的声音，向客户学习。只有能够真正做到这些的创新者，才算是"深深海底行"。

3. 漠视"万事开头难"

现有主流商业创新理论更关注如何让大企业返老还童、青春永驻。对于初创小企业乃至初创之前的创新活动，很少有人研究。

其实大家都知道，曾经推动社会变革的那些重大商业创新都来自初创小企业。美国比欧洲更有商业创新气息和成果，就是因为美国排名靠前的成功企业平均寿命不超过30年。

但是，商业理论家们依然只愿意帮果树修枝剪叶，也不愿研究如何育种。之所以如此，首先是大企业更有钱，能够为新理论提供培训经费、咨询合同；其次是大企业取得的成果，更容易成为商业创新思想家们出名的强大背书。

大家争着去做"放大器"、做"乘数"，很少有人愿意耐心帮助"被乘数"本身完成从0到1的质变。毕竟在总成果里，放大器的功劳好像更明显。

初创企业最缺乏的不是资金，也不是创新家精神，而是白手起家，从无到有开创伟大商业之路的具体方法和工具。

**有没有指导初创小企业从零开始走上伟大征程的一套商业创新方法论？**

# 《商业元创新》一书的思想体系

《商业元创新》一书的思想体系聚焦在：**初创小企业如何"从0开始"创造新品类、开创新行业，从而成功实现组织的"利他使命"**。我将这种商业创新活动称为商业元创新。

《商业元创新》一书的思想体系关注"又小又早"的商业创新活动，支持使命创业者"创造有意义的商业"。

本书较少涉及对于功效级、改进型商业创新的讨论，但并非说这类低能量级的、量变性的商业创新不重要。功效级的商业创新在新品类、新行业出现之后才能得以开展，从某种情形上说，商业元创新属于"质变"性的商业创新，它对解决社会难题、促进经济发展、提升社会福利的价值更大，当然，实现难度也更高。而其中难度最大的阶段，又是商业元创新的早期。

商业元创新将从无到有的早期商业创新活动再细分为：0—0.6、0.6—0.9、0.9—1、1—10、10—1000 这5个阶段。每个阶段面临的挑战都有不同，而且还要考虑与前面几个阶段的迭代关系。

商业元创新思想方法分为两部分：

1. "世界观"部分。

这部分包括前面5章和第12章，希望建立一个不同于传统商业创新理论的"世界解释体系"。从商业创新的分类、成长轨迹、成长本质、成长阶段、成长基因和创新源头等方面，帮助有"利他使命"的创造者重新审视一下自己的世界观、价值观和人生观。

2. "**方法论**"部分。

在这部分，尝试为有"利他使命"的创业家提供一套"改造世界"的工具。解释世界可以很宏大和充满想象力，但改造世界则需要一步一个脚印，切忌"寸犹未尽千仞谈，一尚难守却说三"。

为此，从第6章到第11章，就是要完成从头到脚的工作。这几章按照商业元创新从0—1000的5个重大阶段，给出了每个阶段对应要完成的重点任务，并最终形成一个从无到有驯化新品类、开创新行业的"行动清单"。

截至本书出版，商业元创新思想体系共有47个核心概念、52个关键推理和37个基础逻辑。当然，这些概念的内涵外延、推理逻辑关系和行动清单都需要持续迭代修订，乃至与时俱进地重构。这部分的工作会放在网络上，依靠社群的集体智慧展开。

作为一个自洽的思想体系，还要兼顾实践方法的可操作性，所以，商业元创新思想体系难免有些庞杂，不过这是在实践中演进出来的自然结果，倒不是事先有什么人为设计。如果一定要简化对该体系的理解，商业元创新的核心思想方法可以总结为以下几个关键词，即**新刚需、新范式、新传播**。

- 新品类新行业一定基于新刚需；
- 新品类新行业的生产率质变来自新范式；
- 新品类新行业在网络时代的成长要利用好新传播工具。

## 思想与知识的差别

老话说"秀才造反，十年不成"，原因是秀才虽然读了很多书，拥有不少"知识"，但未必有"见识"。为什么读万卷书，还要行万里路？这就涉及思想的形成以及思想体系的价值。

**思想和知识并不相同，思想也并非由知识构成。思想是串起知识的那根"绳子"，而绳子的材料是"生命体验"。** 生命体验首先要有"体感"，其次还要对体感进行严肃的"审视"（苏格拉底说"未经审视的人生不值得过"）。保罗·莱文森（Paul Levinson）在《思想无羁》一书中提出："思想是在**感知经验与认知能力产生的冲突中形成的**。"当我们的头脑与躯体不能和解的时候，当我们在冲突中审视自己的时候，当我们借鉴别人的思想来化解冲突的时候，我们的思想之绳才能得以重编、升级。

所以，**知识可以共享，而思想只能个人拥有、他人借鉴**。

不少人也会偶尔严肃一下去审视反思自己，也多多少少都会有些自己的思想。但因为体感的不足（年龄或经历的缘故），或者审视能力的不足，这些思想未必深刻，也未必系统。

**知识和体感是字，思想是诗。识字容易，作诗难。**

感知经验与认知能力产生的冲突越多，那根"绳子"就越长、越结实。人生积累到一定程度，甚至经历足够的磨难，人们才会逐步形成自洽的思想体系。有体系的思想就不再是支离破碎的视角堆砌，而是一套系统的世界观、人生观、价值观和认识论，是道、法、术逻辑融通的实践哲学，是可以成为指导实践的有力武器。

如果不提升自己的思想深度和建立相对完整的体系，或者把自己的思想体系弄得乱七八糟，这根"绳子"就很难串起来各类显性知识（书本上的）和隐性知识（自己生活中的）为你所用，甚至还会串起一些乱七八糟的谬误，让你误入歧途。

在我多年的创业教练经历中，最常犯的一个错误就是：试图让创业者少走弯路。

**弯路不可逾越**。

创业教练不能试图让创业者少走弯路，而是要让他们更高效地走弯路、不要重复走弯路。

本书所整理的商业元创新思想体系，并不是要给出一套标准答案，或者蛊惑人心地给出"伸手就够得着的低垂果实"。它只是我在 30 年的创业实践及创业教练经历中，积累了一些在"感知经验与认知能力产生的冲突中"的领悟；是我在商业创新思想领域探索并踩出的一些足迹。在 2022 年的上海疫情防控期间整理这本书，只是期望他人能够踏着这些脚印，看到一些也许过去从未看到过的视角，然后能够超越我的步伐，走出自己的道路。

第一章

# 生长与驯化

电脑的键盘布局设计来自英文打字机，但是打字机键盘的这个布局设计有点怪：英文中最常用的字母键被拆散且集中在左边，这对用惯右手的人来说可不友好。原来，这种来自 1873 年的工程设计是有意为之。1868 年，美国机械师克里斯托弗·拉森·肖尔斯（Christopher Latham Sholes）与他的助手卡洛斯·格利登（Carlos Glidden）发明了一种看起来很像缝纫机的打字机（图 1.1）。

图 1.1　肖尔斯发明的打字机

但是肖尔斯的发明设计有一个问题，如果把常用键放在一起连续快速敲击，机器就很容易卡住。肖尔斯跑去请他的妹夫（一名数学家兼学校教师）帮忙，他妹夫提出了一个解决方案：把字母拆散不连续排列，以降低打字员的打字速度，从而减少故障发生。并且这种布局的键盘可以让两只手同时用起来，在一定程度上又提高了打字速度。1878 年，雷明顿 2 号打字机诞生。它彻底改进了肖尔斯打字机的内部结构，不再有相邻按键被卡住的问题了。到了 1932 年，尽管有一些专家，比如美国生物学家、华盛顿大学教授奥古斯特·德沃夏克（August Dvorak），运用科学管理大师弗雷德里克·温斯洛·泰勒（Frederick Winslow Taylor）发明的动作与时间分析方法，研究打字员的动作，设计出能提高效率的新键盘，但是基于肖尔斯键盘标准已经形成了一个长达60年的社会经济网络，打字员、培训机构、配件厂商等利益相关方都不愿意更换键盘布局。

商业创新如果能够成功，必是客户、员工、伙伴、政府、公众及其他利益相关方共谋的结果。

**一场商业创新，就是一个等待发生的故事。**

在这类故事中，作为主人公的新企业开创者，并不能够随心所欲地安排故事进程。

托尔斯泰在写安娜卧轨自尽时曾伏案痛哭。他的妻子说："不把她写死不就好了。"托尔斯泰则答："不是我要让她死，是她自己决定要死。"借用普希金的同类体验，托尔斯泰解释他的小说创作心路历程："总的说来，我那些男女主人公往往做出一些违反我本意的事。他们做了在实际生活中常有的和应该做的事，而不是我希望他们做的事。"

海明威也表达过类似的观点。小说中的主人公一旦真正活起来之后，就已经脱离了作者的控制，她/他会以自己的世界观和价值观做出各种不同的决定。米兰·昆德拉在领取耶路撒冷文学奖时说："伟大的小说总是比它们的作者聪明一些。那些比他们的作品更聪明的小说家应该改行。"

写小说尚且如此，更何况是在真实商业世界中去创造传奇。如此复杂的现实世界，不会容忍创业者的任意主观构建。

**商业创新有自己的命运轨迹，比创业者聪明一些。**

## 那些绞尽脑汁的创新，结果如何？

### 【狐狸灭鼠的创新故事】

2006年11月，为有效治理草原鼠害，内蒙古阿拉善盟草原首次引进11只狐狸开展生态灭鼠。到了2014年，阿拉善盟阿左旗高级兽医师苏经力一行深入吉兰泰镇、巴镇相关村镇调查走访狂犬病疫情，发现野生狐狸经常偷吃牧民家的鸡、袭击羊。这也就罢了，更危险的是狐狸也是狂犬病的宿主。当野生的狐狸得了狂犬病，它们甚至敢去主动咬骆驼。虽然骆驼很容易就可以踢伤、踢死狐狸，但同时也容易被传染狂犬病。得了狂犬病的疯骆驼就成了相当恐怖的大杀器，甚至主动追着人咬（图1.2）。体重数百公斤的骆驼追咬和碾压人类，很可能让受害者当场毙命，连打狂犬疫苗的机会都没有。于是，有关部门只好再组织杀灭当地的野生狐狸。

图1.2 发疯咬人的骆驼

### 【创新绵羊品种的故事】

还有一个事件也发生在内蒙古草原上，焦点不是疯狂的狐狸，而是温顺的绵羊。

1876年，日本建立了二战日本陆军制绒厂的前身——干住制绒所，以便优先满足军需羊毛制品的需求。因为所用原料羊毛只能依靠进口，所以要花费巨额外汇。为节约外汇，日本政府认为必须发展本国的牧羊业，于是开始鼓励国内牧羊，并兴建了几处牧羊设施。但由于气候风土关系及缺乏有经验的技术人员等原因，日本本土养羊大计最终失败。日本的羊毛工业不得不继续全面依赖海外输入的羊毛，而其主要来自大洋洲。

最初这种对羊毛进口的全面依赖倒也无妨，毕竟日本羊毛工业还能维系，甚至还抓住了第一次世界大战给远东地区带来的契机，蓬勃发展了一把。

但是1916年1月，大英帝国政府以管控军需用品为名，对大洋洲所产的全部羊毛实行政府征购，禁止自由贸易，这让日本羊毛工业顿时陷入绝境。此后虽经多方努力没有让整个产业覆灭，但这种被羊毛原料卡住脖子的问题一直令日本政府头痛不已。

"九一八事变"后，日本扶持伪满洲国并进一步控制内蒙古和新疆地区，日本军方认为在此发展绵羊事业大有可为，可以摆脱对欧美羊毛的依赖。日本政府决定利用其所占据的广袤草地，实现羊毛自给。

但是现有的羊数量有限，就算都利用上，也填补不了军需缺口。而且对当时的毛纺织行业而言，蒙古系绵羊出产的羊毛与大洋洲羊的羊毛在质量上相差甚远。

为了实现绵羊的改良增殖，1933年，斋藤内阁时制定了相关的羊毛开发十年计划，研究生产羊毛的最有效方法，并指导日、伪满、朝鲜的绵羊繁殖及改良事业。1934年4月，由日本政府、日本羊毛工业会等共同出资200万元组成作为执行机关的"日（伪）满绵羊协会"。①

雄心勃勃的"日（伪）满绵羊协会"专家们更是为帝国设计了新品种杂交羊，用当地的肥尾羊与进口的美利奴羊以及其他从澳大利亚、新西兰还有美国进口的羊进行杂交，以增大羊的体型，提高它们的繁殖能力。随着繁殖技术的推进，每一代杂交羊都会比上一代更高、更大。专家们预计这些杂交品种会和当地的羊一样，能够抵御冬天的寒冷，同时羊毛更加柔软，粗细只有原来的1/6到1/3。伪满政权也遵从日本政府旨意在1936年制定了计划，提出在18年内将羊的数量从100万只增加到1000万只。

但是令日本人没有想到的是，这个推广计划一下子激起民变。本来与日本人没有那么激烈冲突的游牧牧民对日本这一推广命令非常仇视，自发抵制和破坏日本人的绵羊改良计划。

原来，日本人忽视了一个生物进化规律。羊和其他动物一样，在经过本地环境持续的自然选择之后，实现了营养物质在各个组织的"有效"分配。在内蒙古高原，有9个月时间都是极端寒冷天气，蒙古羊需要足够厚的脂肪层来御寒，牧人也得以食用羊的大量脂肪来御寒。所以多年以来，能够在内蒙古高原顺利生存下来的蒙古系绵羊是毛肉兼用性状，很大一部分能量要转化成脂肪。而生活在温暖炎热大洋洲的大洋洲细毛羊则脂肪很少，它们把绝大多数能量分配到毛上了。

帝国专家培养的"细毛高产"且"体型高大"的绵羊新品种，没有能够适应内蒙古高原的生存环境，经常被饿死、冻死，牧民也吃不上足够脂肪。滑稽的是，传统蒙古羊羔生下来后，立刻能户外活动。而拥有大洋洲细毛羊高贵血统的新羊羔身体娇贵，刚生下来基本是裸的，为了不被冻死，牧民还得给羔羊包上褓褓。

俗话说"断人财路，如同杀人父母"，轰轰烈烈的羊毛自给计划迅速加剧了日本帝国和蒙古族牧民之间的对立。

## 商业创新不走计划路

### 【QQ的非计划之路】

图1.3是网上流传的一张名片，是其主人在创业早期时使用的。

---

① 《战前日本的羊毛需求与伪满洲国绵羊改良关系析论》，丁晓杰，《中国农业大学学报》（社会科学版），第26卷第1期，2009年3月。

图1.3　马化腾在企业初创阶段的名片

名片上介绍腾讯的产品叫 OICQ，而且还有一个中文品类说明：中文网络寻呼。OICQ 取自当时的国际网红产品 ICQ。ICQ 由以色列特拉维夫的几名青年在 1996 年 11 月发明，很快风靡全球。1998 年，ICQ 的公司 Mirabilis 被美国在线（AOL）以 2.87 亿美元收购，然后在 2010 年，美国在线又以 1.87 亿美元，把 ICQ 转卖给俄罗斯的 Digital Sky Technologies 公司，同年 9 月，该公司又改名为 Mail.Ru 集团。到了 21 世纪，虽然 ICQ 面对激烈竞争，在许多国家都流失大量使用者，但它仍然在俄语系国家非常流行。

ICQ 是从 I SEEK YOU 英文缩写而来。腾讯起名 OICQ 有两个说法，一个是 Open ICQ 的缩写，另一个说法是 Our ICQ 的缩写。后来美国在线控告腾讯侵犯其知识产权，腾讯被迫改名为 QQ。

今天回头看，QQ 这个品牌名的识别度比 OICQ 不知好多少倍，虽然它是被迫改成这样，并非马化腾创业之初就计划好的。

这张名片还有一个值得注意之处。马化腾给自己的 OICQ 的账号编号，是 10001，是当时编号的 NO.1，这个倒不是要点，关键在于这个账号只有 5 位数，也就是说马化腾当初预期 OICQ 能够达到 1 万名用户。而截至腾讯控股有限公司 2011 年 12 月 31 日公布的数据显示，仅仅"QQ 空间"活跃账户数就达到 5.521 亿。使用这张旧名片时候的马化腾，应该没有想到业务能发展到这种规模吧？

【商业计划书与新企业开创者】

商业计划书经常被新企业创办者使用，而且投资人也经常会看。创业真的可以计划吗？

在写商业计划书的时候，很多人会推荐 Airbnb（爱彼迎）公司的经典商业计划书。

图 1.4　Airbnb 的早期商业计划书

　　这份一共 14 页的商业计划书在网上广为流传，曾被不少投资机构奉为"教科书级"的商业计划书模板。

　　Airbnb 是真的按照计划书进行创业的吗？从这家公司的创立来看，我们会发现其实一切都是意外。2008 年，布莱恩·切斯基（Brian Chesky）和乔·格比亚（Joe Gebbia）这两个年轻人因为在旧金山租不起房子，想着是不是可以把其中的一个房间租出去，虽然这个房间只有一个床垫，其他什么都没有。没想到，居然成交了。两个年轻人一想，这说不定是个好生意。那一年奥巴马正竞选美国总统，四处演讲，很受年轻人欢迎，很多年轻粉丝会追随他的政治巡演。有一次奥巴马到丹佛做竞选演讲，这两位年轻人就在丹佛做了一次宣传。因为丹佛酒店很少，但是去看奥巴马的人又很多，他们一下子火了。

　　于是两个年轻人信心爆棚，他们认为自己找到了一个伟大的商业模式，于是诞生了上面那个著名的商业计划书。这个商业计划书如此经典，其结果如何呢？他们将计划书寄给了 7 个投资人，有 5 位给他们回了拒绝信，还有 2 位连信都不回。好在，他们幸运地被 YC 孵化器看中，并进入天使轮投资阶段。当初这两位年轻人希望融资 15 万美元出让 10% 的股权，在 2020 年 12 月 Airbnb 实现 IPO 的时候，这 10% 的股权价值几十亿美元金了。以至于 YC 的联合创始人列文斯顿（Jessica Livingston）还写了一篇文章叫《Airbnb 的 7 封拒绝信和 7 个教训》，以彰显当年 YC 的高瞻远瞩。

　　那些写了拒绝信的人真的是有眼无珠吗？也不一定。比如其中有一位投资人收到计划书后专门去考察了 Airbnb，也表达了很强的兴趣，但看到的实际数据令他非常失望。比如 5、6、7 月，他们的收入都为 0，最多的时候，一个月的收入也就 1000 美元，其中还包括创始人自己租用 Airbnb 的收入，因为他们实在太穷，没地方住。一个伟大的计划书跟现实间的落差使得很多投资人都望而却步。

　　Airbnb 这个名字的全称叫作 Airbed and Breakfast，后来因为太长缩写成 Airbnb。

从创业项目名字上就能看出来，公司所提供的服务是空气垫和早餐。而且，在这份商业计划书中，Airbnb 创始人他们看到的商机是——年轻人喜欢低价的住宿服务。但是实践了几个月以后发现好像哪里不对，奥巴马演讲这个高潮过了以后，年轻人也不再使用 Airbnb 服务，这跟之前的预期差距很大。

某一天他们再研究数据，发现原来年轻人真正喜欢的是漂亮房子。幸运的是，两个创始人毕业于罗德岛大学设计专业，所以他们对美学是有专业基础的。于是他们亲自操刀，找一些房间上门拍照片。因为没钱，他们就租了设备拍摄，再将拍好的照片传到网上去，没想到这一做法广受好评。于是他们终于为项目找到了出路，Airbnb 给大家提供的不再是廉价住宿，而是美轮美奂的梦幻房间。这样一次变轨，使得 Airbnb 的销售收入大幅度提高。到了第二年，每个月有 10 万个订单。

这个变轨在他们的计划书里未能预见，而且到了后面他们又做了一些改变，比如不但提供好看的房子，还给大家提供和房东进行交流的活动，这在传统的酒店是完全不可能实现的。这样，两位创始人终于找到了 Airbnb 的特色，从此走上了高速发展之路。

那是不是从此以后他们就过上了幸福的生活呢？

看数据好像是这样的，他们在 10 万个城市里有了 100 多万间房，甚至影响了几十个国家，获得了上千亿美元的收入。看起来一切一帆风顺，所以他们在 2019 年提出一个重大计划，就是在 2020 年实现首次公开募股。然而天有不测风云，众所周知，2020 年的全球疫情对旅行行业的打击有多大。

即使是发展如此顺利的公司，也不一定能够按照计划成长发展。

CNBC（消费者新闻与商业频道）的一名制作人在 Twitter 上发布了一段 Airbnb 联合创始人兼 CEO 布莱恩·切斯基接受采访的视频，他说道："我们花了 12 年的时间建立了 Airbnb 业务，但在 4 到 6 周的时间里几乎失去了所有业务。"

## 【那些计划赶不上变化的事】

有这么一个笑话。一个服刑人员在监狱里想，我出狱以后能够干什么呢？某一天他灵机一动，想到了一个好主意。在监狱里，他找了一只蚂蚁，训练它倒立、翻跟头，想着要是出狱了，靠这门手艺应该能有一份不错的事业。服刑期满，他出了监狱就到了一家酒吧，点了杯酒，很高兴。他把蚂蚁给掏出来放在桌子上，又把酒保给叫过来说："小伙子，你看这只蚂蚁……"还没等他说出这只蚂蚁的神奇，"啪"的一下，酒保一巴掌就把蚂蚁给拍死了。然后，酒保非常抱歉地说："对不起！对不起，先生，我给您换一杯酒。"

所以说，计划赶不上变化是常事。孙子兵法提到"胜可知，而不可为"，也就是说，如何胜利我们能够知道，但是能否取得胜利不是我们可以保证实现的。因为很多成功所具备的条件，不是创业者自己可以决定的，还有很多包括竞争对手、环境等因素在发挥作用。

图 1.5 是一个刚出生的小婴儿，在他的身上挂着一张纸，上面写着："距离高考还有 6933 天！"一个孩子才出生就规划起他的高考，显然是不科学的。但是不少新企业开创者的心智模式就是如此，刚创立公司就按照"距离 IPO 多少天"进行倒计时设计。

图 1.5 顶层设计的父母（网络搞笑图）

《战争论》作者克劳塞维茨曾说过一句名言："没有任何计划在遭遇敌人的时候还能发挥作用。"

## 商业创新与自发秩序

### 【自发秩序】

与自然生态类似，包括商业创新在内的人类社会秩序也是历史的产物，有其自洽逻辑。

正如哈耶克所描述的那样："然而这既不是设计的结果，也不是发明的结果，而是产生于诸多并未明确意识到其所作所为会有如此结果的人的各自行动。"[1] 这种非"人类设计的产物"是"人类行为的产物"（the results of human action but not of human design），哈耶克称之为"自发秩序"。

---

① 《自由秩序原理》，（英）哈耶克，北京：生活·读书·新知三联书店，1997。

**【如何理解自发秩序的传统】**

中国历史上影响比较大的改革有十几次，这些改革大多失败。每次变法中都有所谓的"保守派"，人们往往习惯性地谴责他们，认为他们食古不化、阻碍历史进步。但认真回看历史细节，保守派中的精英人物也不全是为了保护自己的既得利益，而是非常清醒地看到"新法"中的各种弊端，并且能够言之有据地获得舆论和主政者的支持。这就是因为"传统"是经过长期历史检验的，合理性、自洽性很强。

在《泰晤士报》举办的"英国历史上最伟大的百名人物"评选里，第一名是二战时期的首相丘吉尔，位列第二的既不是莎士比亚、狄更斯等世界名人，也不是英国王室家族成员，而是一位工业革命时期的工程师，叫伊桑巴德·金德姆·布鲁内尔（Isambard Kingdom Brunel）。1966年，伦敦将市内唯一一所成立于18世纪末的校园式大学正式命名为布鲁内尔大学。甚至在2012年的伦敦奥运会上，还专门由演员再现了他的一生，可见英国人对他的推崇。

布鲁内尔的名字在英国工程界更是被奉若神明。他一生传奇，其中最吸引人的创新之一是为英国火车轨道设计了7英尺的宽轨（即2134毫米，后改为2140毫米，当时人们称呼前者为"窄轨"，称后者为"宽轨"）。但是，如此伟大的工程师在1835年至1846年英国轨距之争（British Gauge War）中依然败给了传统。

英国铁路轨距标准的确立，也算是世界最早的标准之争之一了。

约1822年至1830年，部分英国商人用1435毫米轨距标准建造铁道，但同时还有其他轨距，全国并无统一标准。1835年，身为大西部铁路工程师的布鲁内尔设计了2134毫米轨距铁道。

布鲁内尔指出，窄轨是矿山铁路的"武断"延伸。矿山铁路是在1830年世界上首列乘用列车出现之前便已经存在的，用于矿山内的运输，轨道上跑的是马车车厢。布鲁内尔认为应该根据新形势重新认真考虑最适宜的轨道宽度，要理性地看待这个问题。伟大的工程师布鲁内尔经过各种测算和试验都证明，他所提出的宽轨是最优的尺寸。宽轨可以支持更大的火车头，以便提供更快的速度、更强的稳定性，以及更好的乘客舒适性。

1838年，英国大西部铁路成了一条独一无二的铁路，它的轨道宽度是其他铁路轨道宽度的近两倍，1844年，这条布里斯托尔—格洛斯特宽轨铁路开始与其他窄轨铁路相接。因为标准不同，乘客必须在格洛斯特换乘。其时英国铁路还很少，窄轨、宽轨两种轨距都有可能成为标准，于是支持两套标准的公司，都拼命推广自己的标准，展开激烈竞争。

恶性竞争最终促使英国政府介入。英国皇家委员会经研究，于1846年裁定除非特批，严禁在英格兰西南部以外的地区建设非1435毫米的铁轨距，以此强推1435毫米标准。1892年，在英国全国铁路系统改进之后，英国议会强迫大西部铁路也必须使用标准铁轨。国际铁路协会于1937年把1435毫米制定为标准轨距，这一标准便被其他国家采纳，并最终形成今天绝大多数国家的标准轨。[①] 甚至因为火车轨道的宽度决定了"铁路隧道"的宽度，从而使得依靠铁路运输运载的航天火箭发射装置，也不得不按照铁轨宽度来设计直径尺寸。

第一个轨距是在1804年蒸汽驱动铁路启用时，根据采矿所用尺寸选定的。可以说现代铁轨先驱是矿山里用木材制成的简陋"导轨"，用于供矿车运输挖掘出的煤等矿石材料。据说，这些轨道宽度又是根据古罗马道路的轮槽制定的，这些古罗马道路的轮槽标准设计的目的是——便于两匹马牵引的罗马战车沿轨道通行。

伟大工程师的宽轨创意真的败给了千年之前两匹战马的屁股？英国皇家委员会都是老古董、保守派吗？

没有那么简单。

铁路轨距涉及历史传统，还得考虑文化地理差异、成本，甚至地缘战略因素等。比如为了在发生战争时减缓外国军队前进速度，当初的苏联铁路网故意选择了不同轨距，加大外国铁路与苏联铁路接轨的难度。

支持窄轨的所谓"保守派"也提出了很多逻辑严密的理由。首先，窄轨距降低了修建铁路费用；其次，窄轨距可以在狭窄线路上更快、更容易地修建，这在一些老城市中广受欢迎。更重要的是，宽轨很难通过多山的地形，其较大的弯曲半径不适合山地的蜿蜒路线，乘坐高铁横穿过中国的乘客应该可以切实感受到保守派的这些道理。

**传统很强大，是因为传统很"合理"；创新很脆弱，是因为创新很"构建"。创新无法避免构建，但要对传统心怀敬畏。**

## 【构建：新企业开创者的桎梏】

卡尔·波普尔（Karl Popper）在《历史决定论的贫困》中声称：理性只应当"局部地"设计社会系统。

哈耶克称他自己和卡尔·波普属于"演进理性主义"（evolutionary rationalism），而另一派属于"建构理性主义"（constructivist rationalism）。建构理性主义认为：理性具

---

① 《钢铁巨人——世界因之而改变》，（英）萨利·杜根，中国科学技术出版社，2020。

有至上的地位和强大的能力，凭借理性，个人拥有足够改良社会秩序所有细节的知识。恩格斯在《社会主义从空想到科学的发展》中对激进的建构理性主义描绘道："他们不承认任何外界权威，不管这种权威是什么样的。宗教、自然观、社会、国家制度，一切都受到了最无情的批判；一切都必须在理性的法庭面前为自己的存在做辩护或者放弃存在的权利。思维者的知性成了衡量一切的唯一尺度。"[1] 而哈耶克则一针见血地指出这是一种"致命的自负"。

汪丁丁认为"传统"就是"一切经过长期历史的检验，有利于生存和繁衍的知识"。[2] 商业创新是对现有秩序的"破坏"。那些破坏传统的新生事物，没有经过历史检验，所以并不见得就有利于生存与繁衍。

但是历史进程中每个人的每一天都在做决策，都在"构建"，如何做到"不致命自负"地"局部地设计"社会系统呢？

## 商业创新者如何发现新大陆

### 【旧地图 & 新大陆】

商业培训领域经常有人讲"用旧世界的地图发现不了新大陆"，目的是鼓励大家采用新的思维模式、新方法论。但仔细想想，这个逻辑也有点问题。15 世纪至 16 世纪，欧洲探险家穿过大西洋，绕过非洲，深入美洲、南太平洋，在探索新世界的过程中，能够利用的也只有旧世界的地图。抱着旧世界的地图，到死都坚信欧洲和亚洲之间并没有大陆的哥伦布，依然因为发现了美洲而被人们纪念。

与建构理性主义不同，演进理性主义者坚信：要想发现新大陆，还是要用旧世界的地图。**走向新世界的路，藏在旧世界的地图里。**

20 世纪 80 年代，更加小巧和便携的数字手机已经被发明出来。1987 年，欧洲各国的通信业希望共同制定一个新的手机技术标准。在这个过程中，各国的通信工程师们在测试系统时为了方便内部交流联络，发明了一种可以通过手机互发文本短消息的通信系统。欧洲通信运营商一开始根本没意识到"手机短消息服务"这个产品的划时代意义，直到发现用户开始乐此不疲地使用，这个并非预期中的通信功能成了数字通信时代的第一个爆款产品。

美国的管理学家明茨伯格最喜欢讲本田进入美国市场的故事。1959 年，日本著名企业家本田纯一郎打算进军美国市场，他为此做了很多的调研。20 世纪 50 年代，

---

[1] 《马克思恩格斯选集：第 3 卷》，（德）卡尔·马克思，（德）弗里德里希·恩格斯，人民出版社，1995。

[2] 《行为经济学讲义》，汪丁丁，上海人民出版社，2011。

美国市场的摩托车年销售量为 15 万辆左右，哈雷摩托车是绝对的至尊。美国摩托车爱好者个个人高马大，他们骑的哈雷巡航摩托车同样威猛无比。本田纯一郎认为本田摩托应该选择重型车进入美国市场，所以本田最初在美国市场主推 250cc ～ 350cc 的重型摩托。但是美国市场很不给本田团队面子，在 1959 年，这种大型摩托本田只卖出了 167 辆。一时之间，本田进军美国的战略受挫，大家都很沮丧。

本田的员工去推销重型摩托时，骑的是一种小型、轻型的摩托。令人意想不到的是，这款名叫 Super cub 的本田摩托被不少人咨询。对这种排量只有 50cc 的轻型摩托，很多人表达了强烈兴趣。于是本田纯一郎迅速转变了策略，全力在美国推广轻型摩托，市场立刻给予了回响。1960 年本田摩托就卖到了 2.21 万辆，到 1965 年，本田摩托在美国市场售出了 27 万辆，在美国市场占有率超过 45%。[1]

1969 年 7 月 20 日，美国阿波罗 11 号宇航船成功降落月球，宇航员阿姆斯特朗和奥尔德林成为首次踏上月球的人类。阿姆斯特朗走向月球时留下一句名言："个人的一小步，人类的一大步。"他迈出个人的一小步时所穿的那双靴子，其靴底是 3M 公司的产品，并在月球上留下了人类第一个脚印。后来因为回到地球需要减重，这双鞋子就永远留在了月球上。

只要谈起商业创新，美国人必然会提到 3M 公司，这几乎成为商界的一个惯例。3M 公司是世界 500 强之一，已经有 120 年历史。打开 3M 官网，从家庭用品到医疗用品，从运输、建筑、商业、教育到电子和通信等各个领域，真正印证了那句话"除了不造上帝，什么都造"。3M 中国官网曾宣称："世界上有 50% 的人每天直接或间接地接触到 3M 的产品。"

在《福布斯》2015 年发布的全球 1000 家创新公司评比中，3M 公司紧随苹果、谷歌这两家互联网公司之后，排名第三，是世界 500 强中最具活力的企业之一。

创建于 1902 年的 3M 公司，在创业之初的经历可谓悲惨。创业 11 年后这个公司才实现盈利，但是第二年，因为产品质量问题导致大规模退货，濒临破产。因为第一次世界大战，3M 的一款合成膜料在切割技术上具有很大的优势，结果被美军大量采购，公司这才有了转机。到了 1916 年，也就是创业的第 14 年，股东们才终于第一次分红，但是距离成为一家伟大的企业还很遥远。

转机来自 1920 年，威廉·麦克奈特（William L. McKnight）成为 3M 公司的总经理。有一天一个叫欧吉的先生给麦克奈特写了一封信，向他要 3M 公司的所有型号的

---

[1] 《战略历程：纵览战略管理学派》，（加）亨利·明茨伯格，（加）布鲁斯·阿尔斯特兰德，（加）约瑟夫·兰佩尔，机械工业出版社，2002。

矿砂。要知道 3M 公司生产的是砂纸，不生产矿砂，矿砂只是他们的原料之一。如果是一般人收到这样一封信，大概率会把信扔了，但是麦克奈特觉得很奇怪，欧吉先生引起了他的关注。麦克奈特就找到了他，问他为什么要买这些矿砂。欧吉先生说他发明了一种防水的砂纸，这种砂纸能使工人免受灰尘的干扰。于是麦克奈特果断决定买下了这个专利，并且把欧吉雇佣进了 3M 公司，从而成就了 3M 公司第一个拳头产品。

为什么防水砂纸能成为 3M 公司的拳头产品呢？原来在那个时代，在处理材料的时候油漆会形成粉尘，从而导致很多油漆工人铅中毒，因此政府正准备禁止含铅油漆。这个时候 3M 公司推出防水的砂纸，使得粉尘不再扩散，油漆工艺得以保存。3M 公司的业务也因此得到了长足的发展，还扩建了两个工厂。

一般人收到这样奇怪的信时，早就把它扔到垃圾桶里了，但是麦克奈特没有。他所拥有的好奇心是很值得赞叹的。但从客观上也说明，帮助 3M 打开新世界的创新产品，与原有业务有着最直接的联系。如果 3M 不使用矿砂原料，欧吉先生也不会给他们寄去这样一封信。

## 【沿路创新】

3M 公司事业发展的第二个转机在 1925 年。有一个员工叫德鲁，他去给汽车厂送砂纸的时候听到工人们在抱怨，喷漆的时候报纸覆盖不好。他就跟工人说，他能创造一种隔离胶带解决这个问题。回到公司以后，他顶着各种困难，终于发明了隔离胶带，在工人那边很受欢迎。5 年后，他又在隔离胶带的技术上做了改进，开发了 3M 公司最著名的产品——透明胶带。这一年正好赶上全世界的经济大萧条，很多公司都受到了影响，但是 3M 公司因为透明胶带的发明，业务却得到了长足的发展。因为经济萧条，很多旧东西需要修修补补，比如家具什么的，所以透明胶带被广泛使用起来。这个产品的使用范围甚至扩展到银行业，银行有很多残破的钞票，也需要用透明胶带粘起来。经过这次经济危机，反倒使 3M 公司借助胶带的发明得到了长足的发展。

送砂纸的德鲁发现用砂纸的工人遇到了喷漆覆盖问题，然后发明了透明胶带这个伟大的产品。这也是一个典型的从旧世界到新世界"沿路创新"的案例。

## 【传统与创新】

在 1991 年，索尼公司就发布了首个商用锂离子电池，并经综合考虑后定下了一种标准电池型号：直径为 18mm，长度为 65mm。这就是后来知名的 18650 锂电池，其中型号最后一位的 0 表示圆柱形电池。这种圆柱形的锂离子电池彻底革新了消费电子产品的面貌，无时无刻不在影响着我们生活的方方面面，比如充电宝、笔记本电脑等。今天，松下、三星、LG 等知名厂商仍然在 24 小时不停地生产着这种有着近 30 年历史的产品。

2008 年，新能源汽车新贵特斯拉发布了第一款电动车 Roadster 。出乎大家意料的是，特斯拉没有开发或者选择新型的汽车续航电池组件，而是选用了 20 年前就出现并且广泛使用但"技术落后"的 18650 型小电池。包括后来的特斯拉 Model S 系列车型，其看似非常高大上的电池组板，居然也只是由 7104 节 18650 锂电池像搭积木一样连接组成。但是直到 2021 年，特斯拉都一直在使用这种"技术落后"的电池，而这正是特斯拉与同类竞争对手迅速拉开距离，快速成长的秘诀之一。

因为 18650 电池虽然是有些老旧的商业化锂电池之一，但它也是最成熟、最稳定的锂离子电池，其在一致性、安全性方面有很高水准。

在造火箭上，马斯克继续采用这种"从旧世界里生长"的创新思维，SpaceX 的"猎鹰"系列火箭采用了几十年前就技术成熟的梅林发动机。比如"猎鹰 9 号"，就是将 9 个成熟的梅林小发动机并联在一起，这极大降低了试错成本。"猎鹰"系列火箭新在哪里呢？在并联技术上。这些"老旧"稳定火箭之间的联结、控制，采用了最新的计算软件。

《道德经》讲道："为学日益，为道日损，损之又损，以至于无为，无为而无不为！"《道德经》还写道："道常无为而无不为，候王若能守之，万物将自化……""万物将自化"就是说万物会自我演化。

这种放弃权威又并非全无控制的"无为而无不为"哲学，运用到商业创新领域，**实现从旧世界里生长出新世界的商业技术就是"商业创新驯化"。**

## 开启人类文明的创新方法

熊彼特（Joseph A. Schumpeter）将创业家的商业创新行为称为"创造性破坏"，其实难点不在"破坏"，而在"创造性"上。另外，熊彼特所说的"创造性"指的是结果具有创造性，不应被误解为行为过程和手段上的新颖。

不少创新者没有意识到两者之间在实践上的巨大差异。中国改革开放总设计师邓小平的知名观点——"黑猫白猫论"和"摸着石头过河论"，本质上也是一种关注创新结果而非创新手段的务实"演进理性主义"。在此，我们要向这位不做"控制性设计"的总设计师致敬。

正是这种"摸着石头过河"的实践智慧，开启了人类的文明之路。

### 【"驯化"野生植物，开创了农业文明】

最早将火引入生活、生产的伟大祖先，并不明白氧气、燃点以及热力学定律。这项开天辟地式的伟大创新，似乎看不出开创过程有多么传奇。也许就是想借助大自然之力，尝试模仿自然环境，甚至只是对"火神"的膜拜，这都无所谓，反正结果是"创造性"的就行。

最早的农业形成，可能就是源于采集的果实种子无意中掉落在路上，第二年人们居然还能够收获同样的果实。于是先民们得到启发，开始尝试把多采集出来的食物，有意识地撒在土地里，等到季节了再来采集。澳大利亚的原住民是少数存留至现代的狩猎群体之一。他们偶尔也会播种，以便在几个月后回到某个特定地点时，能获得更多的食物。这种做法还不算农耕，因为这类食物只占这些原住民饮食的一小部分。相比澳大利亚的原住民，其他地区的人类更进了一步，开始花时间和劳动照顾这些野生植物，并开始尝试"驯化"这些野生植物，使之更高产，以便获得稳定的粮食来源，从而开创了人类农业文明。

我们今天所吃的食物，几乎没有一种是纯"自然的"。它们几乎全是人类选择性栽培和饲养的结果。人们日常食用的玉米、鸡等物种，并非本就存在于自然界中，可以说，若无人类介入，现在的它们根本不会存在。胡萝卜本来是白色和紫色的，现在流行的橘色品种是作为献给奥伦治亲王威廉一世的贡品，由荷兰园艺家在16世纪培育的。

但我们又都知道，这些食物或家畜都有原生物种的基因源头。比如1997年，加州大学洛杉矶分校的科学家率先使用线粒体DNA来追溯狗的祖先，他们将来自世界各地140只不同种类的狗、162只灰狼、5只北美小狼和12只豺的线粒体DNA进行比对。研究显示，狗与灰狼的亲缘关系最近。狗在4万～1万年前被人类驯化，成为狩猎助手、护家卫士甚至宠物。忠诚温顺的狗是人类创造出来的新品类，但这个品类的源头还是野生的狼。

### 【驯化与创造】

动植物的驯化是过去1.3万年以来，人类历史中最重大的进展。它提供了我们今天绝大部分食物的来源，也是文明兴起的先决条件。[①] 在开创文明的过程中，人类没有"创造"动植物，而是"驯化"它们成为农业作物、家畜。这正是卡尔·波普所说的

---

① 《枪炮、病菌与钢铁：人类社会的命运》，（美）贾雷德·戴蒙德，上海译文出版社，2006。

"理性地局部地设计"。

同时，因为驯化围绕人类的需求而进行，被驯化的动植物也越来越离不开人类，很难在自然界独立生存，从而形成了一种创新的共生形态。比如最早农民从地面摘取谷粒时，会略过小颗的谷粒和那些仍包覆着颖苞的谷粒，而选择不带颖苞的大谷粒。类似的事情也在豌豆身上发生过。豌豆成熟的时候果实会裂开，种子掉到地上进行繁衍。但这样不利于人类采摘，于是人类就会有意种植那些不会爆裂掉的豌豆。因为有人类的帮助，这些突变的基因才能够代代相传，并占领更多的自然空间。

种子不再休眠是人类驯化作物的常见特征。种子休眠是决定一颗种子何时发芽的自然定时机制。许多种子需要特定的刺激，如温度、水分或日照才能开始启动生长，以确保它们只会在有利的情况下发芽。比如那些一直处于休眠状态直到寒冷期结束的种子，便不会在秋天发芽，而会熬过冬天。然而农民通常会希望植物在秋天播种后便立刻生长，所以那些没有休眠立刻开始生长的种子将更有机会被种植，成为下一季农作的基础。因此，任何抑制种子休眠的突变基因，对自然的植物并不"健康"，反倒因为人类的存在而发扬光大。

同样，野生谷类发芽、成熟的时间各异，这也是它们适应大自然各类不确定性后的最佳生存策略。那样无论在何种天气情况下，至少部分谷株会长大成熟，为下个年度提供种子。然而如果要在几天内就收割完整片田地的话，农民更希望大部分谷株同时成熟。结果谷株在成熟时间上的差异将逐年减少，最后整片田地都会在同一时间成熟。从植物的角度来看，这种发展有害无益，因为这表示整批作物有可能全军覆没，但对农民来说却方便许多。

玉米源自"墨西哥类蜀黍"，这是原产于今墨西哥地区的一种野草。这两种植物的外貌迥异，但检测结果证明，仅仅是几个基因发生突变，便足以将其转变成另一种形态。墨西哥类蜀黍与玉米之间的明显差异之一，是前者的谷穗含有两排谷粒，谷粒有颖苞包覆，以保护内部可食的颗粒。然而部分没有颖苞包覆，谷粒外露的某种墨西哥类蜀黍对原始农民更具吸引力。通过只采集这类外露谷粒的变种植株，然后将其中一些谷粒当成种子播下，原始的农民可以提高有外露谷粒植株的种植比例。

本来直立的硬秆小麦麦穗在大自然中并不利于繁衍后代，但有利于农民采摘，于是也离不开农民的照顾。在农民的娇养下，水稻失去了在洪水中存活的本能。

一个简单明了的事实是：农牧是一件极不"自然"的事。它导致"自然的"野生生物被取代，并将植物和动物迁移到距离其原栖息地数千里之外的地方。它牵涉到修改动植物的基因，以创造出怪异的突变体，这些突变体不存在于大自然，通常不借助人力也无法存活。它推翻了数万年以来狩猎者的生活方式，这种生活方式一直是人类存在的特色；它促使人类原本悠闲且丰富多样的日子变得单调沉闷又辛苦，甚至导致了人类身高的降低。然而，尽管有诸多缺失，它却是我们所知道的文明的根基。现代世界的基础，正是由驯化的植物与动物所构成。①

人与被驯化后的动植物的这种共生关系，展现了自然界本身从没出现过的创新性，给人们造成了一种假象：以为农业乃至整个人类文明都是人类依靠自己的智慧，一手构建出来的，以为人类可以跳出自然律，人定胜天。

## 【驯化：人类的基本创新方法】

达尔文一直反对用"进化"这个词，因为它会显得物种演化具有目的性、进步性。他认为自然选择的规律无非就是"适者生存"，如果环境变化没有目的性，被选择的物种也不可能"进步"。

但是人类拥有智慧之后，就开始对抗自然进化。

经济学家保罗·莱文森（Paul Levinson）说："有了技术之后，人就变了，人就从进化的产物变成了进化和变革的生产者，就从现存世界的理解者变成了新世界的创造者。"② 也如《全球通史》的作者 L.S. 斯塔夫里阿诺斯所表述的那样，各种生物均以遗传因子适应环境而实现进化，只有人类的进化相反，不是遗传因子适应环境，而是通过改变环境，使之适应自己的遗传因子。③

当人类往北方迁徙遇到越来越冷的天气，没有进化出覆盖全身的厚重毛发，而是开发了"衣服"这样的工具，甚至通过穴居、篝火等方式来改变"微环境"解决问题。这种改变不是神赐的灵感，而是来自先民对偶发"意外"的好奇和对"意外"的持续驯化。他们偶然发现火烧过的食物更好吃，偶然发现采摘的种子可以自己发芽再生长出种子，偶然发现狩猎到的某些动物很温顺。先民的伟大在于，发现这些意外之后，他们乐于去尝试驯化这些对人类有利的特性，从而可以越来越稳定地解决人类与环境对抗的问题。

人是自然选择的结果，但人也开始选择自然。人巧妙借助了进化的力量，为其赋予了可以适度控制的进化目的，从而开创了人类文明，并一直发挥着历史推动作用。只是随着近代科学理性的昂扬，人类的理性产生了某种致命自负，这类创新哲学才逐渐被驱逐出了主流创新的视野。

---

① 《舌尖上的历史：食物、世界大事件与人类文明的发展》，（美）汤姆·斯坦迪奇，中信出版社，2014。
② 《思想无羁》，（美）保罗·莱文森，南京大学出版社，2003。
③ 《全球通史：从史前到21世纪》，（美）L.S. 斯塔夫里阿诺斯，上海社会科学院出版社，1999。

有意思的是，达尔文在其著作《物种起源》的开头并没有从自然界的神奇演化讲起，而是先从家畜入手，探讨"人工选择"——也就是"驯化"。他写道："我们无法想象，突然产生的众多品种，在产生之初就已如此完美有用；在许多场合，我们知道它们的历史并非这样。关键在于人类的积累选择；自然导致了连续的变异，人类积累了这些对自己有用的变异，也就是说人类在为自己创造有用的品种。"

**驯化是人类基于自然之上再选择的"自然而然"，是人类最基本的创新方法。**

## 养牛的人，不一定需要懂牛的解剖

### 【镰刀型细胞贫血病、疟疾、红薯】

镰刀型细胞贫血病是一种由隐性基因造成的遗传性疾病。患者血液中的镰刀状异形红细胞如死神的镰刀般可怕。这种异形红细胞失去了携带氧气的能力，而且经常会堵塞毛细血管，在极端情况下甚至会引发组织坏死，导致生命危险。镰刀型细胞贫血病多发生在非洲赤道附近的地区。

为什么如此害人的基因突变在长期进化过程中没有被淘汰掉呢？研究人员发现镰刀型红细胞对疟疾感染有很强的抵抗力，病变的红细胞非常不适合疟原虫寄居。因为这种红细胞相当脆弱，在疟原虫成功繁殖前就会自动破裂，致使繁殖失败。

大自然的奇妙见多了也就不怪了。有意思的是，人类学家前往非洲撒哈拉以南镰刀型细胞贫血病多发的地区进行考察发现，这些地区的主要粮食作物是一种红薯，这种红薯不仅是他们的食物还是缓解贫血病的有效药物。看来非洲人民确实具备条件，与这种对其他地区人而言是灾难的基因和平相处。

但还有一件更奇怪的事。虽然这种红薯在雨季来临时就可以收获，但根据当地宗教的禁令，这些从地里收来的红薯不能立即吃，必须先储存起来。直到雨季结束时，某个宗教庆典之日后才可以开始食用。也就是说，即使有足够的红薯，人们在雨季中也得忍饥挨饿，一直等到雨季结束。当地人只知道宗教的这个规定，并不知道里面居然蕴含着重要的科学原理：雨季正是蚊子传播疟疾的高峰期，不吃红薯可以维持体内恰当的镰刀型红细胞的数量，从而可有效抵抗疟疾。

这种本地宗教可能已经存在了千百年，宗教团体和当地的非洲人并不知道红薯中含有缓解镰刀型细胞贫血病的成分这一科学原理，但这并不妨碍他们在如此艰难的环境中，在疟疾、基因缺陷等疾病之间实现平衡，生存繁衍至今。

### 【解释世界 vs 改造世界】

解释世界和改造世界是两件事，对创新者而言尤其如此。

毕竟在创新所面临的领域里，前人不可能有足够的数据积累，很难用理性分析。人类对已知世界的解释，未必适用于未知世界。

古希腊人相信，自然按照理性设计，而理性的精髓是数学。如毕达哥拉斯就认为：宇宙是以数学方式设计和运行的。而美国数学史学家 M. 克莱因在其著作《数学：确定性的丧失》中给公众科普了一个颠覆性的知识：数学再也不是绝对真理的代名词，它也只是人类基于有限认知的能力，编纂出来解释世界的逻辑体系，而且存在各种角度的解释。

19 世纪之前的数学界曾经无比坚信，上帝就是一个数学家，世界存在绝对规律，直到发现欧几里得第五公设居然存在一个大漏洞。而非欧几何的出现曾经让所有数学家感到困惑，甚至恐惧——欧氏几何竟然也只是解释世界的一种理论，而且还不是唯一正确的理论。那么，到底还有多少种几何理论可以解释这个世界的空间结构？比如随着向量的引入，在实数范围内无可争议的"乘法交换律"也受到了挑战，乃至加减乘除的运算法则也并不是永恒不变的。克莱因感叹道："自然法则是人的描述而不是上帝的命令。"[1]

既然连数学这么逻辑严密的科学都只是描述世界的一种方法，那么我们是不是在改造世界的时候，怀有更大的敬畏心？

人类修建了摩天大楼，制造了汽车火箭，发明了抗生素，彻底从低等动物的世界中脱离出来。在理性的光辉塑造了人类文明之后，人类就以为自己真的能像神一样按照自己掌握的自然理性来"设计创造"一切吗？

不懂氧气原理的人类先祖照样点燃了文明的火种，没学过解剖，人类先祖也饲养出了品种优良的各类家畜。对生命、社会等复杂系统，机械论的构建主义已经让人类吃尽苦头。我们应该重拾先祖改造世界时积累的宝贵创新方法：驯化。

**看懂了牛的解剖图，也不意味着你会养牛。**

改造世界可以借鉴前人对世界的解释，但不能用这些注定"错误"的解释来行动，而要更尊重一线实践中涌现的新知识。

车尔尼雪夫斯基说："实践是个伟大的揭发者，它暴露一切欺人和自欺。"

---

[1] 《数学：确定性的丧失》，（美）M. 克莱因，湖南科学技术出版社，1997。

# 没有创新，只有发现

不同于创造的建构理性主义，演进理性哲学假设创新原本会"自己"发生。在驯化模式下，没有创新只有发现。

**创新的反义词不是模仿而是守旧。**

## 【商业创新之一：发现"已经发生"的创新突变】

所谓商业创新无非是发现"已经发生"的商业突变，然后将其放大，使之成为更能满足人类需求的商业新物种。

在人类的创新史上，有一种很容易被忽略的情况，被称为"发明的独立重复"现象。在全球化程度不高的时代，在世界的某个角落里，一位聪明的科学家会发现一个奇妙的定律：一位发明家会创造出一个神奇的产品，并把这个新创意公之于众。经过几年之后，他却发现在过去的几年里，不止一个人想到过他提出的创意，甚至还发表了研究成果。

在这类故事里，最知名的来自达尔文与华莱士两位绅士。1837 年，达尔文结束了"小猎犬号"环球航行之后，带着收集的大量材料回到英国，开始研究物种起源的问题。此时达尔文已经基本形成了"进化论"的思想，也做好了充分的写作准备。但是，因为希望对该理论的严密性再做一些思考，以及担心进化论会遭到主流思想界的反击，达尔文一直没有动笔。1858 年 6 月，达尔文收到青年学者阿尔弗雷德·拉塞尔·华莱士（Alfred Russel Wallace）从马来群岛寄来的信件。在这封信的附件里，华莱士比较系统地阐述了自己对物种起源的看法，提出的基于自然选择的进化机制与达尔文的观点十分相似，甚至连使用的一些术语都是达尔文准备写作的《物种起源》一书中的章节标题。

好在两位学者都是道德高尚的人，他们都很尊重对方的思想贡献。达尔文一直宣称进化论是他和华莱士共同的孩子，而华莱士坚定地认为自己就是一名达尔文主义者，为此他专门写了一本书，名字就叫《达尔文主义》。

独立重复发明的案例还有不少，比如 1611 年，居住在 4 个不同国家的 4 位科学家在不同的地方几乎同时发现了太阳黑子的存在。1745—1746 年，居住在荷兰来登市的迪安·冯·克莱斯特（Dean Von Kleist）和康奈尔斯（Cuneus）先后发明了电池。

约瑟夫·普利斯特里（Joseph Priestley）和卡尔·威尔海姆·舍勒（Carl Wilhelm Scheele）分别在 1772 年和 1774 年先后独立地分离出氧气。19 世纪 40 年代，能量守恒定律先后 4 次被不同的人提出。柯斯金斯基（S.Korschinsky）和雨果·德弗里斯

（Hugo de Vries，1848—1935 年）分别在 1899 年和 1901 年先后发现基因变异对于生物进化的重大意义。1927 年，两位学者又分别独立发现 X 光的照射会影响基因的变异率。电话、电报、蒸汽机、摄影术、真空管、收音机，在现代生活中的几乎每一项重要技术突破与发明的过程中，都存在"发明的独立重复"现象。

　　在 20 世纪 20 年代早期，两位哥伦比亚大学的学者威廉姆·奥格本（William Ogburn）和多萝西·托马斯（Dorothy Thomas）决定做一项新的研究，即尽可能地记录下创新历史上有关"独立重复"的案例。最终他们将研究结果写成了一篇极有影响力的论文，并取了一个引人思考、意义深远的标题——《创新是不是一种必然？》（"Are Inventions Inevitable？"）。他们一共找出了 148 份创新案例，每份案例的"独立重复"均发生在同一个时代里。a

　　蒸汽机的发明和使用是工业革命的象征。直到现在还流传着这样的说法：詹姆斯·瓦特由于看到蒸汽从水壶嘴冒出来而受到了启发，于 1769 年发明了蒸汽机。这是完全不靠谱的故事。在瓦特之前，托马斯·纽科门（Thomas Newcomen）发明的蒸汽机已经运行了 57 年。

　　1736 年，瓦特出生于苏格兰的格陵诺克，他的祖父托马斯·瓦特（Thomas Watt）是著名的数学家和当地学校校长。父亲、叔叔在当地也都是有名的数学家、仪器制造家和造船商人。他家的墙上，还挂着牛顿和数学家内皮尔的画像。

　　在苏格兰格拉斯大学从事仪器制造的时候，瓦特结识了学校教授罗比逊和布莱克，并系统学习了数学、力学、化学和热力学，还做了很多实验。在 1761 年左右，他使用帕平的蒸煮器对蒸汽压力进行系统试验。1764 年，学校请瓦特去修理一台老式的纽可门式蒸汽机。这原本是一次普通的维修，但瓦特却敏锐地发现了这种老式蒸汽机的问题，并对纽可门式蒸汽机进行脱胎换骨般的改造，找到了热能被大量耗费的问题，给出了解决方案——冷凝器和气缸被分开，还有其他一系列改良，从而在 1776 年制造出第一台有商用价值的蒸汽机。

　　当瓦特还在实验室里修理机器的时候，英格兰已经制造出 100 多台纽可门式蒸汽机。而纽可门式蒸汽机是英国人托马斯·萨弗里（Thomas Savery）于 1698 年获得专利权之后才有的，但在萨弗里获得专利权之前，法国人丹尼·巴本（Denis Papin）已于 1680 年左右设计出这种蒸汽机（但没有制造），而巴本的设计思想则来自他的前人——荷兰科学家克里斯蒂安·惠更斯（Christian Huygens）和其他人。

　　当创新不再是某个天才的神来之笔，而是有规律地、可持续地涌现出来的现象，

---

① 《伟大创意的诞生：创新自然史》，（美）史蒂文·约翰逊，浙江人民出版社，2014。

那么创业者就可以花费更多的精力去"发现"，而不是闭门造车。

**【商业创新之二：用户产生的创新】**

在商业创新领域，另外一个超出过去人们认知的现象是"用户产生的创新"。

麻省理工学院管理学院教授埃里克·冯·希普尔提出了一套用户创新理论。他用非常有力的统计数据证明：用户对产品的开发和改良频繁、普遍且重要。用户创新对产业贡献比例之高，超出很多人的想象。如表 1.1 所示，在工业品的 5 个领域，在消费品的 3 个领域都有较大比例的用户创新行为。[①]

表 1.1　工业品和消费品领域的用户创新

| 产品品类 | 产品 | 用户样本数和类型 | 为自己使用而开发产品或制作产品的比例 | 数据来源 |
|---|---|---|---|---|
| 工业品 | 印制电路 CAD 软件 | 参加 PC-CAD 会议的 136 家公司用户 | 24.30% | Urban 和 von Hippel，1988 |
| | 管道吊架五金制品 | 74 家管道吊架安装公司的员工 | 36% | Herstatt & von Hippel，1992 |
| | 图书馆信息系统 | 澳大利亚使用了计算机化 OPAC 图书馆信息系统的图书馆 | 26% | Morrison 等，2000 |
| | 外科手术设备 | 261 名在德国工作的普通临床外科医生 | 22% | Lothhje，2003 |
| | 阿帕奇的 OS 服务器软件安全性能 | 131 名技术精良的阿帕奇用户（网管） | 19.1% | Franke 和 von Hippel，2003 |
| 消费品 | 户外消费品 | 153 名户外活动产品的邮购目录接收者 | 9.8% | Lothje，2004 |
| | "极限"运动设备 | 197 名来自 4 项极限运动的 4 个专业运动俱乐部成员 | 37.8% | Franke 和 Shah，2003 |
| | 山地车装备 | 291 名同一地区的山地车手 | 19.2% | Lothhje 等，2002 |

注：在 8 个产品领域中，许多被调查者报告为自己使用而开发和改良过产品

用户主动创新的最直接理由是——他们有刚需，通过创新可以"直接"从中获益；而厂商的创新则是通过开发产品然后再出售给用户而"间接"获益。而且大部分

---

[①] 《用户创新》，（美）埃里克·冯·希普尔，东方出版中心，2021。

厂商都倾向于满足市场容量足够大的细分领域，当用户的需求出现差异的时候，没有合适的供应商出现，对于部分有刚需的用户，就会激发他们为满足自己需求而创新。另外一个趋势在于各类技术知识更容易被获取、技术社群更容易被搜索到，从而极大降低了用户创新成功的难度。

2022年跨年演讲中罗振宇讲述的第一个故事的主人公叫徐伟。他的第二个孩子出生半年的时候，查出来得了一种基因缺陷带来的罕见病——身体没办法吸收铜离子。医生说，得这种病的孩子，三岁前的死亡率，接近100%，这很不幸。而且，这种病没有能根治的药物，就连缓解症状的药国内市场上也还没有。设身处地地想，做父母的遇到这种事该怎么办？这位伟大的父亲走上了一条自主研发的路。徐伟还不是什么理工科高知，他只有高中学历，没有生物医药的相关知识。而他居然就走上了这条让人望而生畏的路。两年来，徐伟不断想办法，他每前进一小步，就会吸引更多的人，包括专业机构来帮他。目前，孩子的病情已经有了缓解。

我曾经支持过一个服务小众病患者的创业项目，也发现过不少患者自己研发药物、生活辅助器械的案例。而且这些小众病患者还通过网络形成了一个个的小社群，分享创新资讯、相互支持。

另外，用户创新者更愿意公开自己的成果。在运动爱好者、程序员社群等其他案例中，这种用户之间的互相帮助、分享创新成果的现象非常普遍。这就意味着新企业创业者完全可以从中发现各种商业创新，并将其"驯化"。

## 【新企业起航：持续发现局部创新并联结驯化这些创新】

普鲁塔克（拉丁文 Plutarchus，约46—120年）是罗马帝国时代的希腊作家、哲学家、历史学家。他曾做过一个著名的思想实验。在古希腊传说中，忒修斯远航克里特岛，在米诺斯迷宫中杀死了牛头怪米诺陶。后来忒修斯之船被献祭给阿波罗。为使它永世长存，每当一块船板朽烂掉，人们就用同样材质、同样形状的新船板来替换。于是普鲁塔克提出了一个问题：如果某一天，所有船板都被替换过了，它还是原来的船吗？

英语中有一句口语叫"祖父的旧斧头"（Grandfather's axe），意思是：就算斧头和斧头柄轮流更换过很多次，它还是原来的那把斧头。人类探索活动中出现各类闪光点，就像忒修斯之船上的船板，会一直在更替，而保持忒修斯之船还是忒修斯之船的根本在于对船板的"联结"。

1949年，鸟类学家欣德（Hinder）与费雪（Fisher）基于数百份面向英国观鸟者、送奶员、订奶人等人的调查，在《英国鸟类》发表了一篇关于山雀偷喝牛奶的文章。

他发现，所有鸟类都不能消化牛奶，山雀也是这样。和很多成年人一样，鸟类体内缺少分解乳糖的酶类。但是在老式牛奶上层漂浮的那层奶油几乎不含乳糖。所以，这些奶油脂肪对冬季缺少食物的鸟儿很重要。19世纪末英国送奶员们会在清晨时候，把敞着口的牛奶瓶放在各家门前，山雀就会把脑袋钻进瓶口吃掉那几厘米的奶油层。

为了守护牛奶，人类与山雀展开了攻防。最初，牛奶供应商用蜡纸板对奶瓶封口。但是到1921年，英国南安普敦的山雀开始把板子一层层啄破、剥掉。于是供应商将封口换成铝制盖，结果情况也没有好多久。到1930年，英格兰10个镇的山雀都学会了开金属瓶盖。为了对付金属盖子，它们先在金属瓶盖表面钻出个小洞，然后拽出里面的锡箔纸，把整个盖子拽出来，最后用爪子抓着它飞走，等到了安全的地方再去啄盖子内侧的奶油。

在欣德与费雪关于山雀开瓶盖技巧与人类防御措施的调查里，人们愤愤不平地诉说山雀冲向奶瓶的速度有多快，牛奶放在台阶上几分钟就会被偷吃。最惨的一次，在某个学校校长迅速赶来之前，山雀们已经打开了学校300瓶牛奶中的57瓶。更夸张的是，厂商后来推出没有奶油层的脱脂匀质奶，而在一段时间后，山雀们甚至学会了通过区分老式牛奶瓶盖的颜色，选择可以偷吃的正确目标。[①]

当然，不只山雀发现了奶油层是值得奋斗的食物目标。还有一种彬彬有礼的鸟类——红嘴知更鸟，在19世纪末也是奶油偷食者。但是在人类展开反击，开始给牛奶瓶封口之后，红嘴知更鸟就再也没能喝到奶油了。为什么面对同样的困难，两个物种出现这么大的差异呢？原来，红嘴知更鸟是领地感很强的物种，它们喜欢独居，也不太会迁徙。而山雀则往往是8～10只在一起群居，而且还会每年进行长达两三个月的飞行迁徙。当某几只山雀发现了对付人类手段的新方案之后，因为群居和交流，其他的山雀可以很快掌握学习到新技能。而就算个别红嘴知更鸟偶尔也有创新突破，也没有办法扩散到整个种群。

20世纪70年代，盗版是唱片业的一个大问题。英国发明家凯恩·克雷默（Kane Kramer）想到了一个点子——通过电话线路数字化地传输音乐，同时店内的机器能够定制每一张专辑。但随后克雷默发现，与其把音乐转化为模拟信号，不如直接保留数字格式的音乐。为此，他设计了一台可以播放它的便携机器，并绘制出了便携式数码音乐播放器IXI的示意图。IXI上有显示屏和用于播放曲目的按钮。但是克雷默的音乐播放器有一个致命缺点——它的存储空间太小，只能放一首歌

---

① 《城市生活把鸟都逼聪明了？》，VICKO 238编译，果壳网，2018年5月24日，https://www.guokr.com/article/442969/.

（如图 1.7 所示）。[①]

图 1.7　克雷默 IXI 设计图（左）与 iPod 产品（右）

22 年后，苹果电脑的工程师们紧紧抓住了克雷默这个富有前瞻性的想法。2001年，苹果公司首次推出了一个带有环形滚动轮、外壳材料更光滑、内存和软件都更先进的 iPod，打出了著名的广告语：将 1000 首歌装进口袋，从而开创了一个全新的数字音乐行业。

乔布斯、马斯克等创业者都擅长对历史创新资源进行整合，而宝洁公司这样的大公司也已经在努力将 R&D（Research and Development）政策改为 C&D（Connect and Development）。他们都选择做山雀，不做红嘴知更鸟。乔布斯就曾说："使用人类的已有经验和知识来进行发明创造是一件很了不起的事情。"

**持续发现局部创新并联结驯化这些创新，才是保持人类社会这艘"忒修斯之船"航行能力的关键力量。**

**没有灵光乍现，有的只是终于看见。**

## 驯化商业创新：探索—选择—放大

### 【狐狸如何变成宠物】

狗是人类亲密的朋友，狗的类型有很多，有的狗很大，站起来一米多高，跟人一样高，有的狗很小，甚至只有茶杯那么大，它们之间的差别很大，但不管什么样的狗，都来自一个祖先——灰狼。4 万年前灰狼如何被驯化成人类的朋友，我们还不得而知。但是，新西伯利亚科学家仅用 50 年就成功培育出了家狐。

---

[①]《飞奔的物种》，（美）大卫·伊格曼，（美）安东尼·布兰德，浙江教育出版社，2019。

德米特里·别利亚耶夫（Dmitri Belyayev）是苏联的一位遗传学家（如图 1.8 所示）。他出生于第一次世界大战期间，参加过苏联卫国战争。由于战绩优异，回到在莫斯科的苏联毛皮育种研究所之后，别利亚耶夫被任命为研究所所长。不过，由于坚持进化遗传学的理论，他与当时反对基因进化学说的李森科学派发生冲突，他很快就被免除所长职务。

图1.8 苏联遗传学家德米特里·别利亚耶夫

1958 年，别利亚耶夫被流放到位于新西伯利亚的苏联科学院细胞学和遗传学研究所。在这个远离莫斯科的政治的地方，别利亚耶夫潜心多年做了一个很著名的"银狐实验"。这个实验从 1958 年开始，一直到 2008 年，这时候别利亚耶夫都已经去世了。这是一个什么样的实验，居然进行了长达 50 年？原来，别利亚耶夫想运用达尔文进化论原理，把野生狐狸驯化成家养宠物。

野生狐狸很凶猛，怎么驯化呢？莫斯科大学生物系女大学生柳德米拉·特鲁特（Lyudmila Trut）在 1970 年加入实验。她回忆说："我们开始这项实验时，寻找了跟狗接近的动物，最终选择了狐狸。它当时已在苏联养兽场繁育了几十年，也就是说已经是人类控制下的繁殖阶段，这大大缩短了我们的实验时间。"苏联当时繁育的主要是 20 世纪 20 年代从加拿大引进的银狐。它们非常凶，会扑上去咬人，因此别利亚耶夫最初的驯养提议让当地养兽场的人们大为惊诧。特鲁特说："我们选择了没对人表现出强烈野性的狐狸，它们或多或少能容忍人类，这在养兽场中是极少数。"最终，被选出的狐狸集中到新西伯利亚科学城附近的一个农场养殖。

第一代小狐狸生下来以后，别利亚耶夫先用手去跟小狐狸接触。小狐狸们就会有几种表现：有的小狐狸会咬他；有的小狐狸会很麻木，不理他；有的会躲开；有的小狐狸会主动地亲近他。于是别利亚耶夫就把主动亲近人的小狐狸留下来，对它们进行第二代的繁殖。繁殖以后又对生下来的小狐狸进行同样的测试，看亲近人的小狐狸有多少，然后把它们留下来，再进行第三代、第四代的繁殖（图 1.9）。

图 1.9 "格尔达"是别利亚耶夫所在研究所培育的一只家狐

结果到了第六代，别利亚耶夫就发现有那么一批狐狸特别喜欢亲近人类。1963年，第一只人靠近时会摇尾巴的小狐狸出生了。后来几代中有些狐狸会舔人的手，让人挠肚皮，之后可以跟人对视（这在自然界中一般被视为敌意动作）。1975年，第一只与人同住的狐狸产下后代，它们开始发出类似狗叫的声音。于是别利亚耶夫就把这类狐狸取名叫"驯化精英"。"驯化精英"在第六代狐狸中占到差不多 10%。

之后，实验人员年复一年，按照之前的原则一代一代地挑选和繁衍"驯化精英"。到了 30 代之后，"驯化精英"已经占到 70% ~ 80% 的比重。这时候"驯化精英"狐狸表现出来的样子已经非常接近狗了。比如它的耳朵会耷拉下来，尾巴会翘起来，甚至会像狗一样发出"呜呜呜"的声音，它们已经没有了野性，变成了宠物。这些年下来，位于俄罗斯远东的这家研究所共繁育了 6 万多只对人类友善的狐狸。[①]

**【探索—选择—放大】**

银狐的驯化工作可以分解为三个步骤的持续迭代。

第一步：探索。用手伸向小狐狸，尝试与众多的小狐狸接触，测试到底有多少狐狸会对你亲近。因为在测试之前，哪只狐狸对人类亲近，你是不知道的，所以你必须伸手尝试去多次接触小狐狸们。

第二步：选择。是选择攻击你、对你麻木不理，还是选择对你亲近的小狐狸？你

① 《俄罗斯全球唯一遗传学研究所让狐狸变成宠物》，安娜·索罗金娜，《透视俄罗斯》，2020 年 9 月 10 日，http://tsrus.cn/keji/2020/09/10/670343.

需要建立一个选择原则。

第三步：放大。只把那些对你亲近的小狐狸进行再繁殖。这一步是对于上一步选择方向的放大。放大后就相当于进入了下一个阶段的新探索。

把上述驯化动物的方法应用到商业创新的驯化，也可以采取这样的"探索—选择—放大"的三步迭代。

### 商业创新驯化第一步：探索。

组织行为学者美国密歇根大学教授卡尔·韦克（Karl Weick）曾做过一个著名的蜜蜂与苍蝇的实验。他在一个玻璃瓶里放上几只苍蝇和几只蜜蜂，瓶口打开，把瓶底对着太阳。然后发现蜜蜂会一直在瓶底，向着太阳的方向飞，因为一直飞不出去，最后被活活晒死。而苍蝇则四处乱撞，然后撞到瓶口飞出去了。

韦克认为，之前的生存认知培养了蜜蜂的"向光性"，让蜜蜂以为囚室的出口必然在光线最明亮的地方，因此不停地重复着这种合乎它们认知逻辑的行动。但不幸的是，蜜蜂遇到了一种超出它们理解能力的神秘之物——玻璃。

在苍蝇的认知世界里没有"向光性"这个逻辑。它们选择了四处努力、笨拙尝试，结果误打误撞找到了出路。

这是神圣的愚拙与精准的聪明之间的对抗。人类因为有文化的学习和积累，所以会拥有更多的"向光性"。为了避免在某个方向上遇到自己看不到的瓶底，**新企业开创者一定要先有"大量动作"去探索，然后才能逐步追求"精准动作"。**

### 商业创新驯化第二步：选择。

1928 年，一个化学公司里的普通科研人员，无意中犯了个过失。他把一个烧锅开着，结果过了一个周末烧锅烧干了。而在烧锅底部形成了一种新物质，这种物质可以拉出一种纤维来。这个意外被实验室的主任发现，他们在此基础上做了持续的研发，最后开发出一种著名的纤维。这种纤维被命名为"尼龙"，而这家公司就是杜邦公司。有人会说，杜邦公司就是误打误撞，走了狗屎运。其实，当时世界上不少公司、实验室都发生过这类现象。比如当时德国一个很有名的公司也曾出现过这种意外，只不过他们的实验人员没把这个纤维当回事。正是因为杜邦公司的科研人员做出了非常规的选择，才诞生了尼龙这种伟大的材料。

### 商业创新驯化第三步：放大。

1890 年，强生公司还是个以生产抗菌纱布和医用药膏为主的企业，有一次一位客户来信抱怨，因为用了强生的药膏手很痒，很不舒服，问公司能不能给他寄一些滑石粉。于是业务人员就给客户寄了一小包滑石粉解决他的问题。然后业务人员就建议公司，既然客户遇到了这样的问题，那么我们是不是应该在每个药膏里都附送一小包滑石粉？结果没想到，药膏没有提高销量，反倒是客户要买的那一小包滑石粉广受欢迎。这个细节被强生公司发现并进行了研究，然后把它放大，从而诞生了强生历史上著名的产品"婴儿爽身粉"，一个世界级家喻户晓的产品。

我们再分析一个运用"探索—选择—放大"模式进行商业创新的案例。

一般人都会认为，爱迪生发明了电灯，真的是这样吗？其实，在 1860 年英国人约瑟夫·斯旺比爱迪生早 20 年就在实验室制造出了第一个碳丝电灯。斯旺在真空条件下用碳丝通电制成了电灯，并且申请了专利。到了 1874 年，两个加拿大的年轻人也申请了一项电灯专利，在玻璃泡里充入氮气，用通电的氮管发光。但是他们没有足够的金钱去完善这个发明，于是就把这个专利卖给了爱迪生。爱迪生买下专利后，尝试改善灯丝材料。他尝试了 1600 多种，也有人说 3000 多种，反正做了很多次实验，找到碳化棉丝做灯芯材料让电灯亮了 45 个小时。直到 1880 年，爱迪生才制造出了能够连续点亮 1200 个小时的毛竹碳丝灯芯电灯。所以说，灯泡并非爱迪生发明，而是爱迪生改良的。

因为旺斯在英国申请了专利，他还把爱迪生告上了法庭。最后他们庭外和解，旺斯把他的专利也卖给了爱迪生。其实早在 1854 年，移民美国的德国钟表匠亨利·戈贝尔也已经实现用碳丝在真空的玻璃瓶下通电发光，并且创造过维持发光 400 小时的纪录。所以在某种意义上，戈贝尔才是第一个发明可以长时间通电的商用电灯的人，只是他没有注册专利。但后来美国专利局判断爱迪生的发明落于人后，专利无效，戈贝尔拿回了专利。爱迪生又从戈贝尔的遗孀手里买下专利。

按照"探索—选择—放大"的逻辑，我们把发明电灯的过程整理如下。

**探索：**在 1860 年，英国人约瑟夫·斯旺比爱迪生早 20 年就在实验室制造了第一个碳丝电灯，这是在真空条件下用碳丝通电的电灯，并且申请了专利。到了 1874 年，两个加拿大的年轻人申请了一项电灯专利，在玻璃泡里充入氮气，以通电的氮管发光。但是他们没有足够的金钱去完善这个发明。

**选择：**爱迪生独具慧眼，从加拿大年轻人手中购买了专利，选择了在玻璃泡里充惰性气体（而不是真空）的路线。

**放大：**爱迪生在玻璃泡路线的基础上加大研究力度。

**再探索：**爱迪生买下专利后，尝试改善灯丝材料，尝试了 1600 多种材料，也有人说 3000 多种，反正做了很多次实验。

**再选择：**找到碳化棉丝做灯芯材料让电灯亮了 45 个小时，选择了"碳纤维"这个材料方向。

**再放大：**直到 1880 年，爱迪生才制造出了能够连续点亮 1200 个小时的毛竹碳丝电灯。

## 本章小结

商业创新是一个非常复杂的社会动员过程。其中很多变量、很多因素并不能够为新企业开创者所把控。更主要的是，开创者也没有必要去把控，而要用对待生命的意识来对待新企业的商业创新，要相信"生命自有其出路"。

文艺复兴以来理性狂飙突进。人类对世界祛魅之后，进入个人中心主义、人类中心主义的人本时代，同时也引发人类升起了"致命的自负"。在已知领域，构建理性确实能提升我们将认知转化为实践成果的效能，但它并不能给予生命方向。或者说，构建理性适合更高效地填满一个框架，而这个框架本身该如何设置，已经超出了构建理性的视野。而新企业开创者的首要任务，恰恰是要"画个新框架"。

进行商业创新活动的时候，我们与几万年前的祖先并没有什么区别，都是一样要面对着无限的未知。我们要对市场有敬畏之心，继承先民验证多年的"创新传统智慧"，依照演进理性的指导，运用驯化方法来应对未知的商业世界。

本章建议新企业开创者要**承认商业创新的生命特性，采用"自然而然"的驯化方法，**对已经存在的各类创新因素给予"联结""放大"。而不是按照自己脑海中想象出来的蓝图去"塑造""构建"商业创新生命体。

商业创新的驯化模式为"探索—选择—放大"的持续迭代。

本章补充案例及知识点深化部分，请扫码进入《商业元创新》互动区。

# 第二章

# 新企业的三类商业创新

# 有前途的新企业

## 【百年福布斯排行榜中的新发现】

1917 年 9 月 15 日《福布斯》杂志创刊，创立者博泰·福布斯（Bertie Forbes）当年发布了第一个"福布斯美国 100 强企业"排行榜。在 1987 年，也就是福布斯排行榜诞生 70 年之际，迪克·福斯特（Dick Foster）与莎拉·卡普兰（Sarah Kaplan）重新梳理之前的榜单，调查原上榜公司的现状，随后在他们的《创造性破坏》一书中展示了研究成果。

最早登上榜单的 100 家企业中有 61 家已经消失了，它们不是被并入其他公司，就是破产。幸存下来的企业中，有 21 家虽然活着但已经不属于 100 强了。只有宝洁（Procter & Gamble）、埃克森（Exxon）与花旗银行（Citibank）等 18 家企业依然能留在榜单上。

这些幸存在排行榜上的企业经过大浪淘沙，穿越了百年的惊涛骇浪，按照常规思考，应该是经济表现极佳的一批企业吧？

但是，福斯特和卡普兰的数据显示：经过 70 年的发展，除了通用电气公司和柯达公司之外，幸存在排行榜上的其他 16 家企业股市价值的增长都低于整个股市的平均值。

到了 2017 年 9 月，《福布斯》迎来了 100 周年。该杂志自己撰文，回顾了这 100 年来美国百强企业的变化。文章说福布斯创刊时的美国 100 强公司，只有 12 家公司历经百年沉浮后仍然名列 100 强，并保持着最初的名字（如图 2.1 所示）。这意味着在最近的 30 年里，之前的 18 家变成 12 家，又少了 6 家。

100 年后还在榜单上的 12 家公司是：宝洁、约翰迪尔、通用电气、西尔斯（现为西尔斯控股旗下全资子公司）、杜邦、国际纸业、福特汽车、美国铝业、太平洋瓦电、美国电话电报公司（现为 AT&T 子公司）、固特异和美国钢铁公司（图 2.1）。

1917 年道琼斯指数约为 80 点，而 2017 年该指数已接近 3 万点。大部分存活过 100 年的基业长青企业的股市表现，依然还是没能超过股市平均值。

## THE 100-YEAR JOURNEY

| COMPANY (1917) | VALUE OF<br>$1,000 INVESTMENT'<br>(2017) | PRICE<br>APPRECIATION |
|---|---|---|
| PROCTER & GAMBLE | $1,596,006.36 | 159,501% |
| DEERE & CO. | 1,171,772.26 | 117,077 |
| GENERAL ELECTRIC | 992,655.05 | 99,166 |
| SEARS, ROEBUCK | 690,767.22 | 68,977 |
| E.I. DU PONT DE NEMOURS | 659,731.14 | 65,873 |
| INTERNATIONAL PAPER | 218,105.16 | 21,711 |
| FORD MOTOR | 115,233.25 | 11,423 |
| ALUMINUM CO. OF AMERICA (ALCOA) | 105,743.77 | 10,474 |
| PACIFIC GAS & ELECTRIC | 63,964.90 | 6,296 |
| AMERICAN TELEPHONE & TELEGRAPH | 25,362.46 | 2,436 |
| GOODYEAR TIRE & RUBBER | 21,798.71 | 2,080 |
| U.S. STEEL | 21,146.51 | 2,015 |

'ASSUMES $1,000 INVESTED IN 1917, INCLUDES SPINOFFS BUT EXCLUDES CASH DISTRIBUTIONS LIKE DIVIDENDS.
SOURCES: FORBES ARCHIVES; NETWORTH SERVICES.

图 2.1　福布斯排行榜上 100 年后幸存企业

　　福斯特和卡普兰还参考了另一个榜单，就是标准普尔 500 在 1957 年评选出的 500 家企业，到了 1997 年只有 74 家企业仍然可以上榜。而且它们作为一个集合的标准普尔指数增长，仍要比标准普尔 500 总指数的增长率要低 20%。

　　能够持续几十年的优秀表现世所罕见，可重复的优秀表现更是极其稀少的，这就是有关大部分企业的残酷真相。市场瞬息万变，但大多数企业都无法做到长期及时应对。[1]

　　福斯特和卡普兰提出了一个悖论：“作为一个整体，长期上榜企业的表现低于标准普尔 500 平均水平；长期幸存在福布斯排行榜上的企业股市价值增长都低于整个股市的平均值。”

　　复杂经济学家埃里克·拜因霍克对这个悖论给出的解释是：因为有源源不断新生企业的成功引领着经济，加入到头部阵营，从而使得经济头部企业的整体平均线保持在较高水平。

　　因此，拜因霍克给出了一个很有进化论色彩的结论：**“创新的不是企业，是市场。”** [2]

---

① 《创新：进攻者的优势》，（美）理查德·福斯特，北京联合出版公司，2017。

② 《财富的起源》，（英）埃里克·拜因霍克，浙江人民出版社，2019。

**【那些有前途的新企业】**

理查德·福斯特2015年的一次TED演讲中说道："商界的竞争并不是巨人和巨人打仗，也不是一个小公司单挑一个大公司，而是一批新的小公司挑战一家大公司。"

为什么埃里克·拜因霍克说创新的不是企业，是市场？是因为市场诱发或者逼迫大量新企业进行商业创新。相比成功过的大企业，新企业的商业创新活动更有突破性、更能开辟广阔新天地。

除了发达国家，就算是在新兴市场的发展中国家，新企业也是经济增长的主力。比较经济学家钱颖一也曾说："我们往往喜欢把注意力放在大公司、几百强企业上，因为它们引人注目，也容易获得数据。但是经验证据表明，新生的小企业、小的私营企业才是发展中国家、转轨国家经济增长的主要动力……无论是中国还是俄罗斯、波兰、匈牙利，抑或秘鲁、印度，正是这些小的新生企业……才是经济增长的主力。"①

如果我们将"发展"定义为质变性的经济上升，"增长"定义为量变性的经济上升，那么，小企业负责发展，大企业负责增长。

虽然宏观上看，新生企业是经济增长的持续动力来源，但是大部分新生企业生存能力太弱，每年大量产生，也大量死去，真正对社会产生持续贡献的新企业并不多。邓肯和汉德勒（Duncan and Handler）研究了一批创办于1985年并生存下来的企业，发现其中只有24%的企业在1994年增加了雇员。柏奇和麦多夫（Birch and Medoff）估计，在1988年和1992年之间，美国所有企业中的4%（大约35万个"活跃分子"）创造了美国经济新增总就业量的60%。说明真正能给经济社会带来增长的也只是新企业中的一小部分。②那么我们如何找出这批优秀的"小部分新企业"，如何成为这一小部分新企业？

哥伦比亚大学教授阿玛尔·毕海德在《新企业的起源和演进》中尝试将"新企业"划分为两类：一类是理发店、小商户等边缘企业（marginal business）；另一类是"有前途的新企业"。他认为真正要聚焦关注的是那些成立在10年以内"有前途的新企业"。

虽然毕海德在书中并没有给出明确的定义什么是"有前途"，但是其表达的内涵可以理解为"有前途的新企业"是那些**拥有商业创新、有潜能发展成为大公司的新企业**。

按照"物竞天择，适者生存"的进化理论，随着时间进程，自然环境不断变迁，

---

① 《走向好的市场经济》，钱颖一，《中国经济报告》，2021年第4期。

② 《新企业的起源与演进》，（美）阿玛尔·毕海德，中国人民大学出版社，2018。

生物新物种也会持续涌现，只有那些适应新环境的物种才能够活下来。新企业类似自然界的生物，市场则像是新企业得以生存的"自然环境"。新企业只有借助商业创新来穿越"市场剪刀"的选择，在市场上占据独特的商业生态位，才可能"有前途"。

毕海德对新企业的两种分类依然太粗放，在为新企业创立者提供方法论指导方面还缺乏针对性。为此，按照新企业"有前途"的潜能大小，也就是新企业对"市场剪刀"的适应程度，可以将新企业分为三个级别：功效级新企业、品类级新企业、行业级新企业。也将这三类新企业的商业创新对应分为：功效级商业创新、品类级商业创新、行业级商业创新。

而要理解三类新企业的商业创新划分的逻辑，首先需要厘清"品类级商业创新"的界定，为此要先探讨有关品类的一些问题。

## 品类、心智及心智进化

### 【品类】

这里的"品类"指的是商品品类。AC尼尔森调查公司曾对商品品类有过这样的定义，即"确定什么产品组成小组和类别，与消费者的感知有关，应基于对消费者需求驱动和购买行为的理解"。

一个品类是指在客户眼中一组相关联的和（或）可相互替代的商品和（或）服务。

这些定义的要点是"客户眼中""品类与消费者的感知有关"等关键词。**不从供给侧而是从需求侧来定义品类，从而定义行业，这是一个重要甚至是唯一重要的商业创新视角**。

2020年确实是魔幻的一年，农夫山泉创始人钟睒睒超过一群科技新贵成为新晋亚洲首富。卖水这个行业故事很多。1996年娃哈哈推出纯净水，之后做了很长时间瓶装饮用水领域的领头羊，连钟睒睒早年也曾做过娃哈哈的经销商。但到了1999年，新创建品牌没两年的农夫山泉决定抛弃"纯净水"，主打对健康有益的"天然水"，提出天然水比纯净水更有利于人体健康的市场主张。此举在行业内引起轩然大波，各大品牌之间你来我往打了一场场轰轰烈烈的笔墨官司。农夫山泉以一己之力对抗"纯水联盟"，把自己打造成为"大自然的搬运工"。结果在坚持20年后，农夫山泉稳居行业第一。

2020年4月30日，农夫山泉向港交所递交了IPO招股书。招股书显示，公司2019年营收240亿元，净利润49.54亿元。2018年和2019年，收益较上年分别增长17.1%及17.3%。这一增速远高于同期中国软饮料行业5.0%及6.6%的增速以及全球软饮料行业 2.7% 及 3.4% 的增速。[①]

纯净水一定不利于健康吗？至少现在还没有科学结论。但事实证明，对"天然水"与"纯净水"两个概念，在重视身体健康、亲近自然的人的心智中，区分非常明显。这样本来均质化竞争的饮用水行业，硬是被农夫山泉发现并挖掘出了一个新品类。

消费者为什么下意识地要对商品进行归类？正是因为**人类的心智天然就是一个容量不足的容器**。

美国哈佛大学心理学教授乔治·米勒（George Armitage Miller），是以信息处理为基础的认知心理学的先驱。1956 年，乔治·米勒发表论文提出了著名的"神秘七加减二"理论。其中一个观点对商界产生重大影响：普通人的心智不能同时处理七个以上的单位。

人类处理信息的能力非常有限，消费者决策必须采用一种"概念抽屉"的决策模式。也就是先把商品进行归类，再进行分析、判断，最后做出选择。比如看到一张桌子，消费者自然会把它归类到"家具"这个概念抽屉里。

这种对人、物、品牌进行分类的方法，不仅是管理事务的一种便利的方法，也是应对生活复杂性的必需品。归类思维模式也算是一种进化选择，毕竟人类不是计算机，太耗能的事大脑不爱干。大部分消费者会选择自己熟悉的商品，从而"降低购买决策的成本"。

## 【心智】

既然对品类的认定基于主观认知，那么品类的划分在不同类型人的心智中就会不同，就会受到不同文化、亚文化的严重影响。

关于是否能吃狗肉这一话题，常常会产生社会冲突，甚至可能闹出人命来。狗还是那个生物学的物种，但在不同人的眼中，狗属于完全不同的"品类"。比如城市人会把狗看作"宠物"；而在乡间，农民大概率会把狗归类为看家护院的"家畜"。

很多人以为 SUV 就是越野车，其实 SUV 与真正的越野车 ORV（off-road vehicle）差别很大。ORV 专为越野而特别设计，可以适应各种崎岖路面。SUV 则是运动型多功能汽车，结合了越野车和城市轿车的特性，并不具备真正的越野功能，它只是搭载了越野的概念。消费者在城市平滑道路上开 SUV，并不是因为汽车能翻山越岭，而是希望为自己的"狂野之心"找个载体。在都市化生活压力巨大之际，SUV 购买者

---

[①] 《农夫山泉竟然是卖瓶子的？》，证券市场周刊，2020 年 5 月 20 日，http://baijiahao.baidu.com/s?id=1667174550595059232 .

也没有多少时间去越野纵情山林，只能给自己的心放个假了。而那些真正有时间参加越野活动的发烧友，一般不属于认为 SUV 属于越野车。所以不同的亚文化圈层，对品类的认知会完全不同。

### 【心智进化】

因为不想在坑洼不平的地上走路，人类发明了鞋子，后来人类又发明了按摩鞋垫。**人类的心智认知一直在进化，思想解放从未停止，以致品类创新生生不息。**

比如近 100 年女性着装的变化，就能映射出 100 年女权主张的变迁。心智变迁导致在商品的认知过程中，商品产生了一些归类空白。创业者要能及时觉察到这种变迁中出现的错位，觉察消费者自己都不能清晰表达的心智需求，从而开创新品类。20 世纪初美国著名企业家亨利·福特曾有句名言："如果我当年去问顾客想要什么，那他们肯定会告诉我'要一匹更快的马'。"

阿胶是历史悠久的中药材，在 20 世纪 80 年代，中国家庭经济条件普遍不好，营养不良时有发生，这时候，阿胶能"补血"的观念被消费者所看重，购买来给病人或者送礼。但到了 90 年代，曾经红火一时的"补血阿胶"突然不再受欢迎，这种现象一直持续了多年。再到 21 世纪后，头部厂商东阿阿胶从《本草纲目》中找出典故——滋补三大宝，人参、鹿茸与阿胶。开始抢占大众"阿胶＝滋补圣品"适合养颜养生的心智高地。那个时候，中国人的营养已经不是问题，人们更希望获得更高质量的生活。于是，阿胶又重现辉煌。东阿阿胶从 2002 年的 80 元一斤涨到 2016 年的 2000 元一斤。

再看家用电器领域的两个"冤家"对手：美的与格力。根据 2020 年两家上市公司的年报，从总资产规模来看，美的和格力不相上下。两家公司的空调业务占比：格力比较专注，占比 70%；美的则比较分散，占比只有 43%。2021 年 8 月 30 日晚，两家再次发布业绩公告，美的电器上半年空调业务营收居然超出格力电器 93 亿元。"好空调，格力造"的广告一直在暗示消费者，空调品类第一名是格力。按照定位理论，专注于形成"空调品类第一"的格力品牌怎么会在空调领域输给同时销售众多类型电器的美的品牌呢？

前面讲过，商业品类区隔属于主观感受，在人们心目中的认知会随着时代而变迁。在 30 年前的中国消费者心目中，空调、电视、冰箱等都是"大件耐用消费品"。作为重大购买决策，那个时候的消费者会有意识对上述品类进行区分。专注在空调品类做第一的格力，也因此获得了连续多年的增长。但是到 2000 年后出生的 Z 世代成为消费主力的时代，情况就出现重大改变。

一方面，空调在居民消费中的比重已经远不如 30 年前。"奥维云网"的数据显示：2017—2020 年，国内空调零售额已经从 1931 亿元下降至 1645 亿元，年复合增速 –5.2%；另一方面，消费者尤其是年轻消费者关注的电子产品越来越多，从手机到 VR，从机器人到新能源汽车。在年轻消费者心目中，空调、冰箱、电视早已不是奢侈品，只被归类为"一般家用电器"，没有必要再消耗宝贵的认知资源去区分它们，空调已经慢慢失去在大众心智中的特殊位置，逐步成为"小家电"。

而 2021 年半年报显示，美的集团除了空调业务外，电饭煲、电压力锅、电暖器、电风扇等"小家电"的线上线下份额均稳居第一。

## 品类级创新：寻找人类心智世界新大陆

### 【定位理论】

20 世纪 70 年代在市场营销领域出现"定位"理论，该理论的主要倡导者是美国营销专家艾·里斯（Al Ries）与杰克·特劳特（Jack Trout）。定位理论强调要"抢占"消费者心智中的位置，把品牌与品类的关系刻入消费者心智中。

为什么要抢占呢？

前文讲过，**人类的心智天然就是一个容量不足的容器**。一旦某几个产品品牌被人们列入心智中的某个品类，后来的同品类产品就不容易被消费者记住了。就像我们都知道珠穆朗玛峰是世界第一高峰，知道世界第二大高峰的名字是"乔戈里峰"的人就不多了，要想了解世界第三高峰"干城章嘉峰"就得去网上搜索。估计愿意去核实世界第 11 高峰的人更少之又少。

定位理论的核心思想，就是要在消费者心智的某个商品归类里占据第一名的位置。问题是，已经存在多年的消费者心智归类已经被塞满了各种品牌，那么后来者的机会在哪里呢？

解决方法就是要找到心智"空白"，提炼命名出一个新品类，然后把自己的品牌填入消费者心智中的这个新品类之下，使之成为"头部品牌"。在定位理论的实践中，一个重要应用模式就是将某个品牌打造成某个品类的代言。比如"百度一下""google一下"；还有历史上有名的"施乐公司"也曾是"复印"的代名词。

Google 于美国时间 2015 年 8 月 10 日宣布对企业架构进行调整，在 Google 公司之上创办一家名为 Alphabet 的"伞形母公司"（Umbrella Company）。旗下搜索、YouTube、地图等业务保留在原 Google 公司，其他一些智慧家居、风险投资、实验室等探索型项目独立出来放在 Alphabet 之下。之所以这样调整，就是 Google 现在的很多业务不适合再放在"搜索"这个品类之下。

**【那些滥用、错用定位理论的情况】**

定位理论曾经帮助过全球很多知名品牌创造了辉煌，但也被不少营销人员滥用。比如强行做品牌延展，在某个品类的知名品牌下推出其他品类的产品，消费品牌的知名度，长此以往反倒会削弱知名品牌在消费者心目中的认知清晰度。

2011年3月，广药集团在收回"王老吉"品牌之后，宣布延续王老吉商标许可的模式，将王老吉商标授权给广东广粮实业有限公司生产经营，并推出健康养生类食品——王老吉固元粥与王老吉莲子绿豆爽。相当于把本来是"凉茶"品类的头部品牌扩大到其他品类，但效果如何呢？《第一财经日报》2013年2月21日报道的标题是《王老吉品牌授权两年后：经销商亏本处理产品》。

在定位理论的世界观里，新品类在消费者心目中已经客观存在，然后"被商家发现"。所以，另外一个对定位理论的误用是，商家主观构建"发明新品类"。为了强行增长的经营愿望，厂商试图改变消费者的认知，在消费者心智中从无到有地强行塑造一个"观念"。

对商业机构来讲，这几乎是不可能完成的任务。首先，改变人的原有认知时间漫长、成本惊人，单个商业机构绝无能力负担得起；其次，现代社会信息过载，消费者心智被塞得很满。在注意力分散的情况下，消费者很难用心去容纳商业新知识，形成商业新认知。定位理论之所以在20世纪70年代能够成为主流营销方法，就是基于消费者原有心智认知很难改变这个假设，从而提倡占领消费者心智中的新位置。

新的品类是先在消费者心智中客观存在，然后才被厂商"发现"。厂商只是塑造了对新品类的表达，而不是"发明"了一个本就不存在的新品类。因此，**品类创新更像是企业在寻找人类心智世界的新大陆。**

**【定位理论与新企业的品类级创新】**

定位理论对于品类级创新最大的启发，在于把对品类的界定由供给侧的生产，转向了需求侧的心智。心智是一个复杂的系统，除了人们清晰的头脑逻辑部分，也包括潜意识，以及人们自己可能都不知道的情绪、认知偏差等很多因素。而且这个复杂系统还会一直变化，所谓"人心似水，民动如烟"。对于商业创新而言，首要任务不是讨论如何生产制造，而是要在某类人的心智上选择一个"空白位"。

但是需要明确的是：定位理论的出现并非服务于商业创新。1969年，杰克·特劳特就在美国《工业营销》杂志发表《定位：同质化时代的竞争之道》。1972年，艾·里斯和杰克·特劳特在《广告时代》杂志上发表了《定位新纪元》一文，令"定位"一词开始进入人们的视野。从理论源头看，它最初思考的是如何面对"高度竞争"的领域，要解决的是"广告沟通"问题。而在新企业探索新品类的早期，并不存在高度竞争，新企业往往也没有广告投入预算。

可能是意识到这个问题，艾·里斯在 2004 年出版了《品牌的起源》一书，并宣称是自己最重要的著作，其对于如何探索新品类给出了自己的答案：从旧品类中分化而来。商业发展的动力是分化，分化诞生新品类。但是这个观点本身背离了"定位"理论最大的思想贡献——应该以消费者视角来认知品类。我们知道自然界的新物种一定是旧物种基因突变而来，但是真正决定新物种是否能出现的根本力量在于产生自然选择的"环境因素"，适者才能生存。只有先思考人心的变幻，然后才能看到商业新品类出现的本质。

正是因为有这个认知误区，所以里斯在书中质疑了苹果公司 iPhone 的开发。《品牌的起源》在对定律 6 的讨论中提到："没有人问过我们这个问题，但我们认为这种情况也不太可能发生。兼具上网功能的手机设备很复杂，很难使用。它们的屏幕很小，只适合发送短信和简单的图片。"在坚持认为"分化"而不是"融合"才能诞生新品类的供给侧视角后，里斯认为："融合（如果它会发生的话）会毁了品牌打造。你如何通过合并两个既有品类来创建新品类呢？你如何称呼手机和掌上电脑的组合产品？ Cellhand？这没什么意义。"

为什么在 iPhone 这个新品类出现的问题上，定位大师出了这么大的失误？因为定位理论最初重点服务的，是处于高度竞争状态下的大企业。在 20 世纪七八十年代，当所有大企业都只关心"供给侧内卷"的时候，两位理论大师让大家看到"需求侧心智"这个方向还没有被人注意。但是，一旦"定位"手法进入大公司营销人员的工具箱，通过品牌表达来争夺消费者心智的内卷又会"狼烟四起"。顺便提一下，两位定位理论大师还曾经写过一本有名的商业图书《商战》。从这些思想脉络中可以看到，定位理论的逻辑起点是"存量"争夺，而非"增量"创造。

这种表达方式上的新内卷，并没有给客户创造新价值。例如加多宝与王老吉的传播大战，获得收益的似乎主要是广告媒体。如智利诗人和小说家罗贝托·波拉尼奥所说："你可以用一首诗向一个女孩求爱，可是却无法用一首诗来留住她。甚至一场诗歌运动也无济于事。"真正能留住客户的，还是持续的商业创新。

客户以品类思考，以品牌表达。这是定位理论最有价值的思想贡献。这个逻辑可以帮助新企业开创者分析自己的商业创新探索行为是否形成了新品类，但不能指导他们如何去操作探索。"探索新品类"不同于"表达新品类"，后者适合在前者的中后期上场，否则很容易陷入"依照牛的解剖图来指导如何养牛"的"构建"窘境。

## 品类内的"功效级创新"

相对于"发现新大陆式"的品类级创新，现有品类内厂商也在努力改变自己，以便应对市场的不断变化。功效级创新就是聚焦于已经存在品类的产品创新。

功效级创新本质是一种"改良型"创新，在既定的市场路线、技术路线上进行性能、品质、美学的优化，从而越来越有效率、越来越精致。

常见的功效级创新有三种。

**第一种，现有品类之间的产品或技术转移。**

这类功效级创新有点跨界的意思，就是将某个品类内的产品转入其他品类的消费场景，进行跨界竞争。以严谨著称的医学界都曾有过几个知名案例。

在 19 世纪，欧洲许多聚会上人们都会吸笑气（也就是一氧化二氮）。有一次，一位欧洲牙医在为一位刚参加完派对的年轻人做牙科手术，意外发现他居然没有任何痛感。这样一个本来用在放荡生活场景的娱乐产品，居然成了救死扶伤的圣药。

1987 年，卡卢瑟夫妇在治疗眼皮痉挛和其他眼部肌肉紊乱时使用了一种药物，结果发现了一个有趣的副作用：病人的皱纹竟然神奇地消失了。于是这种药物——肉毒杆菌摇身一变加入了美容界。

伟哥是由辉瑞公司的科学家们发明的，当时他们原打算用它来治疗心脏病。但是这个药物有意想不到的功能，就是能把血液送到男性的某一部位。于是这款著名的治疗男人性功能障碍的药物风靡全球。

这种跨界创新的案例在其他行业也有不少。

比如现在家庭厨房都在使用的不锈钢刀具、餐具源自军工产品开发。不锈钢被德国的毛拉在 1912 年就发明出来了，而把它推向厨房使用场景的却是英国人。

第一次世界大战时，英国在战场上的枪支总是因枪膛磨损而不能使用，如何解决这个问题就落到研制高强度耐磨合金钢的英国冶金学家布雷尔利（Harry Brearly）身上。布雷尔利为此搜集了国内外生产的各种型号的钢材，其中就有一种含大量铬的国产合金钢。后来经实验表明这种合金并不耐磨，不适合制造枪支，自然就被扔到了仓库角落。几个月后，布雷尔利和其助手意外发现这块合金居然还锃光瓦亮。于是布雷尔利心里就盘算起来："这种不耐磨却耐腐蚀的钢材虽不能制枪支，但为什么不能用来做餐具呢？"

**第二种，功效级创新，在现有产品形态上增加新功能。**

厂商注意力聚焦在已经存在的品类内，为品类内的某个产品增加新功能。

1853 年，在纽约州萨拉托加温泉市月亮湖度假村，一名顾客点了一份炸土豆，菜上来后，他抱怨炸土豆湿了，不够松脆，多次要求厨房退回去重做。厨师乔治·克鲁姆（George Crum）被搞得不胜其烦。为了给客户一个教训，他把土豆切得特别薄之后再炸，然后加上一些盐。然而令他惊讶的是，抱怨的顾客非常喜欢这种薯片。这种嘎吱脆响的薯片很快在当地出了名，这个厨师后来自己创业，以它的发明地命名该食品，叫作萨拉托加薯片。

1904 年世界博览会上，一个冰激淋摊位表现得非常好，以至于他们很快就用完了盘子，而邻近的波斯华夫饼摊几乎没有卖出东西。然后两个摊主灵机一动，卷起华夫饼，然后把冰激淋放在上面。蛋筒冰激淋诞生了。

**第三种，现有产品功能的组合调整，优化性价比。**

就是通过给调整原有品类内产品的组合，根据需求的变化优化功能性价比。

典型的例子是小米公司在手机、小电器、电视等领域的拓展，其创新战略的特征就是改良现有品类内的功能、性能，追求极致性价比。2021 年我在长三角地区曾遇到一位做餐厅厨具的创业者，现在他的主业是为海外餐厅厨具供应商做 OEM（原始设备制造商）。这个业务是如何发展起来的呢？最初他在国内看到进口的海外厨具设备非常昂贵，而且还有很多不方便之处，于是他采用逆向思维，进行替代产品的研发。产品出来之后，他在各个行业展会上摆摊，理所当然地遭到原厂商举报。但是因为他的产品研发水平很高，设备成本控制得又极好，最终居然与海外原创厂商达成了和解。那家海外原创厂商不再自己直接生产，而是委托他的工厂来制造加工。

## 行业级创新：创造第 361 行

### 【行业与产业】

话说"敲锣卖糖，各干一行"。关于行业，唐代开始就有三十六行之说，宋代周辉《清波杂录》曾有记录，它们是：肉肆行、鲜鱼行、海味行、米行、酱料行、花果行、宫粉行、酒行、茶行、汤店行、药肆行、柴行、棺木行、丝绸行、成衣行、顾绣行、针线行、皮革行、扎作行、故旧行、仵作行、网罟行、鼓乐行、杂耍行、彩舆行、珠宝行、玉石行、文房行、纸行、用具行、竹木行、铁器行、陶土行、花纱行、驿传行、巫行。

而且每个行业都有自己供奉的祖师爷。梨园行供奉祖师唐明皇还好理解，饭店行业供奉鲍叔牙，制鞋业供奉孙膑，让人还得想想为啥。

三十六行后又在民间延伸出七十二行、三百六十行，逐步稳定在三百六十行的统称之说，也有了"三百六十行，行行出状元"的俗语。

"行业"在中文里属于一个常用词，较少作为术语来表示特定的概念，有时也会与"产业"一词混用。比如中国国家标准化管理委员会在2017年发布的国标GB/T 4754—2017《国民经济行业分类》，参照的就是联合国《所有经济活动的国际标准产业分类》(ISIC Rev. 4)。在这个标准里，对产业的定义是："从事相同性质的经济活动的所有单位的集合。"

"产业"是宏观经济的一个概念，而且偏重从生产供给端来界定。而商业创新则需要站在微观市场角度思考，所运用的"行业"概念得从消费者需求端进行界定。

## 【新行业】

一个新行业是否出现了，如何界定呢？

行业分类面临的问题我们可以参考生物学分类的经验。正像艾·里斯（Al Ries）所说："自然界中发生的事情也同样发生在产品和服务中……把打造品牌和生物学相类比看起来可能有些牵强，但我们认为没有比这更好的类比能如此简单清晰地解释打造品牌的过程了。"[①]

对生物进行分类的意义，是便于弄清不同类群之间的亲缘关系和进化关系。瑞典生物学家林奈发明了生物命名法，之后的生物学家们才用域（domain）、界（kingdom）、门（phylum）、纲（class）、目（order）、科（family）、属（genus）、种（species）加以分类。物种（拉丁语species）或简称种，是生物分类的基本单位，位于生物分类法中最后一级。

物种是演化和生物多样性的基本单元。

但是关于新物种的界定，是一个令人头疼的事。物种概念至少包括：形态学物种概念、进化物种概念、系统发育物种概念、生态学物种概念和遗传学物种等概念，这5种概念分别以外观形态、家谱世系、特征状态、生活环境和基因作为依据去区别物种。其中，最广为使用的核心标准是演化生物学家恩斯特·瓦尔特·迈尔（德语：Ernst Walter Mayr）的定义。他认为物种是："能够（或可能）相互配育的自然种群的类群，这些类群与其他这样的类群在生殖上相互隔离着。"昆虫学家陈世骧也对物种下过类似定义："物种是繁殖单元，由又连续又间断的居群所组成；物种是进化

---

① 《品牌的起源》，（美）艾里斯，（美）劳拉·里斯，寿雯译，机械工业出版社，2013。

单元，是生物系统线上的基本环节，是分类的基本单元。"①

对于高级生命而言，识别新物种的关键词是"生殖隔离"。物种是在自然界中占有特定生存环境的种群的生殖群体，和其他种群的生殖群体被生殖隔离分割开。

借用到商业创新领域，"生殖隔离"对应的是"创新模仿壁垒"。当某个新品类随着社会发展变迁而出现之后，能否成为一个新行业，还要考虑同业竞争因素。要从供给侧分析是否存在较大的"创新模仿壁垒"，从而形成类似生物学的"生殖隔离"，降低同业之间的恶性竞争风险。

2016 年 10 月 7 日，美国联邦第七巡回上诉法院理查德·波斯纳（Richard Posner）法官就网约车平台与传统出租车是否同业竞争，给出了一篇著名的判词。

此案缘起于 2014 年 9 月 2 日芝加哥市推出了一项新规章，将 Uber 之类的互联网出行平台和出租车归为两类不同的行业。根据有关规定，网约车不需要和出租车一样接受价格限制和数量管制，允许私家车司机缴纳 300 美元参加在线课程学习即可直接上路接客。

代表出租车公司及其从业者利益的伊利诺伊运输贸易协会认为，出租车和交通运输网络提供者 TNP（Transportation Network Providers，也就是网约车）属于同一个行业，不应该被差别对待。差别化的监管标准不利于市场竞争，使得现有出租车从业者被不公平对待，利益严重受损。

运输贸易协会给出了两组利益受损数据：一是从业者的收入下降，由于在芝加哥地区的 Uber 等平台上已经有 9 万名司机在工作，致使传统出租车从业人员的收入下降了多达 50%；二是出租车牌照价值大幅度贬损，运输贸易协会律师表示，由政府发放的牌照价格在 2013 年还能达到 35.7 万美元，然而近期，公司之间的牌照转让价格仅为 6 万美元。

理查德·波斯纳法官驳回了传统出租车公司的上诉请求，判决并给出认定 TNP 和出租车是两个完全不同的行业的理由。

"持有咖啡厅营业牌照并不意味着牌照持有人可以阻止一家茶馆开业。"②

波斯纳法官认为，与传统出租车不同，你不能在街上向一辆 Uber 车招手示意搭乘，而必须用手机上的程序来呼叫它。乘客在打车之前在 Uber 上注册，即可与之形成特定的合同关系。合同中对车费、司机资质、保险、潜在的残疾顾客的特殊需求等条款均有相应说明，而出租车服务的过程没有这种长期合同关系。

---

① 《进化论与分类学》，陈世骧，科学出版社，1978。

② "外国法院对网约车的态度——美国联邦第七巡回上诉法院判决书，"微信公众号"上外法硕"，2016-10-17。

俗话说"隔行如隔山"，指的就是跨行业存在巨大的"鸿沟"，说明跨行业非常艰难，类似跨越生物界的"生殖隔离"，一位新进入者要面临需求、供给两个方面的巨大挑战。

**一个新品类从需求侧被消费者的心智界定，并且在供给侧对新进入者还有较高的进入壁垒，那么这个新品类就创造出了一个新行业。**

### 【行业级创新】

**行业级创新一定基于新品类，但品类级创新不一定能创造新行业。**

从网约车这个新品类来看，在需求上，消费者不是在"站在街边招手叫车"这个场景下消费；在供给上，则是通过移动互联网应用程序来实现，并产生了"网络效应"，从而具有较高的创新模仿壁垒。所以，网约车的出现创造了一个新行业。

需要特别说明的是，大量资本投入的供给方式，并不一定构成"创新模仿壁垒"。如果仅仅靠资本投入就能构成壁垒，在新行业高额利润的吸引下，反倒会吸引更多的资本加入竞争。

真正的壁垒要让创新先行者能够形成"先发优势"，也就是新行业的供给方式能够"与时间做朋友"。比如阿里巴巴一直想进入移动社交软件领域，也想做出另外的"微信"，为此曾经不惜代价推出了"来往"，要求所有阿里人背上KPI，推出加好友砸金蛋巨额预算（平均每人赠送1元钱）。公司创始人马云甚至亲自上阵，拉拢一些明星来站台，在"来往"里发内容。结果这个产品最终只是变成了自己公司内部的通信软件。在移动社交软件，错综复杂的社会网络一旦被行业先行者联结起来，短期内就很难再次迁移。

套用下法国年鉴历史学派的比喻：**行业就像稳定的河床，新品类创新就像变化的河水，功效级创新则是飞溅的浪花。**浪花是河水运动的呈现，时有荣枯的河水则受到河床的约束，而当洪水暴发时也会导致河床改道。

## 三类"新企业商业创新"的区分与意义

### 【如何区分三类"新企业商业创新"】

分类即视角，而视角即方法。

当一个商业创新出现的时候，我们可以按照下述思维导图进行三类创新的区分，从而能够对该商业创新在市场中的生存能力、未来潜能进行恰当评估。这对新企业的开创者、投资者、政策制定者而言都有最直接的帮助（如图2.2所示）。

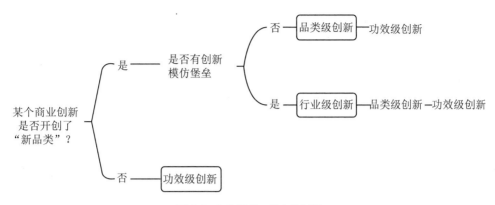

图2.2 如何区分三类商业创新

商业创新源自需求侧，为了更准确地区分三类"新企业的商业创新"，还可以将需求侧拆分成更细维度，建立对应性的分析框架（见表2.1）。

表2.1 三类商业创新的供给侧与需求侧对比

| 类别 | | 功效级创新 | 品类级创新 | 行业级创新 |
|---|---|---|---|---|
| 需求侧 | 客户群 | 现存品类的客户群 | 1. 现存品类的客户群<br>2. 现存品类之外的新客户群 | 现存品类之外的新客户群 |
| | 消费场景 | 现有主流场景 | 1. 现有主流场景的细分<br>2. 非主流刚需场景 | 非主流刚需场景 |
| | 心智认知 | 已有心智区域的局部调整 | 空白区心智区域的占领 | 空白区心智区域的占领 |
| 供给侧 | 创新模仿壁垒 | 无 | 无 | 有 |

【功效级创新的陷阱】

功效级创新解决现有品类内的问题，对现有客户群的已有心智区域进行局部调整。比如不锈钢刀具的创新，既没有改变客户群，也没有离开"切割食材"这个消费场景，只是调整了人们对于刀具材质的认知，很容易理解这个创新属于"功效级"。

但是功效级创新很容易陷入所谓"匠人精神"的创新陷阱。

在"失落的30年"里，日本企业界出现了一种奇怪的现象。一方面，在大众消费领域的很多知名品牌如佳能、东芝、夏普等公司纷纷跟着溃败，甚至发生连续造假25年（三菱公司）、30年（日立公司）的荒谬事件。另一方面，有一批企业走向产业链的上游，在细分2B业务里成为不可替代的隐形冠军。比如索尼在手机摄像头CMOS图像传感领域已经称霸十年，东丽也是全球碳纤维老大。此外，在半导体光刻胶领域、精密机床等领域日本企业都有绝对的话语权。为什么会出现如此矛盾的现象呢？

日本半导体专家汤之上隆在《失去的制造业：日本制造业的败北》一书中就提到，日本制造业有一种对完美技术的极致追求的倾向。这种对技术细节的极致打磨，属于典型的功效级创新。如果企业所处的品类或行业在高速发展阶段，市场空白还较多，功效级创新的匠人精神能为企业的竞争力作出重大贡献。但是，一旦自己所处的行业、品类出现重大商业创新，那么这种日本式的技术改进追求，反倒会使企业落入创新者窘境，消耗企业宝贵的注意力资源和资金，变成臃肿而笨重的"白象"。

### 【非主流刚需场景】

"我要喝大自然的'天然水'，不选可能引起健康问题的'纯净水'。"1999年钟睒睒觉察当时饮水客户群中出现了一个这样的消费者心智空白区，从而以"大自然搬运工"的广告口号开创了一个饮用水新品类。但这个新品类的进入壁垒没有那么高，纯净水厂商如果下决心转型，难度并不大。所以，农夫山泉还不能算是开创了新行业。品类级创新中，"现有主流场景的细分"和"非主流刚需场景"容易混淆。非主流场景一定是细分场景，细分场景并不一定是非主流场景。

在"现有主流场景的细分"领域的需求虽然规模小、难度大，但毛利可能很高，足以支持行业里的小微企业生存。比如女明星走红地毯要穿高级定制礼服，这个消费场景只能算是服装业的"现有主流场景的细分"。而如果是大学应届毕业生参加典礼、毕业舞会，有礼服需求，但她们又支付不起较高的价格，那么这就出现了"非主流刚需"场景，就有机会催生出一个新品类。

"非主流刚需场景"有时也会被称为"边缘化市场"。《连线》创始主编凯文·凯利（Kevin Kelly）经常会用一个蒸汽船替代帆船的案例来说明这个理论。200年前，能够远航的帆船非常复杂，在当时看起来科技含量非常高，它是世界运输中最好的方式并且已经有了全球性的公司。当第一艘蒸汽船出现的时候，帆船业都嘲笑这些蒸汽船，说它很滑稽，很没有效率，并把它称为玩具。蒸汽船也确实会经常出故障，运行成本也很高（如图2.3）。但是蒸汽船创新者做了件帆船做不了的小事——从下游往上游运输大宗货物。他们基于这个小小的行业空间，将这个"小玩具"的功效级创新一直持续进行着，年复一年，日复一日，直到1875年的时候，基本上没有帆船运输公司还存在，他们都破产了。这个"从下游往上游运输大宗货物"的消费场景，在帆船客户的现有市场里属于"非主流"，其"非主流"的特征包括：**在现有供应方面对的需求中，有一部分需求规模小、难度大且毛利低。**

关于非主流刚需场景的探讨，后续章节还会有展开。

图 2.3　早期蒸汽船示意图

【一个有争议的案例】

再看一个颇有争议的案例。2015 年 1 月，胡玮炜创立摩拜公司。共享单车问世后，被各路资本大亨看好，摩拜先后拿到了共计 12 轮、超过 20 亿美元的密集融资。年轻女孩骑着色彩鲜艳的摩拜单车，成为城市里的一道风景线。甚至还有媒体把它称作中国"新四大发明"之一。公开报告显示，截至 2019 年年底，共享单车赛道累计获得超 600 亿元融资（仅包含已公开部分）。

共享单车出现之前，在一些大城市已经出现公共自行车。这些在指定地点取车、还车的自行车，一般是由地方政府投入，按照城市公共设施来运营。

相比公共自行车，共享单车是三类商业创新中的哪一种呢（见表 2.2）？

表 2.2　公共自行车与共享单车的商业创新对比

| | | 公共自行车 | 共享单车 |
|---|---|---|---|
| 需求侧 | 客户群 | 上班族 | 上班族 |
| | 消费场景 | 城市短途代步 | 出地铁之后的代步<br>校园内代步 |
| | 心智认知 | 用后到"指定地点"还车 | 用后可以"随便停车" |
| 供给侧 | 创新模仿壁垒 | 政府管制 | 无 |

从需求侧来看，共享单车给上班族提供了"随便停车"的便捷定位，与城市公共自行车的使用场景限制明显区隔开。但是在供给侧，这个创新没有多少"创新模仿壁垒"。因此共享单车这个资本热点只是一个品类级创新，还不能算是创造了新行业。

正因如此，5 年后创投圈带着一地鸡毛，远离了这个领域。

总结如下：

● 功效级创新的新企业需要与原品类的厂商直接竞争；

● 品类级创新的新企业会有一段领先时间，但只要市场规模成长起来，模仿者会蜂拥而入；

● 行业级创新的早期难度非常大，一旦建立起来却不容易被模仿，可以让新企业有耐心地开展新行业的功效级创新，更好地服务新行业客户。

## "商业元创新"的概念及意义

### 【"原"创新与"元"创新】

按照进化论的核心思想，物种演进有三个环节：基因突变、环境变化、新旧物种适者生存。商业创新演进史中也遵循类似规律。环境变化就是市场的动荡，适者生存是商业物种进化的结果。基因突变指的是什么呢？在三类商业创新中，承担商业物种"基因突变"的是品类级创新和行业级创新。商业创新突变的后果也类似生物基因，大部分死亡，少部分成为新品类、新行业这些"商业新物种"。

三类商业创新中，功效级创新偏重在既定商业领域和技术线路持续优化，属于"商业微创新"。而品类级创新、行业级创新，能够从 0 到 1 创造商业新物种，属于"商业元创新"。

此外，还有一个概念需要澄清，"原创新"与"元创新"是两个概念。"原创新"强调创新的独立性，没有模仿他人。"元创新"则关注 0 到 1 的突破，在实现 1 之前是否模仿他人不是要点，而且根据创新扩散的经验和理论来看，商业元创新在达到 1 之前，恰恰需要多借鉴、吸收他人的探索经验。

### 【商业元创新的意义和价值】

经济外部性（Economic Externality）最早由英国经济学家马歇尔在其经典著作《经济学原理》一书中提出，分为正、负外部性两种。正外部性指的是某个经济行为个体的活动使他人或社会受益，而受益者无须花费代价。

市场经济是一张紧密联系的创新网络。局部网络中出现的商业元创新，除了直接挑战了对应的旧品类、旧行业，还会扩散影响到其他行业的创新，使之免费受益。比如智能手机对功能机的替代，不仅改变了通信行业的格局，而且扩散成对整个经济范式的变革。

从下图 2.4 我们可以看出，这样一个商业元创新的外部效应扩散路径：新品类—激发重大社会 / 技术创新—形成社会 / 技术创新支撑网络—创新扩散到其他品类及行业—激发"功效性创新"或推动新行业的形成。

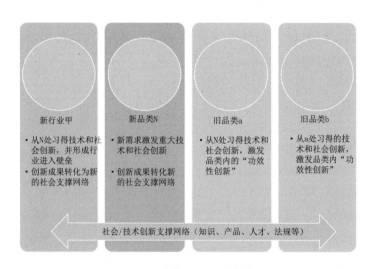

图 2.4　商业元创新外部效应

什么是"社会 / 技术创新支撑网络"呢？

1976 年，英国医学社会学家汤姆士·麦克翁在《医学的作用》一书中提到，英国 1838—1970 年结核死亡率一直在下降，在此期间医学界有三项重大创新突破：发现结核分枝杆菌、可治疗肺结核的链霉素、可预防肺结核的卡介苗。但他认为英国结核死亡率下降并非因为这三项重大医学创新。因为上述创新出现之前，英国结核病死亡率已经持续下降 100 年之久了，而且一直维持着下降趋势。麦克翁认为，产生作用的是卫生环境、营养水平和人类行为等方面的变化。

1996 年，首次成功实现心脏移植的著名医生克里斯蒂安·巴纳德在一次世界外科大会上说："真正对人类健康有贡献的人是抽水马桶的发明者，是压力泵的发明者，是首先使用塑胶布做房屋地基防潮材料的建筑业者。水管匠、铁匠、水泥匠对人类所作的贡献比所有外科医生加起来还要多。"抽水马桶是现代居所处理人粪尿的常规方法，压力泵使自来水成为可能，防潮通风可减少室内微生物滋长。[1]

某个行业的商业元创新会对其他领域的发展产生促进，成为其他行业领域商业

---

[1]《医学的进步与反思》，唐金陵，香港中文大学公共卫生及基层医疗学院，《医学科学报》，2016 年 2 月 29 日。

创新的"创新支撑网络"。

经过 19 世纪的快速发展，印刷出版行业的新品类层出不穷，整个行业欣欣向荣。1902 年，美国的萨基特－威廉姆斯印刷公司的彩色出版物生意持续增长，销售形势一片大好。

但是他们遇到了一个烦人的难题：空气温度和湿度。纸张总是变形，油墨也不干。为了降低室内温度，当时能够用的方式非常古老。19 世纪，美国波士顿企业家弗雷德里克·图多尔让人在冬天从新英格兰结冰的湖里取了许多冰块，用锯末隔热储存，夏天再把冰块运到炎热的地方售卖。当时位于曼哈顿的麦迪逊广场电影院，每晚要使用 4 吨冰块，他们的顾客才能忍受炎热的夏日夜晚。但这些方法都不能解决湿度问题。

受到 1900 至 1901 年连续两年的热浪侵袭之后，萨基特－威廉姆斯的业主们开始联系水牛公司（Buffalo Forge Company）在纽约的办公室。水牛公司的创始人威廉·文特（William F.Wendt）听从了一位年仅 25 岁名叫威利斯·开利（Willis Carrier）的电气工程师的建议，接手这个高风险项目。

在同事提出的一些方案都失败之后，开利找到国家气候表，精确算出了印刷需要的温度和湿度，发明了"空气处理仪"（即后来的空调）：让冷水流过加热的环形管道，让它凝结出水，再集中排出，使空气的湿度稳定在了 55%，达到萨基特－威廉姆斯公司需要的理想湿度。1902 年夏末，萨基特－威廉姆斯的印刷工厂开始运行开利的"空气处理仪"。它从自流井中取水，由一台氨冷却系统提供额外的冷却作业。这个系统 24 小时的降温效果就相当于融化 50 吨冰块，并且还彻底解决了印刷工厂的湿度难题。

后来，开利和几名同事从水牛公司辞职，创立了开利工程公司（Carrier Engineering Corporation），推动空调实现了从工厂设备到普通家用电器的转变。100 多年后，开利公司依然存在，只是已成为联合技术公司（United Technologies）的子公司，其销售额在 2007 年还能达到 150 亿美元。

开利空调这个新品类商业创新成功后，对当时美国社会很多领域产生了重大影响。比如剧院、电影院行业就很快引入空调，在本行业内展开功效级商业创新。

1880 年夏天，纽约麦迪逊剧院每天需要 4 吨冰降温，但用这种方法使空气极为潮湿，加之新英格兰湖区污染加重，融化的冰有时会带来难闻的气味。而到了 19 世纪 20 年代美国新兴的电影院里，空调是电影院的一大卖点。在夏季，电影院不但能营业，而且更为火爆。

20世纪下半叶因为空调的普及，美国掀起了迁往阳光地带和南方炎热腹地的移民潮。从某种意义上说，空调商业创新的成功，重新划分了美国社会与政治版图。

综上所述，印刷行业的品类级创新激发了空调行业的出现，空调又诱发了剧院娱乐业的变革，还影响了社会政治经济格局。

近20年对各行各业都产生了巨大影响的商业元创新是"智能手机"，这个新品类的出现，直接导致了移动通信行业的升级。随后在"共享经济"等领域激发了诸如"网约车"等新行业的出现，在传统办公软件领域促进了"云办公"等功效性创新。

商业元创新具有强大而正面的经济外部性，全社会都应该鼓励支持商业元创新。

## 商业元创新与颠覆式创新

### 【 莱顿·克里斯坦森——颠覆式创新的提出者 】

美国当地时间2020年1月23日，著名的创新理论专家、哈佛商学院的教授克莱顿·克里斯坦森（Clayton Christensen）因病逝世，享年67岁。这是一位值得尊敬的学者。2010年，克里斯坦森受邀为哈佛大学毕业班的学生做演讲时，曾分享了他对人生意义的感悟——"衡量我们人生的，不是用金钱，而是我可以帮助多少人变成更好的人"，当时他已经被诊断出患上淋巴癌。同年7月，他又在一次演讲中突然中风，几乎失去了语言能力。他靠着语言软件，像一个孩子一样，从头学习英文。经过艰辛的学习，克里斯坦森努力恢复，带病发表了多项有关创新的最新学术探索，从2015年年末的《什么才是颠覆性创新》到2019年2月的《开辟式创新》。

克里斯坦森因其1997年的著作《创新者的窘境》闻名于世，是"颠覆性创新"理论（Disruptive Innovation）（又称破坏性创新）的开创者和奠基人，曾两度获选"世界上最有影响力的在世管理思想家"称号。比尔·盖茨、史蒂夫·乔布斯、杰夫·贝索斯等全球科技巨头，均曾表示自己受到了克里斯坦森颠覆性创新理论的深刻影响。[1]

### 【 《创新者的窘境》——帮助大公司避免陷入"创新者窘境" 】

在《创新者的窘境》一书中有个挖掘机案例，能够比较鲜明地说明克里斯坦森的观点。世界上第一台液压挖掘机由英国杰西博公司于1947年研发成功，由于容量太小、工作半径太短，早期的液压挖掘机对采矿、普通挖掘或大型下水道承建商来说基本没有使用价值。于是厂商不得不寻找一些"边角料"的低端市场来谋生，比如小型民用建筑承建商需要挖掘一些狭窄沟渠、房屋地下室等。这些工程作业规模非常

---

① 《追忆克莱顿·克里斯坦森：他的一生，活成了一个案例教学》，刘铮筝，《哈佛商业评论》中文版，2020年1月。

小而且要求精细，以前都只能用手工，那些昂贵且操作不精确的大型缆控和履带式挖掘机，派不上用场。

但是随着技术的积累，液压工程师逐步改进了新型挖掘机的结构设计，使得铲斗体积得到大幅度增加，如图 2.5 所示。

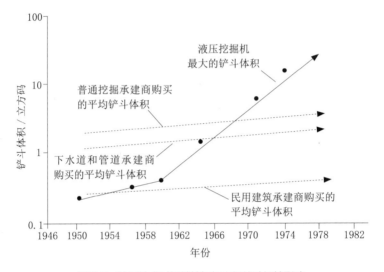

图 2.5　液压技术对机械挖掘机市场的破坏性影响

1955 年，最大可用铲斗体积已达到八分之三立方码（1 立方码约合 0.765 立方米），到 1965 年达到 2 立方码。这时候，液压挖掘机可以精确操控等优势得到了体现，下水道和管道承包商也开始购买液压挖掘机。到 1974 年，最大的液压挖掘机已经可以举起 10 立方码的土方，从而将破坏性液压技术从原有市场推进到规模更大的主流挖掘机市场。

克里斯坦森还举了半导体等其他几个领域的案例来说明，原来的那些拥有创新精神的"新企业"随着技术成熟度的提高，越来越专注于原有技术路线的精细化改进，越来越追求有更高利润率的高端市场，从而将低端市场让给了运用新技术的另一批"新企业"。因此，他称之为"创新者的窘境"。

关于颠覆性创新、破坏性创新的探讨，可以追溯到德国社会学家维尔纳·桑巴特 1913 年所著的《战争与资本主义》。著名奥地利经济学家约瑟夫·熊彼特提出的创造性破坏（德语 Schöpferische Zerstörung；英语 creative destruction，又称创造性毁灭）是其创新理论与经济周期理论的基础。熊彼特从"创造性破坏"所衍生出的矛盾问题出发，对资本主义的未来作出了悲观判断。熊彼特认为，资本主义成功的一个主要原因即创造性破坏，这使资本主义处于动态过程，收入迅速增长，然而问题也出现了，因为成功的小企业会逐渐演变成大企业。在此过程中，官僚主义的管理者会接管企业经营。这些管理者偏好稳定的收入和工作保障甚于创新和冒险，结果，资本主义就失去了倾向创新的动态趋势以及不断进取与变化的精神。[①]这一推论过程，可以说是熊彼特版本的"创新者窘境"。不过克里斯坦森提出会有"颠覆性创新"来继续打破这种官僚主义的僵化，持续为资本主义续命。

事实上，克里斯坦森最初的关注点是帮助大公司寻找避免陷入"创新者窘境"的方法，新企业的商业创新并非其理论的关切领域。《创新者的窘境》中文版问世时，封面上赫然印着一句话："完美的管理，导致大企业走向衰败。"此外，在为埃里克·莱斯的新书作推荐之时，克里斯坦森明确地说："我主要研究成熟企业保持成功的奥妙。"

但在帮助大公司摆脱创新者窘境这一点，克里斯坦森始终做得不算成功。他和已故英特尔公司CEO安迪·葛洛夫（Andy Grove）曾在1999年一起出现在《福布斯》封面上。据说英特尔公司引入他的理论后，防御了来自低端个人电脑行业的潜在威胁。但事实上，在移动互联网大潮中，英特尔依然无可救药地陷入了创新者窘境。在手机终端，英特尔也难现PC时代的辉煌，哪怕他们曾派出18个团队2000余人去专门学习"颠覆式创新"。

在一次《哈佛商业评论》的专访中，克里斯坦森还提到柯达公司也曾经主动联系过他，而且还安排管理团队来哈佛搞了三天研讨，得出结论是：创新者的窘境就是柯达当时的窘境。然后柯达决定在公司内设立一个独立的产品部门，主动拥抱颠覆式创新。之后柯达的董事长兼CEO邓凯达（Daniel Carp）退休，安东尼奥·佩雷斯（Antonio Perez）走马上任后不加掩饰地唠叨：这个独立的部门与其他部门没什么区别，利润空间也很小，只是增加了成本。再往后，柯达公司就没往后了（柯达公司于2012年1月19日申请破产保护）。

**进化论经常被总结为"物竞天择，适者生存"，但是推动进化的却往往是"不适者"。** 大企业经过前期的成长已经到了"舒适区"，然后就有了对再进化的惰性。

### 【商业元创新——聚焦如何帮助新企业】

商业元创新吸收颠覆式创新的一些思想，但聚焦在如何帮助新企业这一点，与颠覆式创新理论关注大企业有所不同。源源不断的新企业才是经济和社会向前发展

---

① 《资本主义、社会主义与民主》，（美）约瑟夫·熊彼特，吴良健译，商务印书馆，1999。

的真正动力。

颠覆式创新建议大公司关注"低端"产品转变为"高端"的颠覆过程，更多从竞争、供给侧思考创新过程。商业元创新则更关注客户心智的变迁。这种变迁带来的供应方不足有可能是低端的，也可能是高端的。比如苹果手机颠覆诺基亚，就不能算是新品类从低端市场的一场逆袭。

颠覆式创新理论的第三个问题是：说明了创新现象但没有提供可操作的实践路径。2016 年，克里斯坦森在《与运气竞争：创新和顾客选择故事》（*Competing against luck: the story of innovation and customer choice*）一书中也承认"颠覆式创新"理论有局限性。它并不能告诉人们该从哪里寻找新的机遇，不能告诉创新者如何避免把自己的命运交给运气。

但是，人们对颠覆式创新理论的最大误用是让创业者、企业家聚焦于"颠覆性技术"，以为颠覆式创新或开拓式创新成功的主要原因是"新技术"的出现。

克里斯坦森说："需求不存在'颠覆性'和'持续性'的差别，人们对交通的需求亘古不变，这是核心；只是技术使得火车、汽车取代了马车，带来了行业性的或公司间的颠覆。越是缺少技术基因的传统行业，越容易被参与底层市场的公司以技术优势取代。"[1]

在"液压技术对机械挖掘机市场的破坏性影响"的图示中可以看到，克里斯坦森认为需求曲线的变化很小，接近平缓。克里斯坦森的上述观点和里斯从"分化"视角看待品类演进的逻辑类似，都是从供给端出发。

**就颠覆性创新而言，人们应该更关心颠覆式需求而不是颠覆式技术。**

## 探索"商业元创新"，对谁而言是"刚需"？

### 【旧商道 vs 新商道】

一个社会或者一个组织，总是会出现分层。**好的组织应该是基层有利益、中层有荣誉、高层有使命。**

追求自身利益与追求使命意义是两种完全不同的价值观和人生观，前者基于利己主义，后者则基于利他主义。

新企业创建者是组织的最高层，拥有的不同人生观也意味着会带领新企业走上两条完全不同的商业道路。

以商业利润为最终目标的第一条商业道路，基于资本意志驱动的商业哲学，我

---

[1] 《颠覆性创新之父克里斯坦森：我只有一套理论》，克莱顿·克里斯坦森，《哈佛商业评论》中文版，2014 年 8 月。

们称之为"旧商道"。第二种商业道路以"利他使命"为企业目标，把商业利润作为达成"利他使命"的手段，我们称之为"新商道"。

### 【善义创业】

旧商道的最高境界无非就是"义利兼顾"，而新商道追求的是"以利和义""以利致义"。依照新商道来创建新企业，有"利他使命"的创业，我们称之为"善义创业"。

善义创业，就是要创造有意义的商业，实现利他使命。

### 【资本的无能为力】

相对来说，资本更擅长对商业元创新进行放大。在从无到有的重大创新领域，资本往往无能为力，甚至会起反作用。

当代最著名的投资人之一巴菲特，在 2014 年接受央视财经记者傅喻采访时说："我更加偏向于没那么令人激动的行业，例如食品、交通、保险，这类我更为了解的行业。"而众所周知，巴菲特与另外一位世界首富微软创始人比尔·盖茨的私交甚好，他们在 1991 年就相识。比尔·盖茨作为近几十年创新行业的巅峰级人物，按常理说，巴菲特应该可以从好友及其圈子身上了解到非常丰富的各类新行业资讯，他要是真想去理解新行业并非那么难。但是，巴菲特本能地会回避新行业股票，不一定是不懂，而是其深谙：成熟公司更能带来可观的低风险盈利机会。

2012 年 2 月，巴菲特在接受 CNBC 电视台 *Squawk Box* 节目采访的时候表示，有一天乔布斯打电话给他，问：苹果公司账面上这么多现金，应该怎么处理，你有没有好的建议？巴菲特当即给乔布斯提了四个方案：回购股份、现金分红、收购别人、存入银行。然后巴菲特告诉乔布斯，最有用的锦囊是第一个：回购股份。但是乔布斯并没有接受巴菲特的提议，从此杳断了联系，再也没有给巴菲特来过电话。作为一个关注开创新世界的 CEO，乔布斯的聚焦点始终是如何让客户尖叫。他未必会把心思过多放在财务指标的稳健提升上。这一点，可能就是创业家与投资家的重要差别。2020 年，马斯克在美国知名音频主持人乔·罗根（Joe Rogan）的栏目《乔·罗根体验》中，就曾宣称：像巴菲特那样从事法律和金融工作的人应该更少一些，应该有更多的人员做产品。

到了库克时代，苹果公司启动了历史罕见的最大规模分红，2018 年又推出了 1000 亿美元的巨额股份回购计划。而巴菲特大规模投资苹果公司，是在乔布斯离世 5 年后。这时候的苹果公司已经没有什么商业元创新，只是一个"熟透了的苹果"。

被美国人称为"除父亲外最值得尊敬的男人"，巴菲特在商业道德上并没有什么瑕疵。作为一个资本代言人，巴菲特之所以选择"旧商道"，是因为这是资本追求利益最大化的最理性选择。在旧商道的世界里，探索商业元创新并非"刚需"。

### 【谁对探索"商业元创新"是刚需】

只有善义创业者才不得不走商业元创新之路，而且也非常适合走这条路。

克里斯坦森在去世前的 2019 年，进一步完善了他的创新理论，提出了"开辟式创新"（market-creating innovation）。这种创新不只为公司带来新的增长，还会开辟新的行业，拉动整个前沿经济体，促成包容性可持续发展。这已经与商业元创新理论的思考方向很接近了，可惜这样一位传教士式的创新学思想者已经不能再继续指引我们探索了。

克里斯坦森这篇发表在《哈佛商业评论》上的论文，列举了几个开辟式创新的案例，基本都是在发展中国家如何帮助弱势群体改变命运，从而成功创业的项目。

比如帮非洲赞比亚艾滋病人建立保险系统、在印度开辟心脏医疗新市场等，都没有提到什么颠覆性技术，也没有什么资本最大化的追求，而是在解决现实社会难题的过程中，开辟了全新的行业。

20 世纪 90 年代至 21 世纪初，理查德·莱弗雷（Richard Leftley）在伦敦的保险行业工作，一次休假时，他来到赞比亚一个贫穷的村子做义工。他被分配到一个寡妇和孩子的家里，随即被这种生活的困苦震惊了。这个家庭因为一场意外不得不从城市退回到贫困的乡村。

回到伦敦之后，他决心运用自己的专业知识帮助那些贫穷经济体中的人。莱弗雷提出开创新业务的想法，同事表示怀疑。"他们嘲笑我，"莱弗雷说，"我说要去赞比亚，卖保险给艾滋病患者。别人都觉得我疯了。"

建立于 2002 年的 MicroEnsure，在创业初期尝试提供比发达经济体中保险价格更低的同类产品，结果经营惨淡。投入大量成本进行宣传后，却只获得了一万名客户。

于是莱弗雷改变了产品和寻找潜在客户的方式，改为通过手机提供免费保险。用户不必支付保险费，只需每月购买一定的通话时间，就可以享有保险。顾客购买相应通话时间后，由电信公司向 MicroEnsure 及合作保险商支付其保险费，之后对于客户增加选择的附加保险收益三方共同分享。

"我们终于找到了诀窍。"莱弗雷说。MicroEnsure 在印度推出新的人寿保险产品，没有年龄限制，只需提供手机号码，第一天就获得了 100 万注册客户。MicroEnsure 客户中 85% 的人此前从未买过保险。

MicroEnsure 进入的市场中有 80% 实现了盈利，至今已经为新兴经济体中 5600

万人办理了保险（仅 2017 年一年间就增加了 1800 万人），赔付 3000 万美元，对保险商业模式进行了彻底的创新。[1]

善义创业的"利他使命"源自那些较难被解决的社会问题，这些问题导致一群人空有需求，但得不到市场现有品类、行业的服务。因此，善义创业选择品类创新、行业创新，是不得不做的选择。这些社会问题既包括弱势群体的救助，也包括突破人类前沿困境的探索。

2014 年 6 月 13 日上午，特斯拉正式将帕洛阿尔托总部墙上的全部专利对全世界开放。埃隆·马斯克在公司的博客上表示："对那些怀着善意使用我们技术的人，特斯拉不会对其发起专利诉讼。"当时很多人都在怀疑他的动机。有电视主持人采访时候直截了当地问道："你公开专利，是有商业目的，是一盘商业大棋吗？""不，不，我从来没有这么想过，"马斯克说道，"如果有人造出比特斯拉更好的电动车，我们车都卖不动，唯有破产。我仍然觉着免费开放专利对全世界是好事情。"后来他补充说："因为特斯拉的首要目标是加速世界向可持续能源转变。所以，如果我们搞了一堆专利，让其他电动车厂商望而却步，这么做是与我们的使命相反的。"

2014 年，有一位中国企业家到硅谷拜访马斯克，问道："10 年前你为什么做特斯拉？那时电动车根本没有这么火，你是怎样看待这个机会的？"

马斯克回答道："我从不觉得这是个好机会，因为它的失败率要比成功率高得多，我只是觉得这是人类应该做的事情，也是值得做的事情，我不想苦苦等待着让别人来实现。"

**有的人属于家庭，有的人属于社区，有的人属于国家，而有的人则属于人类。**

对马斯克、莱弗雷这样的善义创业者而言，激发创新去解决问题是达成个人和组织使命的必要手段而已。

**通过的商业元创新，"爱客户超过爱产品"的善义创业者才能够"以利致义"，用商业创新来解决社会难题。**

## 本章小结

相比于功效级商业微创新，品类级和行业级的商业元创新具有更大的社会价值。而商业元创新的基础并非"颠覆性技术"的出现，根基是在"颠覆性需求"。这就需要创业者对需求能够进行更深入、更精细的钻研。

商业元创新的意义重大但挑战也大，所以，只有那些追求企业利他使命的善义

---

[1] 《开辟式创新》，克莱顿·克里斯坦森、艾佛萨·奥热莫、凯伦·迪伦，《哈佛商业评论》2019 年 2 月。

创业者，才必须选择进行商业元创新这条发展道路，从而通过创造"增量"来解决历史积累出来的社会难题。

　　本章补充案例及知识点深化部分，请扫码进入《商业元创新》互动区。

# 第三章

## 超越时代的商业见识

前面章节讨论了商业创新的轨迹，推断商业创新具有生命特征。但是商业创新毕竟是人类社会组织的行为，与自然生物还存在着本质上的不同。

当人类从动物性的"自在状态"进入充满灵性的"自为状态"，就开启了驯化世界的进程。驯化世界的过程要依靠认识世界，但是，认识世界本身也需要被驯化。

## 谁也逃不脱的三种人生状态

### 【埃尔斯伯格悖论】

作为一位传奇人物，丹尼尔·埃尔斯伯格（Daniel Ellsberg）热衷于不留情面地揭露被掩盖的真相，他曾经做过两件让权威人士难堪的大事。

在美国兰德公司任军事分析员期间，埃尔斯伯格看到了五角大楼对美国在越南政治军事方面的评估报告。这个报告跨越 1945—1967 年，共计 7000 多页。因为对报告内容的不齿，1971 年，埃尔斯伯格把它泄露给了《纽约时报》，并且它被登在头版，从而引起强烈反响。在跟美国政府作对方面，埃尔斯伯格可以说是斯诺登和阿桑奇的老前辈。当时的总统林登·约翰逊和白宫的人对他恨之入骨，基辛格甚至称他为"美国最危险的人"。这次事件后来还被大导演斯蒂芬·斯皮尔伯格拍成电影 *The Post*（在我国香港地区上映时候被译为《战云密报》）。

另一件挑战权威的事发生在 1961 年，还在哈佛大学读书的埃尔斯伯格在自己的博士论文里，展示了他对一群统计学家、经济学家进行的两个心理实验。实验结果让这些聪明人尴尬得不行。（为了便于理解，本文对原实验做了简化说明。）

第一个实验的设计如下：

> 你的面前有两个桶，两个桶中各有 100 个球。桶 1 里面的球有 50 个是红色的、50 个是黑色的；桶 2 里面的球也只有红、黑两种颜色，但具体比例不知。

赌局设计：

如果你拿到红球，你可以赢得 100 美元；如果拿到黑球，你什么也得不到。

问题：

你愿意从桶 1 里拿球，还是愿意从桶 2 里拿球？

大部分的统计学家和经济学家都选择了桶 1。

桶 1 比桶 2 好在哪儿？似乎直觉在告诉被测试人员：A 要比 B 更确定。

桶 2 里面红球可能多也可能少，如果被测试人员发挥主观预期，应该认为桶 2 出现红球的概率也应是 50%。

但是大部分被测人员都不喜欢面对桶 2 里红球少于 50 个的可能性，也不愿意尝试桶 2 里红球多于 50 个的可能性。可见聪明人不喜欢漫无根据地猜，如果能够知道可能的结果（也就是有清晰的客观概率），大家会更高兴。

这样的实验似乎还不够打脸。于是烦人的埃尔斯伯格又修改了实验，让大家重新测试。

第二个实验的设计如下：

现在只有一个桶了。这个桶里放了 300 个球，其中 100 个球为红色；其余 200 个球为蓝色或黄色，但蓝球、黄球比例不知。

测试分两轮：

1. 第一轮测试

从桶中拿出一球，

赌局 A：若球为红色，你能得到 1000 美元。

赌局 B：若球为蓝色，你能得到 1000 美元。

问：你选择参加哪个赌局？

2. 现在开始第二轮测试：

还是那一个桶，请从桶中拿出一球，

赌局 C：若球是红色或黄色，你能得到 1000 美元。

赌局 D：若球是蓝色或黄色，你能得到 1000 美元。

问：你选择参加哪个赌局？

测试结果显示：

第一轮测试中绝大多数人选择了 A 赌局；

第二轮测试中那些在上一轮选择了 A 赌局的人，绝大多数选择了 D 赌局。

这下事情就尴尬了。

赌局 C 与赌局 A 比，仅仅在 A 的情形之上多了一个状态，即黄球被取出。按说，绝对理性的行为选择应该保持一致性，前一轮选 A 这一轮也应该选 C。

为什么大部分第一轮选 A 的人在第二轮选 D？因为 C 中出现了有模糊性的黄球，而 D 的局面更稳定（只有红色及非红色两种明确的客观概率）。

参加实验的包括提出主观期望效用理论的萨维奇（L.J.Savage）本人，这位统计学权威也做出了"错误的"选择。而且有不少参加实验的统计学家和经济学家在重新思考过后仍然不愿意改变自己的选择。

埃尔斯伯格悖论对主观期望效用理论产生了巨大的冲击。这个实验成果后来得到了心理学前景理论（Prospect Theory）的支持。它揭示了人性的重要特征：**相对于稳定的、可以预测的局面，人们不愿意面对"不确定"的情形，哪怕这个不确定可能带来更多好处。**

**虽然不理性，但很人性。**

## 【面对未来情形的三种人生状态】

分析埃尔斯伯格悖论，需要用到经济学芝加哥学派创始人弗兰克·奈特（Frank Hyneman Knight）对"风险"和"不确定性"的定义。

在 1921 年出版的《风险，不确定性和利润》一书中，奈特写道："最重要的事实是，在某些情况下，'风险'指一种能经受量度的量……我们因而把'不确定性'一词限定在不可量度的范围内。"[①]

基于奈特的观点，我们整理一下这三个关键的概念：

（1）风险

当世界未来的某些情形，对你而言是已知的，且你对每种情形发生的客观概率都已知。比如扑克牌赌博、抛硬币猜哪面落地。人们都知道牌面有哪些，硬币有两面，也能知道发牌、抛硬币出现结果的概率。

---

① 《风险，不确定性和利润》，（美）弗兰克·奈特，商务印书馆，2011。

（2）不确定性

当世界未来的某些情形，对你而言是已知的，但每种情形发生的客观概率是未知的。比如埃尔斯伯格悖论中，我们知道有红、蓝、黄三种球在桶中，但不知道黄球、蓝球在桶中的真实数量。

（3）未知

连世界未来有哪些情形，对你而言都是未知的。因此对每种情形发生的客观概率你更加不可预判。比如一个在封闭地区生活的非洲原始部落人，从未与外界接触过，那么他对欧洲大城市的生活就是无知状态，这和欧洲人看待外星人的状况差不多。

无论是谁，都逃不脱这三种人生状态，哪怕你是人类中最智慧的那个。

就像古希腊哲学家芝诺说的那样：人的认知就好比一个圆圈，圆圈里面是已知的，圆圈外面是未知的。你知道得越多，圆圈也就越大，你不知道的也就越多。

依据奈特的观点，对圈内已知的情形，还需要深一步去探索。从"已知不确定性"状态进入"已知风险"状态，从而获得对世界情形的不同程度的理解。这样圆圈就会变成"不规则的锥体"。

不同的人面对未来世界的三种情形，会表现出不同的偏好。很多人只希望生活在"已知风险"的领地，不要说对未知的探索了，就是对已知领域的不确定性都会尽量回避。

而另一种人却会反其道而行之，这种人被称为拥有"创业家精神"的人。

## 一切"剩余"归创业家，为什么？

### 【不确定性税】

21世纪初，芝加哥大学的三位研究人员做过一个购买礼品卡的心理测试。他们告诉被测试者：

有一种礼品卡可以在当地的一家商店使用，限期两周。该礼品卡价值50美元。

你愿意花多少钱购买一张？

因为有些人不会去那家商店买东西，或者觉得2周内没有礼品的需求，2周很快会失效等，不管怎样，大家不愿用原价去购买这样一张礼品卡。但它毕竟也有价值，受试者思考过后，会给出一个心理价位，但肯定比50美元低。这很合乎常理。

三位研究员用这个问题对第一组受测试者进行了充分测试，受测试者给出的平均买价为 26 美元。

然后他们又测试了第二组人，还是上述那种礼品卡，期限也不变，但是面额变为 100 美元。问受试者愿意出多少钱购买，试验结果是，第二组受测试者平均愿意支付 45 美元。

两组人员的数据差不多，愿意支付的金额都接近礼品卡面值的一半。

研究人员开始对第三组受测试者进行测试。这次引入了不确定性因素，测试问题如下：

> 有一种礼品卡可以在当地的一家商店使用，限期两周。礼品卡有两种，一种面值 50 美元，一种面值 100 美元。这里有一张"彩票"，购买彩票的人有 50% 的概率会赢得价值 50 美元的礼品卡，有 50% 的概率会赢得价值 100 美元的礼品卡。
>
> 你愿意花多少钱购买这张"彩票"？

受测试者愿意花多少钱来买这张彩票呢？

按照绝对理性的逻辑来计算，第三组受测试者应该愿意花费的金额上限是 $26 \times 50\% + 45 \times 50\% = 35.5$ 美元，下限是 26 美元。因为最坏的结果也是得到 50 美元的礼品卡，按照前面的统计结果，第三组的受测试者至少应该愿意支付 26 美元。

但实际结果并非如此。尽管第一组愿意出 26 美元购买价值 50 美元的礼品卡，第二组愿意出 45 美元购买 100 美元的礼品卡，但第三组居然只愿意出 16 美元购买彩票，这比最坏的结果（26 美元）还要低将近 50%。[1]

原因何在呢？

买礼品卡时，受测者确切地知道自己将会得到什么。但是买彩票就不确定了，人们不知道购买彩票的最终结果如何，即使两个结果都不错，不确定性的存在也会让人焦虑，因此降低对彩票的估值。

因为人们厌恶损失。

按照卡尼曼的前景理论，人们对损失的痛苦需要 4 到 5 倍的快乐来弥补。所以一旦涉及不确定性，人们甚至连计算一下的耐心都没有。关于这一点，上文中的埃尔斯伯格悖论已经有所体现。这里提到的 16 美元与 35.5 美元之间的差额，也就是

---

[1] 《催化：让一切加速改变》，（美）乔纳·伯杰，电子工业出版社，2021.

19.5 美元，我们可以称之为"不确定性税"。也就是，人们愿意为确定性缴纳额外的税收。

你平时会缴纳"不确定性税"吗？

## 【认知税】

面对未来，所有人都会面临未知、不确定、风险三种状态，而如何应对上述三种状态，不同类型的人会表现出完全不同的偏好。

简单来说分为两大类情况：

第一类人首先偏好风险可控的生活，努力回避不确定性，拒绝面对未知；第二类人则偏好探索未知，并在此基础上拥抱不确定性，最后通过控制风险改变世界。

第二类人也被称为拥有"创业家精神"（Entrepreneurship）。国内喜欢把它翻译为"企业家精神"，但译为"创业家精神"更符合古典经济学家使用这个概念的缘由。

创业家精神是如此宝贵和稀缺，以至于古典经济学派的大师让·巴蒂斯特·萨伊明确将"创业家精神"视为与土地、资本、劳动力并列的第四大生产要素。熊彼特更是把"创业家精神"看作经济增长与发展的原动力，认为正是创业家的"创造性毁灭"推动经济发展，使之产生波浪式上升，创业家通过不断开发新产品、引入新生产方式、开辟新市场、获取新材料、建立新组织等一系列创新来推动经济发展。

为什么创业家应该获得超额的报酬？或者说企业的利润从哪里来？这个问题有很多答案。经济学家一般会说是因为创业家承担了经营的"风险"。但是在《风险，不确定性和利润》一书中，奈特则指出："假定企业家知道了承担风险的'精算价值'，那么，承担一种已知风险所获得的报酬与承担一种未知风险所获报酬之间，存在着本质的区别。实际上，如我们将看到的那样，其本质区别如此之大，因为**一种已知风险根本不会给人带来任何报酬或特别的赔付**。"

奈特的观点在于，赌场里的个别赌徒承担风险可能会有超额回报，但是作为一个整体的赌徒们不会得到特别的报酬。那么，创业家整体得到超额回报的利润，一定不是因为他们面对了风险。

汪丁丁说："如果没有不确定性，也就不会有利润（或亏损），不会有追逐利润的企业家。当然也就没有经济发展。从这个意义上说，**不确定性是大自然的本性，而经济发展是人类对大自然挑战的回应**。"[1]

从某种意义上说，正是具有创业家精神的人对不确定性领域的成功尝试，创造

---

[1] 《中国改革过程的逻辑》，汪丁丁，《信报月刊》1995 年 10 月。

出了"新蛋糕"。在这个增量世界里，那些只在"已知风险"内舒适决策的人，在为拥有创业家精神的人缴纳"不确定性税"。

此外，在应对风险、不确定性和未知三种情形时，创业家的利润不仅来自拥抱不确定性，还有一部分超额利润来自对"未知"的探索。如果说面对不确定性对某些人来说，只是愿不愿意"冒险"的心智，那面对未知则是更糟糕的情形。

在很多情况下你都不知道你的"未知"是什么，这一点，对从事商业元创新的新企业的开创者尤其重要。如果说功效级商业创新收取了"不确定性税"，那么商业元创新就是通过探索"未知"，在收取不确定性税之外，额外还收取了一份"未知税"。

不确定性税、未知税都是一种"认知税"，理应被充满创业家精神的人获得。

### 【画框的人与机敏性】

需要特别强调一下的是，人人都可以具有创业家精神和才干，并不一定需要你开办一家公司才叫创业家。

哈耶克的老师，也是奥地利经济学派的第三代掌门人路德维希·冯·米塞斯曾说："经济学在谈到企（创）业家的时候，指的不是某一个人，而是一个确定的功能。""而在任何实际而生动的经济里，人人都是企（创）业家和投机者。"我们都是展开行动的人，每一个行动都是创业家行动，都在追求一个更加满意的状态来替代当前的状态。[1]

奥地利经济学派指出"人的行动"过程中有两种任务：第一种任务，给定手段和目标，寻求一个最有效率的途径；第二种任务，事先没有确定目标和手段，手段和目标不是现成的，需要行动人去主观构思、去找。[2]

我以前打过一个比方，第一种任务是把"框架填满"，第二种任务是负责"画出框架"。奥地利经济学派尤为看重画出"目的一手段"的框架之事，被认为是"人的行动"（human action）的本质特征。奥地利学派伊兹雷尔·柯兹纳（Israel Kirzner）为此专门提出了一个概念叫作"alertness"，对应的代表人物中文，有人翻译为"机警"，其实用"机敏性"会更精准。

第二种任务行动者与第一种任务行动者之间的关系，类似"写菜谱人"与"按菜谱做菜的厨师"。为什么很多外企500强公司的职业经理人辞职自己创业容易出问题，就是因为他们之前的工作经验是在大公司的格式系统里"按照菜谱做菜"，做的是"厨师"的工作，并不懂得要如何无中生有地"写菜谱"。这些转型创业者的事业出

① 《人的行动：关于经济学的论文》，（奥地利）路德维希·冯·米塞斯，上海世纪出版集团，2013。

② 《奥地利学派：市场秩序与企业家创造性》，（西）德索托，浙江大学出版社，2010。

现损失，根源在于他们还没拥有"创业家才干"，思想未进入"创业家式"认知轨道。

1986 年诺贝尔经济学奖获得者、公共选择理论家詹姆斯·布坎南也深受奥地利学派影响。他曾写过一篇名为《极端主观主义的宪政含义》的文章，里面分析了人类的两种选择：一种选择是反应性选择（responsive choice），是人类和其他动物所共有的，像是条件反射的选择；还有一种是创造性的选择（creative choice），是人类所特有的。

如果你对世界只是拥有"反应性选择"，那么你只能获得动物性回报。

当然这种"反应性选择"不能全部归因到个体理念上。大多数人只拥有"反应性选择"的背后，是来自社会组织的分工方式，具体表现为"劳动的异化"。在《1844 年经济学哲学手稿》中，马克思写道："工人在自己的劳动中不是肯定自己，而是否定自己；不是感到幸福，而是感到不幸；不是自由地发挥自己的体力和智力，而是使自己的肉体受折磨、精神遭摧残……人只有在运用自己的动物机能——吃、喝、生殖，至多还有居住、修饰等的时候，才觉得自己在自由活动，而在运用人的机能时，觉得自己只不过是动物。"

文中，马克思还有一句经典之语："动物的东西成了人的东西，而人的东西成为动物的东西。"

关于如何释放每个人的创业家精神，如何让劳动者不能只有"反应性选择"，这些问题涉及"新商道"和"新组织"探索，我们会在另外的书中阐述。

### 【一切"剩余"归创业家】

基于奥地利学派和新制度学派关于利润如何形成的理论成果，汪丁丁曾给出一个旗帜鲜明的总结："关于有效率的资本市场的一项原则，我称之为'一切利润归企业家'。"[①]

为什么一切利润不归资本、不归土地、不归公众？

新制度经济学认为，由于交易成本不可能为 0，所以只要管理成本小于交易成本，企业组织就有存在的意义。那么来做一个思想实验，如果真的存在一个交易成本为 0 的市场经济，是否不需要"企业"来组织资源就能让经济配置达到最优？

柯兹纳对此给出了否定的答案。

首先，他提出陌生人之间能在市场上形成合作，是市场能够发现、利用及传播分散在整个经济体系中大量"局部知识"的结果。市场在发现"无人知晓其存在的知识"上具有至关重要的作用。

其次，如果交易成本为 0，人们可以 0 成本接收到与商业机会相关的所有信息，

---

① "资本，资本市场与人力资本"，汪丁丁，《21 世纪经济报道》评论版，2010 年 1 月。

**但是，人们依然未必能抓住这些机会。**

看到某个信息可以不需要成本，并不代表你就能从中获益，因为你也许根本不能理解这种信息与其他信息之间的"关系"或"缝隙"，不能从信息中"发现机会"。而要能做到如此，只有依靠创业家运用"创业家才干"，在不确定环境下作出冒险选择。用柯兹纳的说法来讲，这就是创业家的机敏性（alertness）。

2022年4月上海疫情防控期间，很多餐饮店都不能正常营业，但也有一些商家在面对这种市场不确定性时，表现出了相当的"机敏性"。比如在美团外卖平台上，做羊蝎子生意的商家迅速提供蔬菜和鸡蛋套餐，兰州拉面店改卖速冻生饺子（如图3.1）。这些商家是在发现小区团购的商机之后，根据市场情形迅速作出调整，借助美团分销网络，将餐饮门店变成了生鲜、速食产品的库存中转站。

图3.1　上海疫情防控期间的商家机敏性

利润，仅当有人意识到才存在，不意识到就不存在。哈耶克将之称为"社会科学的事实"。创业家取走人家完全不知道的东西，没有对任何人实行侵害，也就是常说的"创造了新蛋糕"。而且因为市场还具有发现、传播"知识"的功能，创业家取走利润，会激发更多人去关注、跟随"做大蛋糕"。

彼得·德鲁克（P. Drucker）曾提出过"知识社会"这一观念。他认为在知识社会的时代，真正重要的资本不再是物质资本，而是由"知识劳动者"所承载的知识，或可称为"知识资本"。德鲁克的本意，也是认为在知识社会，应该是"知识劳动者"获得利润，但他"知识"的含义太模糊，容易让人误认为"信息密度高"的从业者就是"知识劳动者"。

奥地利经济学派对"知识"的定义也非常广泛，包括书本上的可传承逻辑，也包括 Know-How（技术诀窍）等隐形的、特定的场景认知。所以任何最卑微的、社会地位最低下的、最缺乏正式知识的人，也能拥有点滴局部知识优势。

**为了更精确地理解经济学家们的思想，不建议使用"知识"这个宽泛表达，我觉得更好的用词是"见识"。**

比如一个流浪汉可能比大学教授更了解哪里容易找到可回收的废品，在这个领域，他拥有比大学教授更有优势的"见识"。只要这个流浪汉具备发挥创业家精神的潜在可能性，他的"见识"就不可被忽略，就有可能创造利润。

"见识"这个词的英文翻译是 widen one's knowledge & enrich one's experience，也就是拓展"知识 + 经验"。而汉语中也有"见多识广""读万卷书不如行万里路"之说，都是强调"见识"形成的复合过程。

**见识的形成既需要有抽象思考能力，更需要有对生命的觉察反思。**

重要的"商业见识"并不隐含在既存的数据中，而是创业家对生命的感悟思考，在创业家的设想和思考中形成，并于市场发展的进程之中持续提升。

用柯兹纳的另一个视角来解读"经济剩余"或"利润"的来源，会对上述观点有更好的理解。柯兹纳认为，利润可以说是"资源错误配置的忠实表达"。有利润就说明资源配置存在错误，而这个错误是被创业家发现的。创业家纠正这个错误之后，就取得了利润。所以利润的出现，源于要素市场和产品市场协调的缺乏，创业家捕捉利润的过程就是对市场纠错的过程。

那么凭什么创业家具有这种纠错的能力呢？因为他们拥有"见识"。

莱昂纳德·科恩的《颂歌》中写道："万物皆有裂痕，那是光照进来的地方。"（There is a crack in everything，that's how the light gets in.）

**市场皆有裂痕，那是创业者"见识"之光照进来的地方。**

## "商业元创新"成长的本质

### 【习得认知 > 构建项目】

1985 年 MIT（麻省理工学院）开设了一个"国际汽车计划项目"。在该项目几十位专家的深入研究以及 116 篇专题报告的基础上，1990 年沃麦克（Womack J.P.）等教授合著了一本书——《改变世界的机器》。此书展示了日本丰田公司在生产开发上的创新活动，首次提出"精益生产"（Lean Manufacturing）的概念。

2007 年这本书再版之时，丰田公司的汽车销量已经超过了福特汽车公司，并紧追通用汽车。随着时间的推移，再到 2014 年年初，这本书中文版再次被引入中国的时候，丰田公司的销售额已经以 998 万辆雄踞全球销量第一。

丰田公司精益生产中的"lean"有 5 个原则：

1. Identify Value 识别价值

从客户的角度定义什么是产品价值（顾客愿意花钱买的是什么？）

2. Identify Value Stream 识别价值流

找到那些增加产品价值的关键步骤。

3. Create Flow 流动起来

让生产资料高效流动而不是停留不动，所以要清除库存和避免浪费。

4. Respond to Customer Pull 客户响应

根据客户的需求的时隙、量来拉动生产（著名的 JIT 生产方式）。

5. Pursue Perfection 迭代优化

不断完善以上过程（PDCA：计划—实施—检查—处置）

丰田的"精益生产"给全世界很多经营者都带来重大启发，其中也包括一位硅谷的年轻人——埃里克·莱斯（Eric Ries）。

作为一个 IT 领域的成功创业者，莱斯起初是在名为"新创企业经验与教训"（Startup Lessons Learned）的博客上分享自己的创业经验和思考。他的主要观点是：创业公司应尽可能最大效率地整合资源、降低浪费。莱斯在学习丰田生产系统的精益生产经验之后又把早期观点细化，提出了"精益创业"（the Lean Startup）的理念。这一理念在硅谷和中国的创新创业圈也已经逐步成为热门理论，MVP、迭代、变轨等也都已经进入产品经理的工具箱。

莱斯的精益创业参照了上述丰田经验中的 lean 原则，他认为新企业的创新行为应该如下：

1. 为了从客户角度开发产品，需要根据客户的"实际反馈"，而不是开发者"以为的客户需求"或者客户"嘴上说的需求"。对应丰田精益生产的第 1 个原则；

2. 采用"最小化的可行产品"（minimum viable product，MVP），对应的是丰田精益生产的第 3 个原则；

3. 核心工作流："开发—测量—认知"（Build-Measure-Learn）反馈循环，揭示重要的变轨（pivot）。对应的是丰田精益生产的第 5 个原则。

"精益生产"这个名字是 MIT 国际汽车项目研究者约翰·克拉夫奇克（John Krafcik）起的。之所以叫"精益"（lean），是因为它与大批量生产相比所需要的投入更"精"：工厂人员只需一半，生产空间只需一半，工具设备投资只需一半，开发新产品的设计工时和设计周期都只需一半。除此之外，它要求现场只保留远远少于一半的所需库存。[①]

"不浪费"这一点当然很重要，尤其对资源、资金都很缺乏的初创企业。但是那些拿了大量 VC 钱不在乎些许浪费的新贵公司，或者不惜代价开发新产品挣扎求生的大型公司，他们就不需要莱斯提出的创新理论吗？

"lean"在英语中有"瘦"的意思，但这是指健壮、多余脂肪少的"精瘦"，不是皮包骨的那种"病态的瘦"。要真正理解莱斯精益创业之"精益"内核，不妨使用中国文化中的"精气神"中的"精气"概念。实际上，莱斯用精益创业理论回答了一个新企业在成长过程中要追求什么"精气"的大问题。

在这里直接引述《精益创业》一书中的几段话：

> 如果创业的根本目的是在极不确定的情况下建立组织机构，那么它最重要的功能就是学习。

> 为了要实现愿景，我们必须明确我们的哪些策略是可行的，哪些是过激的。我们必须了解顾客真正需要的是什么，而不是他们自己说要什么，或者我们认为他们应该要什么。我们必须认清自己是否朝着可持续企业之路发展成长。在精益创业模式中，我们要重建"学习"的概念。我将之称为"经证实的认知"。

> 新创企业的价值不在于开发产品，而在于创建可持续业务的认知。[②]

总之，探索中要节省成本、降低测试损耗并非精益创业理论最有价值的部分。

---

① 《改变世界的机器：精益生产之道》，（美）詹姆斯 P. 沃麦克 /（英）丹尼尔 T. 琼斯 /（美）丹尼尔·鲁斯著，机械工业出版社，2015。
② 《精益创业》，（美）埃里克·莱斯，中信出版社，2012。

MVP 等都是很好的手段，但不是新企业成长的本质。精益创业的理论精髓在于指出了新企业成长的首要目标是**"追求对可持续业务的认知"**，新企业需要建立**"习得 >构建"**的资源投资回报评价新标准。

### 【挣不到"认知"以外的钱】

互联网上曾有一句流行语："你赚的每分钱，都是你对这个世界认知的变现；你亏的每分钱，都是因为你对这个世界认知的缺陷。"虽然不严谨，但也在试图勾画"认知"与"利润"之间的关系，能给人以启发，算是下面章节内容的通俗版表达。

中国网络文学有一个流派叫穿越小说，主人公带着现代人拥有的视野和知识吊打古代对手，"金手指"点点，大杀四方，人生登顶抱得美人归。此类小说也被称为爽文，满足了广大读者获得超级智力优势的代入感。大部分穿越小说的题材，都是从现代都市穿越回中国古代社会，假如我们能够从未来穿越回现在呢？哪怕是提前一天知道未来的情形，精准知道第二天哪只股票涨停？

这个看似荒诞的猜想，恰恰是创新创业者要努力的方向。

前文已经论证新企业的首要目标是建立"对可持续业务的认知"，而且创业家的精神特质就是善于探索未知，拥抱不确定性，依靠"见识"优势，创造市场的增量（另一个角度就是"剩余"）。那么如何度量"不确定性"呢？

美国经济学家罗纳德·海纳（Ronald A. Heiner）发表于 1983 年 9 月《美国经济学评论》上的论文《可预测行为的起源》（*The origin of predictable behavior*）中提出了著名的"海纳模型"。这个模型具有较为深刻的哲学意味，可以有多种解读。我们重点关注的是他对不确定性度量的表达。

首先，海纳认为一切或主要的不确定性，之所以被认为不能确定，只是因为决策者自己的理性能力有限而已。换个形象的说法，**假如某个人具有完备理性，则这个世界对该人来说不存在任何不确定性**（也不存在任何未知）。

基于此，海纳对"未知"以及奈特定义的"不确定性"赋予一套模型，即"C-D缺口"（Competence-Difficulty gap）。

"C-D 缺口"指的是当下能力（competence）与困难程度（difficulty）之间的差距。根据海纳模型，不确定性（其实还包括"未知"）被描述为"C-D 缺口"，即试图完成特定工作的行动者所实际拥有的"见识水平"（competence），与这项工作对行动者见识水平的客观要求也就是"客观困难程度"（difficulty）之间的差距。[1]

---

① 《行为经济学讲义：演化论的视角》，汪丁丁，上海人民出版社，2011。

这个模型很符合我们的生活常识。一个市场参与者要克服的就是这个"从外行到内行"的挑战，才能干好一件事。

海纳模型的基本框架给出的只是理论上的说明，还缺乏针对商业创新实践的指导性。为此，需要对该模型进行升级，关键点是把 C 再分为三种：

① $C_c$：在这个领域的竞争对手或潜在竞争对手的最高"见识"水平。

② $C_e$：某个新企业开创者在领域拥有的"见识"水平。

③ $C_s$：与这个领域相关的全人类最高"见识"水平。

现在，你明白什么是"认知以外的钱"了吗？你明白怎么才能挣到钱了吗？如果你还不是很清楚，请继续阅读，深入了解海纳模型的解析。

### 【非商业创新者面临的认知环境】

一般情况下，$C_s$ 超出创业者、竞争对手的视野，所以将其画为虚线。其他两条线相对较容易被同行业人关注，所以画成实线，如图 3.2。

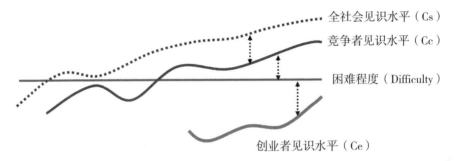

图 3.2　非创新者面临的 C-D 缺口

在"非创新"领域，也就是通俗意义上的"红海市场""成熟市场"。因为该领域经过了很多人多年的摸索，所以 $C_c$ 已经高于 D（Difficulty），也就是说行业里汇集了很多"老炮"。而很多新企业开创者完全是以外行身份，杀入某个领域，他们面临的第一个挑战就是如何迅速弥补"$C_c$-$C_e$"缺口，迅速从外行变成内行。

新企业开创者选择一个非创新领域厮杀，先天就有劣势。不过最麻烦的问题是，"小白"并不知道自己是"小白"，然后就成为行业"老炮们"的盘中餐。

你可以回顾自己的创业经历，尤其是那些创业失败的经历，看看是否如此。

那又该如何摆脱这种宿命呢？

【功效级创新者面临的认知环境】

在功效级商业创新的实践中，Cc 与 Ce 都低于 D 的水平。新企业开创者要分两步走：

①先成为行业专家（Cc-Ce 缺口）；

②穿越行业无人区（Cc-D 缺口）实现商业创新成果。

这两步的艰难程度完全不同，"Cc-Ce gap"的弥补可以通过"模仿"策略解决，通过引进、消化、吸收的方式相对快速地完成。而要跨越"Cs-D gap"的时候，就要面对黑暗森林，而且还在帮后人探路。

需要强调的一点是：在功效级创新的领域，D 的情况还是相对清晰的，只是还有"不确定性"，所以在图示中用了"实线"（如图 3.3）。例如：中国的大部分新能源汽车厂商，都处于弥补第一个 gap 的阶段。虽然前面有特斯拉等厂商领跑，但是觉得自己早晚能抵达 D，有机会在局部市场分一杯羹。

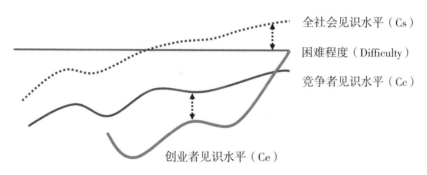

全社会见识水平（Cs）

困难程度（Difficulty）

竞争者见识水平（Cc）

创业者见识水平（Ce）

图 3.3 功效级商业创新者面临的 C-D 缺口

中国还有一批知名企业，比如华为、三一重工等，已经跟随并超越 Cc，下一步要进入竞争对手也没有进入的区域。

2016 年 5 月 30 日，全国科技创新大会在人民大会堂召开。在如此高规格的大会上，华为公司创始人任正非做了题为《以创新为核心竞争力 为祖国百年科技振兴而奋斗》的汇报发言。他讲道："华为正在本行业逐步攻入无人区，处在无人领航、无既定规则、无人跟随的困境。华为跟着人跑的'机会主义'高速度，会逐步慢下来，创立引导理论的责任已经到来。""华为已感到前途茫茫、找不到方向。华为已前进在迷航中。重大创新是无人区的生存法则，没有理论突破，没有技术突破，没有大量的技术积累，是不可能产生爆发性创新的。"

其实华为面临的不是"科学技术基础理论上的突破难题",而是之前掌握的竞争手段,将会在"Ce > Cc"的阶段失效。整个组织的"认知模式"要从企业基因层面进行重大调整。

功效级创新企业会不会陷入"创新者窘境"?"后发优势"能转化为"先发优势"吗?这是中国先锋企业面临的大考。

【 商业元创新者面临的认知环境 】

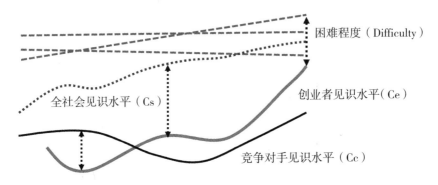

图3.4 商业元创新者面临的C-D缺口

图3.4最大特点是D有多条且都是虚线。

商业元创新者面临的情形要比功效级创新复杂得多。除了要满足功效级创新的那两步之外,商业元创新最大的挑战是对D的了解有很多"未知"。甚至D的位置在哪里都不清晰,虚实也无从判断。

就"Cc-Ce缺口"而言,商业元创新者相对容易跨越。这倒不是因为Ce水平高,而是在这个非主流领域,竞争对手或潜在竞争对手本来就比较少。但是超越Cc之后才是真正的挑战,即如何将"未知"变为"不确定性"。

【 商业元创新者面临的挑战 】

将"未知"变为"不确定性",这个挑战如此之大,因此这个缺口应该是全人类都要去投入的事业。一个商业机构如何能够单独承担起来?

这里的要点在Cs这条曲线上。

Cs曲线表示的是全社会的见识水平。它由科学、艺术、商业等不同领域、不同时代的全人类认知组成。从某种意义上来说,全人类的集体智慧在很多领域都已经超越了某个领域的"D"。这样,在该领域的商业元创新开创者只需要弥补"Cs-Ce缺口"即可超越 D。

那么，商业元创新者弥补"Cs-Ce 缺口"从而超越 D 也就有了方法——跨领域学习。

亚瑟·库斯勒（Arthur Koestler）认为："科学思想史中的所有决定性事件，都可以用不同学科之间的心理交流来描述。"一个领域的概念可以以一种隐喻的方式用于另一个领域，从而打开一些隐藏在视线外的秘密之门。[1]

1912 年，亨利·福特参观芝加哥的一家屠宰场，好奇地看着人们切肉。猪被挂在钩子上，吊在轨道一端，每个人完成自己的工作后就把猪送往下一站。参观结束后，导游问福特有何感想。福特说："谢谢你，孩子，我获得了一个绝佳的创意。"之后不到 6 个月，福特在高地公园工厂建立了世界上第一条装配流水线。

伦敦一家医院希望在复杂的医疗流程中设计出一套更高效的交接方式。他们将目光投向与医疗毫无关系的领域——法拉利一级方程式赛车队的维修站工作人员。医生们在赛场上与车队维修人员共事，很快发现了医院内部交接流程的问题所在，并重新设计了交接流程，从而大幅度减少了医疗失误。[2]

需要提醒的是，如果 Cs < D，那么我们在这个领域就很难取得商业元创新的成功。这个"Cs-D 缺口"部分需要等待非商业的科学、艺术、人文等领域的精英来打破人类认知的天花板。

**【商业元创新成长的本质】**

综合前面奥地利经济学派的分析、海纳模型的扩展以及对精益创业的思想梳理，对新企业商业元创新的成长过程，我们可以有如下理解：

● 新企业商业元创新的过程，就是新企业开创者对客户相关领域从"未知"到"不确定性"再到"风险可控"的探索过程；

● 在这个探索过程中，新企业开创者会基于"经验证的认知"以及获得一系列"洞见"，从而达成对客户相关领域的"见识增长"。

总之，商业元创新成长的本质是：**开创者通过持续"增长见识"从而消除"C-D 缺口"的过程。**

**商业元创新项目的首要目标不是创建产品和服务，而是"增长见识"，所以"习**

---

① 《伟大创意的诞生：创新自然史》，（美）史蒂文·约翰逊，浙江人民出版社，2014。

② 《好点子都是从别处'偷'来的》，比尔·泰勒，《哈佛商业评论》中文版，2022 年 2 月。

**得见识 > 构建业务"**。

从认知角度更容易理解创新者窘境的本质。因为大公司的焦点一定不会在"习得",之所以如此,至少有两个特别明显的原因:

一是习得的认知能否转化为利润不确定。股东很难评估经营团队的投入产出,很难设置 KPI 考核。如果到了年底,创新团队对老板汇报说:"我们花费了 300 万,没有形成产品,但是知道了几十条错误的路径是行不通的。"这个创新团队需要很大的勇气。

二是习得的认知很难转化为资产,也容易随着人员流失而从企业流失。大企业为职业经理人做这样的认知投资,确实也是非常高风险的。

## 见识增长之"法"——试错法

当你发现"持续地增长见识"竟然是新企业开创者实现商业元创新的有效方法时,那么新的问题随之而来——如何"持续地增长见识"呢?

### 【"犯错了,很好,来庆祝一下"】

约翰·惠勒(John Wheeler)曾与玻尔合作,在 1942 年共同揭示了核裂变机制,并参加了研制原子弹的曼哈顿工程。他还是美国第一个氢弹装置的主要设计者之一,大家耳熟能详的"黑洞"概念,也是由惠勒提出的。作为一位严谨的科学家,惠勒曾有一句涉及科学精神本质、颇有哲学味道的名言:**"我们所要做的一切是尽可能快地犯错误。"**

广义相对论作为一个理论猜想被提出来之时,备受指责。为了检测这个猜想,爱因斯坦预测:在日食的时候,太阳附近的光线会有异常且可以被观测到。1919 年,见证奇迹的机会来了。在 5 月 29 日的日全食中,英国科学家观察到了光线在引力场中的偏折现象,这符合爱因斯坦的预测,广义相对论第一次得到了经验证明。这个事件轰动了整个世界,爱因斯坦也名动天下。

但是细心的人会注意到,在观测之前,爱因斯坦曾明确表示:如果观察的结果和理论预测不符合,那可以判断广义相对论错了。而如果观察结果符合理论预测,也不意味着广义相对论就是绝对正确的理论。

这些细心的人里就包括 19 岁的卡尔·波普尔(Karl Popper)。作为爱因斯坦的年轻粉丝,波普尔不仅仅认同他的理论,更因为爱因斯坦对科学的态度生发出一个著名的科学哲学概念——"可证伪性"。被誉为 20 世纪最伟大的哲学家之一的波普尔认为，这才是区别科学与非科学理论的关键视角。一个科学理论永远不会是"彻底正确"的，因为只要它是"科学的"，就包含着被证伪的可能。这也是科学与宗教的鲜明差异之处。

波普尔的洞见还在于他让我们意识到"证实"和"证伪"并不对称。一个理论被证实一万次，也不能证明它"绝对"正确，但只要被证伪了一次，它就被推翻了，或者说需要修订理论的适用范围。比如牛顿力学就从对微观世界解释中退出来了。

"可证伪性"为什么要用在商业元创新领域？正如前文所言，商业元创新者是在无人区行走，要蹚出一条没人走过的路。如果没有这种科学哲学的指导，我们可能很快就会成为"先烈"。

### 【波普尔：试错法】

我们知道人们的推理有三种基本方式：演绎、归纳、类比。波普尔洞见的这种不对称性，则对"归纳法"权威提出了严峻挑战。

其实，关于演绎和归纳问题的争论在哲学领域由来已久，这还涉及"不可知论"或"非决定论"。哲学家休谟、罗素等都曾质疑过归纳法的可靠性。罗素曾打过一个比方：一只每天被主人喂食的火鸡，怎么也归纳不出在感恩节那天自己会被拧断脖子。维特根斯坦甚至挑战了承担归纳法任务的"人类语言系统"。

这是两种截然不同的哲学理念："决定论"的世界和"非决定论"的世界。

在决定论下，历史是一本已经写好的书，或者至少已经写好了大纲。随着一页页地翻过，世界会按照大纲设定的方向前进，也存在一系列的最佳路径去抵达历史的目标，我们要做的就是找到这些最佳路径。因为路径可预期，而归纳法很有可能发现这些最佳路径。

而在非决定论下，历史没有剧本，每一页都是一步一步即兴创作出来的，因此也不存在一系列已经"客观"存在的最佳路径。就像达尔文不赞同进化的说法，因为进化有目的性和更高级的意味。他宁愿用演化这个词来表述自己的理论。波普尔还有一本名著就叫作《历史决定论的贫困》。

波普尔基于"非决定论"的哲学思考，重新定义了科学的逻辑。用"可证伪性"代替"可证实性"；用"问题—猜想—反驳"的试错机制代替"观察—归纳—证实"的"实证机制"。[1]

但是问题来了：如果归纳法不可靠，那怎么解释科学知识的持续成长机制呢？波

---

[1] 《刘擎西方现代思想讲义》，刘擎，新星出版社，2021。

普尔在《猜想与反驳》一书中给出个解决方案，并提出了证伪主义的核心理论"试错法"（Try Out Method），即：

①人们首先针对特定的问题提出"猜想假说"；

②然后通过演绎的方式从"猜想"中得出"预测"；

③经过实验和观察的"检验"，这个预测或被证伪，或被证实；

④如果证伪了，人们就要对最初的"猜想假说"进行修订；如果证实了，就等待新问题的出现。

这里有七个核心步骤：

①确定问题；

②形成"猜想假说"；

③做出"预测"；

④按照"猜想假说"为"真"展开各种试验；

⑤用实验结果对"预测"进行"检验"；

⑥觉察"检验"的结果；

⑦修订"猜想假说"或"选择新问题"。

美国二十世纪美国最杰出作家之一的 F.S. 菲茨杰拉德曾说："检验一流智力的标准，就是头脑中能同时存在两种相反的想法但仍保持行动能力。例如，一个人应该能够看到事情是没有希望的，但又要下定决心让它们变得不同。"这好像就是为试错法做的文学解读。

人们采用试错法的情形，正如菲茨杰拉德这段名言所说。努力想出逻辑自洽的想法，然后在内心中把这些想法判定为"假""错"，再当作"真""对"的认知来实践，通过实践反馈修订其中错的在哪里，从而逐步接近正确。

看到这里，你可能有点崩溃和分裂。传统上，我们认为正确的才会做，但在商业元创新的世界里，面对太多的未知和不确定，商业元创新者必须明白这样的科学哲学并且学会用这种哲学指导自己的商业创新实践。

**试错法，就是保持"正确地失败"。**

## 【商业元创新者该如何试错】

波普尔试错法也被看作一切生物生存的普遍法则。动物行为心理学家爱德华·桑代克（Edward Lee Thorndike）通过"猫开笼取食"实验形成一个猜想，即一切生物对于环境作出的反应动作，其最本质特征就是试探。当试探得到良好反馈，生物就会把这个成功的模式和行为保持下来；如果错了并因此被环境惩罚，那就进行新的尝试。越是有活力的生命，越是热烈地开展着这种"尝试新行为 + 修改旧行为"的活动。

试错法也在人类活动中被广泛运用。用我们熟悉的语言来说，就是改革开放的总设计师邓小平所倡导的"摸着石头过河"。甚至还要扩展到连应该过哪条"河"都得试错。

商业元创新的成长过程类似生物对环境的试探行为。套用波普尔的试错法步骤，我们梳理下探索商业元创新该如何试错。

1. 商业元创新者首先针对特定的问题提出猜想假说。

这里面包括试错法的 1 和 2 两个环节："问对问题"和"提出假说"。两点都有巨大挑战，在"未知"到"不确定性"这个阶段尤其如此。

本书前半部分帮助读者创建新的世界观和认识论，后半部分阐述商业元创新实战方法，方法之一就是帮助大家"问对问题"。商业元创新在不同成长阶段的主要矛盾不同，所以需要商业元创新者要问"对的"问题也不同。比如在 0—0.6 阶段，首先要问的是你要成为哪一类人？要选择什么样的创业使命？为什么这是你的使命？在我接触过的上千个创业案例中，不要说能回答这个问题的创业者了，就是思考过这一系列问题的创业者都寥寥无几。而不探索出来这问题的答案，没有明确的答案方向，后患无穷。

而提出假说，以及第 7 步中的对"假说"修订形成"新假说"则涉及创业者的商业洞见能力了。什么是洞见？

如果某人在 2 月 14 日情人节通过社交软件给女朋友发红包，看到这个界面（这个属于"经验证的认知"，如图 3.5）。那么他能"洞见"什么？

图 3.5　情人节的暴击（来自网络图片）

广告狂人，BBDO（天联广告公司）前北美公司的主席和首席创意官菲尔·杜森伯里（Phil Dusenberry）提出：洞见，是能看到事情的本质；洞见，改变你看世界的方式。[①]

洞见并非不可捉摸的神来之笔。可靠的洞见来源于实践中的"涌现"，来源于对"涌现"的选择和放大。

**2.通过演绎的方式从"猜想"中得出"预测"。**

在商业元创新的探索过程中会有三种"正确"，即：事实正确、逻辑正确、政治正确。

● 逻辑正确指的是从试错的第 1 步到第 7 步中间的所有推理逻辑严密，这个考验的是创业者和团队的通识教育和才干训练。

● 事实正确指的是"猜想假说"与"市场的真相"一致。

● 政治正确就是团队成员与创业者之间是否行动一致。

逻辑正确能够保证"猜想"与"预测"的一致。事实正确则是创新创业团队所追求的目标。但是按照试错哲学，人类永远只能阶段性地接近事实正确。而且商业事实正确地判断涉及什么是商业上的对错价值观标准，非常主观。比如说：从企业总体去看事实正确，在局部微观看来就是事实错误。新企业开创者追求的事实正确是利他使命，而团队成员认为企业首先应该追求利润最大化，哪个是事实正确呢？再比如：新企业开创者要追求商业见识的积累，而一线员工认为公司一直在犯错，那应该坚持追求哪个事实正确呢？

---

① 《洞见远胜创意》，（美）菲尔·杜森伯里，上海远东出版社，2014.

所以，商业元创新的团队需要形成政治正确的文化，即使新企业开创者的猜想在团队其他成员看来逻辑不正确、事实不正确，其他成员也要与开创者保持行动一致。这样才能提高试错效率。团队成员要相信创业者的自我学习能力，创业者也要善于选择适合从事试错型工作的团队、要善于凝聚团队，从而形成创新创业团队整体的见识增长。如此，团队内耗就会少很多。

**3. 展开实验和观察，用实践结果与预测进行对比。**

这个过程的要点是如何实验和如何观察，也就是试错法的第4、5两个步骤。

在这里推荐精益创业理论提出的 MVP 工具。车尔尼雪夫斯基说："实践，是个伟大的揭发者，它暴露一切欺人和自欺。"因为这一过程的目标是"获取经验证的认知"而不是创建一个商业系统，所以在创新行动上会有很大差别。

比如你想为只有一只脚的残障人士提供鞋子，为此想开个网店。那么你不需要先进一堆鞋子放到仓库里，也不需要开发一个 App。你完全可以先做一个网络页面把鞋子照片挂上去，看看能有什么反馈，检验一下你想服务的人对你这个猜想（残障人士不好买鞋子）以及预测（如果他们看到这样的电子商务网站会询问或下单）。这个最低成本的检验工具——网络网页，就可以看作最小化的可行产品，即 MVP。MVP 不仅仅能帮助新企业开创者降低成本，更主要的是提高了"检验的速度"。

新企业开创者使用 MVP 或者正式产品展开商业创新探索，都会得到市场及各方的反馈，这个反馈与预测一定会产生"对比"。

**4. 在"对比"中觉察"检测"结果。**

如果第1、2环节的"问题"和"猜想假设"被证伪了，人们就要对最初的"问题"和"猜想假设"进行修订；如果证实了，则继续第三步，等待新问题的出现。对商业元创新者来说，大概率是需要对"猜想假设"进行修订，这就回到第1步中的形成猜想假设环节。

商业元创新者也就是在这种认知螺旋上升的过程中，持续地增长见识的。

脸书（Facebook）CEO 扎克伯格说："我最为自豪的事情之一，是我们成功的关键在于测试框架……在任何时候，都不止有一个 Facebook 版本正在运行，而是一万个左右。"[1] 很多新经济公司都已经将试错作为基本的工作方法。

## 见识增长之"术"——贝叶斯推断

运用试错法，不能简单地通过一两次对比检验，就轻易得出"伪"或"不伪"的

---

[1] 《像扎克伯格一样思考：Facebook 天才 CEO 的五个商业秘密》，（美）埃克特里娜·沃尔特，机械工业出版社，2014.

结论。这是一个微妙细致、逻辑严密的觉察过程。

法学家奥利弗·温德尔·霍姆斯（Oliver Wendell Holmes）曾说："大部分人的推理都是戏剧化的，而不是定量的。"

电视剧和小说中经常会有这么一类桥段，一个人因为意外进了医院，然后医生在进行例行检查的时候告诉他得了癌症。然后主人公开始一段跌宕起伏的情感戏，突然某一天医生来电说是误诊了，然后故事又反转。这个检验结果难道就这么随便吗？

如果口腔癌的发病率是 0.1%，即 1000 人中会有 1 个人得病。现有一个药厂生产了一种试纸，可以检验人们是否得病，它的准确率是 99%，即在人们确实得了口腔癌的情况下，它有 99% 的可能呈现阳性。但是这种试纸也有误报率，为 5%，即在某人没有得口腔癌的情况下，它有 5% 的可能呈现阳性，认为此人得了口腔癌。假如，你参加公司组织的体检，被体检机构用这种试纸进行了的检验，结果为阳性。请问：你确确实实得了口腔癌的可能性有多大？你是不是吓死，准备重新思考人生了？

实际情况是，即使你检验结果呈现阳性，你得口腔癌的概率，也只有 0.19%。你比正常人得口腔癌的概率 0.1% 没高出多少。这就是检测领域里所谓的"假阳性"现象，即一次阳性结果完全不足以说明病人得病。所以你还得多做几次检测，最好是换不同的医院做。

对口腔癌检测作出测算的数学工具叫贝叶斯推理（Bayesian inference）。这个数学贡献奖得奖颁发给英国神父贝叶斯（Thomas Bayes）。这位虔诚的教徒为了证明上帝是否存在，发明了一个数学公式。也许他自己都没有意识到，这个数学工具所蕴含的深刻哲学意义，以及对未来机器学习、大数据、AI 行业的影响。

### 【基于贝叶斯推理的生存姿势】

贝叶斯约 1702 年出生于伦敦，1742 年成为英国皇家学会会员，1761 年 4 月 7 日逝世。他死后，理查德·普莱斯（Richard Price）于 1763 年将他的著作《机会问题的解法》（*An Essay towards solving a Problem in the Doctrine of Chances*）寄给了英国皇家学会，从而对于现代概率论和数理统计产生了重要的影响。贝叶斯的另一著作《机会的学说概论》发表于 1758 年。

实际上在 1774 年，法国数学家皮埃尔 – 西蒙·拉普拉斯（Pierre–Simon Laplace，1749—1827 年）也独立发现了这一公式。

在贝叶斯推断出现之前，人们已经能够计算"正向概率"。比如假设袋子里面有 N 个白球，M 个黑球，你伸手进去摸一把，摸出黑球的概率是多大？这个也就是前文提到的，人们面对的是概率可预测的风险状态。

换一种情形，如果我们事先并不知道袋子里面黑白球的比例，而是闭着眼睛摸出一个（或好几个）球，观察这些取出来的球的颜色之后，那么我们估计袋子里黑白球的比例是多少，就是所谓的"逆向概率"问题。也就是在袋子里黑白球处于"不确定性"的情况下，我们如何进行"概率判断"（如表 3.1）。

表 3.1　正向概率与逆向概率的认知假设比对

| 正向概率世界 | 逆向概率世界 |
| --- | --- |
| 解释这个世界之前，人对于这个世界是认知是清晰的。大致概率是知道的。 | 解释这个世界之前，人对于这个世界的认知是不清晰的。充满不确定性和未知。 |
| 主观认知与客观世界是一致的。 | 人类从来都不能够客观认知过世界，你所看的都是你主观的投影。 |
| 世界因果关系明确，相关程度就是概率的分布而已。 | 因为对现象的模糊认知，解释现象的原因也是不清楚的，对原因也需要做逆概率的持续推断。 |

贝叶斯推断就是先形成一个假设 $P$（假说），比如一般人患口腔癌的概率是 0.1%，注意，哪怕这是一个根据正向概率逻辑调查下来的统计结果，我们也依然要认为它是"假说"。这是试错哲学的基本原则。

然后，根据实际观察的检验现象，以及检验手段的效度，来推测出"出现这种现象后，假说为真的概率"。

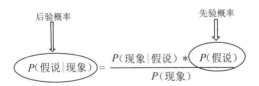

贝叶斯公式就是计算逆向概率问题的通用计算方法，用全概率公式改写分母，然后贝叶斯公式表达如下：

$$P(A|B) = \frac{P(B|A)}{P(B|A)P(A) + \bar{P}(B|\bar{A})P(A)P(A)}$$

为什么某人即使被检测出来阳性，也只有 0.19%（这个经验证的认知被称为后验概率）的概率得口腔癌？主要是一般人得口腔癌的概率不高，只有 0.1%（被称为先验概率），而且试纸的误诊率居然高达 5%，即：

$$P（A|B）=0.001 \times \frac{0.99}{0.99 \times 0.001 + 0.05 \times 0.999} \approx 0.019$$

## 【怎样判断漂亮女孩是不是单身？】

在 2011 年，中国台湾地区的自然科学博物馆文教基金会举办的第五届"人与自然科普"竞赛中，第三名获奖征文的主题是"怎样判断漂亮女孩是不是单身？"

用这个案例，能更好地说明贝叶斯推理如何用于"探索不确定性"，提高"检测""证伪"的效果。

理工男偶然间遇到一位心仪的漂亮女孩，不知道对方有没有男朋友，内心忐忑不安。使用贝叶斯推理，可以解忧。

理工男要完成的高难度系数动作是：作为一个与女孩保持距离的陌生人，在女孩毫无察觉的情况下，只能用手头有限的信息判断出女孩的单身情况。

第一步，向 Cs 和 Cc 习得，大胆猜想，形成"先验假说"概率。

也就是找一群兄弟姐妹，请大家根据自己对该女孩的印象从各自的角度估计一下女孩单身的概率是多少，投一下票，至于每个人权重等都可以考虑进去。这个数据重要，也不重要，因为后续要通过其他"现象观测"来一次次修订"先验假说"，形成"后验假说"。例如理工男得出一个大家一起形成的先验假设：该女孩单身概率为65.65%。

第二步，再次运用 Cs 集体智慧，在该领域"增长见识"找到推断逻辑。

女孩是不是单身，可以从很多细节中看出。就像做科学研究一样，我们可以先查一下资料或上网搜索，就可以找到不少寂寞人士潜心多年研究的简易单身判别标准，比如手机原则（恋爱中的女生手机使用频率会比较高）；自习原则（单身的女孩常常和几个女生结伴上自习）等。

第三步，对上述"见识"逻辑进行概率测试。

针对上述自习原则、手机原则等"见识"，在自己身边已经知道是否单身的女孩人群中做一下统计实验，当然样本越大越好。由此可以得到女孩单身情况下上述"见识"中各类现象发生的概率：

- 在单身女孩中，经常结伴上自习的比例是多少？
- 在恋爱女孩中，经常结伴上自习的比例是多少？

- 在恋爱中的女孩手机使用频率（次／小时）的概率分布。
- 在单身女孩手机使用频率（次／小时）的概率分布。

第四步，对心仪的漂亮女孩进行"检测"。比如发现目标女孩喜欢和朋友一起去上自习。

第五步，开始第一次贝叶斯推理。

前面已经积累的经验数据显示：

- 在单身女孩中，经常结伴上自习的比例 60%。
- 在恋爱女孩中，经常结伴上自习的比例 30%。

贝叶斯推理简单来说就是"先验概率 + 新得到的证据 = 更正后的后验概率"。现在可以根据第四步的这个"证据"进行如下推断：

$$\frac{女孩单身的概率 \times 单身女孩中和朋友一起上自习的概率}{女孩单身的概率 \times 单身女孩中和朋友一起上自习的概率 \times 女孩恋爱的概率 \times 恋爱女孩中和朋友一起去上自习的概率}$$

$$\frac{65.65\% \times 60\%}{65.65\% \times 60\% + 34.35\% \times 30\%} = 79.26\%$$

现在理工男可以认为心仪女孩单身的概率是 79.26%。

第六步，开始第二次收集"证据"。

对于目标女孩的观察结果是，她的手机使用率高于每小时 1.2 次。

第七步，开始第二次贝叶斯推理。

在前面积累的"见识"中，发现以下信息：

- 单身女孩中手机使用率高于 1.2 次／小时占其中的 20%；
- 在已经恋爱的女孩中，这一数值则是 60%。

$$\frac{79.26\% \times 20\%}{79.26\% \times 20\% + 20.74\% \times 60\%} = 56.02\%$$

那么概率结果又要更新了。

理论上，通过积累更多的"见识"以及对目标女孩的观察，可以不断更新女孩的单身概率值"推断"，让它越来越接近事实。

如果在最后一次对目标女孩的观察研究中，发现人家和一个男生手挽手有说有笑，拥抱在一起，那么目标女孩的单身概率值会立刻接近于 0 了。

## 见识增长之"道"——认知的驯化

试错法像是一种爬山的方法，可以帮助攀登者高效地爬上山顶。但是，这座山该不该爬呢？这座山爬完，下一座山是哪个？这就不是试错法本身能解决的了。这个难题的焦点在"猜想假设"的形成和修订的步骤。这是试错法的出发点和转折点，而这要依赖新企业开创者的商业洞见能力。

商业洞见能力是天赋吗？不，它是新企业开创者依据自己的商业价值观对认知"自我驯化"而来。

当然，创业者要首先意识到自己的认知需要被驯化。

### 【和自己保持距离】

国际象棋大师萨维利·塔塔科维尔（Savielly Tartakower）曾说："战术是当你有棋可走时知道如何走棋，战略是当你无棋可走时知道如何走棋。"

如何制定在"Cs-D 缺口"无人区的行动战略，我们可以从中国传统兵家的智慧中汲取营养。

《孙子兵法·谋攻篇》说："知彼知己，百战不殆；不知彼而知己，一胜一负；不知彼不知己，每战必殆。"可以说"知"是孙子兵法这一中国古典战略模型的精髓所在。《孙子兵法》的 13 篇 5000 多字中就出现了 79 个"知"。

通过对"知己与否 + 知彼与否"进行排列组合，就会出现四种结果，在《孙子兵法》中，孙武也基本给出了相应的胜率：

1. 不知彼不知己：0 胜率。

2. 不知彼而知己：50% 胜率。

3. 知彼知己：100% 胜率。

4. 知彼而不知己：（未知）

前三种组合的胜率兵家圣人都讲解了，为何最后一种不予言说呢？

因为这种可能性就不存在。你可以"不知彼不知己""不知彼而知己"，但做不到"不知己"而却能"知彼"。知彼的能力建立在知己能力之上。

在市场大潮中，很多创新者在"不知己"的情况下，却以为可以知彼。比如看了各种案例分析后，就觉得很了解市场了。越没有实践经验的人，越能够滔滔不绝地指点江山，反倒是"江湖越老，胆子越小"。

而如何"知己"呢？只缘身在此山中，当局者迷。要"知己"首先就要"和自己保持距离"。

海纳模型还有一个有趣的解读，就是如果在 Cs 之上存在拥有完备理性，其行为完全没有模式（未知 + 不确定性）可循。换言之，**高等级生命的理性行为在低等级生命看来，就像是随机性的且毫无目的，因而不可预测。**

所以有时候，我们看不懂一些事、一些人，恰恰要有警惕自省之心，不要妄加评断。这种随时要"和自己保持距离"的心智状态，就是稻盛和夫所提的"敬天爱人"之中的"敬天"部分。

在"C–D 缺口"，新企业开创者要有"空杯"状态，承认自己是"低等级生命"。敬畏市场、敬畏客户、敬畏其他行业的探索先驱。

刘慈欣小说《三体》中有一个警句："弱小和无知不是生存的障碍，傲慢才是。"

## 【爱与洞见】

埃莉斯·索伦森（Elise Sørensen）是一位护士，她的姐姐 Thora 做了一个造口术，在胃部开一个洞来排泄废物。虽然这个手术救了病人的命，但是手术留下的造口，却让病人感到羞耻，导致病人不敢离开家，因为 Thora 担心自制的造口袋（当时只有这种方式可以采用）会漏。索伦森设计了一种自带勾环可以挂起来的造口袋，帮助姐姐不再与社会隔离。

根据埃莉斯的想法，一位土木工程师和塑料制造商 Aage Louis Hansen 和他的妻子 Johanne Louis Hansen（一位训练有素的护士）发明了造口袋。一个造口袋可以帮助 Thora 和成千上万像她一样的人过上他们想要的生活。

1957 年，生产造口袋的丹麦医疗技术公司康乐保（Coloplast）成立（如图 3.6）。一个简单的解决方案能够带来意义非凡的改变。①

① 康乐保中国官网 https://www.coloplast.cn/about-us/our-company/our-history/.

**图3.6 康乐保创始人（来源：康乐保官网）**

今天，该公司的业务包括造口护理、控尿护理、伤口和皮肤护理以及介入泌尿外科，在全球拥有约1万名员工。

可是到了2008年，该公司经历了有史以来最大的困难，产品开发人员推出了一系列举措，来解决患者造口术后的烦恼，比如：改善连结袋的固定机制，使用新的黏合剂、过滤器和材料。然而这些创新并未推动业务的增长。造口术部门发展缓慢，公司为创新和销售投入巨资也无济于事。

直到有一天，康乐保的领导层开始反省自己，意识到自己其实没有那么了解客户的世界。他们并不知道接受造口术是一种怎样的体验，也不知道患者术后的社交生活会受到怎样的影响。

在时任康乐保高级营销副总裁的克里斯蒂安·比良森（Kristian Villumsen）的支持下，研究人员被派遣到世界各地，与造口术后患者共度两天时间，观察他们的状况，感受他们的真实生活。此外，研究者还贴身观察了负责造口护理的护士的工作，了解患者住院及回家后的变化。

大家原本以为公司已经基本解决了泄漏问题（因为患者关于泄漏的抱怨逐渐减少），但是经过深入接触客户后，他们发现真相是：患者抱怨减少不是因为问题解决了，而是因为患者无奈地接受了术后的悲惨状况。患者一旦遇到一次社死的泄漏事故后，就会尽可能地减少有泄漏风险的社会活动。不到两年时间，许多人都变得完全不再外出，那么对造口袋泄漏的抱怨自然就少了。

在认识到自己并没有真正解决患者问题后，研究人员很容易就找到了原因：每个患者的身体各不相同，康乐保的黏合剂只适用于最标准的身体类型。另外，患者身体还会因为治疗而产生各种改变——伤疤、手术肿块、癌变后的体重变化等。几十年里，在这个几十亿美元的行业里，竟然没有人提出过这个重大问题。

于是，新的"BodyFit"产品线在2010年推出，康乐保获得了巨大的成功。[1]

---

[1] 《意会时刻：用人文科学解决棘手的商业难题》，（美）克里斯琴·马兹比尔格，四川人民出版社，2018.

从康乐保的案例来看，公司创立缘起于姐妹之爱，找到突破发展瓶颈的方案也是因为找回了对患者的爱。

独立摄影师、自由撰稿人瑞卡斯说："人生的旅程就是这样，用大把时间迷茫，在几个瞬间成长。"

按照"探索—选择—放大"的驯化路径，"驯化洞见"的难点在"选择"这个环节。在洞见实现体系化和程序化之前，哲学就成了重要的东西。哲学能创造态度，能在迷茫时刻提供具有决定性的理性。

新企业开创者驯化自己洞见能力的哲学基础就是"价值观"，即：什么是好创新？以此作为驯化过程中的选择标准，等待探索中涌现洞见，实现"在几个瞬间成长"。

对于探索商业元创新的善义创业者来说，这个能够驯化商业元创新洞见的选择标准为：**爱客户 ＞ 爱产品 ＞ 爱挣钱**。

## 【共享智能】

新企业开创者要和自己保持距离，驯化自己认知的局限，有一个绕不开的问题就是如何共享团队、共享社会的智能，也就是要努力缩小"Cs-Ce 缺口"。人类之所以经过几万年逐步走到地球食物链的顶端，不是因为个体多么强大，而是因为拥有了集体智慧的机制。

1912 年，法国社会学家爱弥尔·涂尔干（Émile Durkheim）在《宗教生活的基本形式》一书中指出："社会组成了更高的智能，因为它在时空上超越了个体。"

集体智慧与文明一样古老。中国古代的卓越君王都善于纳谏、善于运用集体智慧。集体智慧的可贵之处在于它能发挥出个体 1+1 ＞ 2 的效果，能将分散的个体认知有效地整合。当然，集体智慧也不能保证绝对地优于个体智慧的总和，数量并不能代表质量，也可能出现 1+1 ＜ 2 的情况。毕竟"集体智慧"和"集体愚蠢"只有一步之遥，集体也可能超乎想象地放大个体的愚蠢。这对组织调用集体智慧的领导者而言，挑战巨大。

每个时代肯定也有每个符合自己时代集体智慧的组织方式和有效工具。当代集体智慧的研究包括社会学科、计算机科学与群众的行为，它是一门面对从夸克、细菌、植物、动物到人类社会等群体行为的研究。谷歌、百度等互联网搜索引擎就是根据其他网页对当前网页的引用数多少来评定网页等级。这种评价等级的方法，搜集了数以万计的个人对某一页面的评价信息，然后搜索引擎利用这些评价信息对搜索结果进行排序。这是网络时代集体智慧的一个典型例子。

在网络时代，善义创业者能够很容易就联结到志同道合的伙伴，从而更容易地吸收众人在商业元创新探索中的认知和经验，以"爱客户"为选择标准，更高效地驯化出弥补"Ce-D 缺口"的"见识"。

## 本章小结

本章建立了一个商业元创新的成长逻辑。首先明确商业元创新成长的本质是通过持续增长见识消除"C-D 缺口"；其次，增长见识之法为"试错法"；增长见识之术为贝叶斯推理。

总之，在"爱客户"使命力量的驱动下，新企业开创者可以通过大规模地组织和运用思维，借助集体智能共享，对自己认知进行驯化，从而形成超越时代的商业见识，极大提升商业元创新突破的可能。

而新企业开创者对自己认知的驯化是见识增长的基础。这是一个艰难的个人成长过程。马斯洛说："成长往往是一个痛苦的过程，因而有人会逃避成长。"[①]

王阳明也说："破山中贼易，破心中贼难。区区剪除鼠窃，何足为异？若诸贤扫荡心腹之寇，以收廓清平定之功，此诚大丈夫不世之伟绩。"有这样做伟绩者能有几人？

《论语·雍也》中孔子怀念赞美颜回，提出了一个人生修养的境界叫"不迁怒，不贰过"。

善义创业者最大的"过"就是"不爱客户"。

本章补充案例及知识点深化部分，请扫码进入《商业元创新》互动区。

---

① 《动机与人格》，（美）马斯洛，天津人民出版社，2009.

# 第四章

## 商业元创新的成长阶段

商业理论有一个普遍的现象，就是不把问题放在时间轴上讨论。无论是创新理论还是管理方法，抑或是商业工具的使用，在企业组织的不同生命阶段，效果会完全不同。在上一个阶段有效的商业逻辑，放到下一阶段就会变成企业发展的灾难。创新者不可不察。

## 爱迪思企业生命周期理论

### 【企业生命周期十阶段理论】

将新企业看作生命体，以生命周期的方式去描绘企业成长的各个阶段，在管理学上已经有过一些探索。比如伊查克·爱迪思（Ichak Adizes）把企业生命周期分为十个阶段，如图 4.1 所示：

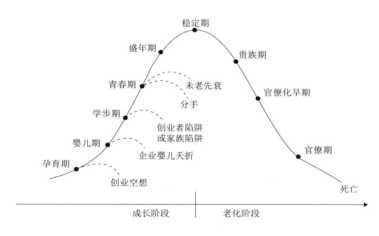

图 4.1　爱迪思企业生命周期阶段图

爱迪思模型属于仿生学，将组织拟人化。之所以如此比喻，主要是因为他的理论关注点在于"组织文化"。这个模型重要的突破是聚焦内部来定义企业生命周期。

【PAEI 领导基因模型】

爱迪思从领导组织变革的角度出发，创造性地提出了 PAEI 领导基因模型，即 Purposeful（执行力）、Administrative（制定流程和清晰的职责考核）、Entrepreneurial（创业家精神），Integrative（整合资源）。简而言之，PAEI 分别是：执行力（P）、过程管理（A）、创新（E）、整合（I）。这四个组织文化基因在企业的不同阶段会对企业产生不同的影响，也会给企业带来不同的问题和价值（详见表4.1）。这种有机组合构成了企业的活力强度。

表 4.1　爱迪思企业生命周期领导力要素简表

| 投入 | 产出 | |
|------|------|------|
| 管理功能 | 公司成果 | 时间范围 |
| 目标管理（Purposeful） | 效益 | 短期 |
| 行政管理（Administrative） | 效率 | 短期 |
| 创业精神（Entrepreneurial） | 效益 | 长期 |
| 整合（Integrative） | 效率 | 长期 |

企业在每一个阶段都面临着不同的风险和挑战，也面临着不同的主要任务和目标。创业家要知道"在孕育期、婴儿期和学步期，重要的是还有什么要做"，"经历一番痛苦之后，青春期公司得学会不做什么"。创业者在企业不同生命周期阶段要有不同的领导力焦点，塑造不同阶段的企业文化特质。比如孕育期的理想企业文化应该是 paEi；婴儿期是 Paei；学步期是 PaEi；青春期是 PAei 或 pAEi 等等（大写字母意味着需要强化，小写字母意味着可以弱化）。详见图 4.2：

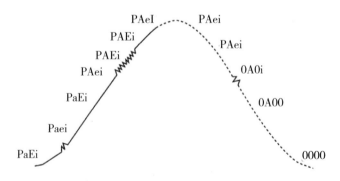

图 4.2　爱迪思企业生命周期阶段组织文化特征

**【启发与思考】**

根据上述对企业生命阶段以及对应的组织文化的区分，爱迪思描述了企业在成长过程中遇到的"正常问题"和"异常问题"。通过这些问题，我们意识到**成长并不意味着所有的问题都已经解决了，成长只不过意味着你能够处理更大、更复杂的问题。**[①]

爱迪思的生命周期理论非常具有开创性，他不仅将企业组织生命化，也将其人格化。但是我们也要清醒地认识到，生命都要面对进化选择的压力，企业当然也不例外。成长所要处理的"更大、更复杂的问题"一定是来自"环境"（包括市场及其他一些企业不可控制的因素和力量），而不是企业组织内部。

因此，划定商业元创新成长阶段，首先要从市场环境角度来思考。而这方面的认知，我们可以从"创新扩散理论"中习得。

## 创新扩散与跨越鸿沟

### 【关于"创新扩散"的扩散】

20世纪30年代初，埃弗雷特·罗杰斯（Everett Rogers）出生在美国艾奥瓦州郊外的一个家庭农场。穷人的孩子早当家，罗杰斯从小就在农场帮忙干活，如果不是有位老师坚持让这个有前途的学生去参观爱荷华州立大学，罗杰斯可能就会在农场了此一生。即使上了大学，罗杰斯也还是选择了农学，村里出来的孩子一直没有放弃回老家务农的念头。

上大学期间，每年夏天罗杰斯都会回农场帮家里干活，同时告诉大家农业领域又出现了哪些了不起的创新，也会给大家讲讲乡下农民不知道的一些专业知识。比如轮作的好处，哪些方法可以提高种植效率和提高作物产量，等等。不过多数情况下，农民们都对他的建议置若罔闻。比如杂交玉米具有抗旱性，产量可以提高25%，可不管罗杰斯怎么推荐，连罗杰斯的父亲都不愿意种杂交玉米。事实上，根据对艾奥瓦州250多名农民中的调查，尽管杂交玉米这项农业创新拥有各种特别明显的优势（秸秆更结实，产量更高），但经过13年才被所有人接纳。

罗杰斯有时候就在想：为什么会这样呢？

大学毕业后罗杰斯改变了主意，没有回家乡，而是改走学术研究路线，在爱荷华州立大学攻读博士学位。撰写博士论文的时候，罗杰斯就选择了研究这类奇怪现象的课题。

---

[①] 《企业生命周期》，（美）伊查克·爱迪思，中国人民大学出版社，2017。

在梳理文献时，罗杰斯发现这类创新受阻的现象比比皆是，从新型除草剂到新药推广，甚至新型教育计划的普及等。罗杰斯发现这些领域都有一些相似之处，于是他准备构建一个适用于各类创新扩散的通用模型。这个模型不局限于农业创新，还包括新技术或新观念的传播扩散问题。

但是，当他准备用这篇论文来争取博士学位之时，他的新想法却被博士论文评审委员会的人们深深怀疑。专家们认为不同的创新、不同的人群、不同的地方和不同的文化，怎么可能使用同一个驱动模式呢？

到了 1962 年，罗杰斯将自己的博士论文扩充出版为一本书，名字叫《创新的扩散》。超出罗杰斯博士论文评审委员会专家们意料的是，这本书成为在社会科学领域引用率最高的几本书之一。它已经在营销学、管理学、工程学、经济学和能源政策等各个领域被引用了近 10 万次。[①]

罗杰斯认为社会（市场）对创新的接受并不是一个线性过程，不同类型的人对创新的采纳积极性会不同。

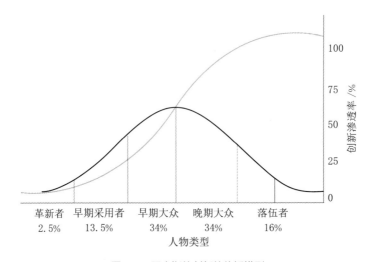

图 4.3　罗杰斯的创新的传播模型

如图 4.3 所示，随着时间的推移，创新采纳程度会按照"S"形曲线逐步接近100% 饱和。而按照创新的市场渗透成熟度，罗杰斯又把创新采纳者分为五类：

● 革新者（比如高科技爱好者）

● 早期采用者（愿景先行派）

---

① 《催化：让一切加速改变》，（美）乔纳·伯杰，电子工业出版社，2021。

- 早期大众（早期大多数，关注价格和重视品质）
- 晚期大众（后期大多数，随大流和看重品牌）
- 落伍者（讨厌创新）

每一类创新采纳者都能对应到市场发育的"潜在""萌芽""初期""成熟"四个阶段。根据罗杰斯的研究，上述五类创新采纳者人数按照正态分布，分别占整体使用人数的 2.5%、13.5%、34%、34% 与 16%。[①]

之所以会分为这些不同类型，除了采纳者个人对创新的冒险偏好之外，还有客观的资源和风险约束。客户的系统越是成熟，越不敢尝试新东西。毕竟从短期来看，成熟系统采用创新得到的好处与"失去的坏处"并不对等。这里面也隐含了"创新者窘境"的原理。同时，创新本身变得成熟起来也需要一定的时间积累，从而给大多数并不积极拥抱创新的人提供了合理性。

## 【摩尔的贡献】

1991 年，杰弗里·摩尔（Geoffrey Moore）在其所著的《跨越鸿沟》（*Crossing the Chasm*）一书中，基于自己对各类高科技产业发展研究的心得，对罗杰斯理论做了一个升级。

摩尔认为，创新被不同类型消费者采纳的"阶段转换"不会一帆风顺，这五类不同的创新采纳偏好者之间都存在"裂缝"（如图 4.4 所示）。

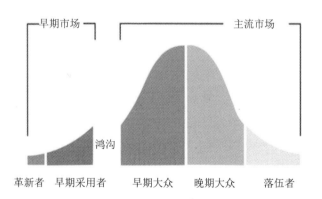

图 4.4　摩尔的"跨越鸿沟"模型

其中在早期采用者与早期大众之间的裂缝尤其大，摩尔称之为"鸿沟"。因为前

---

① 《创新的扩散》，（美）E.M. 罗杰斯，电子工业出版社，2016。

者代表早期市场，后者代表主流市场。

早期市场就是罗杰斯所提出的"潜在""萌芽""初期""成熟"四个阶段中的前两个阶段；主流市场是四个阶段中的后两个阶段。

商业创新要从早期市场成功进入主流市场，必须跨越过这条鸿沟。①

杰弗里·摩尔认为："只有消费者通过互相参考，决定是否购买才能构成市场。"或者说，**如果两个人在决定购买同一件产品时，无法相互参考对方的意见，那么两个人就不处于同一个市场之中**。比如一辆特斯拉车被卖给了一位喜欢新锐科技的环保主义工程师，另一辆特斯拉车被卖给了另一位看中其知名度的公务员。工程师和公务员在决定购买特斯拉之前无法相互参考对方的意见，那么特斯拉实际面对的就是两个不同的市场。

杰弗里·摩尔这个对市场的思考颠覆了不少人的认知，因为工程师可能是革新者或早期使用者市场，而公务员可能是后期大众市场。不同的市场之间存在"认知缝隙"或者"认知鸿沟"。

商业创新充满挑战，要如何跨越鸿沟，成功地从早期市场进入主流市场？杰弗里·摩尔给出的方式是：要占领一个"桥头堡市场"。

结合罗杰斯和摩尔的理论，商业元创新最大的挑战来自早期，所以我们可以把商业元创新成长的关键阶段设为"早期市场 + 桥头堡市场"。

### 【 电动单车的创新扩散 】

我们不妨用一个中国本土的商业元创新案例来解释一下罗杰斯和摩尔的模型。

虽然中国主流媒体对本土创新的焦点始终在大国重器、芯片高科技等领域，但中国市场对全球最重大创新贡献之一，反倒是这个不起眼的、造福几亿普通百姓，并且扩散到全球市场的新能源出行领域的商业元创新——电动单车。

业界普遍认为中国电动单车初创于 1985 年，但是在之后的 10 年里，基本没有什么市场规模。那时候在这个领域的主要产品还是国外品牌。不过，这些国外厂商开发出的电动单车主要是给"巡警"等特殊岗位人员使用的（如图 4.5）。

---

① 《跨越鸿沟：颠覆性产品营销圣经》，（美）杰弗里·摩尔，机械工业出版社，2009。

图 4.5　美国 AV 公司为警察设计的电动单车

而且就算有些民用的产品，除了续航能力差、维护不方便等问题外，价格还高得离谱。比如 1997 年日本雅马哈销售的"阿西斯塔"电动单车，市场售价高达 7500元人民币，相当于那个时候中国城市中等家庭一年的收入。[①]

● 革新者

中国最早的一批商业化电动单车品牌多出自长三角地区，如图 4.6 中的电动单车，这是上海一家中美合资的产品，设计上模仿的也是国外电动单车。

图 4.6　山康牌 TE501 型霹雳电动山地车

1995 年，上海千鹤公司的百辆试制产品投放上市。该产品采用普通自行车的外形结构，在前轮安上 150 或 180 瓦的轮毂电机，后座上加装 24 伏 7 安培小时的铅酸电池，再在自行车把手处安上一个简单的电子控制器。追踪测试表明，这种试制车骑行不到 3 个月，电动机就会烧坏，并且配用的可拆卸铅酸电池也无法继续充电。这种因陋就简的中国式创新，还只能算是"代步助力车"。配套的蓄电池、车架等都

---

① 《最近投放市场的电动单车》，商国华，《摩托车技术》，1997 年第 6 期。

还没有进行革命性的变革。

1996 年 4 月，绿源集团董事长倪捷从南京买回了一辆电动单车进行研究。经过 3 个月的努力，他自己捣鼓出了一辆电动单车，并于 1997 年 7 月正式成立浙江金华市绿源电动车有限公司。第一批产品出来后，生意并不好做。其实在倪捷准备进入这一领域的时候，有一个做电动单车销售商的朋友就曾告诫他这东西不能碰，至今自己仓库里还堆着不少，根本卖不出去。

在上海，倪捷自己也看到经销电动单车的商场生意清淡，但他还是觉着这个领域有机会。产品不好卖，倪捷只能起早推着车子来到公园门口，向一早起来锻炼身体的大叔大妈们宣传。最终有几个大胆的大爷大妈被他的诚意感动，买下了这个新玩意，绿源电动单车才有了第一个销售纪录。

1996 年，上海明文禁止在本市销售燃油踏板摩托车（因其污染严重，且容易产生交通事故），之后中国其他各城市也都陆续颁布了"禁摩令"。这给电动单车带来了重大发展契机。

当然，如果没有刚需，即使是有"禁摩令"，电动单车也不会被消费者轻易接受。毕竟没有电动单车之前，汽车、公交车等交通工具都已经存在。而且为什么在那个时期，只有中国市场孕育出了这么一个巨大的刚需市场呢？因为中国在 21 世纪初城市化进程加速了。

根据中国国家统计局发布的"新中国成立 70 周年经济社会发展成就报告"，1998 年中国开启房地产市场后，城市化进程加速，到 2010 年，城镇人口数量已经开始超过农村人口（如图 4.7）。这种波澜壮阔的生活方式变革，也对中国人的出行方式产生很大冲击。

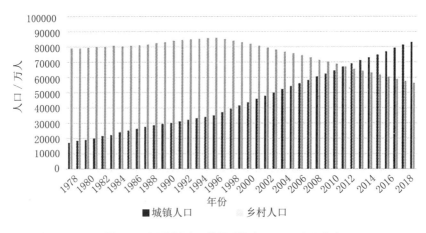

图 4.7　中国城乡人口数量对比（1978—2018 年）

2008 年北京奥运会前，中国城市大多数居民可以接受的出行时间是 30 分钟左右。也就是差不多步行可以走 2 至 2.5 公里，骑自行车可以走 6 至 10 公里。根据 2005 年国家统计局天津城调队的出行方式数据，出行距离在 5.1 至 10 公里的，自行车占 76.7%，公交车占 16.7%；出行距离在 10.1 至 15 公里的，自行车占 69.2%，公交车占 30.8%；出行距离在 15.1 至 20 公里的，自行车占 29.4%，公交车占 59%。所以在那个时期，城市面积较小，居民出行距离差不多也就在 10 公里以内，大部分骑自行车出行的人并没有觉得不方便。但当中国城市化进程加速，城市规模快速扩大，城市居民出行距离越来越远。南京大学、荷兰乌得勒支大学以及香港城市大学的学者做过一个研究，从 2008 年到 2011 年的短短 3 年，南京居民平均通勤距离增长了 48%。这样一来，工薪阶层靠骑自行车出行就会感觉很辛苦。而那个时候，他们又买不起汽车。

随着城市规模的扩大，居民上下班骑自行车太累，又买不起汽车，公交车又不方便，这就出现了一种没有被满足的出行刚需。最初愿意尝试不太成熟的电动单车产品的消费者属于种子客户，他们有一点冒险精神，作出消费选择更主要的原因是：现有的解决方案实在令他们太痛苦。比如腿脚不好的老年人，工作太累的上班族，要拉货的小商贩等。

电动单车市场需求虽然已经暗自涌动，但是行业供给侧的创新一直没能跟上。蓄电池最初的设计是为了给汽车点火，没有哪个厂商去研究如何将蓄电池作为持续动力。还有，最初电动单车上用的电机都是碳刷电机，这种电机只能够连续工作 5000 小时左右，常规的使用寿命只有 2 至 3 年，而且噪声非常大，也非常耗能。到了 2002 年，有浙江的零部件厂商专门为电动单车发明了"无刷电机"。无刷电机可连续工作 20000 小时左右，常规的使用寿命可达 7 至 10 年，而且耗电只是有刷电机的 1/3。

围绕需求产生的这一系列的关键技术创新突破，帮助电动单车逐步解决了产品可用性的问题。

● 早期采用者

针对革新者，电动单车已经完成了从脚踏到电力驱动的质变，基本能满足一部分种子客户的需求。但是还有一些人，也因为出行距离问题想选择电动单车，之前却一直没有下决心购买，比如那些在城市中长距离奔波的上班女性。

因为电动单车早期产品偏"技术型"创新，重点解决"能否长距离驱动"的问题，并没有针对女性骑电动单车的麻烦进行针对性开发。

图 4.8 传统自行车与电动单车的外观结构对比

一些电动单车厂商敏锐地意识到这个问题，对电动单车的车体架构进行了重大改造。比如将 26 寸的轮子改到了 16 寸，把车身高度降低；把传统自行车的大梁给去掉，参照摩托车设计添加脚踏板，解决了女性穿裙子上班不方便骑自行车的大问题（如图 4.8）。相对男性，女性骑自行车更是一件辛苦的体力活，所以这一波"坤车"上市，激活了长途上班女性等早期采用者市场。

另外，中国电动单车从革新者市场进入早期采用者还有一个特殊的原因，那就是 2003 年的"非典"疫情。这场对社会冲击很大的疫情，使公共交通被严格管制，人们非常担心近距离传染。这样一来，电动单车市场被引爆了。

2002 年，全国电动单车的销售量在 30 万辆。到了 2003 年，因为"非典"疫情，全年的销售达到了 300 万辆，增加了 9 倍。而且销售均价居然还从将近 2000 元涨到了 3000 元左右。销售量上来以后，整车厂和配套厂都实现了规模经济，通过生产线升级，进一步把品质提上去的同时还将成本降了下来。

● 早期大众（早期大多数，关注价格和重视品质）

按照摩尔的鸿沟理论，早期采用者与早期大众之间存在一个巨大的障碍。如果要克服障碍跨越过这个鸿沟，需要在早期大众市场找到一个桥头堡市场（如图 4.9）。

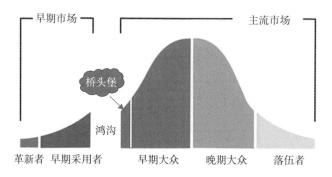

图 4.9　跨越鸿沟的桥头堡市场

那么，电动单车早期大众中的桥头堡市场是哪个人群？

作为一个新生事物，电动单车早期问题比较多，而且比较简陋。所以在大众心目中，这是一个并不高端的"新玩意儿"。要想在早期大众市场站稳脚跟，就需要为这个新品类"正名"。

2006 年，"新日"电动单车请成龙做形象代言人，通过央视和各大卫视喊出了"有阳光的地方就有新日"的口号。在广告中，时尚、性感的年轻女生骑着电动单车，成龙坐在后座，背景是全世界的知名地标如埃菲尔铁塔、悉尼歌剧院等（如图 4.10）。通过高端媒体、高端品牌代言人、高端形象给电动单车正名，"新日"电动单车很快就占领了"一、二线城市年轻时尚蓝领女性"这个桥头堡市场。

图 4.10　新日用成龙为代言人做的广告

在桥头堡市场之后，早期大众市场的客户会出现细分。这个阶段的客户普遍不关心品牌而是关心产品成熟度和价格。这就给抓住细分市场机会进行功效级创新的创新者带来了机会。

2008 年，爱玛电动车从之前的行业排名 120 名开外跃升至第一位，创造了行业奇迹。[①] 当时电动单车行业已经分为豪华款电动单车和简易款电动单车两大类型，从产品角度，服务于桥头堡市场的豪华款电动单车在骑行体验上全面"碾压"简易款电动单车，而且豪华款的市场占有率也远远高于简易款。

但是爱玛绕开新日、绿源等知名品牌都紧盯的桥头堡市场，抓住追求性价比、便利性的早期大众细分市场，发力简易款。爱玛首选在地势较为平坦的冀、鲁、豫三个省份，开疆拓土。在此期间，爱玛甚至将渠道下沉的乡镇市场，深耕简易款细分市场。

电动单车的另一个知名品牌雅迪，也是后来居上。雅迪的逆袭主要基于成功开发了早期大众的高端细分市场。2015 年下半年，雅迪的中高端车型同比增长 80%，2016 年雅迪高端车型销量同比增长 63%。[②]

根据"天风证券"的研究报告，2013 年全国电动单车的产量为 3695 万台，达到了历史最高峰。从 2016 年开始，连续三年全国电动单车保有量达到 2.5 亿辆，中国市场基本接近饱和。电动单车市场已经要进入晚期大众阶段。

- 晚期大众（后期大多数，随大流和看重品牌）

随着电动单车品牌爱玛于 2021 年 6 月在上海证券交易所主板挂牌交易，雅迪等中国一线电动单车品牌都已经登陆了资本市场。电动单车行业的头部企业凸显，已经出现逐步走向寡头市场的趋势，这时候进行消费的客户，对电动单车的选择更容易受公司品牌传播的影响。

- 落伍者（讨厌创新）

电动单车为中国广大蓝领带来了出行的便捷，也改变了中国电子商务物流配送的格局，但也产生了一系列路权冲突问题。主要是电动单车的速度越来越快，在非机动车道与机动车道上的交通事故时有发生，经常会引发舆论对其口诛笔伐。对于这样一个中国本土产生的商业元创新，依然有一些人耿耿于怀，甚至时常抨击。

## 划分商业元创新成长阶段的依据

爱迪思从组织内划分成长阶段，而罗杰斯和摩尔则更多的是从环境角度进行划分。能否找到兼顾内外、更能体现商业元创新成长本质的划分依据呢？

---

① 《爆发式增长：互联网时代企业从优秀到伟大的必经之路》晗之，彭小霞，赵晓萌编著，人民邮电出版社，2017.
② 《历史进程中的两轮电动车》，亚澜，虎嗅，2018 年 11 月 25 日，https://www.huxiu.com/article/273388.html.

我们先来听一个故事。20 世纪 60 年代是世界海运发展的高峰时期，相关的企业很容易赚钱。当时国际海运界内有一位巨头，就是希腊船王亚里士多德·苏格拉底·奥纳西斯。他曾因为迎娶了美国总统肯尼迪遗孀杰奎琳而广为人知。当时，这位希腊船王只要组织一艘从欧洲到美洲的运输船，就能赚 500 万美金左右。

在这样一个海运的鎏金时代，中国香港的包玉刚也下决心进入国际海运市场。但是，他采用的经营策略却跟其他人完全不同。

因为市场形势大好，海运业务容易赚钱，所以当时世界的主流模式是短租，包括世界船王也是如此。短租可以根据行情灵活定价，一旦生意好就可以提价。但是包玉刚没有采用这种短租模式，而是跟客户签长约，且价格相对低廉。

不少行业内的人都觉得包玉刚挺傻的，为何有钱不赚？有人问起原因，包玉刚说："我刚进入航运业，现在还不熟悉，很多地方都摸不到门道，万一出现了什么问题，也没有应对能力。"大家表示理解，但依然认定包玉刚就是一个保守的人。

结果到了 20 世纪 70 年代，全球性的石油危机爆发，国际海运业深受打击。经济危机的到来导致货运量减少，运价应声而跌，在短短的一个月内油轮运价居然下跌了 80%。

这个时候，那些短租的船运公司立刻就遇到了问题。由于是短约，很多客户不再续租，而船运公司又因为之前的大好形势，四处造船扩张，结果一下子现金流就断了。希腊船王的生意也同样遭受沉重打击。而包玉刚的长期租约模式反倒帮助他挺过了经济危机，从而一跃成为全球海运业的翘楚。

孙子曰："昔之善战者，先为不可胜，以待敌之可胜。不可胜在己，可胜在敌。故善战者，能为不可胜，不能使敌之必可胜。"意思是我不一定能打败敌人，但我可以做到"不被别人打败"。至于能否打胜仗，还要取决于敌人是否失误给出机会。"故善战者立于不败之地，而不失敌之败也。"

商业创新是一件挑战很大的难事。正如前面章节的论述，新企业开创者要在"未知"和"不确定性"领域展开探索。在什么情形下、什么时候成功都不是新企业开创者自己可以把控的。我们能做的唯有时刻保持危机感，在经营上让自己始终立于不败之地。

因此，以商业创新者在几个关键领域的见识水平突破（也就是从未知到风险可控的突破）作为划分商业元创新成长的依据，一方面融合了环境因素，另一方面也考虑了组织的主观能力。这个见识水平指的就是对某个领域的认知，从"未知"到"不确定性"再到"风险可控"之间的那个位置。

# 商业元创新的五大认知挑战

考验新企业开创者见识水平的领域涉及社会、市场、产品、技术等几个方面。根据需要认知探索的领域，我们可以把商业创新的见识成长目标分为五大类，即：客户风险可控、产品风险可控、市场风险可控、增长风险可控、桥头堡风险可控。

## 【客户风险可控】

商业创新首先要明确"解决什么人的哪一个问题"，换个说法，就是商业元创新者要回答的第一道填空题："你打算解决（什么人）的（什么）问题？"

进行客户风险评估的关键，就是要问自己："这个问题只有我能解决吗？"

要做好这个评估，商业元创新者必须注意：

①"什么人"一定要聚焦，也就是要清楚知道这些人的独特画像；

②是"哪一个问题"而不是"哪些问题"。如果连一个问题都解决不好，就不要妄想能够解决几个问题，甚至是全人类的问题了。

③"只有我能解决"的程度，决定了你在市场上生存下来的概率。

如果"服务什么人"不聚焦，要解决的问题的复杂度就会大幅度提高。比如你要"让全人类都免于疾病的困扰"，这肯定不是商业机构该做的事。主要原因就是要服务的人群太宏大、宽泛。商业创新的持续发展也很类似科学创新，越来越细分、越来越专业化。社会是靠这种分化出来的集体智慧，推动人类福祉的完善。

同理，"服务什么人"要聚焦，而"解决什么问题"也得聚焦。就算你认为能够解决"什么人"的一堆问题，那这些问题也一定有优先级顺序。如果你不能解决好优先级排在第一的问题，排在第二、第三位的问题就算解决了也价值不大。

**商业元创新要追求的是"某些人的某个问题"只有我能够解决。**

"只有我能够解决"的程度，可以作为对商业元创新客户风险可控程度进行衡量评估的工具。

衡量以上三项内容，可以帮助我们更清晰地认识到有多少同行业竞品。跨行业替代品也能够解决"什么人的哪一个问题"，以及问题解决的完善程度。这样，创新者就能对项目作出如下两层评估：

①是否已经从"客户未知状态"降低到了"客户风险可控状态"？

②如果"客户风险可控"，是因为"缺乏商业创新"从而竞争激烈吗？

2020 年 12 月的一个中午，难得的冬日阳光照在餐桌上。这是上海吴中路的一家湘菜馆，今天聚餐的主角是一位非常有趣的文艺范创业者——老于（其实年纪不大）。本来大家相约聊天的主题是数字精准营销，没想到，我听完老于的商业创新探索，倒是收获了一个典型的商业元创新成长案例。

21 世纪初，小于（还没成为老于）在南京视觉艺术学院摄影系读书，学的是在暗房里洗那种传统化学胶卷。他还没毕业，数码单反相机就开始流行起来，靠传统摄影技术找工作有点难了。毕业后，小于不得不尝试了各种行业，最终与门窗结缘。他加入了一个跟建材相关的杂志，从摄影编辑做起，后来升任杂志社主编。不过因为坚持打假，得罪了人，文艺青年小于只得离开杂志社来到法国特诺发（TRYBA）中国公司做市场。用了六七年时间，思维活跃、激情满满的小于从市场部专员一路做到全国营销总监的位置。

到了 2016 年，"永远年轻、永远热泪盈眶"的小于决定自己创业，完成了从小于到老于的蜕变。虽然是创业，但老于做的依旧是特诺发品牌旗舰店，并且还继续为特诺发做营销策划和推广工作。正是基于这种非常独特的创业架构，特诺发完成了一次商业创新，实现了一次重大商业变轨。

法国特诺发门窗 2003 年进入中国，2008 年在上海设厂，年销售额为 2 亿元。在全国的门窗行业品牌中，这个规模都排不进前 20 名。到 2019 年为止，特诺发的主要客户还是房地产商，同质化竞争很激烈。[1]

特诺发之前属于 2B 业务，而老于探索的是 2C 业务。为什么会有这个新方向？老于说特诺发以前会遇到一小撮令公司觉得很麻烦的用户，大概占 5%。这类用户不是房地产商，需求也不成规模，是一些个人家庭。这种业务既分散不成规模又非常个性化，毕竟每个家庭的户型、尺寸要求不同。

老于决定从这个"非主流需求"入手开启自己的创业之路，但是他的目的不是做一个小作坊，零星地接这些家庭工程，毕竟他还肩负着为特诺发探索市场新路的责任。

一开始，团队内部成员在讨论"解决什么人的哪一个问题"时产生了争论。其中有人认为应该服务"正在装修中的家庭"，解决"为装修配套不到合适新窗户"的问题。

按照对客户风险的评估逻辑，需要问一下："这个问题只有我（特诺发）能解决吗？"显然，太多竞品和替代品了，所以客户风险巨大。

老于力排众议，坚决不做"正在装修中的家庭"，而是选择了"旧门窗更新的家

---

① 《如何用短视频撬动千万级销售？》，程小琼，《新零售商业评论》，2016 年 6 月。

庭"。要知道，后者即便在现有的那部分非主流用户中，占比也不高。老于的这个非主流选择，可是需要很大勇气的。

随着房地产市场在中国发展了 20 年，确实有一大批老旧小区有了居住环境改善、生活质量优化的升级消费。其中也确实有那么一部分家庭还没有做"重新装修"的打算。

这类家庭有什么特征呢？比如上海高架道路周边的一批小区居民，修建得比较早，饱受噪声的烦恼。

于是老于对特诺发商业创新探索中的客户风险填空题是这样回答的："特诺发打算解决老旧小区（特别是高架道路周边）的门窗老旧（因为门窗变形、四周漏风，从而房间噪声大、隔温效果差）问题。"

事实证明，老于独具慧眼，站上了一个新的消费增长趋势，抓住了一个新的商业机会。根据媒体公开报道，特诺发针对上述客户问题从无到有开创新业务，到 2020 年在上海客户量就达到了 3699 户，平均客单价在 1.5 万到 2 万元。[1] 特诺发零售团队在微信朋友圈里分发的喜报显示：2021 年年初到 7 月底，已经实现了 2020 年全年销售业绩。

### 【产品风险可控】

商业创新不能仅仅看到客户遇到的麻烦问题，还要找到解决问题的方案，这就涉及"产品风险"。评估产品风险，需要回答以下两个问题：

①客户的这个问题，我是如何解决的？

②为什么之前没有人能解决？

第一个问题好理解，就是围绕问题找到产品解决方案。似乎是一个纯技术问题，实则不然。

中国营销领域的前沿实践者叶茂中曾经提出过一个"冲突"理论。他认为需求就是从冲突中被发现的。所谓冲突，其最常见的形式是"两难问题"。客户面临两难问题时，找不到解决方案，那这时就需要有人来帮助他解决这个麻烦，并能够为这个帮助支付费用。而厂商就是能够找到解决这些两难甚至多难问题的人。

**技术，是找到一种可执行的方案，能够同时实现一系列互相冲突的目标。** 比如新能源汽车电池的能量密度、安全性、重量、材料易加工等多个目标都要达成，如

---

① 《3 小时快速换窗！这个门窗品牌开创行业 3.0 时代》，微信公众号"第一地产"，202 年 1 月 29 日

果相互冲突的目标设置失之毫厘，那么技术路线必然谬以千里。如果新能源汽车的定位就是短途接驳，不需要跑长途，那么对电池的技术要求就会有方向性的不同。

而一系列相互冲突的目标设置，一定会基于客户需求（面临两难或多难冲突的境地），建立在客户风险评估的基础上。

回答完第一个问题，还要回答第二个问题："为什么之前没有人能解决？"之所以有此一问，是因为从"先为不可胜"的不确定性及风险控制角度出发，需要做出假设——有人曾经也想到过我们想到的商业机会。别人也曾经打算去解决我们想解决的"这类人的这个问题"，但是一定遇到了某种障碍，导致没有成功。

其他人之所以没有成功解决问题，有可能是遇到了真正的技术障碍，也就是人类物理技术还没有发展到这个阶段，比如材料技术、存储技术、计算技术等。但更大的可能性，是一系列相互冲突的目标设置出了问题，也就是客户需求确定上出了问题。

我们再来想想老于故事中的一些细节。老于选择老旧小区换新门窗这个方向后，就要回答两个产品风险评估的问题。经过调查发现，以前老房子换门窗的生意做不起来，有一个重要原因是换门窗需要把墙砸掉，多多少少算是一种微装修。对于住户来讲，一想到家里门窗要打开着，或者全家要搬到酒店住几天，就感觉工程量很大，懒得再动心思了。所以换门窗市场没人做不是物理技术问题，而是原有的技术没有针对客户"不装修"需求的这个目标，所以客户不买单。

经过多次测试，老于发现更换门窗的客户不但不想重新装修，甚至连换门窗的时间都有要求，比如向单位请假一天还是半天？根据客户实际成交的数据，以及上门访谈之后，最终发现"不破坏装修，3 小时换新门窗"才是最符合客户需求的产品目标。

为此特诺发研发了在旧窗框基础上 3 小时更换新门窗的一系列技术，申请了专利，并将产品命名为"门窗焕新"服务。

除了改进安装技术，要达成上述"产品目标"，老于还需解决其他一系列麻烦。比如因为上海市白天不允许货车进入市区，那么要想在 3 小时内完成整个换窗工作，就得提前做好配件仓储、运输组织。再比如新窗安装完还得配套清洁服务，为工程收尾也能让客户有窗明几净的惊喜（如图 4.11）。

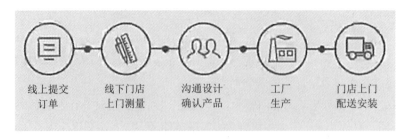

图 4.11  特诺发门窗"焕新"服务流程

为此，老于把物流、安装、施工人员单独组建了一个团队，起名叫"特能装"。

## 【市场风险可控】

在确定了目标客户及客户问题之后，也找到了对应的解决方案，下一步就要思考：这样的项目能挣钱吗？这就是商业元创新的市场风险问题。

市场风险的核心问题是"价格"和"规模"，也就是对市场容量的评估。

定价是商业创新中的关键决策。关于商业元创新如何定价会在后面的章节中专门论述。规模与定价有直接关系，一般而言，定价越高客户规模越小，毕竟再刚的需求，也要受到客户预算的约束。

把目标客户收敛到"不破坏装修，3 小时换新门窗"的换新家庭之后，还要确定有这种需求的家庭预算水平。他们是做量大但是预算低的家庭，还是量小但是预算高的家庭？尺度在哪里？

2019 年，老于带领团队在单价 1100 元到 2000 元之间，进行了多次价格测试。结果显示，当单价从 1100 元提高到 1480 元的时候，价格弹性不大，也就是说价格提高后对销售量影响不大。但是单价超过 2000 元后，成交率就会大幅度降低。所以，那一年的零售价就定在了 1480 元这个偏高端的价格水平上。再根据在某些老旧小区的实际成交经验，老于测算这个价格水平下特诺发的目标客户规模，约占那些老旧小区家庭数量的 15%。

价格除了要考虑客户预算，还有一个重要的因素是"竞品"。如果竞争对手多，模仿产品多，那么价格一定上不去。2020 年疫情加上房地产行业的重大政策调整，老于就遇到了这个烦恼。在他微信朋友圈里多次抱怨粗制滥造的同行，粗暴模仿特诺发的"焕新"项目。甚至一些知名品牌都开始明目张胆地抄袭特诺发的广告文案，宣称自己的原创性。这是功效级创新、品类级创新必然会面临的问题。如果是行业级创新，这方面的烦恼会少很多，只需要关注客户预算即可。

市场风险除了考虑价格和规模之外，还有另外一个关键的评估指标：客户生命周期价值（CLV，Customer Lifetime Value）。一个客户如果不是单次消费，而是重复购买，那么将非常有利于降低商业创新的市场风险。

CLV =（单次消费 × 复购次数 / 周期 × 客户生命周期）。例如一个大学生在学校食堂每顿饭吃 30 元（单次消费），每天吃两顿（复购次数 / 周期），大学 4 年每年 200 天共 800 天在学校食堂吃饭。那么一个大学生对学校食堂的 CLV=4.8 万元。

特诺发在控制市场风险方面遇到的另一个麻烦，就是换新窗客户的复购率太低。这样市场营销获取客户成本占据产品成本的比例会较高，从而降低了利润率。而且随着竞争的激烈以及市场逐步饱和，获取新客户的效能还会进一步下降，那么市场风险也会进一步加大。

### 【增长风险可控】

在完成客户风险、产品风险和市场风险的穿越后，商业创新的下一个挑战就是"增长速度"。商业创新对增长的期待不是源自对扩张的欲望，而是生存的压力。

功效级商业创新、品类级商业创新面临着同类竞品的模仿压力。毕竟模仿者不需要经历"未知""不确定性"的认知阶段，只要努力缩小"Cs–Ce 缺口"即可。互联网时代，缩小见识缺口变得越来越容易。就像《爱丽丝漫游奇境》中红桃皇后说的："你必须不停地奔跑，才能留在原地。"功效级商业创新和品类级商业创新只能在有限的时间内扩大规模，实现"规模经济"。规模经济可以体现在成本采购、广告投入、人才招募、政策扶持等方面。通过业务规模增长，功效级创新和品类级商业创新才能保持之前的先发优势。

对于行业级商业创新而言，增长的压力倒不是来自同类。在产品风险、市场风险方面，模仿者没有那么容易习得，毕竟隔行如隔山。而且行业级创新选择的客户往往非主流、分散，计算短期利益的"旧商道"模仿者需要观察很长一段时间来评估是否值得入场撕抢。

行业级商业创新的增长压力反倒是来自产品风险和市场风险的突破需要一定客户规模基数，面临规模经济和范围经济的双重挑战。甚至功效级和品类级商业创新的早期阶段，也面临着和行业级商业创新同样的困境：没有增长，产品服务品质达不到客户需求，产品成本降低不下来。

规模经济源自生产批量扩大，从而形成某些经济要素的规模报酬递增。比如在特诺发的门窗"焕新"服务中，根据老于的测算，2019 年在上海市场中如果不服务的价格减少更换新窗降到 2 万元，客户风险是穿越不过去的。如果不想亏损发展，就得迅速达成一定规模，让门窗工厂的生产经济起来，然后降低产品成本，达到目标客户的预算约束。

而范围经济则主要是由于生产供给的多样性之间的相互作用导致的。范围经济指的是在相同的投入下，由"单一的企业生产多种产品"比"多个不同的企业分别生产这些产品中的某一个单一产品"的产出水平更高。比如日常所说的平台经济就有范围经济的影子。

老于在探索的"特能装"换门窗施工团队就有些范围经济的特征。如果"特能装"的服务网点密度够大，就可以快速为多个预约用户提供物流配送、就近上门安装等便利。只不过特诺发客户的回购率太低，"特能装"网络对已经成交客户的价值并不大。不过，日均服务规模上去后，这个网络的范围经济就能凸显出来。

相对于增长速度，商业元创新更关心增长路径。增长速度可以通过堆积资源、损耗长期利益而在短期内形成。它只是一个指标而不是目标。增长风险的可控就是把适合该商业创新的增长路径从未知状态、不确定性状态转入风险可控状态。

特诺发从 2018 年年底开始，行业内最早提出"3 小时不破坏装修换窗"、门窗"焕新"服务，但是增长突破是从 2019 年 5 月开始——这主要归功于老于在同行里最早找到了一条独特的增长路径：数字精准营销。通过在抖音、微信等移动互联网平台投放信息流广告，精准抵达"小众"人群。

最早特诺发曾先后在上海各大家具建材大卖场开出 7 家门店，在全国有 30 余家门店。这种开在建材大卖场的店铺，装修投入以及每年的租金成本、运营费用加起来是百万级别的。这是创新项目难以承受的试验成本。2019 年，老于把目光转向了互联网广告投放，先后在百度、腾讯、字节跳动等公司的不同平台上分别开设账户。测试之后，他发现短视频还存在移动广告的红利，获取线索成本更低。在经历广告文案调整、电话营销话术优化、上门洽谈工作流设计等一系列精准营销探索之后，老于终于带领团队在行业内首先走出了一条全新的增长路径。同年 5 月，老于针对上海高架道路旁边小区精准投放了价值 10 万元的广告，结果带来 200 万元的销售额。

随着竞争对手的迅速跟进，互联网的广告竞价迅速上升，老于又开始探索网络与地面相结合的精准营销模式。2020 年接连开出了 4 家在居民小区周边的"社区门窗店"，然后配合社区店的地理位置，在周边 5 公里内做广告精准投放。结果每日能给社区店带来至少 4 个均价过万的订单。

2021 年年中，老于开始了抖音的直播，12 月底，他又盯上了上海老房电梯改造后的电梯广告屏。

**【桥头堡风险可控】**

说起桥头堡,你可能见过在一些中外桥梁的桥头,人们建造的形式多样的建筑物,它们习惯上被统称为"桥头堡"。《现代汉语词典》对"桥头堡"的解释之一是:为控制重要桥梁、渡口而设立的碉堡、地堡或据点。在冷兵器时代,河流是天然的战斗隔离带,谁能掌握桥梁、渡口就意味着掌握了军事行动的主动权。

在商业创新的风险里提出桥头堡风险是基于商业竞争的现实。创新的扩散不可避免,对于善义创业者而言,更加不会封锁创新。但是如果不能获得市场竞争优势,从而形成稳定的生产服务节奏,就很难实现持续的专业化积累,自然也就无法在新行业新品类下实现持续的功效级商业创新。为了能够更好地服务目标客户,商业元创新者需要将"先发优势"转化为"创新模仿壁垒"。这就需要在目标客户人群中建立一个"桥头堡市场",为后续的功效级商业创新提供稳定的试验通道。

2020 年 6 月,特诺发史无前例地将门窗店开到了人流密集的上海中山公园龙之梦购物中心。这家店铺的招牌由特诺发改成了"特诺发焕新窗"。老于野心不小,想打造出一个"焕新窗"的新行业。但是门窗换新服务对于五金店小作坊、门窗零售寻求转型的上市公司来说,纯粹的技术壁垒不高。这也是特诺发焕新窗面临的现实问题。

2021 年 10 月,中央电视台故事频道《非凡匠人之蜕变时刻》专题节目采访了特诺发创始人兼总经理程立宁。在节目中,他提到改造老旧小区的使命感。

如果"特诺发焕新窗"真的要致力于从门窗入手节能降噪,为中国家庭创造小确幸式的幸福感,那么其客户主体必然要下沉到中等收入家庭。所以,先有的"15%"的高端用户只是其桥头堡市场。

## 商业元创新的成长阶段划分

经过多年的实践探索,基于创新者对于上述五大领域的认知水平,我们将商业元创新的初始发展时期划分为:0—0.6、0.6—0.9、0.9—1、1—10 和 10—1000 等 5 个阶段(如图 4.12)。

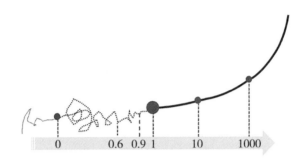

图 4.12　商业元创新的成长阶段模型

其中 0—0.6、0.6—0.9 和 0.9—1 对应的就是罗杰斯创新扩散中的"早期市场"中的"革新者"阶段（见图 4.13）。而 1—10 阶段则对应的是"早期采纳者"这个阶段（见图 4.11）。

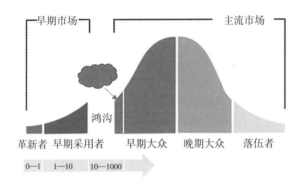

图 4.13　创新扩散与商业元创新对应图

10—1000 阶段则是"早期大众"市场中的"桥头堡市场"。至于 1000 之后的阶段，因为挑战远没有前面阶段困难，就不在本书的讨论范围之内了。

在罗杰斯和摩尔的模型里，很轻松地就把"革新者"这个阶段跳了过去，也会让人误以为"早期采用者"市场比较容易占领。但是中国古话说"万事开头难"，毕竟从 0 到 1 是质变，而从 10—1000 只是量变。从实践中看，对于商业元创新而言，在"革新者"市场探索成功非常偶然，如果要把这种偶然变成必然，其挑战之大，远高于"后期大众"市场的开拓。

而且在商业元创新的成长中，从"革新者"市场到"早期采纳者"市场之间的"缝隙"要比摩尔认为的"鸿沟"更凶险。绝大多数新企业都没能跨过这个阴阳界，死在"革新者"这个从 0—1 孕育新生命的阶段。

开始孕育着结束。

摩尔所看到的跨越桥头堡的鸿沟挑战，其实还只是商业创新的外在表现。追究其根源，问题不在桥头堡市场的开拓有多困难，而是之前阶段的商业创新基因、见识成熟度等缺陷在鸿沟边被暴露出来了而已。

如果在 0—10 阶段，创新者能够对几个领域的风险进行有效控制，之后跨越摩尔鸿沟反倒相对容易。

### 【0—0.6 阶段】

在这个阶段，商业元创新者唯一要关注的领域是客户需求。要把自己对客户领域的认知从"未知"变为"不确定性"，再变为"风险可控"。

在这个阶段的探索中，我们发现罗杰斯对该阶段客户属性的思考存在偏差。罗杰斯认为这个阶段最容易接纳创新的是所谓的"革新者"，他们天生就喜欢尝新、尝鲜，愿意体验、愿意冒险。社会上确实存在这类的"革新者"，也有部分功效级商业创新在最初会因为美学、独特功能、性价比等亮点而产生现象级消费。比如因为某个电视剧或游戏的代言会让某款服装、首饰获得突发的尝试性消费。但这种缺乏持续回购的消费，并不足以成为一个稳定的市场。

同时，商业元创新也不可能一开始就成熟，起始阶段解决方案一定存在很多缺陷，不可能靠这种"好奇宝宝"式的消费者来奠定项目发展的基础。从 0—1 阶段的客户，更多应该是那种"厂商虐我千百遍，我待厂商如初恋"的铁粉型消费者。

这类铁粉使用不那么成熟的产品，为什么还要持续回购呢？只有一个较为理性的原因：他们有刚需，但市场上除了商业元创新者之外，没有其他人提供相应产品。

我们称这类非常特殊的铁粉为"种子客户"。他们采纳商业元创新是因为有难题要解决，那个难题可以称之为"苦点"。

种子客户愿意尝试、接受商业元创新，是因为虽然创新成果算不上完美，但有总比没有好。他们会耐心地给商业元创新者更多时间，让后者去改进、优化解决方案。当然，这些种子客户以及关心他们的社会人士中，会有一些意见领袖，这些意见领袖也会发挥自己的影响力，向社会各界发出声音、大力推荐商业元创新。从而造成罗杰斯的误解，认为创新的最早期采纳者（革新者）是这些意见领袖。我们需要修正一下罗杰斯的认知：从 0—1 的市场基本盘不是"革新者"，而是"种子客户"。

商业元创新项目跨过 0—0.6 阶段的标志是：

①形成"种子客户"及其"刚需苦点"的猜想；

②上述猜想的种子客户会有"购买 MVP"的实际成交行为；

③运用试错法，通过一定的成交测试案例积累，没有发现推翻上述"种子客户"及其"刚需苦点"猜想的证据。

绿源电动单车创始人倪捷在 2005 年被评为"风云浙商"时，讲了一句获奖感言："伟大的消费力才是生产力澎湃不断的源泉。"好风凭借力，只有探索到"伟大的消费力"，商业元创新才算是迈出了从无到有开天辟地的第一步。

在从 0 到 0.6 阶段，未知远比已知多。很多商业元创新者能够找到"种子客户"穿越过这一阶段，靠的是运气。当众多新企业开创者像无头苍蝇四处乱撞时，某个新企业开创者很偶然地找到了一条客户风险可控的路，从而进入下一阶段。

而对于善义创业者来说，穿越这一阶段依靠的是自己的利他使命。保持自己探索创新的初心，在利他的行动中，可以更容易地觉察到种子客户的苦点。

所以，这是一个需要商业元创新者"大量动作"的阶段。

## 【0.6—0.9 阶段】

如果"伟大的消费力"真的已经存在并且还被自己发现了，商业元创新者要思考：除了我自己之外，一定还有其他人也已经探索到了这个消费力，但是为什么市场上还没有成功的商业创新涌现？

很可能是"满足消费力"的供应上存在难题。

在 0.6—0.9 阶段，商业元创新者要围绕 0—0.6 阶段探索出来的种子客户的刚需苦点，研发对应的解决方案、关键业务。也就是将对产品开发的"未知"状态探索到"风险可控"状态。

一个产品就是个系统，但是 0.6—0.9 阶段的焦点是实现产品的关键业务突破。市场经济拥有丰富的分工与协作，产品开发者不需要重新发明轮子，而是要尽可能联结整合市场已存在的供应方案。那么商业元创新在解决方案上，只需要聚焦在某种"关键业务"的革新。比如在互联网搜索领域，最早发现搜索这个"伟大消费力"的 Yahoo公司，并没有在搜索算法这个关键业务上彻底突破，才给了 Google 团队机会。

再比如 Facebook 最初能够从众多美国在线社交产品中脱颖而出，靠的就是其关键业务——Newsfeed 的创新。在 Newsfeed 模型之前，社交内容的阅读方式是：网民要主动到内容创作者的网络空间去看更新，典型的如 Myspace。而扎克伯格创造性地将内容创作者的更新动态主动推送到网民自己的空间。这样一种信息流推送方式的结构性变革，极大满足了无聊的年轻社交达人第一时间获取信息的刚需。

在这个阶段的探索中，商业元创新者在思维模式上至少有两点需要注意：

①需要抱有前文指出的"没有创新，只有发现"思维，多从种子客户那里去找答案，少闭门造车地搞灵光一闪。要相信人类集体智慧。种子客户们因为自己的苦点，已经自己探索多年，只是缺少人把大家的经验总结出来。

②探索关键业务突破的过程，更是对种子客户画像迭代修改的过程。也就是一边找解决方案，一边再次精准收窄在 0—1 阶段要服务的种子客户范围。越有针对性，解决方案越容易突破。更重要的是在测试解决方案的过程中，对客户领域的见识水平也会越来越高。

在商业元创新的 0.6—0.9 阶段，创新者容易出现的问题是醉心于解决方案的创新性、独特性，失去对种子客户的关怀，从而陷入构建理性主义的自嗨状态。

## 【0.9—1 阶段】

在上面两个阶段，种子客户和苦点已经得到一定证据支持，并且针对苦点的解决方案也被种子客户接受，那么下一个问题就是：这是一个能盈利的项目吗？

在 0.9—1 阶段，商业元创新者要通过探索多种收费模式，建立起一个可持续发展的商业生态系统。当然这个阶段并不追求整个商业元创新项目的整体盈利，而是要建立未来可盈利的商业模型。

如前文所述，"特诺发焕新窗"曾通过对不同价格的测试，找到种子客户的预算边界。当然，这个预算边界本身就是种子客户画像的一个要素。

测试价格的过程中，客户也会根据价格的接受程度提出产品和服务的分拆需求。经过这样的探索，能够针对种子客户苦点的各类具体消费场景，设计出不同的产品线。同时，也实现了对种子客户和苦点的见识水平的提升，以及对关键业务见识水平的升级。

对于边际成本为 0 的商业元创新项目，比如互联网信息服务领域的新服务，0.9—1阶段的价格测试有可能不是基础业务而是增值业务。比如 Google 的基础业务是 2C 的网页搜索，这个产品对网民免费，所以不存在价格测试问题。但是基于搜索结果的 2B 业务——"竞价排名广告"则需要进行 0.9—1 阶段的探索。

## 【PTP 与 "1"】

商业元创新的成长到 "1" 意味着什么？

用人类生命来类比的话，商业元创新项目长成为 "1" 就像婴儿呱呱落地。婴儿已经拥有独立而完整的生命个性，之后要走的成长之路也将独一无二。

商业婴儿或者说新品类成功降生的标志是：新品类已经清晰地拥有自己的"产品变革目的"（Product Transformative Purpose，PTP），并以此指导后续功效级创新方向。产品的改进和商业模式创新等都是手段，要服务于PTP。

创新者围绕PTP开展商业创新，可以通过解决一群客户的麻烦问题，让这群客户的生活/生产方式得到较大改变，甚至从长期来看这个改变还会给世界其他部分带来变革。比如iPhone智能手机的出现不仅仅改变了人们通信、沟通的习惯，甚至扩展到生活消费习惯、工作方式的变革。

PTP与利他使命是什么关系呢？

利他使命需要通过具体的产品和服务来落地。新品类的PTP将推动原有世界的某一部分产生变革，这些变革达成的利他效果、利他意义是利他使命的组成部分。

【1—10阶段】

这个阶段的客户已经与0—1阶段的种子客户有所区别，是一个独立的市场。

在这个阶段，商业元创新者需要探索"增长路径"。常见的增长路径至少有三大类，后续将会在相关章节进行探讨。

需要强调一点，商业元创新在1—10阶段关注的增长不仅仅是业务量的简单变化，更要关注因为"量变"而产生"质变"的可能性。最典型的质变是"网络效应"的出现。

纽约大学商学院教授阿伦·萨丹拉彻（Arun Sundararajan）在其信息技术产业组织网站上，将信息领域的网络效应分为5大类[1]：

①直接网络效应：任何一个新客户的增加都会让原有客户都直接获益。典型的如微信和Line等通信软件。

②间接网络效应：某种商品的使用量增加，能够提升自己互补商品的价值。例如苹果App商店鼓励第三方开发者设计各类应用App。因为这些应用都要基于iOS平台开发，从而提高了iOS平台和iPhone手机的价值。

③双侧网络效应：平台一方的用户数量增加，能够对平台另一方的用户创造更多价值，反之亦然。典型如淘宝商家的增加，有利于买家有更多选择；买家更多，有利于增加淘宝商家的销售机会。

④局部网络效应：一小部分用户使用量的增加将增加关联用户的价值。

---

[1] 《闪电式扩张：不确定环境下的急速增长策略完结》，（美）里德·霍夫曼，中信出版社，2019。

例如某些无线运营商开通的企业套餐产品，同一企业员工之间通话可以优惠，总通信量提高可以有流量、话费或积分折扣等。

⑤兼容性和标准：使用一种技术产品将鼓励使用兼容产品。例如第三章提到的肖尔斯打字机键盘之所以成为标准，没有被后续的德沃夏克键盘替代，源自1888年7月25日俄亥俄州辛辛那提市举办的全美打字机比赛。盐湖城法庭速记员弗兰克·麦格林（Frank McGurrin）运用"不看键盘盲打"打字法获得了冠军。从此，帮助打字员养成肌肉记忆的"盲打法"成为打字员培训行业的标准。而麦格林为比赛进行训练使用的键盘就是肖尔斯版键盘。

只有产生网络效应和规模效应，让客户因为商业元创新增长而得到更优质、更超值的服务，这样的1—10阶段探索才算合格，否则就是商业元创新者个人强行增长的欲望作祟。

### 【10—1000 阶段】

按照摩尔的跨越鸿沟理论，从10—1000阶段是最难跨越的市场"缝隙"。"早期采纳者"市场与"早期大众"不是同一类人，他们之间没有办法相互提供消费建议。通俗地说，就是因为消费圈层的不同，口碑不能破圈。同时因为人群的不同，创新者在"早期采纳者"市场建立的增长渠道失效。在10—1000阶段，摩尔认为创新者几乎需要重新建立一个业务增长系统。

在1980—1990年的全球社会经济条件下，摩尔的认知有一定道理。但是这里存在两个需要修正的假设。

首先，从1990年到2020年的30年，互联网已经将全球大部分人连接起来。新信息、新知识抵达全人类的效率之高、成本之低，已经能够彻底颠覆众多社会游戏规则。而且，因为移动互联网具有对使用者身份进行识别的能力，从而可以精准抵达某个细分人群。这样的技术已经普惠到中小企业，对早期阶段的新企业更是有利。窄众、定向的移动互联网精准营销，可以成为10—1000阶段的商业元创新首选利器。所以商业元创新者跨越摩尔鸿沟已经不像30年前那么困难。

其次，商业元创新从选择"革新者"开始就已经具有针对性，也就是前文所说找到了具有某种刚需苦点的种子客户。并且在"早期采纳者"人群中，已经完成1—10阶段的增长路径、增长质量的验证。那么，跨越摩尔鸿沟需要的只是集中资源投入市场进行推广即可。尤其是增长质量得到的验证，为商业元创新者在桥头堡市场迅速站住脚跟、建立起创新模仿壁垒，提前做好了准备。

一旦建立起桥头堡市场，商业元创新者不但不会排斥竞争，反倒会更欢迎同行的到来，善义创业者尤其如此。因为善义创业者的初心就是要用商业创新解决某类人群的难题。更多的人能够健康地加入这一使命，把整个品类做大，从而服务到更多人，是善义创业者乐见之事。

同时，因为桥头堡市场具有的网络效应，善义创业者不担心前期的商业投入没有回报，也不担心从桥头堡市场向更多主流市场的扩展难题。

**【认知迭代】**

商业元创新成长的本质是：开创者通过持续"增长见识"从而消除"C—D 缺口"的过程。这个见识的增长过程不是一条直线，而是螺旋式上升的迭代模式（如图4.14）。

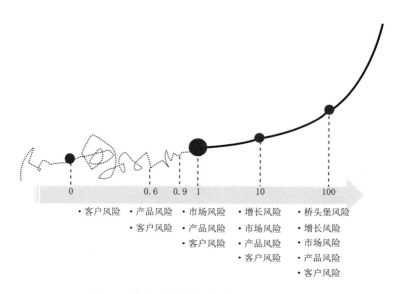

图 4.14　商业元创新成长阶段与见识成长对应图

在准备下一阶段探索时，通过贝叶斯推理，形成对下一阶段市场、产品、客户等领域的"猜想概率"，然后在下一个阶段的探索实践中，对之前的猜想认知进行修订。比如在 10—1000 阶段商业元创新者不仅关注如何控制桥头堡风险，而且在接触到更多客户、观察到更多成交行为之后，还会对之前的客户风险、产品风险、市场风险、增长风险的认知进行矫正。

# 本章小结

本章回顾了与创新相关的成长和生命周期的主要成熟理论，重新寻找兼顾内外的一个新的商业元创新成长划分模式。

基于前文对商业元创新成长本质的理解，将"见识水平"作为划分商业元创新发展阶段的标准。并针对罗杰斯和摩尔开创的创新扩散理论，将前期阶段进行了更详细的划分，将"革新者"阶段划分为 0—0.6、0.6—0.9 和 0.9—1 三部分，并且纠正了新经济条件下摩尔对于"鸿沟"位置的认定，将"摩尔鸿沟"调整到"革新者"市场与"早期采用者"市场之间的位置。

本章补充案例及知识点深化部分，请扫码进入《商业元创新》互动区。

第五章

**新企业的基因**

颇有争议的诗人余秀华有一首名为《我爱你》的诗，其中写道：

> 我不会寄给你诗歌
>
> 我要给你一本关于植物，关于庄稼的
>
> 告诉你稻子和稗子的区别
>
> 告诉你一棵稗子提心吊胆的春天。

在农民眼中，稗子是杂草，会与稻子争夺肥料和阳光，必须除之而后快。但是被人鄙视到卑微的稗子，却是稻子的祖先。而且也正是因为有那么一丛奇特的野外稗子的存在，才使得袁隆平杂交水稻培育获得实质性突破，为解决人类粮食问题作出了重要贡献。

1966 年 2 月 28 日，袁隆平在《科学通报》上发表了那篇奠定其学术地位的论文《水稻的雄性不孕性》，证明培育杂交水稻的理论设想切实可行。但是要驯化出可产业化推广的高产杂交水稻，必须找到具有优势基因的"不育株"。之后几年，袁隆平和学生到云南、海南等地展开水稻杂交繁殖工作，但是一直没有突破。意识到之前作为研究目标的各地栽培稻都有近亲嫌疑，袁隆平将研究重点转向野生稻中去，搜寻雄性不育株。

1970 年 11 月，正在北京查阅资料的袁隆平意外地收到学生李必湖等从海南南红农场发来的电报："找到雄性不育野生稻。"

原来，在 1970 年春季，袁隆平和他的学生李必湖、尹华奇来到海南岛崖县（今三亚市崖州区）南红农场，调查当地野生稻的情况。时任原南红良种繁育场技术员的冯克珊听了袁隆平的讲课，便记在心里，开始留意寻找这种"杂草"。当年 11 月 23 日上午，他在南红农场一个铁路涵洞附近的水塘边发现一片杂草，感觉其中有的很像袁隆平讲课所说的野生稻，便立即找到袁隆平的助手李必湖。袁隆平收到电报后，连夜赶火车奔赴海南岛。经过仔细检验，最终确认这是一株十分难得的野生稻雄性不育株，袁隆平给它命名为"野败"。

野败的发现对杂交水稻研究具有里程碑的意义。把野败的性状杂交到水稻里发展出雄性败育性，作为杂交水稻的母本，袁隆平才实现了规模化杂交制种，完成杂交水稻的产业化。1973 年 10 月，袁隆平发表了题为《利用野败选育三系的进展》论文，正式宣告中国籼型杂交水稻"三系"配套成功。

发现野败非常偶然，有点靠运气，因为当时全国研究水稻雄性不育性时间比较长的人，只有袁隆平和他两个助手。所以在当时也只有这三人才能一眼认出来野生稻是否有研究价值。

野败为杂交水稻创新成功贡献了独特的基因资源。基因是支持着生命的基本构造和性能关键物质。地球上面的一切生命就是基因的不同表现形式。

新企业的孕育与发展，也是一个生命体。这一章我们就来探讨新企业的基因密码，因为它会在根本上控制新企业创新的生长路径。

## 新企业基因的四象限

在 1909 年的夏季，植物学家威廉·约翰森在孟德尔的学说基础上创造出"基因"一词。它原初的意义可以理解为"一个最基本的遗传信息单位"。信息性是基因的最根本属性。到目前的人类认知，生命体系中信息流的传递方向是：基因—（编码）信息—（构建）蛋白质—（实现）形态 / 功能—（调控）基因（如图 5.1）。[1]

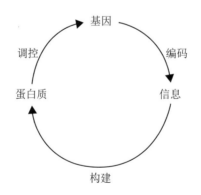

图 5.1　生命体系中信息流

---

[1] 《基因传：众生之源》，（美）悉达多·穆克吉，中信出版社，2018.

新企业基因在企业生长过程中的作用同样也是传递某类稳定"遗传信息"，即新企业的"底层经营信念"。"底层经营信念"从新企业开创者发轫，复刻到高层团队，再逐步扩散到整个团队，最终形成某种稳定的集体心智模式，从而形成了"肌肉记忆"，产生很多类似本能的"应激动作"，影响着企业成长的各个阶段。

### 【没忍住的蝎子与企业基因】

有一个关于青蛙与蝎子的寓言故事。蝎子要过河，但不会游泳。看到有只青蛙在河中游来游去，就叫道："青蛙老弟，帮个忙，背我过河吧。"青蛙犹豫了下说："不行，不行，你会蜇我的。"蝎子说："在河中，我又不会游泳。要是蜇你的话，我自己不也得淹死吗？"青蛙想想，觉着有道理啊。于是就游到岸边，驮上蝎子往河对岸游去。游到河中间的时候，青蛙突然感觉后背一痛，然后浑身麻木，快速向河底沉下去。在绝望中，青蛙愤怒地喊着："蝎子，你为什么要蜇我？这样你不是也得死吗？"就听到后背上蝎子痛苦地说："我，我忍不住啊。"

企业中的那些"忍不住"的应激动作，就是源自被企业基因控制后形成的肌肉记忆。企业基因涉及整个团队的集体心智模式，所以很难突变。就像愚公移山故事中，愚公对智者所云："汝心之固，固不可彻。"成年人尤其是一个成年人团队的心智底层逻辑，在被历史文化、社会、家庭、组织塑形之后，除非遭遇非常特别的情况才会有所松动和突变。所以新企业基因一旦形成，就会相对稳固，后续的企业生长无非是在原初基因上的展开。

### 【新企业的"底层经营信念"】

新企业的"底层经营信念"涉及很多领域，从商业创新的角度，重点观察以下两个维度。

首先，创始人的注意力偏好在需求侧还是供给侧。新企业开创者对市场的注意力一定有所偏好。有人偏好从需求侧开创新企业，有人偏好从供给侧为企业奠定基础。虽然创建新企业是个系统工程，但创始人在行动"抓手"上一定会在市场的供给侧和需求侧之间作出选择。这种对市场供需两侧的注意力偏好可以称之为新企业开创者的"创业缘起"。

其次，新创企业的开创者追求的是元创新还是非元创新。在前面章节分析过，有前途的新企业只有通过商业创新才能穿越市场剪刀生存下来。而新企业商业创新可以分为元创新和功效级创新（非元创新）两类。不同的新企业开创者也会对是否追求商业元创新有着不同的选择。

对"市场注意力偏好""商业创新追求"这两个创始人底层经营信念维度进行组合，就会形成新企业基因的 4 个象限。（如图 5.2 所示）

图 5.2　新企业基因类型

分别是：草原狼象限、机敏者象限、外星人象限、领主象限。

# 外星人

2021 年 2 月 11 日，印度企业家库纳·沙阿（Kunal Shah）在社交媒体上发布了问题："按照埃隆·马斯克现在取得成功的速度，我认为他很快就会同时运营四个市值 5 万亿的公司了。真的搞不懂，为什么会这么厉害？不会觉得精力不足吗？怎么适应不同角色的变换呢？太好奇了。"库纳最后还 @ 了马斯克的账号："假如能收到我的消息的话，回答我吧，大魔王。"令库纳和马斯克粉丝们震惊的是，马斯克回应这个疑问只用了一句话："我是个外星人。"虽然这明显只是一句玩笑话，但是很多人却当了真。

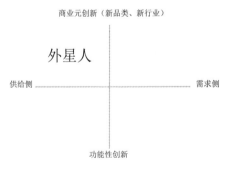

图 5.3　外星人象限

### 【一位"外星人"型创新创业者的故事】

不过在美国，还有另外一个创业家甚至比马斯克更像外星人。她就是2013年被评为美国最具影响力的11位女商人之一，并荣登《纽约时报》封面的玛蒂娜·罗斯布拉特（Martine Rothblatt）。有别于名单上其他女性的是：她曾经是个男人。

玛蒂娜·罗斯布拉特于1954年出生在芝加哥一个虔诚的犹太家庭，生下来的时候他是个男孩，名叫马丁（Martin）。这个从小就不安分的孩子在加利福尼亚的圣地亚哥郊区长大。在这个西班牙裔社区里，因为他家是整个社区里唯一一个犹太家庭，所以从小马丁就与其他孩子不同。他喜欢读的《像我这样的黑人》被列入"西方100本禁书"之一。他还热爱科幻，小小年纪就读完了科幻作家艾萨克·阿西莫夫的全部作品。

马丁大学就读于加州大学洛杉矶分校（UCLA）。但是只读了两年，马丁便决定休学，然后只身带着500美元开始游历欧洲、土耳其、伊朗、肯尼亚和塞舌尔等地。直到1974年的夏天，当他在塞舌尔群岛上参观了美国宇航局的卫星追踪站时，突然意识到自己对卫星通信很有兴趣，随后便回到UCLA开始攻读通信专业。而在1981年从UCLA毕业时候，这名神奇小子居然还获得了法律博士和MBA两个学位。一次旅行中，马丁突然意识到美国人民需要一套全国性的卫星广播系统，这样无论开车到哪里都能收听到广播。

当时，马丁的这个想法受到了极大的嘲讽，一来发射卫星的成本太高，二来当时的收音机并不能接收卫星信号，要说服用户更换新的收音机并不容易。但马丁还是和合伙人成立了一家叫天狼星的卫星广播公司，那年他36岁。一个伟大的想法要成功实施确实不易，公司成立20年后，随着并购对手XM卫星广播公司（并购后的公司更名为天狼星XM卫星广播公司）才终于扭亏为盈。2015年，公司营收为46亿美元，净收益为5亿美元，市值接近200亿美元。

到这里还只是一个常见的美国叛逆创业者的常见故事，真正传奇的部分还没开始。1979年马丁还在读书的时候，在好莱坞的一个社交聚会上马丁邂逅了挚爱碧娜。"那儿有一个DJ，有一个迪斯科舞池，一个闪光球，音乐响起来，"马丁对当年的情景娓娓道来，"碧娜坐着，我看见了她，被深深吸引住了，情不自禁地走过去请她跳舞。她就那么答应了。我们跳舞，坐下，聊天，从此我们就在一起了。"这可谓是一场跨界婚恋：马丁，白种犹太人，正在攻读法学博士和工商管理硕士；碧娜，非洲裔美国人，一名房地产中介。而且当时，两个人都是单身家长，马丁有一个儿子与碧娜女儿年龄差不多，都是3岁。1982年，罗斯布拉特夫妇正式收养了对方的孩子，之后又孕育了两个新的爱情结晶。

一起生活十年后的某一天，马丁突然向碧娜倾诉了一个令人震惊的愿望：他想成为女人。碧娜的第一反应和其他人一样，大吃一惊。但是随后，碧娜这样回答丈夫："我爱的是你的灵魂，不是你的皮囊。"马丁如释重负。于是画风一变，马丁变成了玛蒂娜。

性别如愿以偿地完成了改变，天狼星卫星广播公司也在 1994 年上市，玛蒂娜准备休整一下。然而，展示她外星人特质的新挑战又来临了。最小的女儿珍妮患上了一种罕见病：原发性肺动脉高压。这种病会限制和压缩孩子肺和心脏之间的动脉血流量，且无法被治愈，市场上也没有相应的药物，大多数患者在两年内死亡。就像前面章节我们讲述的那样，很多创新都来自客户。玛蒂娜为了挽救女儿的生命，展开了创新自救。

她先是拼命寻找对该项疾病有研究的药厂、专家，并且埋头泡进图书馆，从最基础的生物学开始研究。1996 年，玛蒂娜找到退休的药理学家詹姆斯·克劳（James Crow），他告诉玛蒂娜有一种药被葛兰素公司束之高阁。这是一种更安全更便捷的治疗方式，但是葛兰素没有兴趣生产，因为这个市场太小了。玛蒂娜看到了这个拯救女儿的机会。于是玛蒂娜，一位卫星公司的创始人，毫不犹豫地创办了一家医药公司——联合治疗公司。她劝说詹姆斯从退休生活中重返工作、寻找投资人、争取 FDA 的认证。2012 年，在两次失败的尝试之后，玛蒂娜最终拿到了 FDA 的许可，将制剂改成了药丸，成功阻止女儿病情恶化，并且将这种名为曲前列素钠（Remodulin）的药物推向市场，成功挽救了无数患者的生命。

而联合治疗公司也实现了 IPO，在 2014 年股价市值 50 多亿美元。肺部高血压依旧不能被治愈，但是拜联合治疗公司药物所赐，病人们可以比之前活得更长一些。珍妮在 2014 年已经 30 岁了，并为她"父亲"工作——在联合治疗公司负责远程监控和视觉标示。

玛蒂娜的传奇还不止于此，她再次诠释了什么叫"人生不设限"。2007 年，碧娜 48 从美国汉森机器人公司下线。没错，这个碧娜就是玛蒂娜深爱的妻子的名字。为了让自己深爱的人永生，玛蒂娜·罗斯布拉特在 60 多岁时又要准备搞一件大事——思想克隆，将自己的妻子变成"忒修斯之船"。后来她还出版了一本书，名字叫《虚拟人：人类新物种》。

我们回溯一下，玛蒂娜·罗斯布拉特：加州大学洛杉矶分校哲学博士、MBA、法学博士，美国知名杰出企业家、律师、医学伦理学家以及人权法律运动倡议者；美国天狼星 XM 卫星广播公司创始人，全美最大卫星广播系统创建者；美国生物医药公司联合治疗公司（United Therapeutics）创始人兼 CEO，因成功研发出治疗罕见病原发性肺动脉高压的药物而闻名世界；目前致力于通过思维克隆技术实现人类永生的疯狂构想，并为这种虚拟人社会进行了全方位的构建。她的计划如果实现，人类未来将被彻底颠覆。

对玛蒂娜而言，商业创新是改善枯燥的、自由旅行的音乐，是拯救孩子生命的解药，是帮助自己实现财富自由的武器，是助力自己改变性别、换个身体思考体验世界的路径，她还相信商业创新可以让生命有限的人类与自己最爱的家人长久相伴。

总之，她是比埃隆·马斯克更像从供给侧创造新品类、新行业的外星人型创新创业者。

## 【外星人型新企业的基因特征】

拥有外星人基因的新企业开创者的注意力在供给侧，想要实现商业元创新。这类企业要想获得市场认可，需要具备几个基本条件：

1. 新企业面临的市场需求要非常明确，市场容量也要足够大。

在这种情况下，只要能有好的解决方案，就一定有人买单。玛蒂娜在卫星广播、小众病药物甚至思想克隆等方面都是如此。马斯克 SpaceX 公司的可回收火箭、特斯拉能替代汽油车的新能源汽车、火星登陆也有类似之处。他们的项目需求具有刚性，不愁市场，缺的是有效供给。

2. 创始人要有超强的科研能力或科研组织能力。

2015 年 10 月 22 日，在清华大学经济管理学院伟伦楼，埃隆·马斯克与清华大学教授钱颖一进行了一次有关创新的对话。

钱颖一：火箭技术是非常尖端的科技，而你不仅是公司的 CEO，还是 CTO。你读了三天博士，我非常肯定，你是自学成才的。你自学了科学、工程、计算机编程、物理学等，没有经过在学校的正式学习，你是怎么做到的？

马斯克：自学的速度要比正规学习快得多。

钱颖一：自学要比在学校的正规学习快？和我们分享一下你学习的秘密。

马斯克：读很多书，和很多人交流。

钱颖一：光靠读书就可以成为一个火箭科学家？

马斯克：是的，不过还要进行实验。既要看书，也要实验，因为书里的东西未必正确。

钱颖一：通过阅读书籍，就能成为高科技领域的专家，就这样？

马斯克：是的，其实看书的速度要比听课快。看可以比听快得多，所以看书学东西要快得多。我可能把自己说得像个机器人。[①]

在探索为女儿治病并创建医疗公司的同时，玛蒂娜·罗斯布拉特还顺便在伦敦玛丽王后大学拿下了医学伦理博士学位。2016年的9月，世界上第一架电动全尺寸直升机在洛杉矶一军用机场起飞。而这次有历史意义的飞行构想和数学证明也来自玛蒂娜·罗斯布拉特。在跨性别、跨行业之后，玛蒂娜现在的研究是跨物种，这种研发突破能力相当彪悍。

3. 创始人要能获得足够的资金支持，还要有好运气。

玛蒂娜的天狼星卫星广播公司烧了20年才盈利，特斯拉也是在创建17年后才盈利。2020年，特斯拉终于实现了全年盈利，7.21亿美元的净利润大幅改善了特斯拉的财务困境。

不过特斯拉真是靠卖电动汽车实现盈利的吗？

过去5年中，特斯拉出售的碳排放额度给公司贡献了高达33亿美元的营收。碳排放交易的利润非常高，2020年特斯拉通过碳排放交易实现了16亿美元的利润，而去年全年的净利润不过7.21亿美元，这意味着如果没有这方面的业务，特斯拉的电动车业务依然是巨额亏损的。

美国碳积分是加州提出的"零排放汽车"CEV计划，是由美国空气资源委员会CARB牵头，在1990年提出来的，旨在控制机动车污染物排放。美国有11个州规定汽车制造商在2025年之前要销售一定比例的零排放汽车，如果达不到要求就需要从其他符合要求的汽车制造商那里购买碳排放额度。直到2020年，在资本市场，特斯拉依然是颇有争议的项目，存在一大批坚定的看空者。在看空者眼中，特斯拉2003年创建并且能够坚持活下来，主要因为碳积分这个公共政策的支持，而并非靠市场。

2018年8月7日，马斯克在Twitter发文，特斯拉要私有化，已找到融资渠道，将按每股420美元的价格回购全部股票。结果美国证监会（SEC）认为马斯克属于违规披露信息，必须处罚。后来双方签署了和解协议，马斯克为此失去了董事长一职，且3年内不得再担任此职，马斯克和特斯拉还要支付2000万美元的罚金。为什么已

---

经上市的特斯拉要私有化？因为当时资本市场一直有强烈的看空声音，特斯拉股价从最高 389 美元跌至最低 245 美元。马斯克不想受资本市场摆布，又缺钱，只好尝试找沙特主权财富基金（PIF）这种更大方的金主来支持项目，虽然最后也没有成功。请产油大国来协助新能源车厂实现私有化，颇有点荒诞。

以马斯克的号召力都会遇到资金难题，其他外星人型新企业的处境可想而知。资金压力是一方面，但还不是最困难的。因为如果仅仅是资金问题，只要全世界人民众筹，癌症问题也能解决了。需求明确、市场够大但却没有供应，那么供应的挑战一定艰巨。能够在一定的时限内实现技术突破，一定有运气成分。马斯克也说过，SpaceX 刚创立的时候，他觉得公司的存活概率只有 10%。

## 领主

具有领主基因的新企业，与外星人相似之处是都不太关心市场的短期变化。两者差别在于，外星人在供给侧的创新具有突破性，足以形成新品类或新行业。而领主们对供应端的功效性改进，只是对原有品类内产品的功效优化（如图 5.4）。

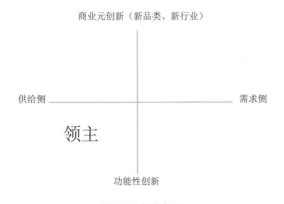

图 5.4 领主象限

市场有明确刚需，但供应不足，原因何在？在外星人象限，供给不足源自技术性障碍；在领主象限，供给不足是因为新企业进入市场受到某些限制。领主型新企业就是能越过限制进入市场，然后提供功效性创新产品，甚至不做商业创新。这些市场限制一般包括：行政限制、市场自然垄断、产权垄断。

**【行政限制】**

上海外滩 9 号的轮船招商局大楼是一座新古典主义风格建筑。这里曾是美国在华最大的洋行——旗昌洋行的花园，1891 年被轮船招商局买下，并在 1901 年重建。除了这栋产业之外，诞生于 1872 年洋务运动"求富"阶段的轮船招商局与旗昌洋行，还曾经有过一场写入中国近代史的更大交易。

1876 年年底，招商局与旗昌公司就正式兼并了美资企业旗昌轮船公司一事达成协议，旗昌在上海与外埠船舶、栈房、码头及其航产共作价 200 万两，汉口、九江、镇江、天津等洋楼作价 20 万两，6 个月交易过户。1877 年 3 月 1 日，两江总督沈葆桢在唐廷枢等人的说服下，最终筹拨苏、浙、赣、鄂等省官款共 100 万两交付给旗昌洋行。在这一天，旗昌产业下海轮 7 艘、江轮 9 艘及各种趸船、驳船、码头、栈房、船坞都换旗过户。[①]3 月 2 日，就连一贯喜欢嘲讽清廷的《申报》，也一反常态发表了热情洋溢的评论："从此中国涉江浮海之火船，半皆招商局旗帜。"[②] 这是大清国第一次通过资本运作的方式，吞并了一家大型外资企业，朝野人士均极为振奋。最早提请朝廷考虑收购旗昌轮船公司的太常寺卿陈兰彬（之后出任了中国首任驻美公使），甚至将其上升到"中外大局一关键"的高度[③]。

但是，却有一群华人并不怎么兴奋，他们就是旗昌轮船公司的那些华人股东们。原来，旗昌轮船公司从来就不是严格意义上的美资企业，而是披着"洋皮"的中国民营企业而已。在该公司 100 万两的开办资本中，华商股份居然占到了 60 至 70 万两。其中单是陈、顾两姓的股份，就不下 20 万两。在 1863—1864 年旗昌轮船公司的第一届股东大会中，共有 9 名中国股东参加了大会。旗昌的华籍股东主要就是买办和进出口商这两种人物，而且往往是一人兼具两种身份。[④] 设立招商局的最大推手李鸿章也早就知道这群华人股东的存在，他于 1872 年 12 月 23 日上奏的《试办轮船招商局折》中写道："近年华商殷实狡黠者多附洋商名下，如旗昌、金利源等行，华人股份居其大半。闻本利不肯结算，暗受洋人盘折之亏，官司不能过问。"

为什么华商"暗受洋人盘折之亏"还要积极加入披着星条旗的旗昌轮船呢？这一切起因于 1852 年出任美国驻沪领事代表的爱德华·金能亨（Edward Cunningham）。金能亨在 1854 年工部局成立时被选为首届董事。

1853 年 3 月，太平军攻占六朝古都南京，将其改名为天京并定为都城。太平军占领南京、镇江后，从镇江至南京、芜湖以至安庆这一段长江航运的重要通道就被太平军所控制。太平军同清军的对峙，使航运船只受到严密的检查甚至制裁，因此

① 招商局历史博物馆，http://1872.cmhk.com/xueshu/3883.html.
② 《盛宣怀与晚清招商局和电报局》，盛承懋，社会科学文献出版社，2018。
③ 《洋务运动（六）》，中国史学会主编，上海人民出版社，1961。
④ 《中国经济史研究，第 1–4 期》，中国社会科学院经济研究所，经济研究杂志社，1986。

从上海出发的长江航运船几乎绝迹。长江航运受到极大限制，船运的价格急剧上升，从上海到汉口的单程票价是每人 75 两银子，货运每吨 25 两，一艘几百吨的商船只要跑一趟就能赚回造船的成本，接下来就是纯利了。

在双方交战过程中，清廷和中国民间的船只在长江通行都受阻，但是挂着洋旗的外国轮船却较少受到太平天国和清朝军队的骚扰。金能亨看到了财富密码。

已经成为上海旗昌洋行合伙人的金能亨，在 1859 年前后向旗昌洋行总行提议由洋行出资开辟长江内河航运业务。结果，旗昌洋行驻香港经理小德拉诺以一种傲慢无礼的姿态拒绝了金能亨的设想。于是 1860 年，金能亨先找到几个华商买办，租下"威廉麦特号"货轮，装满一船棉花、呢绒以及大米、糖，挂上美国旗从上海运往汉口，回沪时又装了满满一船蚕丝和茶叶，一个来回净赚一万两银子。

尝了甜头的金能亨欲罢不能，同时他通过内线获知美国驻东印度舰队司令、驻华代办司百龄率领"哈特福德号"等三艘军舰已完成远征长江的任务，正返回上海。他知道司百龄在南京已同太平天国首领谈妥，今后凡是悬挂美国国旗以及持有美国护照的船只，可无障碍地航行于长江，太平军将不会阻挠[1]。这是个令人鼓舞的消息。

在上海中外商人的积极响应下，金能亨募集资金 100 万两白银，于 1862 年创设了近代上海第一家专业轮船公司——旗昌轮船公司。旗昌轮船建造了上海十六铺"金利源码头"，开通上海—汉口航线，一度占有长江航运 80% 的份额。

旗昌轮船的华人股东在公司被招商局收购之后，没有继续为大清国有企业继续效力，而是另外组建了一家"宁波轮船公司"，并注册为美国公司，继续扛着星条旗利用其行政特权在中国开展业务。

实际上，早期垄断中国市场的其他外资企业，如琼记、怡和、汇丰等，背后都有华人投资，从 30% 至 80% 不等。

现代政府也会在一些涉及民生的领域设置一些行政限制，例如《北京市药品零售企业监督管理暂行规定》第 9 条第 1 款规定："药品零售企业之间应有 350 米的可行进距离（历史形成或药品监督管理部门另有规定的除外）。"《上海市药品零售企业开办、变更暂行规定》第 4 条第 2 款规定："新开办的药品零售企业，按照店与店之间相距不小于 30 米设置。"《太原市食品药品监督管理局药品零售企业合理布局暂行规定》第 6 条第 2 款规定："城区（含城中村）、县城新开办药品零售企业间距一般为 350 米左右。"《罗田县设置药品零售企业合理布局指导意见》第 3 条规定："城区及乡

---

① 《近代上海风云录》，上海市档案局，上海档案信息网，https://www.archives.sh.cn。

镇所在地药品零售企业的间距不少于 50 米。"①

类似的行业还有房地产，第一是地段，第二是地段，第三还是地段。房产公司只要在黄金地段找到空白点就不愁市场销路，关键就是如何低成本地把地拿到手。

### 【市场自然垄断】

在诸如家乐福、沃尔玛、大润发等大型超市的公司总部，都有一个非常特殊的部门。这个部门的人往往并不多，但是预算非常充足，因为这个部门所负责的工作对大型超市来讲性命攸关。它就是选址部门。

为了与竞争对手保持距离，早期的沃尔玛店总是开在相对不怎么引人注意的小镇。创始人山姆·沃尔顿甚至经常驾驶小型飞机从空中四处侦察适于开店的候选地址。

"我会低空飞行，在镇子旁边拉高飞机，从它上空直掠而过。"山姆·沃尔顿在自传里写道。通过低空飞行，山姆俯视一个地区方圆几十公里的景象，观察人口分布、交通流向等之后，再将得到的第一手资料交给专业团队，进行非常苛刻的论证。山姆·沃尔顿说："这也是我不喜欢喷气式飞机的另一个充分理由——你没法飞到足够低的地方来看清下面的状况，而我的小飞机就可以。通过这种方式，巴德和我几乎选定了开始时的 120 ~ 130 家分店的店址。"②

如今沃尔玛开设新店的选址虽然不用开飞机侦查了，但其调查苛刻和决策慎重有过之而无不及。"我们不仅希望沃尔玛处于一条合适的街道上，而且要求它位于这条街上最合适的一侧。"山姆·沃尔顿还有一句名言："连锁经营成功的关键有三个条件：一是选址，二是选址，三还是选址。"

为什么大型超市对选址如此重视？

一家大型超市服务成功覆盖周边之后，同类竞争对手往往需要与其保持一定距离，因为周边有限的客户资源不足以同时支持两个庞然大物，后来者一般不会选择这种"双输"的局面。

这样基于某个地理位置就会形成某家大型超市的事实垄断。而要在进入这种自然垄断的渠道之前抵达周边居民，各家厂商必须各显神通。

领主型商业创新还有一种形态是依附于拥有自然垄断的平台，成为增值业务。

PayPal 的前身是 Confinity，是彼得·蒂尔（Peter Thiel）和麦克斯·列夫琴（Max Rafael Levchin）共同讨论出来的创业方向。当时，彼得·蒂尔发现了支付行业的一个

① 《营业自由及其限制——以药店距离限制事件为楔子》，宋华琳，《中国食品药品监管》，2008 年第 5 期。

② 《富甲美国：沃尔玛创始人山姆·沃尔顿自传》，山姆·沃尔顿，江苏文艺出版社，2015。

问题，个人只能使用以 ATM 为基础的现金支付和以 POS 机为基础的信用卡交易，但这两种方式都过于笨重，无法满足个人对个人的小额支付需求，也不支持互联网上的交易。在经历过一系列惊心动魄、曲折离奇的创业奋斗之后，2001 年 PayPal 在纳斯达克上市。但是仅仅一年后，这个让不少股东充满想象空间的企业以 15 亿美元的价格被 eBay 收购并整合到自己的网站系统中。

网络版的《华尔街日报》刊登了一篇题为 "eBay 竞标 PayPal，背后大有文章" 的报道。该报道援引了一位曾预测 "PYPL" 股价为 32 美元的证券分析师的话："公平地说，我们很多人都认为 "PYPL" 股价还有较大的上涨空间。" 而且这次收购并非现金，而是股权的置换。少数股东提起了集体诉讼，试图阻止公司出售给 eBay。他们说收购价格太低，还说董事会接受 eBay 的收购提议违背了诚信与责任原则。公司在宣布收购交易的前一天，"PYPL" 的股价是 20 美元，而 eBay 是 60.54 美元，这意味着 eBay 收购 PayPal 有 18% 的溢价，但这些股东称 eBay 应该向公司支付更多的溢价。

但是，只有真正的经营者才知道其中的辛苦。其实 2000 年的 10 月份开始 eBay 已经在逐步将旗下自有支付品牌 Billpoint 改为 eBay 支付，然后又在新的竞拍产品 "一口价" 中赤裸裸地向自有支付倾斜。在 PayPal 上市 6 天后，eBay 就用 4350 万美元买下了富国银行持有的 Billpoint 35% 的股票，这只能说明了一件事：如果 Billpoint 不能把 PayPal 从 eBay 上驱逐出去，那么 eBay 就把 Billpoint 变成 eBay。

但是，对于每 5 笔支付中就有 3 笔与 eBay 交易相关的 PayPal 在尝试了各种多元化方案都没办法在短期内奏效，甚至带来法律风险（他们为博彩业务提供支付的业务被纽约检察官盯上了）。在 eBay 的几次低价收购意向被拒绝后，2002 年 PayPal 高层还是接受了 15 亿美元的报价。收购完成一周后的一天在吃午餐时，有员工问彼得·蒂尔是什么动机让他最后决定接受这一交易。他回答说："觉得这种持久的战争状态让每个人都精疲力竭。"[1]

## 【产权垄断】

"边际革命" 经济思想先驱者威廉·斯坦利·杰文斯（WilliamStanley Jevons）曾对私有产权深感怀疑。他写道："产权只是垄断的另一个名称。" 20 世纪 90 年代，著名的北京雅宝路外贸批发市场摊位基本都是层层转包，甚至出现过六房东的现象。

杰里米·边沁（Jeremy Bentham）和詹姆斯·穆勒（James Mill）也都认为，产权带来的特权和传统有可能会阻碍财产实现其最有效的利用价值，也就是所谓的配置效

---

[1] 《支付战争：互联网金融创世纪》，（美）埃里克·杰克逊，中信出版社，2015。

率。产权所有者可以闲置资产，可以阻止他人更有效地发挥资产的更大社会价值。

索拉非尼（Sorafenib）是德国知名药企拜耳研发的多靶点药物，用于治疗晚期肾细胞癌。2007年进入印度并于次年成功申请为期12年的专利。但是这种药物售价高达4300欧元一盒，大部分印度人根本无力承担。印度本土一家药企Natco先是以印度人民的名义，向拜耳申请专利许可来生产。高傲的德国药企毫不犹豫地拒绝了这个疯狂的请求。但是，这家印度药企居然向印度专利局申请该药品的强制许可，理由是：拜耳未能充分实施该专利而满足公众合理需求。因为众所周知的"传统"，印度知识产权局居然批准了！当然，知识产权局还很严肃地要求印度药企需要向德国药企支付6%的特许权使用费。德国拜耳当然不肯，直接向印度最高法院上诉。然而又是因为众所周知的"传统"，拜耳最终被判败诉。Natco生产的仿制药上市后售价每盒136欧元，比索拉非尼的价格直降97%。

### 【如何绕过进入市场的限制】

领主象限的新企业存活的要点是能够绕过市场准入的限制。最常见的方法是寻找限制的"现有漏洞"。比如法规、政策为绕开限制有意或无意地留有"例外管理"的空间。

美国普华永道和Kantar零售咨询公司2010年《世界主要国家零售业入场费差异报告》显示，入场费在美国平均比例最低，占其总收益12%～14%；在挪威等北欧国家则约占到15%；此外是日本、智利、加拿大等国，约占17%；调查中的其他发达国家大约在20%。同时报告进一步指出，发展中国家入场费比例普遍高于发达国家，在20%～40%，而中国和印度比例最高，占到30%～50%。高昂的入场费、激烈竞争的货架位置，很容易诱发大量的商业腐败行为。在2018年3月30日召开的中国连锁经营协会五届一次常务理事会上，常务理事现场通过并签署了"零售商供应商合作反商业贿赂联合行动协议"，并推动与国际合作起草中国首个反商业贿赂行业规范。

晚清著名商人胡雪岩的发家史，也处处写着对行政资源的依附。早期靠浙江巡抚王有龄的官府资源开办钱庄，后期靠帮助左宗棠解决军需。这位红顶商人在替清朝官员解决问题的时候，也曾经有过不少创新。发国债、借洋债与协饷制度捆绑在一起，都是非常时期的天才大手笔，思想出于左宗棠，经办来自胡雪岩。左宗棠征新疆系从汇丰银行贷款，银行本身并非贷款提供主体，它只是债券经销人，替清廷发行国债。而且左宗棠和胡雪岩故意将债券利息提高，比银行承揽利息高出50%。一方面便于快速募集资金；另一方面高息债券在国际市场发行更容易引起抢购，从而获得西方公众更广泛的认可。凡认购债权者，主观上未必支持西征，但客观上却承认了中国的主权。此外，借款要各省协饷偿还，高息洋债的鞭子抽在后面，各省督抚都会尽力早日偿还。银行发债券，年息还高，结果一上市就被抢购一空。胡雪岩的报酬怎么办呢？总不能让胡雪岩没有回报地、年复一年地为他运筹军饷吧？于是左宗棠给胡在贷款利息中留了一块。不过名义上似乎也说得过去，因为胡雪岩以阜康钱庄和全部身家为这笔洋贷款提供了担保。[①]

1883 年 11 月 9 日，民众对胡雪岩囤积生丝生意失败的担忧终于全面爆发。阜康钱庄在杭州和上海的分号遭到挤兑，然后迅速蔓延到其他城市。替大清朝廷西征担保而欠汇丰的 50 万两白银到期无法偿还，上海道"恰巧"没有协饷来及时偿还这笔债务，上海滩买办生意的伙伴又乘机落井下石，胡雪岩不堪重负的金融帝国终于在12 月 1 日倒下。

经济学家张五常对"cost"被翻译为"成本"，一直耿耿于怀。他认为更好的翻译应该是"代价"。按照经济学原理，任何事情都有 cost（代价）。胡雪岩借助行政力量获利当然也会付出代价，不过这个代价可不只是经济上的。一旦行政许可本身出现问题，或者对行政限制的权力寻租爆发激烈斗争，创业者往往没有好结局。1883 年11 月 28 日，清廷下谕旨将胡雪岩革职抄家。1885 年，中法战争以清廷"不败而败"告终。左宗棠在最后的政治斗争中不但救不了胡雪岩，自身都难保。9 月 5 日，左宗棠病死在福州。同年十一月，胡雪岩也在杭州郁郁而终。

垄断在古汉语里的意思与现代经济学的定义有所不同。《孟子·公孙丑下》中提及："必求垄断而登之，以左右望而罔市利。"指的是站在市集的高地上看到市场行情，从而操纵贸易。这个高地，在现代社会可以理解为"认知高地"，能提前看到别人看不到的趋势和节奏。

领主进入市场还有一种方式是打时间差，本质是打信息差，提前占位。

比如有些新企业会根据城市、社区的发展节奏，利用行政限制政策提前布局。类似现象也曾发生在加油站等行业。甚至在某种意义上，大型超市的选址也有类似之处。**领主型新企业的利润来源要点不在商业创新，而是对当下或未来垄断资源的依附，并形成租金收入。但是，新经济下市场和社会变化提速，造成垄断的行政限制、自然垄断能够维持的时间在缩短，建立在此之上的商业模式也会岌岌可危。**

---

① 《中国近代的财与兵：中央与地方的博弈》，刘刚、李冬君，山西人民出版社，2014。

# 草原狼

草原狼象限需求侧的商业创新建立在现有品类之内。通过找到没有被供应的更细分市场，然后利用性能的改进或者价格的大幅度降低，迅速形成销售规模（如图 5.5）。他们的功效级创新也有两种形式，即开发"一波流"产品和持续改进现有产品功效。

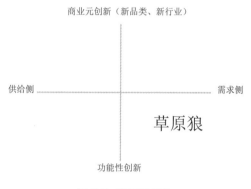

图 5.5 草原狼象限

## 【"一波流"产品】

草原狼基因的新企业创始人往往对市场很敏感，善于抓住需求变化带来的时机。

由网飞（Netflix）出品的韩国原创电视剧《鱿鱼游戏》，上映不到 1 个月便火遍全球。《鱿鱼游戏》第一季仅有 9 集，每集时长不过 1 小时，在新冠疫情肆虐的情况下于 2020 年 6 月开机，当年 10 月便宣告拍摄完成，其制作水平算不上特别精良。但这部"急就章"自上线以来，短短 17 天内就在全球 94 个国家 / 地区中斩获收视率之冠。按照网飞自己公布的数据，观看总人数高达 1.11 亿人，打破了《布里杰顿家族》上映 28 天收视总人数 8200 万人的纪录。

《鱿鱼游戏》爆火热度和高涨人气成功拉动了文创周边衍生品的需求，嗅觉灵敏的义乌商家第一时间把握住商机。在淘宝上面直接搜索"鱿鱼游戏面具"，只需 8 块多元就能够买到该类商品。即使这么低价，其中的利润也十分惊人。其中主力款的黑色面具，制造成本只有 1.5 元。而在亚马逊搜索出来的面具普遍售价在 15 美元左右，利润可以说极其丰厚。当然很大一部分都贴着"made in china"的标签，货源大部分来自义乌。

对中国义乌商人来说，属于自己的《鱿鱼游戏》就是和时间赛跑。这部剧在 2021 年 9 月 17 日正式上线，仅隔一个星期义乌商人就开始着手制作剧中面具，并将磨具放到电商平台等待欧美客户下单。义乌商人在赌《鱿鱼游戏》面具能够在即将到来的万圣节大火，幸运的是他们赌对了。

9月底，一套《鱿鱼游戏》模具现货在义乌甚至被炒到了5万元以上。10月初，义乌已经有上百家企业在做《鱿鱼游戏》的生意，有正规企业也有小作坊，大家都在抢这个时间点，因为热度很快就会消失。除了面对"自己人"的竞争，义乌的生产商来自外部的最大竞争对手是广东揭阳的企业。这类模具没什么壁垒，质量水平都差不多，在中国量产最多的是义乌，然后是揭阳。一个月后，5万元的模具现货只值1万元了。①

《鱿鱼游戏》周边产品不是义乌制造商第一次集体行动，在2021年就还有过一场"发卡"风潮。东京奥运期间，头戴"小黄鸭发卡"的中国射击女冠军杨倩在网上火爆之后，第二天，就有义乌企业开模生产同款发卡，疯狂赚钱。不过热度也就只有两周。

## 【小改进、大奖励】

我们再来看看华为。成立于1987年的华为公司开始是销售交换机的，后来自主研发程控交换机C&C08。华为之所以有今天，首先应该感谢中国政府的"村村通"工程。主流设备商有更重要的一线大市场要争夺，看不上中国农村市场，华为才得到了生存机会。包括程控交换机、ADSL、基站等常规通信设备能够占领中国市场，华为最初运用的都是"农村包围城市"的经典战法。

在中国企业界里，华为是"狼性"文化的前辈。从某种意义上说，华为的优势是研发肯加班，销售天天跑客户，一线工程师跋山涉水出现场。这一点在海外市场更加明显。当中国"985"的高才生在非洲野外爬铁塔，欧美公司拿什么来和华为竞争呢？华为从开始的弱小，一步步地走到今天，非常不易。

任正非还说："华为公司有什么呢？连有限的资源都没有，但是我们的员工都很努力，拼命地创造资源……为了点滴的进步，大家熬干了心血，为了积累一点生产的流动资金，到1998年，98.5%的员工还住在农民房里，我们许多博士、硕士，甚至公司的高层领导还居无定所。"②

可以说，华为能有今天，在内部是加班加出来的，在外部是靠价格战拼出来的。20世纪90年代末，华为决定把产品卖到国外去。华为在美国得克萨斯州设立分公司，并在美国媒体上打出了经典广告：背景是思科的品牌图腾金门大桥，广告词为"他们唯一的不同是价格"。从2004年开始，因为海外市场的快速拓展，华为的利润

---

① 《义乌比你更懂＜鱿鱼游戏＞》，蓝媒汇，今日头条，2021年10月15日，https://www.toutiao.com/article/7019112893861855780/.

② 1997年任正非在春节慰问团及用服中心工作汇报会上的讲话。

率甚至从 20% 下滑至 7% 左右。[①] 虽然后来任正非适度调整了这种咄咄逼人的姿势，但早期华为能够在发达国家取得快速增长，还是要归功于产品的功效性改进和价格优势。2001 年任正非在《华为的冬天》一文中旗帜鲜明地提出："小改进、大奖励是我们长期坚持不懈的改良方针。"这就是典型的草原狼商业创新策略。

类似华为的还有小米、联想等不少中国 IT 企业，都是从草原狼象限开启的创业历程。

### 【草原狼新企业基因特征】

从这些企业的经验，我们可以总结出有机会成功穿越市场选择的草原狼基因具有以下几个特点：

#### 1. 行业的业态清晰明确

草原狼新企业不做创造新行业的事。即使进入自己不熟悉的行业，那个行业的业态也是基本稳定的。比如华为进入智能手机行业，包括涉足新能源电动汽车行业，都是在所进入行业的产业链已经相对成熟，然后利用自己在成本控制、性能研发方面的历史优势，寻找到对标产品和企业，"扑上去，咬一口"。

#### 2. 创始人对细分市场的嗅觉要灵敏，能够精准判断需求变化。

20 世纪 90 年代初，围绕着是否投资上马小灵通，华为内部争议很大。在小灵通火热时期，UT 斯达康、中兴等企业因为抓住了机会，赚了不少真金白银。相比之下，任正非在小灵通上反应迟钝，却把巨资投入还看不到"钱景"的 3G 技术研发。不少人认为任正非在小灵通和 CDMA 上犯了战略错误，没有跟随国内运营商的需求。但华为消费事业部 CEO 余承东却坚定地说，华为恪守一切以客户为中心的价值观在小灵通事件上完美呈现了出来。当时任总坚持认为，小灵通是注定要被淘汰的通信模式，中国更需要 2.5G 和 3G。于是，华为坚定投资长远。而国内市场只对小灵通技术开放，国外市场还没有去开拓。在这样的背景下，华为被迫从零开始去开拓国际市场。那份无奈和艰难，很难用语言表达。华为从 1996 年开始在海外布局，在国内市场遭遇 3G 建设瓶颈的时候，华为在海外市场开始崭露头角。

#### 3. 团队具有又快又狠的狼性执行力。

在华为看来，核心竞争力就是执行力。军旅生涯应该深深地影响了任正非的信念系统。1998 年，任正非向华为培训中心推荐的第一本书就是《西点军校领导魂》。而且在任正非的多次谈话中，都有冲锋、炮声、战斗等军事词汇。开拓国际市场的

---

① 《华为：应对"非洲炮火"》，秦姗、史小兵，《中国企业家》，2011 年第 24 期。

的口号也是"雄赳赳，气昂昂，跨过太平洋"的改编军歌。

草原狼又快又狠的执行力体现在新企业能够完成一些不可能完成的任务。1995年8月，华为成功地签订了一个STP合同，并要求在18天的时间里完成生产任务。这是一个月也很难完成的工作，结果经过测试、生产、市场多个部门没日没夜地加班，居然提前半天完成。2009年12月1日，华为的瑞士团队接到瑞士电信定制版本业务，要求第二年4月交付。结果他们从春节奋战到4月15日交付，在5月8日得到瑞士电信的验收肯定。诸如此类的例子在华为可以举出很多。为此，华为还创造出来一个知名的"垫子文化"，就是很多员工在办公桌下有可供加班睡觉使用的垫子。用创业早期的那一批华为人的话说，他们是"用青春的加速折旧来奋斗"。①

在资源配置上，任正非绝对是个狠角色。华为成立30年多年来，始终坚守通信领域，不搞房地产、不搞资本运作，坚持不上市，投入几千亿元搞研发，集中全部战略资源对准一个城墙口，千军万马扑上去，持续冲锋。所谓"力出一孔"，不破不休。

**4. 创始人有底线思维，始终抱有生存危机，能够积谷防饥，设置战略预备。**

正当发展势头良好之时，2000年10月，华为展开大规模校招。华为向2001届毕业生发放了10000个入职通知书。2000年华为财年销售额达220亿元，利润达29亿元，位居全国电子百强之首。但是2001年3月，任正非却在企业内刊上发表了那篇知名的《华为的冬天》。除了对别人和对自己都狠之外，狼还是一个对危险非常敏感的动物。也正因如此，华为的很多经营策略都会留有余地，在战术上凶猛的同时，在战略上保守。

"华为基本法"有一条令人印象深刻的戒律："为了使华为成为世界一流的设备供应商，我们将永不进入信息服务业。"也只有这种耐得住寂寞，禁得住诱惑，坚守底线的自律，才能应对草原狼企业所在红海市场的惨烈竞争。

2021年的3月31日，华为发布财报显示：2020年销售收入为8914亿元，同比增长3.8%。在遭受美国政府的一系列政策打压之后，能够取得如此成绩，确实很不容易，但财报也彰显出重重危机。经统计，2016年至2019年期间，华为销售收入的增长率分别为32.1%、15.7%、19.5%和19.1%，远高于2020年的3.8%。华为2020年的营业利润为725亿元，低于2019年的778亿元；营业利润率为8.13%，更是同比下滑8.7%。从净利润中扣除税收优惠政策后，华为2020年的利润为563.05亿元，同比下滑达10.2%。

---

① 《任正非和华为》，余胜海，长江文艺出版社，2017。

财报还显示，华为 2019 年的现金储备为 913.8 亿元，而到 2020 年年底，则缩减至 352.2 亿元。试想一下，如果华为没有足够的战略性现金储备，可能一下子就被这次国际政治事件击垮了。

因为时刻有风险意识，压力巨大，任正非在一封公司内部信中公开承认自己曾得过两次重度抑郁症。在 1999 年，许多人都不知道为何任正非是华为的创始人，却把董事长的位置让给了孙亚芳，其实这跟任正非压力太大有关。而且与索尼 CEO 吉田宪一郎的会谈纪要中任正非也描述过自己"如何从抑郁症中走出"的。

## 机敏者

新闻网站 Axios 与民调公司 Harris Poll 自 1999 年起，调查发布品牌声誉 Top100 排名。调查人员会先将受访者分为两组，第一组选出个人认为声誉最好和最差的两个品牌，最终计算出 100 家"能见度"最高的公司。再由第二组受访者从 7 个关键领域（产品及服务、增长、愿景、信任、文化、道德、公民）进行评价，最终得出分数和排名。得分有几类：卓越（80 分以上）、非常好（75—79 分）、好（70—74 分）、一般（65—69 分）、差（55—64 分）、非常差（50—54 分）和岌岌可危（50 分以下）。

通过抽取 42935 名美国人进行三轮提名和两组评价后，2021 年的 Axios Harris Poll 100 结果出炉。

日本的本田（Hond）排名第二，因为疫情，辉瑞等药厂也名列前茅。知名品牌耐克（Nike）排名第 62、阿迪达斯（adidas）排名第 49，而著名的元宇宙倡导者脸书（Facebook）则排名在第 98 名，位居倒数几名。而第一名，就是以 82.7 分夺冠的巴塔哥尼亚（Patagonia）公司。

巴塔哥尼亚是一家比较另类的公司。作为户外运动市场的巨头，年收入超过 10 亿美元，利润丰厚。但是，因为它至今仍是一家股权封闭的私人企业，始终没打算公开上市。不但不上市，它还毫不留情地直接硬杠华尔街精英。

近些年，在华尔街的上班族不再穿西装而是穿老头背心。热爱背心的精英们，不但上班穿、下班穿、打高尔夫穿，甚至连吃烛光晚餐也穿。总而言之，背心就是华尔街精英时尚的灵魂，是一种逃脱，是一种对死板的反叛。在二级市场，一件带有高盛标记的二手包浆背心价格几乎是其发售价的 3 倍。金融精英和背心所组成的奇妙穿搭方式称为"Midtown Uniform"（中城制服）。这种着装习惯据说始于 2008 年次贷危机引发经济衰退，兴于 2014 年。据 CNBC 的新闻报道，潮流源头是对冲基金 SAC Capital 公司。2014 年，公司老板 Steven Cohen 始终把办公室的温度调到 20 摄氏度，为了使交易员能被冻得头脑更清醒些；但与此同时，他又怕员工被冻坏，所以就每人发了一件印有公司标志的巴塔哥尼亚（Patagonia）定制背心。但是 2019 年 4 月 1 日，金融通信服务公司 Vested 的总裁 Binna Kim 发了一条推特，引发多家大媒体的关注。Binna Kim 在推特中表示，在定制巴塔哥尼亚背心时遭到了拒绝。巴塔哥尼亚的经销商在给 Kim 的回复中表示：巴塔哥尼亚不会为"破坏地球生态"的公司提供联名产品定制服务。后来，巴塔哥尼亚在官方声明中声称，这一决定并不是故意要让华尔街兄弟们挨冻，而是基于本公司的环保理念。巴塔哥尼亚决定，如果华尔街公司希望获得一件它们的联名背心，就必须证明自己正致力于帮助地球变得更好。

巴塔哥尼亚内部的工作氛围也比较奇特。公司位于美国西海岸，办公室就在海边。风起潮涌时，一群人可以集体翘班，带着冲浪板去玩耍，因为创始人的口号是："工作可以等，但好天气不能等。"不过要成为该公司员工也不容易，因为公司创始人伊冯·乔伊纳德（Yvon Chouinard）是一位世界级的攀岩家、冲浪健将；首任 CEO 克丽丝·麦克迪维特（Kristine McDivitt）是速降滑雪选手；据说连总部的前台都曾拿下全美飞盘冠军。他们更愿意雇佣四海为家的攀岩者，而不是普通的 MBA。公司的员工有滑雪指导员、独立设计师、环保活动家、编剧、登山向导、钓鱼爱好者、画家、飞行员、木工……其中女性管理者占 50%，并且在官网上宣称"正在学习成为消除种族歧视的公司"。担任公司总经理兼 CEO 长达 13 年后的 1994 年，克丽丝·麦克迪维特离开公司，嫁给了乔伊纳德的朋友。他们搬去了南美洲，负责在智利和阿根廷建造占地超过 8900 平方千米的荒野公园，这超过历史上任何一位慈善家或政治家建造过的面积。总之这是一个非常强调信念和意义的创业团队，这源自创始人的独特气质。

巴塔哥尼亚与北面（The North Face）、始祖鸟（Arcteryx）并称美国三大户外品牌。不过，巴塔哥尼亚知名度没有另外两家大，只在专业圈子里备受推崇。其实乔伊纳德与北面创始人道格·汤普金斯（Douglas Tompkins）是非常要好的朋友。两人平时一起攀登山岳，一起参加体育运动，一起参加环保活动。不过，汤普金斯因为要筹措经费拍摄影片，在创立北面品牌两年后就将公司卖掉。之后，汤普金斯就娶了克丽丝·麦克迪维特。没错，就是巴塔哥尼亚那位前 CEO。汤普金斯在户外运动时候，不穿北面，而是穿巴塔哥尼亚的服装。

巴塔哥尼亚经常被媒体说成是户外品牌中的 Gucci。2020 年，《福布斯》曾经预估 82 岁的乔伊纳德净资产约为 10 亿美元。但是这位酷老头对以上评价都嗤之以鼻，因为他关心的完全是另外一些事情。巴塔哥尼亚宣称："我们的使命是致力研发最优秀的产品，不创造任何不必要的伤害，用商业去启发并执行应对环境危机的解决方案。"

乔伊纳德经常把公司扔给团队去自己管理，然后自己跑出去攀岩。但是，当他在外闯荡回来后，总是带着很多关于产品、新市场、新材料的兴奋点子。这和最初创业时候的情形差不多。

1938 年出生的巴塔哥尼亚创始人伊冯·乔伊纳德从 14 岁开始迷恋攀岩。他是著名的"第四营地"的成员，也是里面的顶尖高手。但是在攀岩过程中，大家遇到了一个问题，产自欧洲的岩钉都是一次性的，很不好用。1957 年，他和小伙伴们突发奇想：要不咱们自己做一些结实还可以重复用的岩钉？说干就干，带着烧煤锻炉、铁砧、钳子和锤子，开始自学打铁。以当时的手工作坊，一小时只能做两枚岩钉，售价 1.5 美金一个，虽然比欧洲产一次性岩钉贵了七八倍，但发烧友设计的产品就是好用。结果该产品在攀岩圈内一下成了爆品。生意是越来越好，乔伊纳德就向父母借了 850 美元，在自家搭了个破棚子搞生产，除了岩钉，还生产攀岩外挂等。不过，生产规模一直上不去。原因竟然是工厂只在冬天才生产，夏天的时候创始人要去攀岩，冲浪。

1964 年服完兵役回家后，乔伊纳德才开始雇用自己的攀岩朋友来当员工，租了稍微像样的地方搞生产，认真干起攀岩设备企业。这就是巴塔哥尼亚的前身乔伊纳德设备公司（Chouinard Equipment）。业务走上了正轨后，结合自己多年丰富的户外经验，乔伊纳德几乎重新设计和改进了全部的攀岩类工具。他要把每一件装备都做得更牢固、更有效、更轻便、更简单。

更牢固的质量控制始终是乔伊纳德工作的重中之重。因为他认为，如果一件工具质量不过关，就会让自己、朋友和客户丧命。靠着极好的品质和口碑，1970 年乔伊纳德设备公司成为美国最大的攀岩器具供应商。

但是，从 20 世纪 60 年代开始，随着攀岩运动在美国的流行，越来越多的人加入进来。攀岩用的坚硬岩钉，先敲击进入岩石中，然后再拔出来，会逐渐破坏岩石外形，造成无法逆转的损害。

1972 年，乔伊纳德在自家公司新产品目录上发表了一篇有关"清洁攀岩"的宣言。呼吁攀岩者使用铝制岩塞和绳套，自己公司也停止销售自己研发出来的传统岩钉。要知道，当时的岩钉主要以软铁制作，敲进岩缝后不易移除，就成了一次性消耗品，这对生产厂商的销售工作来讲是个好消息。并且传统岩钉占当时公司销售额的 50% 以上。在还没有替代产品出现之前，就能有这个决心和勇气从该产业中"裸辞"，真是了不起。这也说明乔伊纳德对地球的热爱不只是口头说说。

但是换产品哪有想象的容易，材料、设备、工艺都不同，替代产品铝制岩塞的生产跟不上，公司经营陷入困境。

机会眷顾热爱生活、热爱生命的人。

有一次，乔伊纳德去苏格兰攀岩，买了一件很普通的橄榄球队服做攀岩服，因为那个时代还没有专门的公司为攀岩运动提供专用服装。回到美国后，这件普通的橄榄球队服因为结实、有领子、色彩鲜艳，很多乔伊纳德攀岩圈的朋友都求他"代购"。为了公司的生存，乔伊纳德组织公司从英国 Umbro 公司订购了一批这样鲜艳的衣服来销售，结果竟被一抢而空。乔伊纳德意识到，这是个新的机会。

于是又像最初创业时一样，乔伊纳德撸起袖子，重新搭建工厂，寻找灯芯绒材料，走上了设计、制造和销售户外运动服装的产业之路。虽说销量不大，但品类齐全，适合攀岩运动，其中包括羊毛衣、水手衫、帆布衣裤、防水衣等。

乔伊纳德设备公司（Chouinard Equipment）在 1980 年来陷入一场法律诉讼纠纷。这些诉讼并非针对公司的装备质量问题，也都不是由攀登者发起的。发起控告的是擦玻璃工、水管工、舞台工作人员等非户外运动消费者，甚至是因参加了使用该公司攀岩绳举办拔河比赛而崴了脚的人。诉讼理由是公司没有对产品意料之外的用途进行适当警告。接着是一个更严重的官司，控告者是一名律师的家人，这名律师因为在初级攀岩课上不正确地绑缚了乔伊纳德设备公司的一款安全绳而意外身亡。①

为了不影响服装业务的发展，1989 年，乔伊纳德将户外服饰业务分离了出来。而乔伊纳德设备公司则向法院申请破产。最后破产公司资产被员工集资购买了下来，并将公司搬到盐湖城，重组为黑钻股份有限公司（Black Diamond Ltd.），该公司至今仍是全球攀岩滑雪户外装备的领先者。

服饰公司被命名为巴塔哥尼亚（Patagonia），按照维基百科上的说法："Patagonia 是指南美大陆人烟稀少的最南端，由智利和阿根廷两国共享的一片区域。该地区包括安第斯山脉南部的沙漠，东边是潘帕斯草原。巴塔哥尼亚是少数几个在三大洋上都有海岸的地区之一，它的西面是太平洋，东面是大西洋，南面是麦哲伦海峡。"换个简单的说法，南纬 40 度左右向南，就是 Patagonia 地区了。后来还有人拍摄了一部喜欢名叫《180 度南》的户外电影，讲的是导演重走乔伊纳德早年在巴塔哥尼亚地区的冲浪登山之旅。

巴塔哥尼亚被说成是"对地球最好的企业"。一直以来巴塔哥尼亚践行 4R 理念，

---

① 《冲浪板上的公司：巴塔哥尼亚的创业哲学》，（美）伊冯·乔伊纳德，浙江人民出版社，2017。

即：recycling（回收）、reusing（再利用）、repairing（修复）、reducing consumption（减少消费）。

2011 年的黑色星期五，他们买下《纽约时报》整版版面，广告语是：DO NOT BUY THIS JACKET（不要买这件夹克）。就是建议当客户在"真正有需求"的时候再买，而不是仅仅想占有一个物品，鼓励大家要成为物件的拥有者（owner）而不仅仅是消费者（consumer）。没想到这个广告引起了巨大的轰动，反倒将更多有真正需要的消费者吸引了过来。

2013 年，公司又决定强化 repairing（修复）实践，于是开启 Worn Wear 计划。他们在零售店铺架设简易的修复中心，并在网上发布视频，教大家如何修理拉链、缝扣子。巴塔哥尼亚还建立成衣修复工厂，将旧衣服重新改造后在 Worn Wear 平台上以更便宜的价格再次销售，倡导再利用的环保理念。北京三里屯可以找到他们提供免费修补业务的 Worn Wear Station。对于户外爱好者来说，很多时候都不喜欢扔衣服和物品，因为有太多的美好回忆。正好，巴塔哥尼亚提倡修补成新衣服又可以再穿，既节约又有意义。

尽管巴塔哥尼亚总是传递"少买少消耗"的生活理念，但是消费者的购买却没有减少。因为他们一直坚持生产高品质、材料环保、耐穿并且便于修理的服装。公司最早在世界上量产合成改良型聚酯纤维抓绒外套，并且在抓绒外套这个细分服装品类里，将防静电、保暖、重量轻的"不可能三角"做到最平衡。

巴塔哥尼亚的产品也极其注重细节上的创新，比如将前拉链设计得防水防风，就不再需要笨重的挡风片；用更牢固、轻盈的面料，在肩部和肘部就不再需要用防弹衣布料加强；选用更新更透气的面料，就省掉了不那么舒服的腋下透气拉链。这一切都源自团队对用户使用体验的关注和孜孜不倦地改进。

从新企业的创业基因来看，伊冯·乔伊纳德因为热爱户外运动，因此他能够感受到自己作为消费者没有得到满足的是什么。从户外运动专用设备到运动专用服装，似乎都是功效级创新。巴塔哥尼亚在粉丝心智中的定位是什么呢？是什么类型的服装，什么类型的设备呢？巴塔哥尼亚的产品哲学是做最好的产品，杜绝浪费。产品经久耐用，最好是"可以用一辈子"，从而尽可能减少对环境的负担。而在传统时尚服装行业则鼓励喜新厌旧。这种做法在那个时代是如此另类和坚定，在户外运动精英人群中获得强烈共鸣，开辟了一个新品类。南美巴塔哥尼亚最著名的"特产"就是大风。巴塔哥尼亚公司借助的也是人类重视环境、重视可持续发展的新风潮。

巴塔哥尼亚在业务上开创了新品类，同时，创始人信仰客户需求是企业生存之本，那么，伊冯·乔伊纳德创建的新企业基因在"机敏者"象限（如图5.6）。类似的创业者还包括创建苹果公司的史蒂夫·乔布斯、创建微软的比尔·盖茨等。

图 5.6 机敏者象限

## 【机敏者新企业的基因特征】

具有生存能力的机敏者新企业的基因，需要具备以下特征：

### 1. 创始人善于觉察并专注于客户刚需苦点

伊冯·乔伊纳德的儿子弗莱切受父亲影响也热爱运动。在儿子决定投身冲浪板制作的事业后，乔伊纳德试着鼓励他制作更好的冲浪板。他告诉儿子人们若要出国冲浪需要携带 6～10 张冲浪板，因为其中有一半以上在运送的过程中就会断掉。这个一般人都会忽略或者认为理所当然的小事，成为乔伊纳德引导儿子创业的机会。乔伊纳德问："能不能发明适合出国冲浪这个场景的专用冲浪板呢？"弗莱切不断地研发，选择不同标准的材料和设计，制作数百片冲浪板来测试强度、弹力、重量等，践行巴塔哥尼亚公司"做最好的产品"的信念，最后制作出更轻、更坚固，而且性能一样优异的弗莱切冲浪板（FCD：Fletcher Chouinard Designs Surfboards）。

### 2. 创始团队具有"整合现有技术和资源"的研发能力

美国历史上不少知名的科技企业都在车库里诞生，于是便有了"车库文化"一说。惠普当年创业的车库，曾被称为"硅谷的诞生地"，是全球创客们的朝圣之地。在美国品牌榜单中就有 20 多个品牌来自车库，比如迪斯尼、福特车库、苹果电脑、油管（YouTube）、戴尔、微软、谷歌等。有人曾问比尔·盖茨："什么是你最大的恐惧？"盖茨开玩笑地回答："我最恐惧的是那些正在破车库里没日没夜捣鼓新名堂的年轻人。"车库文化的精髓是"自己动手"和"因陋就简，整合现有资源"。在家里制作岩钉，改造所有的攀岩设备，体现出乔伊纳德强大的动手研发能力。谷歌的佩奇和布林、盖茨、乔布斯等人在早期创业时都有显现过类似能力。

### 3. 团队要拥有强大的信念系统

巴塔哥尼亚的理念是："We're in business to save our home planet.（我们在用商业来拯救我们的星球家园）。"这可不仅仅是宣传口号，而是要克服重重困难去落地，没有强大的信念系统支持，不可能实现。

20世纪90年代，为节省12吨包装材料，巴塔哥尼亚一反常识，选择不给保暖内衣加拉链袋和纸板等包装，而是直接挂到衣架上"裸售"。虽然商界普遍不看好，但那年的销售额反倒增长了25%。

到了90年代中期，巴塔哥尼亚从纤维到染料，对自己公司的服装进行了一次彻底的"环保审查"。结果发现，原有衣服的纤维用的是普通棉花。农民种植这种棉花时会大量使用杀虫剂和落叶剂，对环境和人体造成了很大伤害。18个月后，巴塔哥尼亚的产品全都用上了有机棉，虽然成本大幅增加，但售价只比原来提升了5%。当然，这次重大选择得到了消费者的热烈支持，让巴塔哥尼亚在竞争对手中脱颖而出，棉制品的销量增加了25%。而且这项行动还带动了耐克（Nike）、李维斯（Levi's）、沃尔玛等企业大量使用有机棉，促进有机棉成为一个大产业。

1996年，巴塔哥尼亚发起一个"1% for the Planet"（捐1%给地球）运动，公司承诺无论是否赚钱，无论前一年过得好还是糟糕，都要捐出销售额的1%。这笔钱被称为因为使用资源而且造成环境损害而缴纳的"地球税"。到了2001年，"1%地球税"成为一个企业联盟，到目前为止，已经超过1200家成员企业，捐赠超过1亿美金给世界3300多个环保组织。

2019年9月24日，巴塔哥尼亚被联合国授予"地球卫士奖"，原因之一就是：巴塔哥尼亚近70%的产品是由包括塑料瓶在内的回收材料或可再生材料制成的。它的目标是到2025年，将这一比例提升至100%。2019年以来，巴塔哥尼亚在美国100%地使用再生电力，在全球也达到了80%。截至2020年秋季，它的68%应季产品是用再生原材料制作的。

乔伊纳德在2013年年会上说："巴塔哥尼亚公司将迎来40岁的生日。在这个纪念日我们有很多成就值得庆祝，但是最让我们自豪的是，为那些实际从事拯救野生环境的基层环保人士提供了大量的支持。"

对信念的坚定不仅仅是上述行动和宣言，巴塔哥尼亚还有一件令人敬畏的政策：每年扩张的速度不超过5%。因为太快的增长会超过产品需求，导致浪费，这有悖于企业使命和信念。

巴塔哥尼亚的案例释放出一个希望：**创业要让生活美好，创业就是美好生活。**

## 企业"受精卵"的诞生与基因突变

### 【企业"受精卵"的诞生】

本章分析了可能穿越过"市场剪刀"的几类新企业基因。但是，用人类生命体来类比的话，单单有基因还不足以形成生命，需要携带基因的物质因缘际会地形成一个"受精卵"，一个新生命才算诞生。受精卵形成之后的生命生长过程，无非是对受精卵中基因所携带的信息的展开。

从新企业基因四象限划分的两个维度来看，基于"需求侧"还是"供给侧"来探索商业创新，基于新企业开创者对自己"见识增长领域"的首要选择，即选择"人心"还是选择"事理"；是否从事"商业元创新"，取决于新企业开创者选择去解决什么样的客户麻烦，则更多的是基于"利他使命"的选择，使命越强烈越会选择商业元创新。新企业开创者的"自我积累"和"利他使命"在某个时机被促动结合起来，从而形成新企业的受精卵。

假设市场经济是高度灵活和有效的，一个新企业能够存活，大概率不是因为新企业善于争夺现有市场存量，而是市场变幻给出了新机会，这个机会源自时机。俗语说"时来天地皆同力，运去英雄不自由"。新企业的受精卵往往是在应"运"而生，应"天时"而生。

所以，我们需要把新企业基因的四个象限放入一个时空隧道中去理解。随着时光的演进，某种人心、技术、社会制度、竞争格局出现变化，新企业开创者正在展开主动探索，才能刺激四个象限的新企业基因变成新企业的受精卵，然后才有机会长成更大企业（如图5.7）。

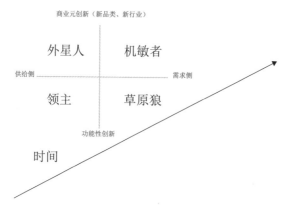

图5.7　新企业的应"运"而生

从"基因"到变成"受精卵"的过程，是新企业能否成为生命的传奇历程，故而这个阶段可以被称为商业元创新的"从0到1"阶段。后续章节，我们重点探讨外星人和机敏者两个象限的新企业基因如何穿越0到1、1—10以及10到1000的不同阶段。

**【企业基因突变】**

即使是人体发育到成年后，每2年左右，就像忒修斯之船一样，绝大多数器官也会按照基因信息指令更换一遍细胞。基因通过表达、转录、复制等机制，一直在底层控制着生命发育和生存性状。但是基因的复制过程也会出现偏差，比如出现恶性肿瘤，从而造成生命体的疾病、衰老、死亡等后果。

新企业在逐步成长过程中，也会有基因突变的现象。出现诸如外星人会变成草原狼，草原狼会领主化等情形。

企业基因突变的最常见的因素是创始人离开公司。

拥有机敏者基因的美国苹果公司，在乔布斯逝去后的10年中，只是把iPhone4发展到iPhone13，修修补补地做了些功效级创新。整个苹果公司，在年复一年的"复制"中，已经逐步失去了品类级创新的基因，坚定地走上了创新者窘境道路。

第二个会导致企业基因突变的原因是企业规模的持续扩大。

从进化论角度看，某些基因复制出现偏差，有来自更深层的基因机制。比如生命体到某个阶段必然会衰老，可能就是基因在底层就设计好的进化机制，以便于留给下一代更多资源和机会。另外，对于更高层面的生态而言，物种衰老死亡是整个生态机制的必要环节。

当鲸在海洋中死去，它的尸体最终会沉入海底。而其尸体将成为深海绿洲，成为许多生物赖以生产的食物与养分，变换成深海食物的来源之一，供养出一套海洋生态生命系统，生物学家将这个过程称为——鲸落（Whale Fall）。

鲸落与热液、冷泉一同被称为是深海生命的绿洲。1988年，夏威夷大学研究人员也发现，在北太平洋深海中，至少有43个种类的1万多个生物体依靠鲸落生存。鲸鱼体型巨大，富含脂类且分解缓慢，大型鲸一旦死去，就开始供给养分给大洋里上百种无脊椎动物，直到完全被分享殆尽。这个过程可长达几十年甚至上百年。

在市场经济中的"鲸落效应"还有不少。比如要想了解美国硅谷的发展史，就必须了解仙童半导体公司（Fairchild Semiconductor）。这家公司曾经是世界上最大、最富创新精神和最令人振奋的半导体生产企业，但最终也不可避免地分崩离析，走向衰落。但是它催生了英特尔（Intel）、高级微型仪器公司（AMD）等一系列知名创新企业，为硅谷孕育了成千上万的技术人才和管理人才。

大企业让位给新企业，是市场创新力量强大的体现。就商业创新的视角而言，不存在任何"大而不倒"的企业。"一鲸落，万物生"，对市场系统而言，未尝不是好事。

**市场的残酷进化模式之一就是让新企业组织规模持续扩大，直到鲸落。**

随着组织规模的扩大，关注市场需求侧的底层信念，逐步变异为KPI驱动。新企业那种关注品类创新的底层信念虽然粗糙但很新锐。但是当企业长大后，这种信念会被追求细节完美的文化所鄙视，从而导致企业基因突变。机敏象限的企业基因有可能会突变为草原狼甚至领主，屠龙少年最终成为恶龙。创新者窘境讲述的就是这个道理。

1991年，经过了这么多年每年30%～50%的年增长率，巴塔哥尼亚事业"撞墙"了。公司的销售危机并不是业绩同比下降造成的，而是因为较前一年仅有20%的增长！然而，这差强人意的20%的增长几乎将巴塔哥尼亚置于死地。经销商开始取消订单，库存开始增加。邮购业务和国际市场的销量都没能达到预期，货物也都纷纷被退回。更大的危局来自公司贷方太平洋证券银行（Security Pacific Bank），该银行因为自身陷入了财务困境，所以几个月内连续两次大幅削减了对巴塔哥尼亚的信用额度。公司关闭伦敦、温哥华和慕尼黑的办公室及销售展厅，甚至解聘了CEO和CFO。而且在1991年7月31日，一个黑色星期三，巴塔哥尼亚公司史无前例地裁掉了20%的员工。

在煎熬中，创始人伊冯·乔伊纳德带着10多位高层管理人员去了阿根廷，到真正的巴塔哥尼亚山脉徒步旅行。漫步于那些无人之境，大家一起思考如何应对危机，并且反思为什么要从商。在这次艰难行走之后，乔伊纳德意识到了公司发展撞墙的本质问题。他在自传里写道："一家公司越早背离自己的本质，就会越早想要'坐拥一切'，就会越早消亡。"[1]

当下决心回归初心、保持初创时候的基因不会为了发展而突变之后，巴塔哥尼亚就成了一家使命更加明确、思路更加清晰的公司。领导团队将公司发展限制在了可持续进行的速率内，审慎地开支。在3年内，他们取消了多个管理层级，将库存合并到了单个系统中，并对销售渠道进行了集中管理。这场危机就这样比想象中要容易地就度过去了。

## 本章小结

对"市场注意力偏好""商业创新追求"这两个创始人底层经营信念维度进行组合，就会形成新企业基因的4个象限。分别是：外星人、领主、草原狼、机敏者。这4种基因组合会形成完全不同的新企业气质，其所遇到的商业创新卡点会不同，对新企业开创者的心智要求也都不同。而且这些基因组合，决定了新企业成长后的行为模式、团队价值观。

在特定时机下，这些基因组合会孕育出企业"受精卵"，实现从0到1的生命奇迹。当然，绝大多数新企业都没有能够完成从0到1转变，形成企业的"受精卵"，也谈不上后续的生长阶段问题。其中首要原因就是：企业基因存在重大缺陷。企业基因没有遵循4类象限的各自规律，就会出现重大缺陷。

比如，开创者明明只想做功效级创新，但是却非要去选择外星人或机敏者象限的模式运作新企业；再比如，新企业的开创只是源自一个垄断资源，但是开创者非要在此基础上探索寻找新需求。

本章补充案例及知识点深化部分，请扫码进入《商业元创新》互动区。

---

[1] 《冲浪板上的公司：巴塔哥尼亚的创业哲学》，（美）伊冯·乔伊纳德，浙江人民出版社出版，2017。

# 第六章

## 商业元创新的 0—0.6

正月的陕西咸阳，一场大雪盖住了灰蒙蒙的城市。老丁，一个中等身高身材精瘦的汉子正一脸忧郁地坐在家里，两眼呆呆地盯着远处那片白茫茫的大地。前几天老丁陪媳妇回娘家拜年，酒酣耳热之际，一直看女婿不顺眼的老丈人在饭桌上又数落了他几句。这成了压倒老丁内心那份坚持的最后一根稻草，今天他要做一个决定，是否离开家。

　　这种对老丁的数落已经不是第一次了，上一次是在半年前，也是因为老丈人对他工作不满意。

　　老丁从国有企业辞职下海做小生意，准备多挣点钱，但因没有大本钱，最开始只能在街边摆摊，卖些家里自制的零食和祖传药酒。生意不大，但挣得总比上班多一点。老丁就盼着等生意门路熟悉了，说不定能把业务搞大。

　　正在犹豫下一步怎么走的老丁，年前无意中看到一个招商广告。咸阳市有一个礼泉县，县里有个袁家村正在招商。最吸引老丁的是其中的一条政策——免房租。这对事业上一无所有的老丁，不啻一个巨大的诱惑。

　　老丁最终还是决定离家去闯荡，于是带上行李骑着摩托车，来到了改变自己一生命运的袁家村，成为该村最早的几名外来创业商户之一。[①]

## 从无到有的袁家村

　　老丁入住袁家村是 2007 年。那一年，袁家村刚刚经历了一场经济灾难。

　　1978 年改革开放后，袁家村曾经有过一段好日子，在老书记郭裕禄的带领下，村里先后建成了砖瓦窑、水泥预制厂、石灰厂等村办工业企业。这一波粗放的工业化改善了村民生活，家家户户都住上了二层小楼。但是 2000 年后，由于国家产业政策的调整，袁家村的水泥厂、石灰厂等村办企业都被关停。于是，村里的青壮年劳

---

① 案例源自"沐新合创"社群组织的田野调查，系对真人访谈内容的整理。为保护隐私，老丁为化名。

力只得纷纷外出，到城里去打工。袁家村成了"东西一条街，南北两排房，工厂废墟多，环境脏乱差"的"空心村"。

2007年，不知道该怎么应对新形势的老书记办了件狠事，把在城里发展好好的儿子——35岁的郭占武叫回村，来接自己的担子。

袁家村既没有什么明媚山水风景，也没有什么古迹传说，毫无资源优势。摆在年轻人郭占武面前的，就是一个62户、286人、660亩地的普普通通关中平原小村庄。

但仅仅十年，在郭占武的带领下，2017年袁家村接待游客量居然达到500万人次，相当于东岳泰山一年的游客量（如图6.1）。在春节期间，袁家村的游客数量甚至超过陕西旅游名片兵马俑景区。最早来袁家村闯荡的老丁，也在老丈人面前直起了腰。

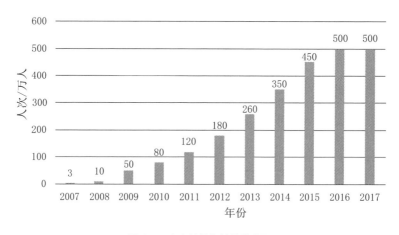

图6.1 袁家村的年接待游客量

除了实现本村外出打工青年的回归之外，袁家村通过打造创业创新平台，鼓励和吸引类似老丁的这样创业者，还有大学生创客、青年创业团队、文化企业、广告公司、建筑设计师等近3000人到袁家村创业就业、居住生活。

现在，袁家村的年总收入已经超过10亿元。其中有年利润300万元的粉汤羊血，有单日营业额高达29万元的酸奶铺。截止到2019年年底，郭占武甚至还在西安、咸阳、宝鸡等地开设了19家"袁家村"城市体验店。

袁家村的巨大成功，引得陕西乃至全国的不少乡村模仿、克隆。据说仅陕西就先后有了134个"袁家村"。这些模仿者都修建了与袁家村类似的老街道、旧门头，也开设了各种作坊式的店铺，经营着与袁家村一样的网红小吃，但其中大多数不太成功，有些甚至不得不关门歇业。

郭占武是怎么在这样一个 660 亩地的小村庄，"无中生有"地创造出一个中国乡村文旅的商业元创新呢？

回到 2007 年，那时的郭占武想通过发展文化旅游产业来让村民富起来，重振袁家村。于是，他请了不少旅游规划方面的专家，希望能被指点迷津。

"大大小小的专家我找了 20 个，等回到西安请他们吃饭，吃完饭，有人说，郭总你说一下真实目的。他认为我是想骗国家钱呢，还是想干啥呢。专家认为，我们村就做不了旅游，没山没水，就算去农家乐，也是去西安南边的秦岭啊。"2015 年郭占武在首届中国古村大会上，回忆当年时说："还有人说，你要是有兵马俑这样的景点就好做了。我说，要是有兵马俑、有法门寺，我还要这么找人做规划、做设计？"

既然专家们也没能想出什么好主意，郭占武就先慢慢自己摸索。最开始，就是学些其他村搞"农家乐"餐饮。郭占武包车带领本村村民到其他村去考察学习，但是回来之后，依然没有人愿意干。想想也是，谁来这么个没在交通主干道上的小村庄吃农家饭呢？

郭占武还是不死心，之后他做了两件事。首先，袁家村给愿意投资办农家乐的村民报销一半的装修费，同时免费供应水泥。2007 到 2008 年在康庄老街开作坊可免租金，甚至有的作坊因为要从外村请人，还替作坊提供雇员的保底工资。直到 2010 年，袁家村招募小吃街商户都还免租金。前面的老丁就是在这个时候被免租金政策，从远在 50 公里之外的咸阳给吸引来的。其次，郭占武到县政府去"求客户"。当时袁家村所在的礼泉县号召全县发展旅游业，郭占武就去做县政府的工作，将一些外地领导、游客的接待项目放在袁家村的农家乐，这样既节约财政开支，也别开生面。

把县政府的客人吸引到袁家村，靠什么呢？光靠几道农家菜，也谈不上什么"别开生面"。郭占武发现，来的不少客人都夸赞袁家村的淳朴村民生活。袁家村是关中的一个普通小村，村民们大多很朴实，对外界和时代发展并不敏感，也不喜欢做什么太大改变，要不，连办个农家乐村民都不怎么积极呢？

为什么城里来的人对袁家村的村民文化风俗有好感呢？

改革开放 40 年就是中国城市化的 40 年。中国城市人中的大部分，都曾有过在农村生活的经历。而且寄寓山水、田园生活也是中国士大夫文化的一部分，所以城市人一方面不喜欢农村的卫生落后、交通不便的居住条件，另一方面又很向往质朴恬静的乡村生活。

于是郭占武依据农家乐经营中的发现，结合自己在城市、农村的双重生活经验，及时把农家乐餐饮调整为乡村民俗体验，用"美好的乡村生活"来吸引游客。"农村"

和"乡村"一字之差，但对城里人而言就是两种完全不同的味道了。

就这样，郭占武开始致力于把袁家村变成一个"老村子"，恢复出一个清末民国期间古村落的生活模式。那些后来被四处模仿的小吃一条街，只是古老乡村生活的一部分而已。

比如馒头在关中传统饮食文化中与面条、饺子同等重要，但销量小、利润薄。为保持关中民俗的完整性，袁家村每年给馒头店3到5万元补贴，一直赔钱开着馒头店。

相对比，可以看一下云南丽江、苏州周庄等中国知名古村落的变化。丽江最早被联合国认定为世界文化遗产的时候，就是一个原生态的村落，原居民也在那生活。但是现在的丽江已经商业到不能再商业了，演员代替原居民在那里表演跳舞，商户代替居民在那里生活。

袁家村没有走这条路。在郭占武这个自学成才的"文旅策划师"主持下，袁家村开创了"关中印象体验地"这一独特的"乡愁"新品类（如图6.2）。

**图6.2　袁家村品类标识（英文翻译得有点不伦不类）**

游客走进袁家村恢复的那些老作坊，能看到本地村民在现场生产豆腐、榨油、磨面；行走在老村落里，可以遇到本村的老奶奶，能看到她脸上饱经沧桑的皱纹；站在戏台下，试试陪着村里老人一起听听关中戏曲，这一切都会让你体验到关中农耕时期的真正古老民俗人情。

这不是表演，而是恢复、重建，活化了中国关中古典乡村的田园生活，这也是那些袁家村模仿者们没能理解的，乡愁新品类的本质。"没有乡心作灵魂，没有乡俗文化做风骨，没有生于斯长于斯的村民做血肉，抄袭皮毛，注定以失败告终。"[1]

中国乡村振兴袁家村课题组负责人宰建伟说，有一年春节前下了一场大雪，袁家村通过微信平台一发消息，全村的男女老幼都出来扫雪了。一个外地游客在那拍照，宰建伟就和他交流，说：你拍什么？游客说自己也是农村长大的，很多年没有看到这种集体劳动的场景了，看了以后觉得很兴奋。城里人兴奋什么呢？

宰建伟又提到，一次在袁家村除夕，他旁边坐着一个北京游客。游客说在北京过年没有年味，到袁家村和村民一起包饺子、过大年，这种乡村的生活气息非常浓。所以，宰建伟认为城市人需要一个乡村生活综合体。

袁家村虽然搞旅游搞到每年 500 万游客的程度，但是村里的日常生活从来没有被中断过。村里如果有结婚喜事，游客只要随 50 块钱也可以去吃流水席。遇到白事，村民也在家里正常办。无非就是周边民宿、餐馆停业几天，大家也都不抱怨，很多游客也会去围观。这些都是关中民俗的一部分，是真实乡村生活的一面。

当然，郭占武的睿智之处还在于：他对城里人心智中乡愁新品类的理解不仅仅停留在恢复古典乡村生活，还充分考虑到了时代的进步。毕竟无论乡愁多么美好，那也是回不去的农村，否则就不用"愁"了。为此，在袁家村的乡村生活生态中，郭占武还注入了城市化的审美、卫生、消费、文创特色。比如传统乡村是不可能有酸奶的。而袁家村一个村民家里养了 3 头奶牛，不知道做啥好。郭占武就让他专攻酸奶这个品种，全村就只有他一家做酸奶。结果这家酸奶店后来居然能实现 3000 万的年销售额。郭占武的理解是：游客在袁家村，等于是在古典乡村场景里享受着城市生活。

所以袁家村关中印象体验地不仅仅开创了一个新品类，更因为"乡村生活体"有较高的创新模仿壁垒，属于行业级商业创新。

## 商业元创新的缘起

有了前面几章的认知基础之后，我们可以开始探讨如何具体地跨越 0—0.6、0.6—0.9、0.9—1、1—10 和 10—1000 这 5 个商业元创新生长台阶，如何成功驯化新品类、开创新行业。

从 0—1 是质变，1 以后是量变，前者难度和挑战明显比后者高。那么从 0—0.6 又是从 0—1 质变中的最难的部分，是"无中生有"的混沌初开。

---

[1] 《袁家村的创与赢》，刘磊、胡婕，上海世界图书出版公司，2020。

## 【缘】

商业元创新何以发生？何以在某个团队发生？何以在某个时机发生？缘起为何？

中国人喜欢说缘，诸如良缘、机缘、随缘等。下南洋的华人也很强调"五缘"，即血缘、地缘、神缘、语缘、业缘。厦门市还专门建有一座"五缘大桥"来礼赞这种独特的中华文化现象。

佛教传入东土之前，古汉语中的"缘"指衣服的"边"，引申出"沿着"和"遵循"之意，如"缘木求鱼"。随着佛教思想纳入中华文化中来，"缘"有了更多的含义，比如必然性和偶然性。

社会是一个非常复杂的动态系统，一件事情的发生往往有多重的因果关系。用佛家的话是"因缘合和"而成。"缘"可以有很多，而且可以向前追溯很久，其中最主要的、比较近的缘叫作"因"。

2005 年，在斯坦福的那篇著名演讲中，乔布斯讲到的第一个故事，是关于他辍学但坚持旁听书法课的故事，这个看似无用而乔布斯内心热爱的课程，后来对苹果公司的经营产生了重大影响。讲完故事之后，他说道：

"你无法事先将这些人生的点滴串联起来，只有回头看时才能发现它们的关系。所以，你必须相信自己人生的点滴在未来一定能够联结在一起。你必须相信一些东西，直觉、命运、人生、karma 等等，都可以。因为相信这些，会给你信心去遵从自己的本心，哪怕离经叛道，也绝不止步。只有这样，才能有所成。"

在这段演讲中，乔布斯使用了"karma"一词。它来自梵文，汉语里翻译为"业"。佛家认为，"业"既是行造成的果，又是再次遇到缘境时所产生新行的因。乔布斯的演讲意指：创新创业者应该遵循自己本心去做热爱的事，接受某种因缘的必然性，用我们的话说就是要随缘。

"缘"的天定似乎属于某种神秘主义，但在中国文化里这并非迷信之说。中国古人说"阴阳不测之谓神""圣而不可知之之谓神"，主要强调的是人对生活有某种不可控，而且也不需要抗拒其中的玄妙。

袁家村的成功在外人看来，好像是一个偶然现象。但是袁家村在郭占武带领下实现商业元创新，也可以追溯到某种历史的必然性。比如郭占武父亲郭裕禄在 20 世纪 70 年代就曾披荆斩棘，成功带领村民把一度吃不上饭的穷村建设成了陕西的明星村，甚至在全国都能排上号。改革开放后，袁家村在郭裕禄的带领下，没有简单地包产到户，让村民分田分地各自为政。而是坚持集体经营，所以，袁家村的基层组织很有力。中国社会科学院农村发展研究所研究员党国英称其为"红帽子"村,[1] 这在那个时代也算独树一帜。可见,这个村的领导者一直就有不随波逐流、因地制宜发展的独立思想和创新精神传统。而且如果没有这个特殊的历史,最早的一批县政府客人,也不会被郭占武"求接待"到一个普通的小村庄。

一个相对封闭、保守的村落,传承下来的乡俗、乡情居然又成为新时代商业元创新的关键业务。不得不说,正是这种创造的奇妙感,能够给商业创新者们带来某种美好的期待。

再比如,袁家村媳妇们的综合素质远高于一般农村妇女。20世纪80年代,袁家村成为明星村后,对娶进门的媳妇有明确的要求,其中一项就是至少高中学历。我们去做田野调查的时候与在民宿打工的外地女服务员聊天,问她想不想嫁入袁家村。她很认真地说:"有难度嘞,还得要老书记面试呢。"在袁家村发展农家乐的起步阶段,袁家村媳妇们的文化水平、沟通能力、学习能力发挥了很大的作用。诸如这些独特的社会文化因素,都是袁家村成功的历史因缘。

旅程早已开始,只是你还未意识到。

## 【缘分】

日本学者三宅秀道在2012年出版的《新市场的开拓方法》一书开头,问了个奇怪的问题:爱迪生为什么没有发明温水冲洗式马桶?

1847年出生的爱迪生于1931年去世。他一生的发明超过2000项,其中约1200项在美国获得了专利,比较重要的有电灯、电车、电影、发电机、电动机、电话机、留声机等。温水冲洗式马桶由热水器和水泵组成,动力为电力。这些技术条件在爱迪生生活的年代都已经具备,按理说爱迪生或者同时代的美国发明家,有很大的可能性去发明温水冲洗式马桶。问题是:为什么他们没有研究出这个极大提高生活质量的小发明呢?

1980年6月,日本企业东陶(TOTO)发明了第一代温水冲洗式马桶。18年后,温水冲洗式马桶销售数量累计超过1000万台,此时温水冲洗式马桶在日本家庭的普及率达到了34%,并保持快速上升趋势,于2005年销售量突破2000万台,并很快于2011年再次突破3000万台。2012年,温水冲洗式马桶的家庭普及率已经达到73.5%,这个数据已经和个人电脑的家庭普及率基本持平,成为日本人民生活中的必需品。

---

[1] 《袁家村:乡村自主振兴的范本》,刘林LL,界面新闻,2018年12月28日,https://www.jiemian.com/article/2745708.html.

日本制造业专家汤之上隆根据自己的人生体验，将温水冲洗式马桶的发展历程绘制成图6.3：

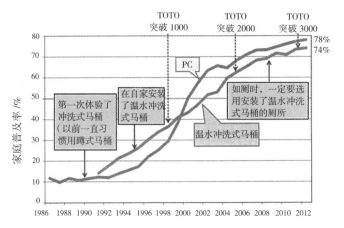

图6.3 温水冲洗式马桶在日本的家庭普及率①

2014年冬季，正值日本旅游旺季，受益于日本汇率的降低，中国人纷纷赴日抢购智能冲洗式马桶盖，有人甚至买两三只带回国。为此，各路自媒体纷纷讨论为什么去日本买只马桶盖，说明这种产品在中国也已经成为消费热点。智研咨询发布的《2018—2024年中国智能坐便器市场运营监测与发展前景预测报告》显示，2017年，中国国内智能马桶销量也已达345万台。不过到现在，这个商品在欧美地区依然没有进入主流市场。

爱迪生为什么没有发明温水冲洗式马桶？

三宅秀道提出，开拓新市场时会有四个限制条件，分别是：经济层面、社会层面、技术层面和文化层面。② 温水冲洗式马桶的产生需要同时突破上述四种限制（如图6.4）。

---

① 《失去的制造业：日本制造业的败北》，（日）汤之上隆，机械工业出版社，2015。

② 《新しい市場のつくりかた》，三宅秀道，东洋经济新报社，2012。

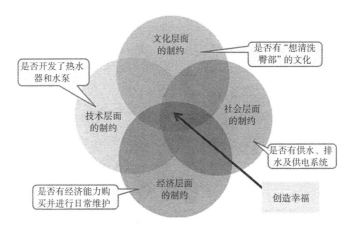

图6.4　三宅提出开拓新市场需要具备的四个条件

对于爱迪生及其他美国发明家而言，经济、社会、技术等三个方面的约束都不是障碍。但是 100 年前的美国人民并没有"大便后用水清洗臀部"的文化习俗。因此爱迪生一定无缘发明温水冲洗式马桶。

而关于文化层面的限制，三宅秀道还有一个了不起的洞见，他认为：**每个商品都应为某一群体的幸福而生**。而幸福是一个非常主观的体验，不同族群、不同地域的不同文化，会随着时代变化而塑形出各种幸福观。

对于新企业开创者而言，你生逢一个什么样的大时代，面临什么样的社会、技术和文化限制，就是你所能够从事商业创新的"缘分"。

佛家所谓"诸法因缘生"，儒家与道家并不突出缘分的必然性、先导性，但是也会有机缘、机遇的说法。所以，**无论多么伟大的人，都无缘造就超越时代的商业创新**。

### 【缘起】

第二章分析商业创新成长轨迹之时，我们提到"走向新世界的路，藏在旧世界的地图里"。商业创新要基于自发秩序的历史缘起。

什么是"历史缘起"？人世间的事物不会凭空而有的，也不能单独存在，必须在各种因缘条件之下，才能产生和存在。

复旦大学王德峰教授认为缘分一词在英语里没有直接对应的词语。说明这是中华文明特有的一种理念，也是西方文明所缺乏的部分。中国人说缘分既有偶然性也强调必然性，但这仍不足以完整表示这个词的本义。因为缘分不仅有先天的含义，人们在后天也可以通过修为和创设来得到。比如一个姑娘对追求她的小伙子说随缘吧，只能说姑娘还没让他动心，不打算去努力。故民间有一说："缘"是天定，"分"

是人为。

在佛家哲学体系里，"业"又可以分为"共业"和"别业"。"共业"因整个时代、整个人类一起行动而成；"别业"则由个别人自己的行为所产生。商业创新的缘起一定是在大时代环境下，并与创新创业者自己的"个别性"有关。

商业元创新在 0—0.6 阶段的焦点是增加对客户需求的见识。创新者首先要面对"服务哪类客户"的问题，这也是涉及创新者缘起的问题。创新者与哪类客户有缘？缘分如何而来？

2022 年，美国蓝瓶咖啡（Blue Bottle coffee）首次进入中国大陆开店。上海开业首日人满为患，不得不限制客流，每次只放进 10 人，有人甚至从早上 10 点排到晚上 6 点半。

蓝瓶咖啡品牌诞生于 2002 年，是全球精品咖啡网红的鼻祖。星巴克的"第三空间"被蓝瓶咖啡创始人詹姆斯·弗里曼（James Freeman）嗤之以鼻。他认为让人舒服地喝一杯真正好喝的咖啡才是最重要的。

为了让人专心品尝咖啡，在蓝瓶的门店里没有背景音乐、没有 Wi-Fi、没有插座。为了喝上一杯蓝瓶咖啡，虔诚的咖啡信徒从点单开始平均要等待 15 分钟，甚至更长。因为蓝瓶坚持用一些传统方法做咖啡，而且每个环节尽量使用人工制作，所以快不起来。

另外，蓝瓶还有一些坚守的原则：例如只卖咖啡豆，不卖咖啡粉；坚决不让顾客打包带走意式浓缩咖啡（Espresso），因为弗里曼坚信意式浓缩咖啡只能在研磨后的45 秒内饮用，口味才最好，所以只能在店里喝；咖啡豆超过 48 个小时未用就必须丢掉；等等。

弗里曼还要求对咖啡豆的供应信息详尽记录，甚至要能说出咖啡采摘者的姓名，还要描述它是在什么样的树荫下生长起来的。按弗里曼的话说，只有这样，他家的咖啡喝起来才"绝不会有股洗发水味"。

这样的理念和作风，打动了 Twitter 联合创始人以及一批谷歌前高管们，也打动了许多咖啡爱好者。世界各地的信徒们都在请求蓝瓶早日把店开到他们的家乡。根据官网数据和公开信息，截至到 2021 年，蓝瓶咖啡在全球已经开设 102 家门店。[①]2017 年，雀巢宣布以将近 5 亿美元的价格收购蓝瓶咖啡全球约 68% 的股权，并保留其品牌独立的运营权，创始人和原 CEO 都继续留任。

詹姆斯·弗里曼为什么会起心动念搞"精品咖啡"？

---

① 《蓝瓶咖啡：单簧管、烘豆师和 CEO》，吴怼怼，36 氪，2022 年 2 月 27 日，https://36kr.com/p/1632049563432713.

根据 CNBC 的报道，弗里曼原本是个演奏单簧管的音乐人。他痴迷现磨现冲咖啡，非常讨厌市场上过度烘焙的咖啡豆。因为自己喝不到足够新鲜的好咖啡，2002年开始，弗里曼就用家中的烤箱，按照自己的标准制作咖啡，并顺便卖给咖啡发烧友。

弗里曼发现，在旧金山湾区，很少有零售商会标明咖啡的新鲜度和烘焙日期，于是他决定放弃演奏事业，在家附近租下了一个棚屋，买了一台旧烘焙机器，开始了美国式白手起家的创业。作为一个贫穷的艺术家，他付不起棚屋租金、烘焙机的价钱、摊位租金、咖啡豆成本以及请设计师创作商标的费用，为此，弗里曼只得靠刷信用卡来垫付了 1.5 万美元的启动资金。

2005 年，弗里曼在距离 Twitter 总部几个街区的车库，开出了蓝瓶咖啡的第一家门店，然后引爆了硅谷咖啡发烧友的味蕾。

从蓝瓶咖啡创始人的案例，我们再一次见到了最常见的商业元创新缘起，即新企业开创者自己就是"被服务的客户"。

类似的现象在 Facebook、Google、Airbnb、哔哩哔哩等众多商业元创新项目中都多次出现。包括袁家村乡愁式的乡村生活方式，何尝不是郭占武从城里回到乡村的原因之一呢？这也是袁家村的上一代领头人郭占武的父亲，没有办法继续带领袁家村的根本原因所在吧。

**认识自己，追随自己的内心，帮助像自己一样的人获得幸福，是新企业开创者最常见的创业缘起。**

Airbnb 的两位创始人布莱恩·切斯基（Brian Chesky）和乔·格比亚（Joe Gebbia）毕业于罗德岛设计学院，毕业后从事的是设计相关工作。2007 年，两位穷困潦倒的艺术家眼看就要付不起房租了。因为从事设计行业，所以他们知道设计界有一年两次召开的国际工业设计协会理事会 / 美国工业设计师协会（ICSID/IDSA）世界大会，正好那一年大会计划于 10 月下旬在旧金山举行。它会吸引数千名设计师来到他们的城市，所以他们就想尝试，是不是可以把房间租出去（图 6.5）。Airbnb 的创业也是缘起于创始人自己的经历和自身的需求。

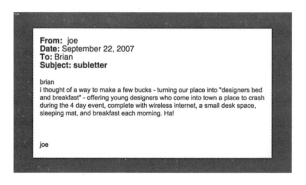

图 6.5　Joe 向 Brian 发送的关于他对 Airbnb 想法的电子邮件

**【原来是自己】**

2 岁儿子被诊断为自闭症之后，张之光整整一个月都在痛苦中度过。但他知道自己得振作起来，"当任何一件坏事发生时，在坏事背后一定有等量的好事在等着我，我只需要把积极的那一面找出来"。

自闭症是一种从幼儿期开始显现的终身神经系统疾病，多发生在 3 岁以前，核心障碍为社会交往沟通障碍、兴趣狭窄和刻板重复的行为方式。4 月 2 日，是世界自闭症日，据联合国估计，目前全球已有逾 7000 万人患有自闭症。约合每 160 名儿童中，就有 1 人患病。中国则有 1300 万自闭症患者，其中 14 岁以下的儿童超过 300 万人。[①]

儿童自闭症给所在家庭会带来极大痛苦，统计下来：40% 的自闭症儿童没有口语能力，28% 的自闭症儿童有自伤行为，大约 30% 的自闭症儿童有癫痫。自闭症患儿还需要特殊的长期照顾，在中国 59.9% 的自闭症家庭有全职妈妈，6.1% 有全职爸爸。

像所有患儿的爸爸妈妈一样，张之光首先想的就是尽一切努力治好儿子的病，于是他开启了寻医问药之旅。但是在这个过程中，他发现目前中国的自闭症干预体系令人担忧。中国儿童精神科医生人数不超过 500 人，专业人员数量不足，包括诊断、筛查、治疗等工具也大都是刚刚从国外直接引进，没有适配好中国孩子和家庭的特殊情况。

"这个病既然选择了我的儿子，我就要和它斗争到底。"2015 年，张之光与另外两位自闭症孩子的爸爸共同创建了 ALSOLIFE。从自闭症线上社群切入，到自研干预治疗体系，到在线下建立专业的干预机构，再到现在建立数据驱动的自闭症全业务

---

① 《全球 7000 万人患自闭症：穿过孤独，与每个 TA 相拥》，甘甜，中国新闻网，2021 年 4 月 2 日，https://www.chinanews.con.cn/gj/2021/04−02/9446052.shtml.

平台。

2017 年 2 月，ALSOLIFE 的评估训练体系正式上线。目前，这套治疗系统对 0—6 岁自闭症家庭免费开放。2019 年 9 月，ALSOLIFE 第一家线下机构落地郑州，在 16 个月的时间里，ALSOLIFE 已开设了 5 个线下中心。

截至 2021 年 8 月，ALSOLIFE 已经建立了超过 150 个家长微信群，有 100 多位社群管理者，已累计服务超过 24 万个自闭症家庭。

《中国自闭症教育康复行业发展状况报告 Ⅲ》编委会主任、五彩鹿自闭症研究院院长孙梦麟曾提到，美国自闭症人群每年的经济支出高达 1370 亿美金。她曾经访问美国波士顿的一个康复学校，那里的日托一年的费用是 10 万美金，如果包括住宿，一年的费用是 20 万美金，高于哈佛大学的学费。

如果算一下中国自闭症人群的支出，也是个惊人的数字，这给自闭症家庭和社会带来沉重的经济负担，但同时这也意味着这个社会问题有可能用商业创新手段来解决。身在自闭症孩子的家庭，张之光更加能够感受这样的家庭需要怎样的帮助。现在，ALSOLIFE 作为自闭症居家解决方案提供商，年销售额超过 1500 万元，销售转化率超过 20%，复购率超过 48.5%，服务用户超过 5 万人。[①]

张之光的创业源于 2 岁儿子的自闭症，定位在自闭症早期干预治疗。而曹芳创办 "放星家园" 则是因为得了自闭症的儿子已经超过了 16 岁，没有地方去。社会上鲜有合适的机构愿意接收大龄自闭症患者，16 岁以上的大龄自闭症患者中的大多数被 "圈养在家里"。

"别人可以不做，作为家长我躲不过去了。" 曹芳说。2017 年，曹芳在福州创立 "放星家园"，接收 16 岁以上大龄自闭症患者，专门做他们的康复及支持就业服务。但是曹芳并没有走公益机构这条路，也没有争取更多的政府资源帮助，而是靠家长们的抱团，艰难地探索用商业创新来解决大龄自闭症孩子如何有尊严地生存和生活的问题。"放星家园" 正在尝试一种 "农场疗法"，平时会让这些大龄自闭症患者到周边农场野外挖甜笋、挖马铃薯、摘柚子等。这种方法已经显现出一定的治愈能力，可以让一些孩子情绪稳定下来，还能学到一些基本生活技能。[②]

除了担心大龄自闭症患者的康养服务，而还有一些家长已经在担心：我们走后，孩子怎么办？有孩子父母说："只要有人能在我们死后帮忙照顾孩子，我们愿意把所

---

① 《4 年服务 24 万自闭症家庭，三个自闭症爸爸的 "自救式创业"》，微信公众号社会创业家，2021 年 8 月 5 日。

② 《"星孩" 长大之后：一位大龄自闭症患者妈妈的艰难探索》，王选辉、黄蕾卿，澎湃新闻，2021 年 4 月 23 日，https://www.thepaper.cn/newDetail_forward_12338545.

有财产全部赠予,但没人愿意。"

"亚杜兰"学坊的创始人吴桂香有一个25岁的自闭症儿子,说到创业的缘起,她说:"我希望未来的亚杜兰会是一个结合辅助性就业和康养的机构,让我们有心智障碍的孩子能够在一个适合他们的环境里,实现全面发展,有尊严地生活。"

经过两年多的训练,孩子们学会了烘焙、裱花,做出的蛋糕又好看又好吃。他们还带着这些蛋糕参加过义卖,收到的钱全部捐到了贫困山区,给那些和他们一样需要帮助的孩子。[①]

虽然前路困难重重,但是像曹芳、吴桂香这样的英雄妈妈都是从自身的需求入手,逐步找到了人生的使命和商业创新方向。

我们一直提倡善义创业的新商道,商业创新者要爱客户,要有利他使命。但是这种商业创新活动不能变成空谈的理想主义,还要遵循市场和社会的规律。

## 从理想主义到经验主义

袁家村的发展某种意义上见证了中国改革开放的历程。从1978年开始,中国开启改革开放的伟大进程,到现在40多年过去,"中国何以成功?"已经是全世界的经济学家、管理学家、创业学家、社会学家都绕不过去、必须去尝试回答的问题。

我们享受改革开放红利的所有人,都不应该忘记一位伟大的思想先驱。他被誉为"中国知识分子的精神偶像"和"点燃自己照破黑暗的人",他的思想对改革时期社会思潮产生过重大影响。自学成才的他一生大起大落,因为坚持独立思想后半生命运坎坷。他就是中国当代著名思想家、经济学家、会计学家、历史学家——顾准。

了解顾准经历并认真阅读过顾准文集的人,没有谁不想写几句、说几句。因为顾准注定会是一个不朽之人,而"所谓不朽,就是在后代的心中引起共鸣"(遇罗克语)。

顾准1915年生于上海一个小商人家庭,外公家无子嗣,所以从母姓。因家贫于12岁进入潘序伦创办的上海立信会计事务所当学徒。顾准很快就得到潘序伦的赏识,14岁被潘序伦选为助教,帮助批改作业,为学生答疑解难。这时候的顾准居然已经能养活一大家子人了。

立信会计补习夜校学生增多,教师人数不够,潘序伦于是安排顾准担任代课老师。一开始,只有16岁的少年一站上讲台,就被台下比他年纪还大的学生给轰下去了,但很快顾准便以他的学识才华征服了学生们。而且在讲课过程中,顾准发现当

①《大龄自闭症患者父母:我们走后,孩子怎么办?》,刘元旭、梁姊、尹思源,新华每日电讯,2021年4月2日,http://www.xinhuanet.com/mrdx/2021-04/02/c_139854266.htm.

时的西方会计教科书与中国钱庄实际不符，于是决定自己写一本教科书。小小少年即显露出了思想上的独立性和开创性。

1934 年，19 岁的顾准完成出版了《银行会计》。这是国内第一本银行会计教材，被各大学采用。同时他开始在大学任兼职教授，月收入达 300 大洋。当时，一位黄包车夫的月收入只有 2 个大洋，而北京城区一座四合院也才 3 千大洋左右。

挖掘出这位天才的"中国现代会计之父"潘序伦曾说："我弟之才，十倍于我。"要知道，潘序伦也是哈佛 MBA 和哥伦比亚大学博士，并且是潜心专攻会计一个方向的精英。上海大学历史系教授朱学勤说，潘序伦太喜欢顾准了，以至于有一次向顾准流露，想把立信会计学校交给顾准，而不是作为私有财产交给自己的子女。但是顾准婉拒了，他要救国、要革命。作为一个理想主义者，1940 年 8 月，顾准坚定地舍弃了很多东西，离开上海奔赴苏南抗日根据地。

1949 年上海解放前夕，在接管上海的南下干部队伍中，出现了 34 岁顾准的身影。他被任命为华东财政部部长，兼上海财政处处长，负责上海财政。老人们回忆 1949 到 1950 年的时候，上海街头见得最多的那种大的告示就两类：一类由扬帆签名，就是公安局局长扬帆；还有一类就是上海市财政局局长顾准签的名。

虽然在上海的财政工作取得了突出成绩，但是思想独立不服管的顾准在 1952 年的"三反五反"政治运动中，被撤销党内外一切职务。开始了人生的黑暗时刻。

跌入低谷后没多久，顾准就把全部业余时间都用在学习数学上，从初等几何、代数到微积分。1955 年顾准被调入中央党校，这些数理的训练和之前他所受过的西方经济学教育，让他极大地开阔了视野。

1956 年，他进入经济研究所（现属中国社会科学院）任研究员，完成《试论社会主义制度下商品生产和价值规律》一文，首次提出"社会主义制度下的市场经济"。此文一出，在当时的经济学界引起轩然大波，认为他在"放毒"。随后，顾准被划为右派分子。

这个时期的顾准，已经走上了一条当世罕有的思想道路。因为他无论如何也不可能再认同计划经济体制。"目前这一套规律，是独断的，缺乏继承性的，没有逻辑上的严整性的"，他谴责斯大林"以道德规范式的规律吹嘘、粉饰太平的理论来描写社会主义经济……这个理论体系，看来是注定要垮台的"。

1964 年，顾准翻译熊彼得的名著《资本主义、社会主义与民主主义》，里面有一句话"在民主法治制度缺失的群集环境，道德上的限制和文明的思想方法或感觉方法突然消失，使我们面对谁都知道、可是谁都不愿正视的各种毛骨悚然的事实……"他精确地预言，"中国的政治空气的大改变将从一年以后开始"。由此可见，顾准并不是一个愣头青，也不是一个政治小白，而是为真理不屈服于高压的思想英雄。

朱学勤曾经提过一个问题："那个年代的知识分子并不缺少道义激情，也不缺少思想勇气，却没有一个人像顾准走得那样远，挖得那样深，何以如此？"

**我想，最难的是：否定自己曾经的理想主义，这样的痛苦非大英雄不能做到。**

顾准看到自己已经站在科学的入口处，也正像站在地狱的入口处一样。马克思说，在这个入口会面对这样的要求："这里必须根绝一切犹豫，这里任何怯懦都无济于事。"而顾准选择"根绝了一切犹豫"，从而成为一个时代所少见的大英雄。

当然他的选择也根绝了自己的世俗生活。

1966年，他被秘密羁押，第二次被打为"右派"。一生挚爱的妻子汪璧为了保护孩子，向他提出了离婚。在1966年年底，顾准又收到一封薄薄的来信，写的是"和顾准断绝父子关系"的简短声明，下面是他的4个子女的签名（当时他长女不在家）。

1968年4月8日，顾准的妻子汪璧喝消毒用的来苏水自杀，死状极惨。因为前几年她曾在家中帮助顾准销毁积存多年的手稿、笔记，被某些人揭发。她再也受不了这种绝望的生活。

1974年11月11日，顾准被确诊为癌症晚期，并已扩散。临终前，他唯一的心愿是能见上子女一面。但前提条件是，必须在认错书上签字。经过朋友和学生们的反复劝说，顾准终于颤抖着手签上了自己的名字。他流着泪对自己的学生也是后来知名的经济学家吴敬琏说："我签这个字，既是为了最后见见我的子女，也是想，这样，也许多少能够改善一点子女的处境。"然而，直到临终的那一刻，他的5个子女，没有一个来看他。

1974年12月3日，顾准含恨离世，那一夜风雪交加。

顾准是那个时代极少的、有独立思考精神的人。他的思想深邃，见识卓著。在那个极左思潮盛行的年代，唯有顾准撕破了狂热理想主义的面纱，以一人之力撑起了1957年以后中国大陆知识分子独立思考的断层。

学者李慎之说："顾准其实是拆下自己肋骨当作火把，用以照亮黑暗。"

他没有著书立说的机会，在1973年到1974年的逆境中，只能与弟弟陈敏之用通信的方式进行学术讨论。用他说的"穷根究底的笨拙憨态"，用"热恋般的热情"写下厚厚的笔记，在"文革"后结集出版。

因为没有创作条件，顾准的学术并没有形成完整的体系，也并非完美如神（顾准本身就是因为坚决反对造神而获罪）。但是，顾准就像朱学勤所说，"黑暗如磐，一灯如豆，在思想的隧道中单兵掘进"。顾准那些如"冷冰冰的解剖刀"的思考背后，依然充满炙人的热情，记录着他"一步一步从地狱中淌过来"的足迹（王元化语）。

在这些通信中，顾准始终进行着独立而深入的思考，在哲学、历史、经济、政治等广泛的领域提出了许多发人深思、启迪良知的问题和观点。对商业创新者而言，顾准穷其一生掘开思想隧道，让我们见到了那一束光，足以照亮我们的商业创新之道路。而这束光，就是这本兄弟之间通信集结之书的书名——《从理想主义到经验主义》。

稻盛和夫认为，真理的布是由一根线编织出来的。而顾准思想那根线的线头就是他对"理念高于现实"的批判。

"当我对哲学问题和现实问题继续进行一些探索的时候，我发现，理想主义并不是基督教和黑格尔的专利品。倡导'知识就是力量'的培根，亦即被恩格斯痛骂的归纳法的大师，是近代实验科学的先知。至少，在他的书中，他说，**他倡导实验科学，是为了关怀人，关怀人的幸福。这个效果，我们看见了。**我想，应该承认，他的效果，并不亚于马克思主义在历史上的功绩。**我还发现，当我愈来愈走向经验主义的时候，我面对的是，把理想主义庸俗化了的教条主义。我面对它所需的勇气，说得再少，也不亚于我年轻时走上革命道路所需的勇气。**这样，我曾经有过的，失去信仰的思想危机也就过去了……**我还发现，甚至理想主义也可以归到经验主义里面去……**而且历史经验也昭告我们，每当大革命时期，飘扬的旗帜是不可少的。所以，理想主义虽然不科学，它起作用，却是科学的。"

"我也痛苦地感到，人如果从这种想象力出发，固然可以完成历史的奇迹，却不能解决'娜拉出走以后怎样'的问题。**'娜拉出走以后怎样'，只能经验主义地解决。**"[1]

1978 年，中国人民终于在邓小平带领下，开始用经验主义哲学解决"娜拉出走以后怎样"的问题。"摸着石头过河""黑猫白猫，能抓住耗子就是好猫"等，都是生动、活泼的经验主义方法论。改革开放初期的"实践是检验真理的唯一标准"大讨论，也终于打掉了"唯理论"对一个民族的思想束缚。

中国农村改革第一村——凤阳县小岗村，出过一个很著名的 18 个血手印故事。当时小岗村的农民们为了更好地发展农业生产，决定搞联产承包制度。这在当时要冒了很大的风险，所以大家只能冒死在协议上按了手印。这样一个联产承包的实践后来被认可、被推广，就是改革开放历程中尊重群众实践、尊重群众经验的一个典型案例，是唯物主义经验论（顾准语）的成功实践。

---

[1] 《从理想主义到经验主义》，顾准，光明日报出版社，2013。

但是很多人可能不知道，中国还有一家人民公社被保留到今天。他们坚决不搞联产承包，经过这些年的发展，也实现了共同富裕。这就是河北晋州市周家庄人民公社。还有前文说的陕西袁家村，在改革开放后，也没有像其他农村那样一包了事，而是坚持走了自己独特的集体主义道路。这些"红帽子"村也能被保留下来，允许进行探索试验，正是那个大时代的了不起之处，是在真正意义上践行了尊重实践的经验主义。

同时也要知道，在1978年的中国，大家都理所当然地认为农村都应该实现联产承包，都认为这是一条不容置疑的理想路径之时，周家村、袁家村的领导者，能够像小岗村和顾准那样，坚持独立思想，坚持从村子和村民的实际情况出发，坚持从历史经验中寻找道路，是多么不容易，是多么有胆识。

在前面的章节中，我们提到探索商业创新需要填补"C-D缺口"的见识。**见识超越知识，但是见识的突破需要人们拥有足够的胆识，就是那种打破思想束缚框架，善于独立思考，坚持向实践学习，如顾准般"一灯如豆，在思想的隧道中单兵掘进"的胆识。**

**以此胆识破除所知障，向真理臣服，从理想主义到经验主义，用实践驯化自己的认知，才能积累到让这个世界更美好的"见识"。**

## 创新者认知驯化之"客户需求探索"

找到自己的创新缘起，能帮助新企业开创者解决事业方向问题。而要在这个方向内真正成功实现商业元创新，还必须要经历对创新者认知的驯化，使之具备填补"C-D缺口"的见识。

在商业元创新的0—0.6阶段，最主要的见识增长在客户需求领域。

### 【找到需求很偶然】

彼得·德鲁克提出创新7种来源的第一种就是"意外事件"[1]。德鲁克讲了几个案例：

1950年左右，当兽医发现一些为了治疗人类疾病而研制开发的药物（主要是抗生素）用在动物身上同样有疗效时，这个兽医便开始找药厂下订单。那些医药厂商却大为不快。医药公司的药品主管都反对将一种新的抗生素应用于动物治疗，认为这是对高贵药品的滥用。而一家瑞士制药厂从未研制过任何一种兽药，但愿意尝试为动物重新调配药方、更换药物包装。结果这家瑞士药厂毫不费力地以低廉的价格

---

[1] 《创新与企业家精神》，（美）彼得·德鲁克，机械工业出版社，2018。

获得了将这些人类药物用于动物的许可证。此后，人类服用的药物受到的价格压力越来越大，而且还被监管当局的严格管制，这使得兽药成为医药工业中最有利可图的领域。而这家瑞士制药公司在兽药制造领域早已处于世界领先地位。

20 世纪 30 年代初期，IBM 几乎要倒闭了。原来，它倾其所有资金设计了银行专用的电动机械记账机，但是在 30 年代初的大萧条时期，美国银行并不想添置任何新设备。仓库中堆满库存的 IBM 处于破产的边缘。一天，IBM 的创始人老托马斯·沃森（Thomas Watson）参加一个晚宴，坐在他旁边的一位女士得知他名字之后，对他抱怨道："你就是 IBM 的沃森先生吗？你的销售经理为何拒绝向我展示你们的机器呢？"一位女士要银行记账机做什么？老沃森有点丈二和尚摸不着头脑。当她告诉老沃森自己是纽约公共图书馆馆长时，他仍旧困惑，因为他从未去过公共图书馆。但是第二天早上，图书馆一开门他就出现在那里。原来，公共图书馆拥有数目相当可观的政府拨款，但人手不够急需记账工具。这样 IBM 靠一个从没想到过的新市场重新救活了自己。

德鲁克还举了其他一些意外成功、意外失败、意外外部事件等方面的例子。这些商业创新项目发展起来，往往是因为偶然之间找到了新需求。

埃隆·马斯克曾说其在参与创立 PayPal 时最重要的领悟，来自新事物诞生过程的那种偶然性。创业团队最初设想 PayPal 要提供整合性的金融服务，这是个很大、很复杂的系统。"征服全世界"正是 PayPal 团队最初的口号。而且他们非常有远见地决定从移动设备入手。要知道在 2000 年就看好移动互联网，是多么了不起的洞见，当时可还没有智能手机。1999 年 11 月，基于移动终端 Palm 的 PayPal 发布了。为了宣传这款产品，公司全体 24 名员工纷纷给自己的亲朋好友发去了名为 "PayPal 用户给您送钱了"的电子邮件，并模仿 Hotmail 在正文处附上了通往 PayPal 网站的链接。随后，大家突然想起这个链接得用上 PC 版 PayPal 啊。可是梦想家们想的是在移动终端上实现伟大梦想，这个 PC 版不是焦点，所以还没来得及做呢。于是来自乌克兰的电脑怪才——公司 CTO 马克斯·莱文奇恩（Max Levchin）赶紧胡乱搭建了一个临时网站，这样客户也能在电脑上享用 Palm 版 PayPal 的全部功能。

由于这个网站只是为了推广 Palm 的应用程序，莱文奇恩并没有对它的界面做过多修饰。然而出乎意料的是，人们竟开始用这个网站转账，并且转账次数每天都以 5% ～ 7% 的速度递增，相比之下，Palm 版的应用程序每天却只能吸引到数量可怜的新用户。

最后，梦想家们终于中断了 Palm 版 PayPal 的研发，放弃了最初的构想，集中精力做起 PC 网站来。而且通过分析数据，他们惊奇地发现绝大多数消费者并非当初所设定的目标人群——经济富足、喜欢尝试新兴技术的年轻人，而是为了收集像豆娃娃、糖果盒、复古版特百惠这些廉价小玩意而拥堵在 eBay 上的中年竞拍者。当时团队普遍的反应是："怎么回事？ PayPal 这玩意又不是专门为 eBay 设计的。"[①] 是啊，做电子商务网站的 eBay 居然没能为卖家提供高效的支付功能。意不意外，惊不惊喜？

### 【了解客户真正需求其实很难】

1972 年 2 月 21 日，美国总统尼克松乘坐由波音 707 改装而成的"空军一号"专机抵达北京，开始了中美外交史上具有里程碑意义的"破冰之旅"。那一刻，中国人第一次近距离看到了波音 707。

波音 707 曾创造了多个第一：世界上第一架成功的喷气客机；世界上第一架飞越大西洋的喷气客机；被改装为美国第一架喷气式总统专机——"空军一号"，曾为七位美国总统所使用。甚至因为波音 707 还引起过一波时尚潮流，比如法国泳装公司 Jantzen 给自己泳装系列起名叫"the 707"。

波音 707 开启了人类远距离旅行的喷气时代，是波音公司引以为傲的一款成功机型，获得了巨大的商业创新成功。而这个成功，首先要归功于一位律师。

波音在开创了民航喷气客机时代之前，主要生产的是军用战机，比如第二次世界大战期间著名的 B-17 空中堡垒、B-29 超级空中堡垒，它们分别被生产超过 12700 架和 2750 架。在战争接近尾声的时候，波音高层就想，是不是可以考虑向喷气客机或者向大型运输机方向发展？

最初这个想法被公司很多人反对，阻力很大。大家认为毕竟波音公司一年能有几千台战机的销售，专注做军用市场不是挺好的吗？没必要贸然去做一个之前没有什么基础的民用市场。

人无远虑，必有近忧。1945 年二战结束以后，军用市场需求在急速下降，大量的军用飞机订单被取消。

公司董事长克莱尔·埃格维特（Claire Egtvedt）感到公司的高级工程师都没有足够的背景来经营未来的公司，他决定起用比尔·艾伦（Bill Allen）来做总裁。比尔·艾伦 1900 年 9 月 1 日出生于美国蒙大拿州的一个小镇，1925 年从哈佛法学院毕业，之后为波音公司提供了近 20 年的法律服务。一开始，这份任命把艾伦自己都吓了一跳，第一个反应是拒绝这一提议。之后在埃格维特的说服下，艾伦还是接下了这个

---

[①] 《病毒循环》，（美）亚当·潘恩伯格，浙江人民出版社，2013。

艰难的担子，成为美国历史上最伟大的 CEO 之一。

艾伦上台后的第一个重大决定就是进入民用航空市场，直面挑战，带领波音探索一个完全不熟悉的领域。对于波音来说，这是一次很大的冒险。民机领域的最大玩家是道格拉斯公司，波音在这个领域几乎要从零开始。

当时，波音公司的形势已经非常危急。艾伦不得不大幅裁员，单是西雅图厂区的员工就从 35000 人骤减至 6000 人。比尔·艾伦意识到，裁员只是权宜之计，必须迅速开发新一代民用飞机。这时，C-97 进入了他的视线。

C-97 最初是波音为 B-29 与 B-50 轰炸机设计的空中加油机。经过论证，比尔·艾伦决定以 C-97 为基础，研制波音 377 "同温层巡航者"客机（如图 6.6）。

**图 6.6　波音 377 "同温层巡航者"客机**

波音 377 型是一种螺旋桨式的大型远程客机，设计了非常豪华的两层结构。上层客舱即主客舱可容纳 100 名乘客，下层客舱可容纳 14 名乘客。两层客舱之间由独特的螺旋形楼梯连接。从飞行速度来说，波音 377 有明显的优势。它比同期的道格拉斯 DC-6 每小时快 40 千米，比洛克希德 "星座" 每小时快 160 千米。而它的巡航高度更是达到了今天大型喷气式客机的巡航高度——9000 米，而 DC-6 和 "星座" 的巡航高度只有 6700 米。

泛美航空一下子就下了购买 20 架 377 飞机的合同，总价值达到 2450 万美元。

尽管有了泛美航空的最初支持，波音 377 的市场表现却不尽如人意。首先因为使用活塞式发动机，经常出现火花塞堵塞故障，而每架 377 飞机上有高达 224 个火花塞，被戏称为 "玉米棒发动机"。其次，波音 377 的售价为 175 万美元，而同一级别的 DC-6 和 "星座" 只有 100 万美元。再次是事故的影响，波音 377 在 1951 年到 1970 年之间共发生 13 次重大事故，导致 140 人死亡。蜚声世界的波音 747 宽体客机总设计师乔·萨特（Joe Sutter）24 岁加盟波音时，就参与了 377 型的研发。他认为波音 377 利用 B-29 飞机改型的这款飞机，在技术上是成功的，但在商业运作上却是一大败笔。

最终在这场竞争中，道格拉斯公司推出的 DC-6 和 DC-7 共售出 600 多架和 200 多架，而波音 377 仅仅卖出去 55 架。

螺旋桨动力的波音 377 客机是 707 出现之前波音最后一款客机，而这款客机造成了波音公司 1500 万美元的亏损。

但是比尔·艾伦在 1952 年还是说服董事会拿出 1600 万美元投入喷气式飞机的研发。除了内部的财政困难，当时选用喷气式民用飞机也充满了争议。因为就在当时，英国德哈维兰公司（De Havilland）生产的彗星（Comet）喷气机出现了一连串坠毁事故。公众和航空公司都被吓着了。道格拉斯公司和洛克希德公司都觉得在民用航空市场先不着急研究喷气式飞机。

终于，艾伦用董事会拨给的 1600 万美元生产出了原型机，名叫 Dash-80。为了以防民用航空市场打不开，它同时还是一架军用喷气加油机的原型机（如图 6.7）。

图 6.7　1954 年比尔·艾伦邀请早已退休的威廉·波音参观正在生产的 707 的前期型号：波音 367-80（Dash-80）

1954 年 7 月 15 日，波音 707 的前期型号 Dash-80 成功完成首飞。同年，美国空军发布新一代喷气式空中加油机招标，早有准备的波音公司用 Dash-80 型一举中标，总算缓解了一部分财政危机。但是这场竞争也提醒了道格拉斯等竞争对手，加紧了喷气式飞机的开发。1955 年 7 月，道格拉斯公司对外公布了自己未来要推出的喷气式飞机方案，并将型号命名为 DC-8。令波音焦虑的是，DC-8 得到了航空公司们的积极回应。

波音 707 只有抓紧扩大市场推广力度，不断地在各种航空展览亮相。1955 年 8 月 6 日一个航空展上，波音公司的试飞员阿尔文·约翰斯顿（Tex Johnston）驾驶着崭新的 707 原型机，以每小时 450 英里的速度飞临现场，在 300 英尺的低空从观众头顶上飞过。在美国飞机工业协会和国际航空运输协会的代表面前，约翰斯顿有点飞嗨了。完成一次短距离滑跑并且以大仰角离地后，他操纵客机在 2300 米的高度上表演了一个让现场 30 多万人都目瞪口呆的军事飞行动作——桶滚（图 6.8）！

图 6.8　波音 -707 原型客机表演的桶滚动作

据说在现场的比尔·艾伦差点连心脏病都犯了，不过他倒没有处罚这个胆大妄为的飞行员。约翰斯顿驾驶一架大型客机在空中翻跟头，成了轰动一时的新闻，为波音 707 做了一波抢眼的宣传。但 707 要真正打入市场，还得说服各个航空公司的决策者。

要知道在 20 世纪 50 年代，因为业务往来多年，各个航空公司的高管与道格拉斯公司的关系最为密切。与所有的企业级购买决策一样，职业经理人只要从某个品类的知名品牌中采购就不会被解雇。不幸的是波音之前只在西雅图生产轰炸机，航空公司的大佬甚至极少认识波音公司的人，它的销售人员得不到很好的尊重。

虽然波音 707 已经开始制造，而道格拉斯的同类飞机还停留在图纸上，但后者在销售宣传中喊出了"稍等一下，可以买到更好的飞机"口号，这对航空公司决策者影响还是很大的。

在航空史上，泛美航空也是一个家传奇公司，其灵魂人物总裁胡安·特里普（Juan Trippe）也是一位奇才。他一直致力于带领泛美航空在国际航线上开疆扩土，对于快速的大型飞机有刚需。所以即使是失败的波音 377 飞机，泛美航空也曾冒险购买过。

波音 707 在航空展上的卓越表现再一次打动了特里普。于是比尔·艾伦亲自出马，率领一个由工程、制造、客户服务、财务等方面专家组成的小组飞抵纽约，与泛美航空展开谈判。在价格谈妥后，波音公司的贵人特里普作出了最终的决定：泛美航空采购 20 架波音 707 和 25 架 DC-8，而且一旦道格拉斯公司产能上去后，就不再购买波音飞机了。

波音的人一听都愣住了，花了这么大工夫，结果才 20 架，在 DC-8 的数量之下，这与原定的 150 架相去甚远。而且还是道格拉斯公司的备胎方案，这让人情何以堪。比尔·艾伦脸上露出了失望的神情。

"先生，为什么做出这样的决策呢？707 飞机还有什么不足吗？"

"因为 DC-8 比波音 707 宽 1 英寸（2.54 厘米）啊。"

这真是一个令人哭笑不得的原因。艾伦带领团队这才意识到波音 707 的客户刚需是什么，是"洲际飞行"。为此哪怕飞机宽度只多出来几厘米都更能满足种子客户的需求。

**在 0—0.6 的探索期，一个事后看起来情理之中的明确需求，却常常要创新者花费了大量精力和资金之后才"意料之外"出现。要洞察到这个情理之中，意料之外的新刚需，就像是在黑暗的房间中摸索着去找地上的一根针。**

对泛美这样的国际航空公司而言，一次飞行的距离越长、载客越多，他们越经济。而喷气式飞机就有这种洲际飞行的技术优势。

10 月 25 日，联合航空决定订购 30 架 DC-8，并且明确告诉波音公司他们选择麦道的原因就是道格拉斯公司的机体宽。

于是比尔·艾伦做出了大胆的决定，将 707 的机身加长 3 米，使最大载客量从 179 人提高至 189 人，又加宽了波音 707，反过来让它比 DC-8 宽出 1 英寸。

要知道这样的一次结构改动，会对整个飞机设计形成重大挑战。为了适应加长的机身，机翼、尾翼和垂尾都要做一定的放大，同时放大后的机翼内还得容下更多的燃油。当然，这些改动也使飞机的最大航程从原来的 6940km 增长至 9110km。这样波音 707 不仅超过了 DC-8，而且能够实现跨洋高速飞行，这款型号被艾伦命名为 707-320。

波音的这一决定很快得到了市场的肯定，美国航空公司立即订购了 32 架飞机。因为这项改动所取得的巨大成功，使得泛美航空取消了对 DC-8 的订单，转为采购波音 707。到了 1957 年，波音 707 的采购量在 157 架，超过了麦道公司的 124 架。当然，由于在最后一刻修改了设计，波音无法从 707 身上赚到巨额利润，但总算由此赢得了市场份额。

波音 707-320 推出后吸引了大量的订单，但是道格拉斯公司对此却无动于衷。虽然 DC-8 当时也和波音 707 一样推出了一些不同的机型，但道格拉斯公司自始至终拒绝对机身作出任何变动，只在油箱容量、飞机重量和其他一些细枝末节上区分不同型号。

而波音 707 则提供了至少 3 种不同的机身长度和 2 种不同的翼展，为长途航线型航空公司在载客量和航程优化上提供了更多的便利。比如在波音 707-120 的基础上，波音推出了载客量更少但航程更远的波音 707-138，也推出了载客量更多且航程更远的波音 707-320，充分考虑不同洲际航线的市场需求，突出飞机的安全、舒适和速度。波音一则著名广告的宣传语是："您只有七个小时的时间补习法语。"

虽然 DC-8 刚推出的时候销量开了个好头，但是它没有意识到洲际飞行航空的刚需，或者说认为国内航线的需求更重要，所以不愿加大、加宽机身，因此产品得不到市场认可。DC-8 的销量一落千丈。1958 年时 DC-8 的订单还有 133 架，到了 1962 年变成 26 架，1963 年是 21 架，1964 年则只有 14 架。

从波音 707 的探索过程来看，我们不禁要问：按说同样是造飞机，波音对民用航空也不是一无所知，为何为喷气式飞机这种创新产品找到一个新的细分市场竟然如此艰难？

**为商业元创新寻找到一个新刚需，本身是一件很困难的事，并不比造出一个产品、开发一项技术要轻松。**而且如果不在早期就找出可以立足的刚需市场，商业创新的探索成本将非常大。

此外，商业创新的驯化有非常大的偶然性，不是通过创新者的主观努力就能实现的。毕竟经过几万年的努力，**人类才可以骑着骏马驰骋在大地上，但还没有驯化出任何一头可以飞行的坐骑。**

### 【从"大量动作"到"高效动作"再到"精准动作"】

史蒂夫·霍夫曼（Steve Hoffman）是硅谷著名创业家、天使投资人。他所创立的 Founders Space 曾入选《公司》杂志"全球十大孵化器"榜单。在《福布斯》杂志 2015 年"海外创业团队来硅谷不可错过的 7 个领导加速器"评选中，名列第一。

根据自己多年的创业经历和项目孵化经验，史蒂夫·霍夫曼在接受中国《支点》杂志采访时曾指出："很多创业者花太少的时间去尝试不同的方向，而是在一开始就花太多的时间试图打造一个固定的产品。"

加州大学戴维斯分校的心理学教授迪恩·塞蒙顿（Dean Simonton）曾统计过几位著名创新者的一生成果：

● 毕加索创作了 20000 幅艺术作品；

● 爱因斯坦撰写了 240 多篇科技论文；

● 巴赫每周谱写 1 首合唱曲；

● 爱迪生申请了 1000 多项专利；

● 理查德·布兰森创建了 250 家公司；

● 乔伊斯·欧茨出版了 55 篇小说、39 个故事集、8 个诗歌集、5 个戏剧、9 部文集。

但是爱迪生的大部分专利都没有让他获得一文钱；爱因斯坦最常被引用的论文只有 4～5 篇，剩下的大部分科技论文都不曾被其他科学家引用；而毕加索的大部分作品也都没有在世界顶级的艺术馆展出过。

塞蒙顿的这项研究涉及 19 世纪以及当代科学家，他发现每一代科学家都具有同样的模式特征。他也针对作曲家和其他艺术家进行了同样的研究，而结论是一致的。这项研究表明：**获得最好创意的方法就是拥有许多创意。**①

一场足球赛中，进球就几个瞬间，那么剩下的 80 多分钟没有进球的跑动就是无意义的吗？哪个瞬间能够进球，球员事先是不可能知道的，而且只有那些看起来没有直接效果的"多次尝试跑动"，才能够为进球创造机会。

因此在从 0 到 0.6 的商业元创新客户需求探索过程中，**要先保持"大量动作"，根据市场的反馈逐步提高"高效动作"比重，最后再提升"精准动作"比重。**但是无论到什么程度，保持大量动作依然是创新者拥有对市场觉察的基本要求。就像前文讲的，新企业开创者要向苍蝇学习，不要做蜜蜂。

中国有一句老话叫"秀才造反十年不成"，唐代章碣曾有诗云："坑灰未冷山东乱，刘项原来不读书。"怎么理解呢？秀才们有一堆修齐治平的想法，他们很自信已经看清楚未来的世界地图。他们在改造世界、改造社会的时候，会一心一意地按照脑子里构建出的那个完美的图景去行动，而且越有执行力、越有信念，越会造成严重的灾难后果。

所以，顾准痛心疾首地反思、呼吁，希望创新者们要从理想主义到经验主义。

我一直反对"商业计划书"这个提法，因为"商业计划"就有"秀才造反"的痕迹。与其叫"商业计划书"不如叫"商业探索书"，这样更符合实践理性。

中国改革开放的总设计师邓小平说"要摸着石头过河"，这是中国改革开放的基本方法论。但是这个实践哲学经常被理论界嗤之以鼻，认为不如高瞻远瞩的"顶层设计"来得那么高端、大气、上档次。但这却是拥有多年社会实践的一代伟人们的宝贵精神财富。就改革开放而言，是一件前无古人的事情。在这样的情境下，该如何走出一条适合国家发展的路，只有摸着石头，跟着"指南针"，才有可能从旧世界走到新大陆。毕竟在走到新大陆之前，不可能事先知道新大陆的地图。

---

① 《Z 创新：赢得卓越创造力的曲线创意法》，（美）凯斯·索耶，浙江人民出版社，2014.

改造世界不能依靠秀才们脑子里自以为看到的新大陆地图，而只应依据"指南针"的指导去实践。车尔尼忆雪夫斯基说过："实践是伟大的揭发者，可以揭发一切欺人与自欺。"借助"指南针"，通过大量的实践动作，根据实践的反馈对旧世界的地图进行修正、拓展，才是商业创新的正确姿势。

对于新企业开创者而言，相对于地图，指南针更重要。

## 创新者认知驯化之"客户需求选择"

蜜蜂的向光性是不是指南针呢？

"向有光的方向飞，就能找到出口"不是指南针，而是一种生存解决方案，更像是一条发展路径。对于商业创新者而言，什么是指南针呢？

指南针就是：**每一个商业创新都应为创造某一群体的幸福而生；每一个商业元创新都应该为解决某一群体的痛苦而生。**

### 【种子客户】

YC 创始人保罗格·雷厄姆（Paul Graham）曾经告诫新企业开创者："对于一个新产品而言，宁要 10 个狂热粉丝也不要 10000 个只是喜欢却谈不上爱你的客户。"

很多人以为小米的第一款产品是小米手机 1 代，其实不是。小米的第一款产品是 MIUI（V1）（如图 6.9）。2010 年，随着 Google 离开中国大陆，Android 手机操作系统的 Google 服务也没有了支持。加之 Android 系统还未完善且系统开放，带来系统的碎片化、多样性等各种问题。对于中国大陆的使用者来说，Android 手机变得越来越难用。

当时在网络上的论坛很多用户都在呼吁，要有一款考虑国人本地化需求，易用、漂亮、定制化的 Android 系统。

图 6.9　小米 MIUI 的最初品类定位

2010 年 4 月 6 日，雷军带领一群工程师成立了小米公司。雷军考虑要抓住移动互联网的风口，才决定进行这次创业。但是具体要怎么开始，他也在焦虑中。过了几天，团队在论坛看到有发烧友提出"定制化 Android 系统"的需求，大家一起讨论，觉得这是好机会，雷军决定先开发系统，他自己也参与进来一起开发。于是，基于 Android 系统小米启动了第一个产品，就是定制 MIUI，可以理解为"MI + UI"。

在这个开发过程，小米团队没有闭门造车，而是从论坛上找了 100 个发烧友，作为第一批内测用户。这些发烧友也是需要勇气的。他们需要把自己的手机操作系统刷成 MIUI 系统进行深度体验，一不留神，就有可能把手机变成"砖头"。小米团队收集了这 100 人的意见，融入正式发布的 MIUI 版本中。这 100 个发烧友，后来被称为小米的"100 个梦想的赞助商"。

8 月 16 日，小米团队正式发布了第一个版本的 MIUI，开机画面特意设置成 100 个名字，向他们致敬（如图 6.10）。

图 6.10　MIUI 第一版的开机画面（2010 年 8 月）

正是因为最初这批"种子客户""梦想赞助商"的深度参与，MIUI 一经推出就受到了发烧友们的好评。后续发展中，小米团队 MIUI 项目组挑选成员，也都要求是自己产品的发烧友，且团队成员都要有泡论坛的习惯。他们每天都要花 1 ～ 2 小时在论坛上看用户的一手反馈，回答用户的疑惑，修正产品功能方向，及时开发新功能，并且形成了每周五升级一次系统的产品发布节奏。

这些发烧友会在第一时间体验产品，提出一个好的功能就表扬（为此小米团队还设计了一个"爆米花"奖，用于鼓励得到用户表扬的团队成员），使用体验不好就在论坛上抱怨。

所以 MIUI 系统好用就不难理解了。因为很多功能设计都是发烧友用户直接提出的需求，并根据他们的反馈修改。这样深度使用过 MIUI 的发烧友，会越来越用不惯其他系统。

2010 年，MIUI 用户突破 10 万；2011 年突破 100 万；2012 年 8 月份雷军宣布，MIUI 全球拥有 600 万用户，支持 23 种语言，官方支持 32 款机型，民间支持 12 款机型；2012 年 12 月，MIUI 用户人数突破 1000 万。

对商业元创新项目而言，最初的客户被称为"种子客户"。为什么不叫"种子用户"？因为用户是站在产品角度的提法，有了产品才可以"用"。但是在 0—0.6 的探索期，要解决的需求还处于探索中，产品的目的是测试需求，而不是构建一个稳定的解决方案，所以谈不上"可用"。

**种子客户是谁？是商业元创新 0—0.6 阶段要探索的天大问题。**

种子客户对于一个商业元创新项目而言是如此重要，它是指南针要寻找的方向，是商业元创新项目基因的关键组成部分。只有找到种子客户，才有可能找到商业元创新要满足的需求。

正是因为理解种子客户对小米公司发展的重要性，2013 年，小米公司找专业团队拍了一部微电影叫《100 个梦想的赞助商》，很多人看得热泪盈眶。雷军甚至还表示在小米全新的总部园区要做一个雕塑，这个雕塑会刻满一百位最初支持小米的 MIUI 论坛用户的 ID。

种子客户在哪里？

小米的雷军本身就是一个互联网发烧友，所以他自然很容易理解种子客户的需求。根据前面说的商业元创新的缘起说，最常见的种子客户是创新者自己。

开源公司 HashiCorp 于 2021 年 12 月在美国纳斯达克挂牌上市，首日交易收盘价为 85.19 美元，市值超 152.4 亿美金，成为 2021 年全球市值最高的开源软件的 IPO 项目。

作为全球屈指可数的顶尖"云服务"公司，HashiCorp 提供 Cloud 和 DevOps[①] 基础设施自动化工具，集开发、运营和安全性的功能于一体。其开源软件每年下载量接近 8000 万，全球 500 强企业中有 100 家以上是他们的客户。

HashiCorp 的创始人米切尔·哈西莫多（Mitchell Hashimoto）和阿蒙·达嘉（Armon Dadgar）在创业之初非常年轻，都刚刚满 25 岁。2007 年，他们因为参加了华盛顿大学的一个研究项目而相互认识。哈西莫多比阿蒙早毕业，加入了一家创业公司，后

---

① DevOps（Development 和 Operations 的组合词）是一组过程、方法与系统的统称，用于促进开发（应用程序 / 软件工程）、技术运营和质量保障（QA）部门之间的沟通、协作与整合。

来哈西莫多把原来准备读研究生走学术路线的阿蒙感召进了创业公司。

但是在这家公司的三年，他们发现自己大部分时间都在做开发之外的基础设施工具，这令他们很烦恼。最初，他们以为是自己在小公司才会如此不能集中精力在核心开发工作上。但令人吃惊的是，同行和朋友们安慰他们俩：GitHub、Slack、Stripe这些技术资源充沛的大公司，也至少有30%的开发资源都用在了创建平台工具上，有一半的工程师都在做配置、服务、安全、自动扩展等与公司核心竞争力相关性并不大的工作。而且每个公司都在重复创建同一系列的工具，简直是在浪费生命。

于是HashiCorp就这样成立了。令这两个IT天才都糟心的开发配置问题，成了未来那家百亿市值公司诞生的"缘起"。

当时云工具才刚刚兴起，他们就自己试着做了一款通用产品，做成开源软件放到平台上，供有同样烦恼的程序员使用。这样就能将其他公司的开发者从重复、无差别的劳动中解放出来。

HashiCorp第一个产品Vagrant第一年的下载量只有100次左右，而当中其实有90次都是哈西莫多和阿蒙自己下载的。但是，哈西莫多和阿蒙是建设程序员社区的高手。两个人像小蜜蜂一样经常与各大公司的程序员见面介绍产品。据说，Mitchell每年要飞35万公里，而阿蒙可以叫出产品前1000个用户的名字。

到了第2年，Vagrant下载量涨到1000，第3年到第4年左右实现了10万次，到了第5年已经过了100万次。然后HashiCorp就开始走上了商业化之路。

HashiCorp的缘起来自两位创始人自己工作中的烦恼，项目的成功则依靠最初的那1000个阿蒙都能叫上名字的种子客户。

接触种子客户的目的是要找到他们没有被满足的需求。但是，探索到这个没有被满足的需求是件非常不容易的事情，需要创新者思维的底层逻辑有所转变。

那么，商业元创新者的底层思维逻辑应该如何转变呢？

### 【有关"需求"的三大思维转变】

有这样一个关于小白兔钓鱼的寓言故事。

一只小白兔在河边钓鱼，已经连续钓了5天，但是一点收获都没有。到了第6天，小白兔还是一如既往地坐在河边继续钓鱼。这时候河面上突然蹦起一条大鱼，开口对小白兔说："你丫的，再拿胡萝卜来钓我，看我不抽你。"

小白兔自己喜欢吃胡萝卜，所以它就想当然地认为鱼也喜欢吃。中国有句老话"己所不欲勿施于人"，还应该加一句"己所欲，亦勿施于人"。

**思维转变 1：从"供给侧思维"向"需求侧思维"转变**

施乐公司的帕洛阿尔托研究中心（PARC）曾经是一个世界级的企业研发中心，是许多现代计算机技术的诞生地。他们创造性的研发成果包括：个人电脑、激光打印机、鼠标、以太网、图形用户界面、点阵式显示、Smalltalk、页面描述语言（PostScript 的先驱）、图标和下拉菜单、所见即所得文本编辑器、语音压缩技术和面向对象的程序设计等。

但是，在这些技术中没有任何一项为施乐公司增加了足够的利润，或者能够挽救这家企业的破产。[①] 真正获益的是那些找到市场机会，反过来到 PARC 寻找技术解决方案的商业创新者。比如史蒂夫·乔布斯和比尔·盖茨都曾拿走了施乐公司最为珍贵的发明，然后以这些技术创新为基础向市场推出了 Mac 电脑和 Windows 操作系统。

另外一个著名的供给侧例子是德国人约翰尼斯·古腾堡（Johannes Gutenberg）发明的印刷机。古腾堡的印刷技术是中西文明分野的标志，从此以后西方书籍的出版种类开始大大超越东方。但是古腾堡作为一个发明家却并不是一个成功的商业创新者。1455 年，他雄心勃勃地印刷了大名鼎鼎的《古腾堡圣经》。但耗资巨大的《古腾堡圣经》并没有让他致富，反倒弄得他倾家荡产，不得不将印刷专利卖掉来还债。

按说圣经的市场需求很大，那为什么古腾堡的圣经没有卖出去多少呢？原来，当时印刷技术还不成熟，太小的字印不清楚。于是古腾堡就印刷了一平方米那样大小的圣经。而且巨大的《古腾堡圣经》还包含两册，厚度高达 1286 页。这种规模的圣经只有牧师在教堂布道时候才会用到，普通人根本都抱不动。问题是，在教堂里原来用手抄写出来的大圣经已经存在多年了。除非经常有新教堂建设落成，否则古腾堡的圣经就只能留在自家仓库了。

1469 年，印刷业的中心迅速转到了威尼斯，而此时印刷业正摸索着经营方向。最终，印刷业找到了市场需求：印刷"十六种姿势"之类有伤风化读物，以及替教会印刷可赦免"罪罚"的赎罪券。[②]

似乎以客户需求为导向、客户是上帝已经成了市场经济的默认常识。但真正的"需求侧思维"没有那么简单。

有一次我曾经指导过的创业者来拜访我。见面后她对我说："老师，需求侧思维真好。"

我问："好在哪里了呢？你有什么实践体会？"

---

① 《让大象飞：激进创新，让你一飞冲天的创业术》，（美）史蒂文·霍夫曼，中信出版社，2017。

② 《试错力：创新如何从无到有》，（美）蒂姆·哈福德，浙江人民出版社，2018。

她说："真好用，销售上真好用。"

人人都知道市场经济要"客户需求优先""客户是上帝"，但为何那么多商业类书籍都要不厌其烦地提醒大家这一点？那就说明大家很少能做到。为什么很少能做到，因为大多数市场参与者的心智最底层就不可能把客户需求放在第一位，放在第一位的还是"利己"。

**认为需求侧思维"好"和"好用"是两种价值观。**

做不到真正关注客户，根源就在于内心深处更关心自己利益，没有真正认为"客户第一"。**客户是实现自己利益的手段而已。这是旧商道的最底层逻辑。**

利己动机是被自然选择的一种动物本能。大部分人类到现在还没有能彻底脱离动物性，也正是受"自私的基因"的驱动，大部分人类活动最终也都是自私自利的。然而，文明在进步、人类灵性在觉醒、社会技术在发展，使得有一些人能够超越动物本能，实现精神上的解放，从而拥有了"利他"的需求侧思维。对这些人来说，**利他不是利己的手段，而是一种生命态度。**

康德曾提出"人是目的不是手段"。真正的需求侧思维就是倡导商业创新者要把客户作为目的，要"爱客户 > 爱成功"。

客户不是让商业创新者发财的"韭菜"。这种"爱"是商业创新者的一种价值选择，不是"用"来提高销售额的手段。

什么是真爱？比如父母暴躁地打骂孩子，希望孩子能够考出好成绩。难道真的就是为了孩子好？说不定是为了养儿防老，抑或承受不了老师的批评压力。

所以，**当一个商业创新者滔滔不绝地讲着如何自我实现的时候，天天想着自己事业梦想的时候，他不可能真正实现从供给侧向需求侧思维的转变。**同理，以个人奋斗理想为文化组建起来的创新团队，没有利他使命，那么本质上还只是一个利益团伙。不管个人奋斗理想是发财、成名、被人尊重，或是让身边人日子好过等等，都是需求侧思维的天然障碍。

还有一类创业者，心中有个梦想，然后投入大量资金、时间去实现自己的那个想法。这样的商业活动有些类似人们去花钱玩网络游戏，**本质上是一种消费行为，是一种利己主义的自嗨娱乐。**

要实现真正的需求侧思维，商业创新者得问问自己的初心：你为何而战？所以，只有基于"新商道"的善义创业才可能拥有真正的需求侧思维。

**思维转变 2：从"当下思维"向"趋势思维"转变**

随着信息技术、物流设施和全球化的加速，现代市场发现机会的效能越来越高。

新企业开创者作为新进入某个领域的探索者，在争夺当下供需资源方面，不会有优势。一个理性的选择应该是"占位未来"。

所以对于客户需求的选择，新企业开创者还需要考虑这种需求是否处于增长趋势？而不能仅仅是临时性的、脉冲式的一波流需求。

袁家村从 2007 年开始探索，到 2017 年达到显著成果，很重要的一个原因就是它恰巧借助了中国城市化大趋势。根据公安部交通管理局公布的数据，2004 年国内私家车数量为 1481 万台。10 年之后，2014 年国内私家车数量为 1.25 亿台。在这个时期，中国西安和咸阳越来越多家庭购买了轿车，除了上下班用车之外，周末一家人乘车出去转转，可以明显提高生活质量。

袁家村位于陕西省咸阳市礼泉县烟霞镇北部，距离西安和咸阳六七十公里，恰好在西安—咸阳城市群的 1 小时车程圈上。从地图上能看到，关中地区另外一个乡村旅游网红——马嵬驿也在这个车程圈上。开车出去玩，得考虑几个因素，一方面不能太近，一方面也不能太远，而 1 小时的车程恰好适合给车"溜溜腿"。

另一方面，满足一家人周末娱乐需求的最大公约数就是"吃"。袁家村提供的上百种不重样的小吃，因为品种多、做工地道，有效地解决了众口难调的问题，还能吸引城里人复购。包括 2012 年后袁家村升级为城市周末度假区，也顺应了城市人周末度假游的需求。

波音 707 也是赶上了美国在全球扩张影响的趋势。二战之后，美国成为全球霸主，对欧洲、亚洲进行了大量的政治、资本和文化输出，跨洲际长途飞行的需求越来越多。而当时的螺旋桨活塞式民用航空飞机跟不上这个全球化的大趋势。波音的喷气式解决方案，正好解决了这个难题。比如波音 707 的诞生，就曾帮助美国总统艾森豪威尔获得了个人外交的最大成功——他从法国飞到印度、突尼斯，横跨三大洲，行程 1.95 万英里（约 31382 千米），在 19 天的时间里拜访了 11 个国家。从波音 707、727、737 等机型，再到也曾在 20 多年时间创造过无数个辉煌的波音 747，都是伴随美国全球化影响趋势而成功的。

什么是趋势？可以是全球化、信息化、城市化等，这些大趋势都会影响市场需求。但是这些天下大事与一般的商业创新者距离较远。就像凯恩斯说"从长期来看，我们都会死"，过于宏大的趋势思考并不能直接帮助创新者掌握好节奏。在商业元创新的 0—0.6 阶段，创新者的趋势思维要聚焦在自己所关心的种子客户的需求上。

与其关心渺渺天意天心，倒不如好好把握近在眼前的人心。以人心推事理，则趋势发展尽在眼中。**人心即是天心，趋势其实就是人势。**

### 思维转变 3：从"主流思维"向"边域思维"转变

历史无数次证明了，在社会主流领域进行重大创新基本都会失败。首先是因为经过"自然选择"，历史的发展会自洽地建立稳定传统，主流领域的传统存在还有其合理性。另一方面，新生事物本身也需要一个逐步成熟的过程，在主流领域展开，试错成本巨大。

古腾堡印刷术的创新推动了人类文明的巨大进步。但是一旦这种新型印刷机械展现出"有可能改变思想控制的权力结构"之时，社会主流对于大量生产的新奇机械的恐惧便开始增长。所以，当时印刷术业务的最好生存之地是宗教赎罪券和黄色作品。古腾堡为教堂印刷的大圣经就是在主流市场的失败案例，而在印刷圣经方面取得商业成功的人则是威尼斯的阿杜思·曼尼修斯（Aldus Manutius）。

根据书籍史学家阿里斯泰尔·麦克利里（Alistair McCleery）的研究，曼尼修斯针对教民制作了一批可以装在大外套口袋的口袋书，让人们能够带到任何地方阅读。但是这在当时并不是主流需求，也不是所有牧师的愿望，毕竟从此以后圣经的解释权就被摊薄了。曼尼修斯的成功，顺应了当时宗教改革的趋势。事实上路德的宗教改革得以成功，与印刷机将他的思想用白话文快速传播给大众也密切相关。政治与宗教领袖恐慌起来，因为各式各样的新观念无须他们的帮助或允许，就能被普通民众分享。一位威尼斯法官谴责这种改变，声称："笔有如处女，印刷机则是娼妓。"[1]

商业元创新不容易在主流市场出现，那么它会在哪里找到生根的土壤？在**边域市场。主流的边域恰恰是创新的中心。**

**所谓边域，是两个或两个以上主流网络相交集的部分。**

边域孕育着大量的新品类。比如湿地就是自然生态里的边域。这些湿地往往位于山脉和平原之间，或者多条河流交界之地。根据中国国家林业和草原局 2001 年的数据，中国鱼类约有 3000 种，其中湿地中鱼类有 1000 余种，占全国鱼类种类 1/3。再比如，珊瑚礁在大海中创造了海水与空气交界的生态之地。珊瑚岛礁仅占地球海水表面的 1/1000，而在珊瑚岛礁生态生活的海洋生命物种居然占整个海洋生命物种的 1/4。

再比如在很多城市经常能够看到，废弃的老工厂或老房子被改造成为艺术街区。也是一种新与旧、生与死的边域创新现象——老房子里住上了新思想。

对商业创新而言，边域市场是若干主流市场交错区域形成的小生态系统。关于边域有几个重点需要澄清一下，以两个网络交集的边域为例：

---

① 《反转世界：互联网思维与新技术如何改变未来》，（美）尼克·比尔顿，浙江人民出版社，2014。

- 边域是 A 市场与 B 市场相交的区域，而不仅仅是 A 或 B 市场的细分市场；

- A 市场与 B 市场中至少要有一个是高增长趋势；

- 封闭系统中只存在"边缘"而不会有边域，开放系统才有边域。

中国改革开放的成功也是选择了从边域入手的道路。1978 年，中国经济生活的主流区域是拥有众多大型重工业国企的东北三省和首都北京等地，典型的边域则是中国与西方市场经济交界的珠三角地区。100 多年前最初与外国人展开官方商业贸易活动的就是广州十三行。最早的一批经济特区都有鲜明的边域特征，如深圳靠近香港，珠海靠近澳门，厦门靠近台湾，汕头则是因为有大量的潮汕海外华侨基础。再往前看，20 世纪 80 年代之前的香港能够得以高速发展，也正是因为站在了中西方经济交界的边域通道上。

在袁家村的案例中，它满足城里人的不仅仅是原汁原味的乡村生活，还有在乡村还能享受到的城市性艺术民宿、卫生条件甚至酸奶等城市特有商品。这也是一种边域性的需求。包括近几年发展比较快速的精致野营（又叫轻奢野营），英文是 glamping，即 glamorous（精致的）和 camping（露营）两个单词的合写。也是人们在乡野中享受城市品质生活的边域需求体现。

## 【客户需求的五个层次】

商业元创新者的底层思维逻辑除了要完成上述三大思维转变，还要对客户需求层次有更清晰的认识。

**客户之所以产生需求，是因为有麻烦问题需要解决，自己解决不了就愿意付费找别人解决。**而这个麻烦问题给客户造成的困扰越大，客户要解决掉它的动力越强烈，也就是需求越强烈。根据需求的强度，可以把需求分为 5 个层次：

如图 6.11 所示：

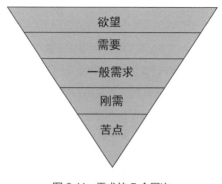

图6.11　需求的5个层次

### 1. 刚需

对客户而言，有一些遭遇到的麻烦问题必须得解决。如果不能解决则会产生"恶果"。比如吃午饭对很多人而言是刚需，如果吃不到午饭可能会在下午出现低血糖、焦虑等严重身体不适。再比如男方不买房，丈母娘不嫁女儿。这类因男方结婚而买的房，就叫刚需房。

### 2. 苦点

客户有了某种刚需，就一定会想办法满足。如果没有找到合适的供应方来解决掉自己遇到麻烦问题，这种刚需就被称为苦点。之所以没有供应，往往是因为这个需求比较小众、不经济或者有技术困难。上一章提到的外星人象限和机敏者象限的商业创新都是基于苦点。这也是新品类、新行业商业元创新的基础，是商业元创新的利基。

### 3. 需要

客户有要解决的麻烦问题，但是麻烦还没有那么严重，所以在客户的预算优先级里排名不高。比如温水冲洗式马桶，对提高生活质量的人来说是个不错的解决方案，但是不少年轻人为了攒买刚需房的钱，这种可以往后推迟一下的需求就不会列入当下消费预算中。还有前文提到的"焕新窗"的需求，对部分经济条件一般的老旧小区的业主来说，也不会考虑去消费。没有列入预算计划的一般需求属于"需要"。

### 4. 欲望

欲望是一种人心的向往，这种向往会受到社会氛围的影响，会被舆论、传媒、文化所塑造。但是心向往之的事，大部分人并不见得会行动，也不会为此付出足够代价。比如在一线城市生活的外来奋斗者，都想在当地有一套产权房。这种向往可能是一种生活方式、周边人的攀比或是在一种人生梦想指引下产生的。但是对大多数刚刚进入职场的年轻人来说，只能是"欲望"，谈不上有什么麻烦问题要解决。因此对房地产商而言，这些年轻人的欲望不足以构成市场。

**5.一般需求**

在"刚需"和"需要"之间的就是"一般需求"。有预算，但还没有到不被满足就产生恶果的地步。

需求一定是针对某一类人而言，不能抽象地谈。对某一类人是欲望，对另外一类人就是刚需。比如奢侈品衣服和箱包对一些娱乐圈女性来说是刚需，而对其他一些女生就只是有则很好、没有也无妨的欲望。

需求的五个层次会对应客户行动的可能性：

- 欲望——不反对要；

- 需要——想要但没安排预算；

- 一般需求——有预算但不是必需的；

- 刚需——必需的；

- 苦点——求而不得。

按照驯化的方法，需求的选择要在大量动作的探索活动中寻找，而不是自己"臆想"。

图 6.12 号称史上第一款让你放心嗦面的白 T-shirt

比如图 6.12 这件创意衬衫的商业创新案例，是否真的有人主动提出来：为了避免嗦面溅到身上的尴尬，索性就让衣服先溅上油点？如果真有这样的需求，那客户直接把自己家里的 T 恤先溅上油点就好了。他们会有什么麻烦问题吗？**没有麻烦问题就没有需求**。这件 T 恤可能满足了某些年轻人的娱乐性一般需求，而不是着装上的刚需。

**这些不是由潜在客户自己生长出来的麻烦问题,对商业创新者而言,没必要进入驯化工作的选择环节。**

### 【比客户还要更了解客户】

有人可能会问:像乔布斯这样的创新者能够做出超越客户认知的新品类,如何理解商业创新者要比客户更了解客户?另外,如何确定客户要的是"钻头"还是墙上的"孔"?

亨利·福特曾经有过一句经典的名言:"如果我最初问消费者他们想要什么,他们会告诉我,'要一匹更快的马!'"

这里要说一下对需求理解中最常见的误区:**把客户的解决方案当成了刚需。**

我们继续来看福特的问题。

福特:"您需要一个什么样的更好的交通工具?"

客户:"我要一匹更快的马。"

福特:"你为什么需要一匹更快的马?"

客户:"因为可以跑得更快!"

福特:"你为什么需要跑得更快?"

客户:"因为这样我就可以更早到达目的地。"[1]

这时候福特可以继续问下去:"你为什么要更早到达目的地?"客户可能会说:"我希望每天上班路上花的时间可以少些,这样可以更多的时间陪家人。"

理论上还可继续问下去,"为什么要花更多时间陪家人?"这样就会无穷尽地问下去了。那么确定需求的边界在哪里?

对于是解决方案还是需求的划分,就看**客户的这部分动作"是否可以被替换掉"。**客户能够接受用不同的解决方案来解决自己的麻烦。

比如福特可以问:"如果花钱买到另外一种工具,可以让你更早到达目的地,你是否能接受?"客户说可以,那说明马就是一个解决方案。

而到最后一个问题,如果福特问:"如果花钱,然后不用去上班,然后可以有更多时间陪家人。你能否接受?"客户一般会觉着莫名其妙。那说明客户上班是一个"不可以被替换掉"的其他需求。

另外,对于"创新者比客户更了解客户"的一个误解是没有基于商业元创新的生

---

① 《史蒂夫·乔布斯传》,王咏刚、周虹,上海财经大学出版社,2011。

命阶段思考。创新者确实比早期大众用户、后期大众用户能够更早发现新刚需，但是他们很少能够超前"革新者""早期采纳者"体会到刚需苦点。

乔布斯推出给"眼睛看"的移动电话之前，早就有一些种子客户在使用黑莓、Palm 等产品，也早就有人提出来触摸屏互动的需求。**大众媒体把创新者包装成英雄的同时，有意识地掩饰了英雄们从种子客户那里觉察的刚需的真相。**

### 【0—0.6 阶段驯化商业创新的 5 把"选择剪刀"】

经过对客户进行真实接触，并对客户的需求有了一些发现之后，就需要找到一些标准来选择该放大哪些信号。

这里推荐在商业元创新的 0—0.6 阶段，判读需求是否能够成为苦点的 5 把"选择剪刀"。基于能够穿过这 5 把剪刀的需求，商业元创新项目才可以相对稳健地进入到 0.6—0.9 阶段。

**1. 第一把剪刀：是否有种子客户？**

任何商业需求都只能基于生活常识，基于活生生的某个人。

陀思妥耶夫斯基在《卡拉马佐夫兄弟》中写道："爱具体的人，不要爱抽象的人。"马克思也说过："越具体越深刻。"

在驯化 0—0.6 阶段商业元创新、探讨客户需求的时候，不要谈"客户画像"，而是要直面具体的张三、李四，要用一张纸写下 10 个、100 个你叫得上名字的种子客户。

说说他们的生活、工作和人生，找出他们的麻烦问题以及发生这些麻烦问题的生活工作场景。

"人是一个谜。应当去解开这个谜，即便一辈子都在破解这个谜，你也不要说这是在浪费时间；我就在破解这个谜，因为我想成为一个人。"陀思妥耶夫斯基在写出成名作《穷人》之后不久曾说过这样一句名言。

这需要商业创新者以心印心，进入给种子客户造成麻烦问题的具体场景中，觉察种子客户的苦处何在，这样才能"白天看见星星"。

**2. 第二把剪刀：是否刚需？**

这个相对好理解，遵循刚需的定义，坚持问一下：如果不满足这个需求，是否会有什么恶果？

当然，这里尤其要注意：一定要圈定了特别具体的种子客户之后，才好问是否是刚需。只有明确的种子客户，而且确实是刚需，才有机会进入后面三把剪刀的选择。

### 3. 第三把剪刀：是"新刚需"吗？

硅谷的风险投资会喜欢问创业者，你做这事的 Timing（时机）是什么？中国人讲"应运而生"。一个商业元创新的项目，一定是契合了时代的机缘才会顺利发生。

所以对于在探索中觉察到的需求，创新者要问一下："这是最近几年出现的新刚需吗？"如果不是，就要小心了。

创新者不能假设市场上的人们比你傻。如果是一个明确的刚需，而且还是很多年都已经存在的刚需，一直没有被人有效地去满足，那你可能遇到了"癌症型需求"。这只有外星人象限的商业创新者才会去涉足，即使涉足也要考虑供应侧的时机是否到了。如果是机敏象限的商业创新者，则不应该选择放大这种需求，不应该往这个方向去驯化项目。

### 4. 第四把剪刀：是否增长趋势？

水涨船高，好风凭借力。站在增长趋势线上，才能够借势应对各种意外。这里的趋势指的是需求增长的趋势，而不是技术发展趋势。电影《教父》中有一句经典台词："花半秒钟就看透事物本质的人，和花一辈子都看不清事物本质的人，注定有截然不同的命运。"事物的本质只有放在时间轴下，才能真正被看透。

### 5. 第五把剪刀：是否"非主流"？

如果探索出来的需求很主流，市场上也有人在供给。那基本上不会是商业元创新的市场领域。**非主流刚需不一定产生成功的商业元创新，但主流刚需一定建立不起来商业元创新。**

想当初 Airbnb 提出要把一间卧室出租出去，在酒店业者看来，简直是荒唐透顶的事。安全怎么办？谁来服务？

**越是优秀的业内人士，越能指出非主流市场的各种经营问题，然后就离创新也越来越远。**但多个事实都证明，早期看起来很非主流的商业元创新项目，多年以后都会成为主流。

回到袁家村的案例。陕西大概分三种地貌、地形：延安以北是黄土高原，接壤四川的属于秦岭汉中地区，还有以西安为中心的地区叫关中平原。在 2007 年前，西安人周末一般都开着车带着家人往南，去离西安市区只有 20 公里的秦岭，看完美景然后吃个农家乐。秦岭是中国的南北分界线，景观非常好，崇山峻岭、茂林修竹、潺潺流水，还有很多著名的道观寺庙。西安北边有一条渭河，渭河以北的土地则贫瘠干旱，气候少雨，植被稀少。所以从旅游市场来看，西安人周末跨过渭河往北走，实在是非主流的需求。但是袁家村却避开"风景"这个主流的旅游市场需求，迎合城市人对"美好乡村日常生活"向往，创建了"乡愁体验"新品类。

## 创新者认知驯化之"客户需求放大"

经过大量动作地探索之后，运用上述 5 把选择剪刀，放大穿越过选择剪刀的"种子客户及苦点"。如是进行"放大—选择—探索"的迭代驯化，逐步将 0—0.6 阶段工作转入高效动作和精准动作。

### 【放大谁的探索？ 】

前面分析了商业元创新 0—0.6 阶段"探索—选择"的一些关键点。在给出的案例中，基本都是创新者自己亲自探索市场、自己开发最早的产品进行市场测试。

这里有一个重要的问题需要提醒，商业创新者一定只能放大自己的探索经历吗？

微软创始人比尔·盖茨的首战胜利来自 MS–DOS 产品的推出。但是我们都知道 DOS 并非微软公司原创。盖茨花了 5 万美金从原创者手中买下它之后，在前面加了 MS 的前缀，然后卖给了 IBM 公司。

霍华德·舒尔茨（Howard Schultz）1953 年生于一个穷人家庭。1971 年，经过多年职场奋斗，穷小子已经最后成为一家瑞典家具公司的营销副总裁。有一次他发现有一家咖啡店向他们采购大量的咖啡机，情况有些异常。于是他亲自出差到西雅图去看一下是怎么回事。当走进店门闻到了那种独特的咖啡味以后，他就知道，自己这一生就要与这个东西结缘了。这家店叫星巴克。舒尔茨在 1975 年他辞掉了年薪 7.5 万美元的优渥职位，加入了这家小小的咖啡店。

麦当劳的官网上说，他们的创始人叫雷·克拉克（Ray Kroc）。但实际上麦当劳这个名字源于麦当劳兄弟，麦当劳兄弟才是麦当劳公司最早的创始人。1955 年，四处碰壁、一生不得志的奶昔搅拌机销售员克拉克收到一个订单，对方一次性要买 8 台奶昔搅拌机。一家店就有这么大量的订单，让克拉克觉得很奇怪。于是他决定跑到那家店去看看，到底是怎么回事。克拉克来到了现场以后，被人山人海的场面震撼了，于是下决心加入麦当劳事业中来。

3M 的麦特奈特、微软的盖茨、星巴克的舒尔茨和麦当劳的克拉克，这些后来在商业创新史上都曾留下大名的创新者，他们最初的事业并非来自他们的原创。那么他们是否也运用了"驯化"的创新方法呢？

## 【本质是放大了什么？】

2015 年，纽约佳士得"展望过去"拍卖会上，毕加索的油画《阿尔及尔的女人》以 1.79365 亿美卖出，成为世界最贵的艺术品之一。

事实上，这幅画可以说是三位大师级画家合作完成的，他们分别是浪漫主义画家德拉克洛瓦、野兽派大师马蒂斯，最后才是立体派大师毕加索。[①]

毕加索一直以来都很欣赏德拉克洛瓦的作品，有一段时间每个月都会去卢浮宫好几次，以便反复欣赏德拉克洛瓦的画作《房间里的阿尔及尔女人》。这幅画作曾不断萦绕在毕加索的记忆中，直到野兽派大师马蒂斯过世。

毕加索与马蒂斯之间既是竞争对手又是惺惺相惜的好友。毕加索说："马蒂斯死后，将他的宫女们遗赠给我。"他指的是马蒂斯生前的"宫女"系列画作。画中的宫女个个神情慵懒、身姿性感。

马蒂斯的离世促成毕加索的创作冲动，他决定以自己最擅长的抽象画来展现马蒂斯画中的宫女。接着，灵光乍现，毕加索突然想起过去心心念念的德拉克洛瓦的《房间里的阿尔及尔女人》，决定采用这幅画的构图。

在 1954 年至 1955 年，毕加索创作了 15 幅《阿尔及尔的女人》，编号分别从 A 到 O。

作为艺术界的著名借鉴大师，毕加索曾说："巧匠摹形，大师窃意。"（Good artists copy, great artists steal.）

非常有意思的是，3M 的麦特奈特、星巴克的舒尔茨和麦当劳的克拉克，都是发现别人向他们采购时的异常，然后遵循自己的好奇心去了现场或展开了调查。这种敏感和好奇心，甚至是创业家的一种探索能力天赋。

但是，这些了不起的商业创新者并不是简单地"摹形"，而是运用了自己的对该领域的见识，运用"白天能够看得见星星"的能力进行了独到的选择。

克拉克请缨成为麦当劳全国独家特许经营的代理商后，在全国注册麦当劳。到了 1960 年，克拉克的这些餐馆都很成功，但是不怎么赚钱，因为大量的利润要上缴给麦当劳兄弟。为了大规模发展，必须解决麦当劳兄弟小富即安的心智对事业的束缚。于是克拉克就跟麦当劳兄弟谈判，准备买断麦当劳的所有权。这两个兄弟狮子大开口——270 万美金。克拉克只得四处借债，甚至把房子都抵押出去，最终总算筹集够了资金，把麦当劳公司弄到了手里。从此以后，克拉克按照自己的想法在全球扩张。那么我们回头看，克拉克对麦当劳快餐项目的"放大"，是放大了麦当劳兄弟

---

[①] 《故事课 2：好故事可以收服人心》，许荣哲，北京联合出版公司，2018。

的想法吗？麦当劳后来大力推行的特许经营的模式，来自克拉克的见识，来自克拉克以前商业探索中所积累的见识。

DOS 不是微软公司的原创，但是盖茨在那次与 IBM 的合作中有一个重大商业创新，他并没有把 MS-DOS 从 5 万的收购费用加价到 10 万或 15 万卖给 IBM，而是授权给 IBM，让后者为使用软件支付版税。也就是说，IBM 每卖出一台，微软就参与分成一份。另外，他没有将 MS-DOS 独家授权给 IBM，还保留了授权给其他公司的可能性，从而奠定了微软操作系统事实垄断微机市场多年的基础。那么盖茨放大的仅仅是 DOS 软件吗？也不是，他放大的是"软件授权给硬件厂商"的这样一个商业模式，这是盖茨在与 IBM 谈判时候洞见到的见识。当然这种见识说不定与盖茨妈妈是 IBM 的董事，爸爸是知名律师也有关系（他爸爸还曾做过舒尔茨购买星巴克时候的律师，毕竟大家都在西雅图混）。

辞去高薪职位加入小咖啡馆的舒尔茨，有一次他去意大利出差，体验到意大利咖啡馆的独特氛围，让他很受触动。那个时候星巴克公司的商业模式主要是靠卖咖啡豆。舒尔茨回到西雅图之后，跟星巴克原创始人建议，不要卖咖啡豆，而是卖一种感觉，一种生活方式。星巴克原创始人对此则嗤之以鼻，为此，舒尔茨不得不离开了星巴克。舒尔茨用两年时间向几百个投资人展开游说，最后有 20 个人支持了他，让他终于完成了对星巴克的收购。从此，星巴克按照舒尔茨的意愿走上了如今"第三空间"的轨道。舒尔茨对星巴克探索的放大，并非放大了原来卖咖啡豆的模式，他放大的是他作为商业创新者对咖啡市场的思考、探索；他放大的是，他在自己最初走进星巴克店门以及在意大利咖啡馆得到那种的感受。

很多曾经风光无限的互联网公司比如 Yahoo，都没能完成 PC 互联网向移动互联网升级的挑战。Facebook 则是一个例外。2012 年，马克扎克伯格开出 10 亿美金支票，去收购只有 3000 万用户且没有多少收入的图片分享手机应用 Instagram。市场一片哗然，大家觉得太贵了。但是到了 2018 年，Instagram 已经有了每日都活跃的 5 亿用户。根据投资银行的预估，价值将是 1000 亿美金以上，这时候再看当初收购支付的 10 亿美金就不那么贵了。更重要的是，Facebook 通过收购的方式放大了其他人的"探索—选择"成果，顺利地拿到了进入移动互联网新世界的船票。

在商业元创新的 0—0.6 阶段，存在太多不确定性和未知，完全靠自己的探索、摸索，需要漫长的市场和良好的运气。借鉴别人的探索实践或者收购已经完成 0—0.6 阶段探索的创新项目，也是一种非常好的商业创新"选择—放大"策略。这是对人类集体智慧的运用，也是一种具有可操作性的商业创新手段。

在驯化模型中的"探索—选择—放大"中，放大的不仅仅是项目中的市场需求、解决方案，更重要的是放大了创始人的见识水平。而从未知、不确定性到风险控制的见识水平提升，又离不开经验主义的实践探索的激发。

**思想只有在"实践"与"认知"之间产生冲突后才得以形成。**

## 一切笔直都是骗人的

尼采说："一切美好的事物都是曲折地接近自己的目标，一切笔直都是骗人的。"

"探索—选择—放大"的驯化过程，是一个需要反复迭代、螺旋式上升的过程。创新者不要幻想商业元创新不出现反复、不走弯路。商业元创新的发展过程中会有多次的"pivot"。这个词不太好翻译，有的人把它翻译成"变轨"，也有人把它翻译成"调整""转身"。

什么是 pivot？我们来看个案例。

艾伦·威廉姆斯（EV Williams）曾经成功地开创过 2 个对互联网领域产生重大影响的商业元创新。

从内布拉斯加州立大学退学后，威廉姆斯去了得克萨斯州的达拉斯、奥斯汀，干过各种技术工作。1999 年，他厌倦了公司的环境，白手起家创立 Pyra 公司。因为他的乐趣在于做内容发布，所以这家公司主要的产品是开发一个线上专案管理软件。这是一个内容管理软件，但不怎么受欢迎。不过在这个内容管理软件里，有一个叫作网络记事本——blogger 的产品，得到了客户们的喜爱。blogger 就是后来互联网上著名的产品——博客（blog）。这是威廉姆斯对互联网的第一次贡献，后来他和 blog 产品一起被 Google 收购了。

2004 年，威廉姆斯离开 Google，又创办了一家内容发布公司 Odeo，做广播播客。然而 2005 年，苹果公司推出自己的播客产品，这使得威廉姆斯的项目要泡汤了。

在运营 Odeo 播客广播平台的时候，系统有一个附属的小功能：客户之间可以相互发送 140 字的短消息。这个小服务得到了用户的好评。于是，威廉姆斯决定放大这个业务，从而将"播客"公司做成一个"短消息广播平台"。从这次 Pivot 中能看出，商业创新的逐步演变不会一蹴而就，而是有一个生长路径。他原来做的是广播播客平台，所以他把在发送短消息服务依然定位成短消息"广播平台"。

威廉姆斯最初给广播平台起了个英文名字叫"twttr"，但因为这个商标不能注册，又不得不改成了 Twitter。

Twitter 最初是一个人们之间相互发送短消息的广播平台。

2006 年 8 月旧金山地震，使得 Twitter 一炮而红。因为人们发现，这是一个能够最快传递地震消息的系统。到了这个时候，威廉姆斯及团队才发现，原来人们不仅仅是有发送短消息的需求（其实发送简讯有很多产品，包括手机的短信），而 Twitter 还有巨大的社交动员功能。于是，他们就把重心转向了社交分享。

2007 年 2 月，威廉姆斯关闭了 Odeo 项目，全身心地投入 Twitter。

从威廉姆斯的创业经历来看，他从做播客到短消息广播平台，到这样一个具有社交分享功能的短消息社交产品，就是一路在 pivot。这一路进行的 pivot 都是根据客户反应进行的及时调整。

Twitter 不仅是一个消遣聊天的工具，而且还具有很多社会功能，产品使用者从最初的几十人、几百人，很快发展到成千上万人同时使用。随着 Twitter 在旧金山地震中间引起大家的注意，被媒体报道，也引来了竞争对手。这个竞争对手是荷兰赫尔辛基的 Jaiku 公司，它也是用短消息发送和组织网络活动的产品。而且这个产品的技术很稳定，功能也很强大。2007 年 10 月，Google 宣布收购 Jaiku。

威廉姆斯之前做 blogger 之后曾被 Google 收购，所以 Twitter 的创始团队中有好多人都来自 Google。他们非常清楚 Google 有多强大，面对如此强大的竞争对手，Twitter 该怎么办？

威廉姆斯他们决定把 Twitter 的产品重点放在手机移动端。

要知道，在 2007 年就把重心放在移动端需要很大的勇气。那个时候的主流产品都是放在 PC 端。而 Twitter 把重心放在了移动端，就得支持手机上的各种各样的平台。当时手机操作系统还非常不成熟，有很多标准，也还没有到智能机时代。最终，Twitter 通过支持各种移动的即时通信工具，从而在与 Google 产品的竞争中保持了优势。

威廉姆斯最初离开 Google 创建 Twitter 前身公司的时候，是想做内容管理软件系统。所以 Twitter 的技术架构是按照内容管理软件进行设计的。而当 Twitter 用户量高速增长，用户之间的交互大幅提高以后，这个技术架构就成了灾难之源，经常会出现宕机的现象。有时候 1 个月累计要宕机三四十个小时，令人崩溃。好在经过团队的努力以及经过用户的耐心等待（说明这时候的客户主体是充满真爱的种子客户），最终 Twitter 找到了技术解决方案，把客户和 Twitter 拯救了出来。

虽然 Twitter 在硅谷受到了关注，但是在硅谷内也受到了很多人的质疑，因为它的商业模式、收益模式非常不清晰。在 2010 年以前，人们在手机上还找不到一个很好的变现方式。2009 年 9 月，威廉姆斯把他的朋友迪克·科斯特洛（Dick Costolo）从 Google 挖过来负责创收部门。在那之前，威廉姆斯已经花了好几个月时间，进行了各种商业化的探索，从广告、授权数据到电商……但毫无建树。面对这样巨大的挑战，科斯特洛组织广告部门推出了"Promoted Tweet"。这个产品依赖斯坦福大学一个教授研究的核心算法，在移动互联网领域中还没有人尝试过。因为在移动设备上无法有效地播放传统的广告片，Twitter 广告就设计得跟 Twitter 常规流媒体内容很接近，能够很自然地嵌入用户的信息流中。在用户的状态信息流中插入付费信息流广告这样一种模式，最终成了移动互联网的广告标准。到后来 Facebook 也采用了这样的模式，真正意义上完成了 Facebook 由 PC 到移动互联网的转型。

但是 Twitter 最初推出这个广告模型的时候，并不顺利。有一次，科斯特洛在广告团队组织向威廉姆斯汇报的时候，甚至要求团队一定不能单独讲，一定要等他回来，因为只有他回来才能说服威廉姆斯继续支持这个想法。在最初阶段，Twitter 的广告服务很难说服别人买单，于是科斯特洛又招募了新闻集团的高管明星亚当·贝恩（Adam Bain）。在贝恩的领导下，Twitter 的广告团队打入了电视市场。他们把 Twitter 塑造成一个和电视互动的工具，也就是用户在看电视的时候，可以用 Twitter 进行充分的交流，从而占领了一个非常独特的桥头堡市场。就这样，Twitter 成为电视观众在线聊天室，吸引了制作方和大品牌的关注，从而打开了市场。

以 Twitter 的案例来看，几乎每个阶段都没有一帆风顺，没有笔直成长过。从最初做广播到短消息交互，到短消息广播，再到社交互动，然后到处理他们的宕机技术故障，到后面探索新的信息流广告，再到通过打入电视市场开辟出他的生存的第一块天地……这一路下来，Twitter 走了很多弯路，有过多次的 pivot。

新企业开创者在 0—0.6 阶段的黑暗摸索中，有时候会面临一个艰难选择：应该锲而不舍地坚持，还是应该及时 pivot。

有三点评估标准，可以供大家参考：

1.客户的反馈是否让你有一种"热刀切黄油"的感觉。

比如，Twitter 的宕机事件使得客户体验很差。但是即使这样，客户依然很耐心地给 Twitter 机会。甚至当时有一幅很著名的图画广为流传：一只鲸鱼搁浅了，8 只衔着网的小鸟努力在拖它。Twitter 的标记就是小鸟。这幅图片来自中国上海的一个女孩，后被 Twitter 买断了版权贴在网站上，以体现客户、团队、大家齐心协力共同面对挑战的决心。如果遇到这种用户很积极的情况，那你应该坚持、坚守下去。

2. 在放大的过程中间，是不是有一部分业务特别突出？如果有，那么可能要考虑 pivot。

知名团购网站 Groupon 的创始人安德鲁·梅森（Andrew Mason）起初是个社会活动分子。最开始，他创建了一个"the Point"的公益性社会活动网站。到了 2008 年，因为金融危机，很多企业的资金链被打断了，于是梅森决定用网站帮助这些企业降低成本，处理存货。没有想到的是，这个"鼓励人们团结起来、聚拢起来去增加购买力"的活动受到了很大的欢迎，增长很快。于是他就把"the Point"网站关闭，顺着高速增长的业务组建了 Groupon 团购网站，开创了互联网团购这个新品类。

3. 如果在早期，你的商业创新项目居然已经存在很多历史竞争对手，那么建议你 pivot。

如果你能看到的市场被很多人之前就看到，那说明它一定是主流需求。比如 Airbnb 最初经营的是：如何把一个卧室租出去。这种另类的商业行为在酒店领域基本没有人认可，肯定也没有人去和它竞争。如果你的项目在 0—1 阶段就有很多之前就在经营的竞争对手，那建议你不要锲而不舍了，抓紧 pivot 吧。

## 本章小结

成熟企业会更聚焦在供应链上，以便于增强产品交付能力和市场竞争力。而对于早期创业项目，首先不应该关心供应链，而应该聚焦在需求链。优化乃至重构"需求侧的秩序"，才有机会为早期创业项目创造生存和发展契机。而重构需求侧的过程中，善义创业者可以运用驯化方法来应对这一巨大挑战。

商业元创新的 0—0.6 阶段充满了挑战，这是一个在黑暗隧道掘进的过程。能够照亮创新者前行的不是外面的阳光，而是内心的那团火。每个创新者的火都只能与他自己的命运结缘。这个缘分将新企业开创者与某一群人的幸福紧密联结起来。

北京师范大学哲学张曙光教授说："中国人把带有偶然性的相遇，称为既有情感又似乎有某种先天力量起作用的'缘'或'缘分'，把人们的关系一下子拉近了，把彼此的社会性差异和隔阂，瞬间消解了，这种文化真是充满善心善意，也真是神奇！"

最初赞助新企业开创者的是一群种子客户。他们的对创新项目的爱往往因为他们遇到了苦点，也就是市场上没有人愿意提供解决方案来解决他们的刚需。

在商业元创新 0—0.6 阶段的驯化过程中，首先要探索种子苦主和苦点。而这一过程充满了未知和不确定性，需要创新者作出"大量动作"，然后才可能逐步转向"高效动作"和"精准动作"。

在探索的过程中需要运用种子苦主、刚需、时机、增长趋势和非主流、五把剪刀进行驯化选择。

驯化放大的并不一定是创新者自己在 0—0.6 阶段的原创"探索—选择"。借鉴甚至收购别人的"探索—选择",也是一个非常高明的方法。但借鉴和收购并不能替代创新者对于相关领域的见识增长要求。

总之,在商业元创新的 0—0.6 阶段,最艰难的是关于客户需求的三大思维转变,即:从供给侧思维向需求侧思维的转变;从当下思维向趋势思维的转变;从主流思维向边域思维的转变。

本章补充案例及知识点深化部分,请扫码进入《商业元创新》互动区。

第七章

# 商业元创新的 0.6—0.9

2015 年，美国麻省理工学院（MIT）的一个实验室开发了个小游戏，让玩家尝试控制模拟火箭降落在一个海洋驳船小平台上（如图 7.1）。

图 7.1　MIT 的火箭回收小游戏界面

　　游戏玩家需要利用左手按住 W 键，控制推进器的推力；同时右手控制上下左右键调整火箭的方向，让火箭缓慢下降；还要用 H 键设置火箭前进的速度矢量。因为火箭的燃料并不多，需要采用最佳下降航线，而且机会窗口很小，错过就无法着舰。游戏比想象中要难玩得多。

　　如果能够成功实现可回收火箭，会彻底改变太空运输方式。而 MIT 开发这个游戏的目的，是想给人们科普主返回式火箭的研发难度。对于太空运输来说，自主返回式火箭是产品研发过程中的"关键业务"。关键业务的突破对于商业元创新者来说具有重大意义。那么，商业元创新者如何才能完成关键业务的突破，实现从 0.6—0.9 的跨越呢？

## 关键业务突破

2018 年 2 月 7 日凌晨，在逾十万现场观众和守候在网络上的几千万全球观众的注视下，人类现役运力最强火箭——SpaceX 公司的"猎鹰重型"（Falcon Heavy）从美国佛罗里达肯尼迪航天中心 LC–39A 工位成功发射。这也是猎鹰重型火箭的首飞，实现了 2 个一级火箭助推器在陆地着陆场的顺利回收，芯级也返回海上驳船被顺利回收。

猎鹰重型火箭可提供超过 2280 吨的推力。这相当于 18 架波音 747 客机以最大功率运转。猎鹰重型在近地轨道的运载能力达到 63.8 吨，相当于可以把一架装满燃料、乘客和行李的波音 737 客机送上太空。

除了超强的性能，SpaceX 公司给出的发射价格也很感人，报价仅为 9000 万美元。猎鹰重型火箭的运力比德尔塔 4 重型火箭足足多出了 128%，价格却仅仅是它的21%。而且未来使用二手回收的猎鹰重型火箭，发射价格还有更大想象空间。

猎鹰重型火箭超强性能和绝佳的性价比一举打破了多项世界纪录。获得这一举世瞩目成果的前提在于，SpaceX 公司运用了独特的创新设计理念，展示了敢于突破陈规的勇气。

2002 年，希望带领人类成为跨星际物种的埃隆·马斯克创建了 SpaceX 公司。虽然 SpaceX 有马斯克之前在 PayPal 创业成功的光环加持，但是和动辄发一款火箭就要组建上千人研发团队的传统航天机构相比，一个只有 40 余人的团队和马斯克自掏腰包的 1 亿美元研发资金，显得如此捉襟见肘。这是一场堂吉诃德式的挑战，大多人认为马斯克的成功率几乎为零。

航天发射市场按照火箭升空高度可以细分为几个领域：低轨道 LEO 发射（小于1000 公里）、同步转移轨道 GTO 发射（1000 公里到 2000 公里）和同步轨道 GEO 发射（大于 2000 公里）。

2004 年，美国政府发布了"星座计划"，打算在 2020 年让美国宇航员重返月球，并在月球建立永久基地。因为资源有限，NASA 主动退出了近地轨道的发射任务，将重心放在深空探测。

有过两次成功创业经历的马斯克，决定抓住低轨道和同步转移轨道这两个在主流航天机构看来技术含量相对不高的市场，决定用超低的价格和可回收火箭的创新来为 SpaceX 谋得一席之地。

可怜的启动资金和有限的团队人员，使得马斯克只能将公司主要资源集中在火箭整体结构设计和最关键的发动机的研制上。

0—0.6 阶段的客户风险可控之后，在商业元创新 0.6—0.9 阶段创新者要面临产品风险可控的问题，其挑战在于：别人为什么不去满足这个市场刚需苦点？

这往往是因为，现有的产品和解决方案存在重大的技术和经营难点。这个所谓的难点正是商业元创新项目关键业务要去突破的地方。

商业元创新者要想突破其他人没有解决的这个难点，就需要有超越他人的独到之处，需要在产品的关键业务上实现结构性创新。

## 【结构性创新】

马斯克在猎鹰系列的火箭结构和发动机上，打破了传统航天机构见识的天花板，勇敢地选择了一条具有互联网精神的技术路线。

为此，SpaceX 确定了下面几个原则：

①保证猎鹰火箭 80% 以上的组件可以重复利用；

②直接在工厂内组装完火箭，改变传统航天机构在发射架上组装火箭的模式，增加火箭发射的灵活性；

③火箭设计要采用成熟技术（这很符合第二章讲的商业元创新的生长意识）。

利用成熟技术怎么能实现前人完不成的运载能力和可回收功能？那就只能在火箭的结构上搞突破了。

在猎鹰火箭成功之前，其他火箭的结构思路是为火箭设计一台发动机，然后把火箭发动机推力搞得越来越大。围绕这样一台功能越来越强大的发动机，再配套研发相应的箭体和控制系统。

SpaceX 的结构性创新则完全打破了这个设计思路。

猎鹰重型火箭的一子级大胆地采用 27 台发动机，成为当时世界上发动机数目最多的火箭。猎鹰选用了一个完全不同于主流产品的另类结构，走上一条完全不同的技术路线。

猎鹰火箭这 27 个发动机都是梅林（Merlin-1D+）发动机。它的前身是在航天界历史上非常不起眼的 Fastrac 火箭发动机。在 20 世纪 90 年代，NASA 马歇尔太空飞行中心（MSFC）新招聘了一批火箭工程师。因为担心新人们缺乏一线开发经验，官方决定让新人们锻炼下，积累点经验。于是安排大家设计一台简单的、低成本的液氧煤油火箭发动机，这就是 Fastrac 项目。Fastrac 虽然不是什么"高级货"，但好处是发动机的几乎所有零件都可以重复使用。而且因为简单，所以稳定性很好。

Fastrac 项目在 2001 年被取消，NASA 将之并入空天飞机 X-34 项目。发动机的名称被更改为 Marshall Center-1（MC-1）。SpaceX 从 NASA 手中接收了 MC-1 的大部分设计和技术，用在自己的梅林 1A 发动机设计上。

相比市面上的各国的大发动机，梅林发动机推力小、比冲差、室压低。到了 2010 年，梅林发动机升级到 1C 型，并作为猎鹰九号的动力，成功完成任务。这时候梅林 1C 的实际使用寿命已经可以支持 10 次飞行，为回收火箭商业化奠定了基础。

在主流火箭设计项目中，也不是没有人想过使用多个小发动机。比如在冷战时代，为了抗衡美国的土星 5 号火箭，苏联开始研发以载人登月为目标的 N-1 运载火箭。N-1 运载火箭由 30 台 NK-15 发动机驱动，A 段推力达到 4620 吨，远超土星 5 号。但是 N-14 次发射均以灾难性的失败告终。

从此以后，在主流的火箭设计理念中，为了避免采用多发动机导致复杂的纵向耦合振动、火箭推重比下降、系统可靠性降低等问题，火箭一子级发动机数目通常控制在 10 台以内。

猎鹰重型火箭一子级大胆采用了挑战传统的 27 台发动机方案（如图 7.2）。但是并没有采用与 N-1 火箭相同的结构。猎鹰重型火箭设计团队将发动机划分为 3 个模块，每个模块只包含 9 台发动机。然后采用 3 个通用芯级再将这 3 个模块联结起来。在该结构中，使用了多中心模块化的多台发动机组合，其设计的复杂程度和难度，要比 N-1 火箭将 30 台发动机集中于同一个模块上小得多。

图 7.2　猎鹰重型的 27 个发动机结构

中国知名的系统工程学家钱学森在 20 世纪 50 年代就曾提出：**用不完全可靠的元器件，能够组成一个可靠运行的系统。**

猎鹰火箭也假设子系统会出现不靠谱的情况，所以其设计思路要求在火箭主动段飞行过程中，即使 1 台或多台发动机发生故障，也不能影响其余发动机正常工作。

为此，猎鹰火箭还采用了对应的几项技术：

①"动力冗余技术"，该技术可以对故障发动机实施紧急关机、故障隔离，继续执行并完成主发射任务；

②"弹道在线规划与重构技术"，重新计算出现火箭推力损失后的新飞行弹道；

③"控制制导指令在线生成技术"，可在线调整生成故障后发动机控制策略及指令。

这些技术使得猎鹰火箭的可靠性明显要高于那些只有 1 台超级发动机的传统火箭。但是，这种可靠性需要依赖 27 台梅林发动机的联网计算能力。而在互联网计算技术方面，SpaceX 具有其他航天机构无法比拟的优势。

在商业元创新的 0.6—0.9 阶段，一方面要继续探测修正对客户刚需的猜想，另一方面也要开始寻找针对客户问题难点的解决方案。当然，解决方案还不是完整的产品，而是产品的技术内核。

但是品类级和行业级商业创新的产品，一定会在解决方案上有重大的突破。该创新被称为"关键业务突破"。在关键业务突破过程中往往有结构性创新出现。

比如在可回收火箭这个新品类上，Space X 另辟蹊径，化繁为简，用"简单可靠的小发动机组网 + 高效软件控制"结构变革了传统的"一台超能力大发动机"火箭设计思路。

## 结构性创新的哲学

结构性创新是商业元创新在 0.6—0.9 阶段的一个重要思维。为什么这种思维在这个阶段扮演着重要的角色呢？

一般系统论创始人是美籍奥地利生物学家冯·贝塔朗菲（L.V.Bertalanffy）。贝塔朗菲本是一名生物学家，在生物学界二十世纪 30 年代的一场哲学争论之后，他提出了系统论思想。

在生物学史上，一直存在着机械论与活力论之争。机械论把生物简化为物理的和化学的问题，用纯粹物理的、机械的和化学的原因来说明一切生命的生理现象和心理过程。机械论的底层思维逻辑是，"整体就是局部之和"。法国 18 世纪机械唯物论学者拉·梅特里（Le Mettrie）的名著就叫《人是机器》。机械论背后的哲学思想还有"还原论"的身影。这一直是西方文化中根深蒂固的东西。还原论在认识世界的时候，首先把对象进行拆解，通过对局部的分别研究，之后汇总所有的局部认知，形成对研究对象的整体认知。还原论推动科学在近代取得过辉煌成果，比如物理学还原到粒子，化学还原到元素，生物学还原到基因。

活力论则认为在生物体内部存在着一种特殊的活力，它支配着整个生命过程。活力论者认为，"在有机界与无机界之间隔着一道不可逾越的鸿沟""有机界存在有一定目的性的超物质的力量（活力）"。生物学上这场争论在二十世纪二三十年代达到了激化的程度。

贝塔朗菲在机械还原论和活力神秘论的争论中，有自己的独立见解，他认为双方都不可取。1924—1928 年期间，贝塔朗菲多次发表文章指出："当生物学的研究深入细胞层次以后，对生物体的整体认识和对生命的认识反而模糊、渺茫了。所以，在细分研究的进程中，要常常回过头来开展系统的整体研究。"[1]

贝塔朗菲认为这种整体研究问题的方法就是系统论。1937 年，贝塔朗菲在美国芝加哥大学莫里斯（C.Morris）主持的哲学讨论会上第一次提出了一般系统论的概念（General System Theory，GST），指出"整体大于部分之和"。1968 年 3 月，贝塔朗菲在加拿大发表了《一般系统论的基础、发展和应用》一书，根据战后系统方法在各方面应用所取得的实际成果，进一步系统地阐明了一般系统论的思想。之后，一般系统论、控制论、信息论成为跨越社会科学和自然科学的通用方法论，被称为系统科学领域的"老三论"。

按照系统科学的观点，研究一个系统要考虑四个方面：环境、元素、结构、功能。商业创新产品也是一个系统。环境指的是市场、客户等外部力量；功能指的是解决客户问题的能力；元素和结构就是实现功能的方案。

商业元创新 0.6—0.9 阶段要讨论的关键业务就是形成产品功能的元素和结构。根据商业元创新的生长理论，产品元素应该接受市场的历史积累，那么创新者需要重点突破的就是结构了。

比如乔布斯对 iPhone 的研发，使用的都是市场上成熟或接近成熟的组件元素。然后他"站在巨人的肩膀上"进行了结构的重构——去掉键盘，设计一个大屏幕。以至于这个结构创新被诺基亚产品人员嘲笑不已。他们说 iPhone 有三个缺点：屏幕容

---

[1] 《系统工程引论（第 4 版）》，孙东川、孙凯、钟拥军编著，清华大学出版社，2019。

易摔碎、屏幕容易摔碎、屏幕容易摔碎。在保守派眼中，元创新的结构是如此离经叛道，而这恰恰是元创新成功的原因和对历史的重大贡献。

类似的结构性创新在很多商业元创新项目上都有体现：Facebook 的 Newsfeed 将关注对象的动态第一时间推送给登录用户，而不是等着用户进入对方空间查看；星巴克创造一个第三空间，而不只是出售一杯饮料；麦当劳的工业化出餐；淘宝不像易贝（eBay）那样收取卖家入驻费用；Airbnb 将家庭闲置房间共享；抖音不需要客户选择而将信息流推送；等等，都是运用了新结构来组织旧元素。前文 Space X 猎鹰火箭用微发动机联网变革中心大发动机也是结构性创新的典型。

因此，商业元创新者需要理解这套结构性创新的哲学逻辑。

理解了这套逻辑你可能还要问，商业元创新者到底如何进行"结构性创新"？

### 【商业元创新与产品解决方案的"范式"】

在进行结构性创新时，我们需要先理解什么是产品解决方案的"范式"。

**一种产品结构背后是社会经济的底层逻辑**。这个底层逻辑接近科学哲学家托马斯·库恩（Thomas Kuhn）提出的范式（paradigm）含义。其实，范式一词开始受到分析哲学家的追捧，源自路德维希·维特根斯坦（Ludwig Wittgenstein）在剑桥大学的讲演。这位哲学天才曾频繁地使用范式一词。库恩最初选用范式一词，也曾间接地受到维特根斯坦的影响。

范式是库恩在《科学革命的结构》中提出的核心概念，与"科学共同体"（或者意译为"思想集体"）、"常规科学"等构成了他的科学创新观。因为受教育环境、学术刊物覆盖、利益共同体等因素影响，科学家们会慢慢接受一套共同的准则，形成统一的世界观。一门拥护者越来越多的科学理论，最后会发展成为极强时效性的科学，库恩称之为"常规科学"。在库恩看来，科学发展就是"常规科学—危机—新的常规科学—新的危机……"这样一个迭代图式。

在常规科学家看来，共同范式里尽管还有很多未解的问题，但它们在原则上是可以解决的。在这个意义上，所有科学家做出的新发现，在某种程度上可以在这个共同范式下被预期到。而那些一开始没有被装进盒子里的理论，科学家们就会视而不见。常规科学的目标是解决已经装进盒子里的东西，不试图发现新理论，也难以容忍别人发明新的理论。[1] 牛顿力学的影响让"全世界只有 12 个人能懂相对论"（法国物理学家朗之万语）；而爱因斯坦始终认为"上帝不会掷骰子"，从而反对量子力学的

---

[1] 《一般科学哲学史》，刘大椿等，中央编译出版社，2016。

非决定论。这都是科学的范式在作怪。

常规科学是大部分科学研究所处的阶段，而且十分稳固的。库恩自己用一个比喻说明了这一点："'范式'像制造业的生产线，除非万不得已、不计成本，否则工厂不会轻易更换生产线。"[①]

与科学一样需要创造力的产品开发或技术开发也遵循与科学一样的范式规律。比如主流火箭设计思路中的大发动机范式成为几代航天人的约束，直到猎鹰系列这个"反常"思路的出现。

库恩将范式转移看作科学革命的实现。同理，**产品范式的成功转移，也意味着新品类、新行业的大量出现**。

产品解决方案的范式至少已经完成了三次大的转移，一次是从采摘文明进入农耕文明，一次是从农耕文明进入工业文明，还有一次是当下正在进行的从工业文明进入网络文明（如图 7.3）。

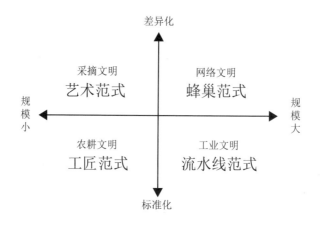

图 7.3　四种基本的产品结构范式

### 1. 艺术范式

电影产业现在依然还在采用这种产品范式，对剧本、导演和演员的依赖度很高，而且下一部作品与之前的作品可继承性不强。

虽然好莱坞和其他全球电影产业机构试图走出一条模式化的创作方式，比如西部片、穿越剧、贺岁片等，试图向农耕文明和工业文明转移，但因为市场需要的是差异化、个性化的产品，这些转移始终没有特别成功。

---

① 《科学革命的结构》，（美）托马斯·库恩，北京大学出版社，2004。

### 2. 工匠范式

日本东京银座写字楼的地下室，有一家仅有十多个座位的寿司店，里面还没有卫生间。因为预定的人多，客人必须在 15 分钟内用完餐，并且消费不得低于 3 万日元。这样一个看起来平平无奇的小店，却被认为是世界上最难预定座位的餐厅之一。经营这家小店的日本寿司之神小野二郎已经 95 岁，还没打算退休。他说："我一直重复做同样的事情以求技艺能有所精进，想凭自己的努力达到做寿司的巅峰，但没人知道巅峰在哪。时至今日，我依然不认为自己足够优秀，我爱这份工作，并且我将一生投入其中。"[1]

在这种匠人精神下，农耕文明的产品范式向工业文明的流水线范式转移，也会产生很大冲突。比如根据真人真事改编的日本电影《奇迹的苹果》，讲述一个"傻瓜"坚持不用农药花 11 年才种出两个苹果的故事。面对肆虐的害虫，主人公木村用最原始的笨办法，带着全家人用双手没日没夜地抓害虫、喷醋液。但他的做法却引起了周围果农的极大不满。因为不喷洒农药的木村家有虫害，会让其他果农家的果园跟着遭殃，因而极力抵制木村的做法。电影之所以打动了大多数日本国民，除了因为木村的坚韧与爱的精神之外，也是因为这种匠人范式与工业文明的生产线范式之间的冲突严重，引起了大家的共鸣。

### 3. 流水线范式

亨利·福特曾说："我没有发明任何新东西，仅是把其他人经过几个世纪工作形成的东西进行改造，再运用到了汽车上而已。"

发明家伊莱·惠特尼（Eli Whitney）在 19 世纪早期为美军提供了可互换零件的概念，即其他武器上的零件也可以用来修复受损的来复枪。这种可互换零件的想法令福特非常兴奋。这样一来，汽车零件就可以批量生产，而不用为单辆汽车量身定做了。后来一些美国烟草工厂、屠宰场等通过一系列有序的组装步骤进行流水生产，提高了生产速度，也给了福特较大的启发。

这些互换零件、产线组装的背后，就是工业文明大规模标准化产品范式。福特将这个范式用在了生产环节，可口可乐则将其用在了产品环节。1886 年可口可乐诞生之时，把销售价格定在了 5 美分。过去了将近 150 年，2L 装可口可乐的价格还在 15 美分左右，基本没怎么涨价（考虑通货膨胀因素，实际上降价了很多）。这就是工业文明下的大规模标准化产品范式的典型。

---

[1]　美国纪录片《寿司之神》，大卫·贾柏执导，2011 年。

### 4.蜂巢范式

凯文·凯利（Kevin Kelly）认为原子是 20 世纪的科学图标，而 21 世纪的科学象征是充满活力的网络（如图 7.4）。对于网络文明的产品范式，现在还在演进探索中，包含的维度还很多，但我认为有一个基本的结构特征已经凸显出来，那就是多中心分布式网络。在 1994 年出版的《失控》一书中，凯文·凯利提到分布式系统是一个"活系统"，有四个突出特点：

- 没有强制性的中心控制；

- 次级单位具有自治的特质；

- 次级单位之间彼此高度连接；

- 点对点间的影响通过网络形成了非线性因果关系。

这个分布式系统特征是不是与 SpaceX 猎鹰火箭的设计思路非常接近？可以预计在 21 世纪，商业元创新都会运用网络文明范式来探索关键业务突破中的结构性创新问题。

图 7.4　蜂巢范式的示意图

凯文·凯利还列举了分布式系统的利与弊，好处如下：

- 可适应

对未曾出现过的激励信号做出响应，或是能够在一个很宽的范围内对变化做出调整。比如互联网最初的设计，就是美国为了应对苏联可能对美国中央通信系统的打击。一张网上的任意两点之间可以有 N 个联结路径，可以适应各种意外。

- 可进化

能将局部构件历经时间演变而获得的适应性从一个构件传递到另一个构件（从身体到基因，从个体到群体）。猎鹰火箭的分布式结构，可以很容易进行局部构件的改进优化。所以只用了7年时间就完成了这个划时代产品的开发。

- 弹性

小故障犹如河流中转瞬即逝的一朵小浪花。就算是大的故障，在更高的层级中也只相当于一个小故障，因而得以被抑制。这在猎鹰火箭的容错设计中有体现。

- 无限性

"活系统"拥有的自发的秩序有助于创造更多的秩序——生命能够繁殖出更多的生命，财富能够创造出更多的财富，信息能够孕育更多的信息。

这个范式也有其挑战（或者说弊端），包括：不可控、非最优、不可预测、不可知、非即刻。[1]

YouTube网站彻底改变了在线分享视频的方式，但是也遇到了与其他视频网站类似的技术困扰。早些时候YouTube团队就发现，如果想抓住眼球，视频必须流畅播放不受干扰。但是那个时代的网络带宽很低，各家视频网站都只能采用缓存视频的方法。观众看一个视频的时候需要等待一会，播放系统先形成一段缓存视频，以此来保持播放的稳定。但这依然不能保证整个播放的流畅，高清文件的出现加剧了这个问题。高清文件很大，想要正常播放需要更大的带宽、更久的缓存。如果带宽在播放过程中变窄，观众正在看的视频就会卡住。

问题是，观众的带宽情况YouTube没法控制。带宽波动的权限掌握在互联网服务提供商手中。因此越多的用户选择高清视频，观看视频的体验越不稳定。YouTube的工程师们面临着看似不可逾越的资源限制。

最终，他们找到了一个聪明的解决方案。当时YouTube的视频以三种分辨率进行储存：高清、标清和低清。工程师们设计了一个软件，将视频文件分解为不同分辨率的超级微小的片段。当观众观看视频时，软件会跟踪带宽的即时波动，并为观众

---

[1] 《失控：机器、社会系统与经济世界的新生物学》，（美）凯文·凯利，新星出版社，2010。

匹配分辨率适合的微小片段进行播放。

对，这又是在运用网络文明下的蜂巢范式——从"微"到"众"。那些流畅的视频实际上是由成千上万的微片段组成的。只要在串流中有足够多的高分辨率的小片段，你就不会注意到低分辨率片段。毕竟石头和沙子混在一起，你可能注意到的还是石头。这样观众就会感觉 YouTube 的视频比其他网站稳定流畅。YouTube 的工程师们把技术资源用在改进视频分段和融合联结的效能上，打破了单一画质的产品开发思路。

袁家村能够在"乡愁"新品类中一枝独秀，与郭占武为袁家村设计的服务结构密不可分。比如同样是小吃一条街，袁家村要求每一家的品种都不能重复，也就是这条街上有 300 个店铺，游客就会有 300 种小吃选择。这样每个人都可以根据自己的口味偏好选择自己的组合。这种结构也是蜂巢范式的体现。

商业创新面临的挑战往往是之前技术方案解决不了的难题，所以，在其他各个文明范式失效之后，向蜂巢范式转移是一种关键业务突破的思路。

比如 SpaceX 率先将火箭发射产业从艺术范式转移到蜂巢范式；影视产业原来采用的是艺术范式提供服务，而现在通过 YouTube、抖音等网络平台，实现了大规模的差异化供应；各类企业级 SaaS 平台和创新孵化器也都在帮助商业机构将自己的业务模块逐步"云化"，从而实现工匠范式和流水线范式向蜂巢范式的转移。

顺便提一下，现在各地提倡的数字化转型存在一定的认知误区。真正的数字化转型，不是将工业文明的产品和服务变得更加精细可控、更加自动化，而是要进行结构性创新，实现产品范式的转移。

### 【网络在蜂巢范式中的作用：制造业的服务业化】

在初步讨论过网络文明蜂巢范式的多中心的分布式之后，还有必要再讨论下网络在蜂巢范式中的重要性。

在人类历史上处于中心位置的，是各种相互交往的网络。就像《人类之网》一书中写道："一个网络，正如我们所看到的，就是把人们彼此连接在一起的一系列的关系……通过上述这些联系，人们彼此交换信息，并且使用这些信息来指导他们下一步的行动。他们也彼此交换或传输各种有益的技术、物品、农作物、观念等……塑造人类历史的，正是这些信息、事物、发明的交换与传播，以及人类对此所做出的各种反应。"[①]

从采摘文明、农耕文明、工业文明到网络文明的演进史，也是一部人类之网联

---

① 《人类之网：鸟瞰世界历史》，（美）约翰·R. 麦克尼尔，威廉·H. 麦克尼尔，北京大学出版社，2011。

结、扩大、升级的发展史。工业文明通过地理大发现、交通工具的革命，将世界上的各个局部小网络（当地社群）打通，形成一张巨大的物流网络，让跨局部小网络的人们之间通过"商品之物"的交换建立关系。

而网络文明又更近了一步，利用信息技术打破各个局部小网络的关系孤岛，将世界上的每个人都直接联结起来。跨"局部小网络"的人和人之间的关系不再仅仅是商品交换关系，而是可以直接交流信念和见识的关系。基于地理位置的局部小网络将会重构为基于信念和见识的新型局部小网络。

对商业机构而言，以前与客户的关系只有商品关系。但在网络文明下，商业机构可以与客户直连，基于某种共同挑战和价值观，建立起一个跨地域的新型局部小网络——社群。在社群内，商品仅仅是解决社群共同挑战的手段。

这样的转变，会对工业文明的产业形态产生重大冲击。工业文明下发展起来的制造业，必然要转型为服务业。生产洗衣机的厂商早晚会被洗衣服务商替换掉。对客户来讲，买个钻头并非其购买行动的最终目的，它是要把房间装饰成自己喜欢的样子。而一旦服务业化，厂商就得面临差异化供应的挑战，所以在关键业务上必然得转移到蜂巢范式。

## 驯化关键业务

让一群研发人员闭门造车，不是 0.6—0.9 阶段的关键业务突破的方法。创新者依然可以采用驯化的方法，通过"探索—选择—放大"，在客户里、在市场中驯化出创新的解决方案。

**答案就在问题里。**

寻找解决方案最常见的问题是：资源限制。

### 【限制也是机会】

对于限制与创新的问题，其实已经有很多创新理论给出了方法。核心思想就是要逆向而行，把限制当作机会。

在"探索—选择—放大"的过程中，逆向探索是创新者要掌握的一个常用技巧。

《大白鲨》电影的原始剧本中，有许多鲨鱼靠近猎物，在惊涛骇浪中突然向目标发起袭击的惊险镜头，因此电影中会有大量的鲨鱼近景戏。怎么拍摄呢？马戏团里也没有鲨鱼这种动物。有人就想使用机械鲨鱼拍摄，但这个想法在技术上难以实现。大导演斯皮尔伯格为此沮丧不已。由于预算超支与时间上的限制，最终斯皮尔伯格决定改用鲨鱼视角。这样一个视角转变，让观众更加身临其境，从而创造了一部惊悚经典电影。

1954年，霍顿·米夫林出版公司的一位编辑，准备挑战一下他的朋友西奥多·苏斯·盖泽尔（Theodor Seuss Geisel）。"你能只用6岁孩子都认识的有限单词，写出一部让一年级学生手不释卷的书吗？"编辑问。

苏斯接受了这个挑战，然后花了9个月的时间"戴着镣铐跳舞"。其中一度束手无策，几近放弃。但最终，苏斯拿出了一本只有236个单词的书——《戴高帽的猫》。这本书言简意赅，却充满丰富的想象力，运用朗朗上口且押韵的文字和生动的卡通形象，完全改变了传统儿童读物的风格。该书面世后获得了空前的成功，对之后的儿童文学创作产生了革命性影响。迄今为止，《戴高帽的猫》已在全世界发行了1000万册。

资源匮乏的袁家村，就算是准备做关中小吃也没有什么优势。而且做小吃的都是当地农民，也不可能有什么特别独到的美食手艺。

如何把"劣势"转化为"优势"？

最终，郭占武针对当时城里人对食品安全的顾虑，将袁家村的小吃定位在"原汁原味，正宗古法"。甚至将制作工艺、用材都公告在店里、画在墙上，不追求技巧，而专心在食材上下功夫。

图7.5　袁家村店主的发誓木牌

在袁家村，店面上都挂着一些类似的木牌，例如："店主重誓承诺，如果做不到以下几点，甘愿遭天地同谴。原材料追踪供应链——面粉来自袁家村面坊，菜籽油、调料均来自本村作坊内，传统工艺，纯手工现做，不加任何化学成分。"木牌上贴着店主的彩色照片，落款监管是袁家村小吃街协会、袁家村旅游管理公司、袁家村村民委员会。有的店主还挂出了"不添加任何化学原料，如做不到以上，甘愿后辈远离仕途坠入乞门""如果羊血掺假，甘愿祸及子孙"等重誓承诺（如图 7.5）。

最朴素的民间诺言，最极致的内在道德约束，不仅打消了消费者的顾虑，更以强大的同理心赢得消费者的感动。这样的承诺牌让小吃的信誉度到达顶点（如图 7.6 ）。

图 7.6 袁家村"农民捍卫食品安全"标语

因为没有其他优势，为保持"乡愁"民俗的原汁原味，袁家村做得坚决而彻底。按规定，小吃街上所蒸馒头必须是用袁家村自己磨的黑面。有一年清明节，袁家村的游客太多了，村里产的黑面不够，有些村民就到镇上买了白面。不是说馒头不能吃，也不是馒头不卫生，但是袁家村的老书记坚持认为这些村民违反了规定。就带着几个人挨家挨户去收白面馒头，连夜开会。游客们也就跟着老书记，围得里三层外三层地看热闹。老书记才不管这些事情，照样骂了一通，现场一人罚款 1 万块钱，整个过程很多游客在那拍视频。这样，就把一个管理"事故"变成了一个传播袁家村品类的"故事"。

奥运会的会场虽然有规划良好的观众动线，但如果有几项大型竞赛在同一时间结束，大批观众会同时离场，到时候必然会有几处特别拥堵，甚至动弹不得，以至于有可能出现踩踏等事故。

传统做法是利用电子广告牌显示等候时间，向人们指示最佳疏散方向，将人潮重新导向其他路线。但这套昂贵的系统，已超出伦敦奥运会的预算。

于是大家只能思考其他方法，比如增加更多服务人员拿着扩音器指挥、高峰期重新设置路障、设置单行道等。这些举措在其他奥运会也都用过。但是 2012 年，伦敦奥运会及残疾人奥运会的"观众体验组"组长希瑟·麦吉尔（Heather McGill）却认为，这个办法虽然有效，但会牺牲掉观众有趣、友善和以人为本的观赛体验。

最终的解决办法是：比赛活动结束时，在现场举办临时音乐会，鼓励一部分观众留在座位上久一点。至于那些仍旧选择离场的观众，则是由一群"奥运推手"（会场志愿者昵称）戴上超大型的泡棉手套，像演唱会中的粉丝一样，热情地挥舞并指示方向，来直接管控人潮的流动。

因为缺乏预算不能购买电子控制显示牌设备，反倒创造出一种更温馨、更愉悦、有趣的体验。活动结束后，甚至有高达 86% 的观众投票表示这是他们参加过的最棒的现场活动。[1]

萧伯纳曾有一句名言："明理的人让自己适应世界，不讲理的人则坚持让世界适应自己，因此所有的进步都应归功于那个不讲理的人。"

只要转变观念，制约反倒会让我们走出困境。管理学家戴维·贝德纳尔（David A. Bednar）讲述过一个男人与卡车的故事：男人开车进入深山，不幸车被困在了雪地里，车轮空转，难以脱身。男人走下车，他没有寻求救援，而是在空载的车上装上了满满一堆碎木，外加一捆柴火。在压力之下，卡车终于能借助足够的摩擦力驶出了雪堆。[2]

所以我们也常说，**能力的尽头是智慧的开始。**

## "亮点"放大原则

从唯物史观看，赢得第二次世界大战胜利的关键历史人物不只是丘吉尔、罗斯福与斯大林，还有弗雷德里克·泰罗（Frederick Taylor）很大的功劳。一般认为现代管理科学始于泰罗的研究和实践。1911 年，泰罗出版了《科学管理原理》一书，提倡动作与时间分析方法，大幅度提升了体力工作者的生产力。二战期间，美国正是全面运用了泰罗这种"更聪明的工作方法"，使得美国体力工作者的生产力远超其他国家。美国一国产出的战争物资比所有参战国的总和还要多，这才是二战胜利的坚实基础。

泰罗的思路是：先找出"标准工人"，然后对其进行"动作与时间分析"，分解标准工人的动作，然后传授给效能低于标准工人的其他工人。这种放大优秀标准的方法，本质上就是一种驯化方法。其运用的手段通俗地讲可以称其为"亮点放大"原则。在 0.6—0.9 阶段，创新者通过这样的驯化，可以在实践中实现关键业务突破。

### 【斯特宁的越南项目】

1991 年，杰里·斯特宁（Jerry Sternin）作为慈善组织"救助儿童会"新任命的越

---

① 《逆向创新》，（美）亚当·摩根、马克·巴登，湖南文艺出版社，2019。
② 《颠覆式成长》，（美）惠特尼·约翰逊，中信出版社，2018。

南分会主任，受命前往河内，在当地设立办事处。当时居住在越南村庄的儿童中，有超过 65% 的孩子营养不良。越南当地已经组织过一些"补充喂养计划"，但最终没能取得显著成果。越南外交部官员决定邀请斯特宁团队来尝试一些新的方法。但是当地人对这类外来专家并不认可，配合度也不高。所以越南外交部给斯特宁的目标是找到解决农村儿童营养不良的方法，而且要在 6 个月内出成果。

斯特宁夫妻带着 10 岁的儿子同行，3 个人都不会讲越南语。当地能配合他们的资源也很少，人生地不熟的斯特宁夫妻只能靠自己来想办法了。

斯特宁曾回忆道："到达越南机场的时候，我们觉得自己就像孤儿，对于怎么达成越南外交部的期望一点儿主意也没有。"

接受这个任务之前，斯特宁已经阅读了大量的资料，看过不少研究报告。大部分专家的观点是：营养不良是一个系统问题，是各种社会经济因素综合原因导致的结果。比如经济贫困导致食品摄入量不够、农村的卫生状况差、缺乏清洁饮用水等等。

不过这些正确的废话对斯特宁帮助不大，也不能协助他在资金匮乏的情况下用 6 个月时间出成果。改善经济、建立清洁水源这些没有经过几十年全社会奋斗都不可能实现的综合因素，也不是一个小小社会机构能够解决的问题。

斯特宁决定还是先到现场看一下情况。正所谓没有调查就没有发言权。于是，斯特宁先深入 4 个农村社区，拜访了 2000 户有 3 岁以下儿童的家庭（如图 7.7）。

图 7.7 斯特宁走访越南农村家庭

斯特宁这次走访的目的是找到"亮点"案例，就像泰罗找到"标准工人"一样。在中国，我们称之为发现"群众智慧"。于是，斯特宁一边询问农村妈妈们的生活情况，一边对这 2000 个孩子进行测量，记录他们的身高、体重。然后找出那些身体表现比较优异的孩子，看看这些更壮、更高、更健康的孩子到底是遗传问题，还是有其他什么特别原因。

"我们确实发现，有的孩子家里非常穷却仍然长得很健康。"斯特宁记录下来自己的思考，"为什么会有这些异常呢？其他家庭是不是也可以做到呢？"

在剔除了遗传、经济条件等特殊情况之后，斯特宁发现这些健康孩子家庭的喂养方式与营养不良孩子家庭的喂养方式有所不同。

一般而言，当地小孩子跟家人一样，一天吃两顿饭，米饭为主。斯特宁带领那些孩子身体不好的妈妈们去走访亮点妈妈的家，观察她们的喂养技巧。结果有了出乎意料的发现。

首先，亮点妈妈一天给孩子喂4次饭（每日进食总量和其他孩子一样，只不过分4次吃）。少食多餐，可能更利于孩子消化。

其次，大多数父母并不管孩子吃多少，认为孩子饿了自然会吃。而亮点妈妈的喂养方式不同，他们主动给3岁以下的孩子喂饭，确保小孩子能吃足。

最有意思的是，亮点妈妈们会从稻田里捉一些小虾、小蟹，掺在孩子的米饭里。当地人一般认为，虾蟹是大人吃的食物，不适合拿来喂小孩。亮点妈妈还在米饭里加入甘薯叶，这种绿叶通常被用来喂猪，而不是用来给人吃。总之，亮点孩子们吃到的食物种类更多，这些添加的杂食，为孩子补充了饮食中严重缺乏的蛋白质和维生素（如图7.8）。

图 7.8　斯特宁研究"亮点"孩子的喂养习惯

身为一个外来和尚，斯特宁根本不可能自己想出这些做法，他甚至都不知道甘薯叶是什么东西。这些创造性的办法源自群众的智慧，是基于村民在本地特殊情况下的实践经验，这样的"关键业务"一定有生命力。

完美解释世界的事交给理论家，创新者只关心如何运用有限资源改造世界，以便达成有限目标。

单单找到亮点的方法也不行，还需要对其进行放大。

斯特宁认为："知识未必能改变行为。我们都见过心理学家发了疯，医生大腹便便，婚姻顾问离婚。"仅仅是给这些母亲们上营养学课程，讲道理改变不了她们的行为，她们需要的是实际可行的操作办法。

于是，他带领团队针对 50 户儿童营养不良的家庭设计了一个项目，每 10 户人家为一组。参加项目的妈妈们每天定时在临时厨房里集合，一起做饭，筹备餐点，每个人都必须带上虾蟹和甘薯叶。因为这些妈妈也都参与了亮点家庭的探访，执行的方案又是来自本地智慧，所以项目实施得非常顺利（如图 7.9）。

图 7.9 斯特宁对亮点方案的放大

斯特宁抵达越南村庄 6 个月后，以社区为基础的试点项目成功地使 93% 的儿童康复。随后这些经验被扩大到 500 万越南家庭。[1] 后来，埃默里大学公共卫生学院的研究人员来到越南收集其他数据，发现即使是斯特宁离开后才出生的孩子，其健康状况也跟直接受到斯特宁帮助的孩子相当。[2]

---

① 关于杰里·斯特宁的越南案例，分资料来自"正向偏差" https://positivedeviance.org/.

② 《行为设计学：零成本改变》，（美）奇普·希思、（美）丹·希思，中信出版社，2018。

图 7.10　斯特宁夫人 2019 年夏季重返越南

可敬的杰里·斯特宁先生已经于 2008 年去世，他的妻子和团队继续对这个项目进行追踪和支持（见图 7.10）。

上述案例令人印象深刻的是，这里面没有什么专家，也不是一开始就有什么奇思妙想。斯特宁在资源不足、完全不了解当地情况的条件下，运用驯化的"探索—选择—放大"方法，针对儿童营养不良难题找到了突破性的关键业务。

所以，答案就在问题里。

### 【值得注意的一点：亮点原则与幸存者偏差】

我们在进行亮点放大时，还要理解这个原则与"幸存者偏差"的关系。

所谓幸存者偏差（survivorship bias）是一种逻辑谬误，属于选择偏差的一种。就是观察者过度关注幸存后的人和事物，而忽略那些没有幸存的（可能因为无法观察到），从而给出错误结论的一种非理性认知偏好。

最经典的幸存者偏差案例，是美军二战期间的一次飞机改进分析。

1941 年，美国海军希望通过统计分析，给出飞机应该如何加强防护，才能免于被炮火击落的方案。军方通过数据分析发现：机翼是整个飞机中最容易遭受攻击的位置，而发动机则是最少被攻击的位置，因此美国海军指挥官认为'应该加强机翼的防护。但是当时参加本次研究的美国哥伦比亚大学统计学亚伯拉罕·沃德（Abraham Wald）教授的观点正好与军方相反，他认为应该强化发动机的防护。

沃德教授的依据如下：

● 本次统计的样本，仅包含了安全返航的轰炸机。没有那些遭敌方射击而坠毁的飞机数据。

- 机翼被击中很多次的轰炸机，反倒大多数仍然能够安全返航。
- 发动机上弹孔较少的原因并非该部位被保护得很好，而是一旦中弹基本不能安全返航。

军方最终采纳了沃德教授提出的增加发动机防护的建议，后来证实该决策是完全正确的。

有人担心亮点原则会有幸存者偏差问题。实际上，从沃德教授对美军轰炸机的结论来看，也是尊重了幸存者的特质，放大了幸存者的模式。

**要克服幸存者悖论，就是要尊重幸存者"幸存"这一事实，从中找到亮点。**注意力不要聚焦在"幸存者存在的问题"上。

**看到亮点需要能力，不过实质上更需要一种心智模式。**

## 见识的驯化：习得 > 构建

美国密歇根大学教授艾伦·沃德博士（Allen Ward）指出："产品开发中最大的浪费，就是将好不容易获得的知识扔掉，没有将积累下来的知识应用到今后的产品开发上，反而为了获得相同的知识而浪费宝贵的开发资源。"[1]

### 【在精益开发中积累见识】

莱特兄弟发明飞机的同时代，也有许多发明家都在探索如何实现人类飞天梦。但大家都失败了，甚至献出了生命。这里面有技术路线选择问题，比如有的发明家坚持要运用仿生学，按照鸟儿飞翔的原理造飞机。

也有很多人选择了和莱特兄弟一样的技术路线，但是他们一上来就搞整个飞机的制造和试验。比如与莱特兄弟同年代的美国天文学家、物理学家、数学家，同时也是发明家的塞缪尔·皮尔庞特·兰利（Samuel Pierpont Langley），尽管他得到美国政府和史密斯研究所的大力支持，但所有的飞行试验都失败了。

兰利制造的有人驾驶飞机于 1903 年 10 月 7 日和 12 月 8 日在波托马克河上经过两次试验，均告失败，幸好飞行员被人从水中救起，没有受伤。1906 年，兰利在南卡罗来纳州的艾肯去世。8 年后，美国著名飞机设计师格伦·柯蒂斯将他的飞机打捞上来，进行了改造，安装了功率更大的发动机，结果试验成功，飞机飞行了数百英尺。这也说明兰特当初的飞机设计思路也是行得通的。

---

[1]《精益产品和流程开发》，（美）艾伦 C. 沃德，机械工业出版社，2011。

为纪念兰利，史密斯研究所于 1908 年设立了兰利奖章，用于奖励在航空领域做出贡献的人。而首个兰利奖的获得者就是莱特兄弟。

兰利用了 17 年的时间耗资 7 万美元却开发失败，而莱特兄弟只用了 4 年时间和 1000 美元就通过最初设计的飞机取得了成功。没有接受过大学教育，在偏僻的乡村经营自行车店的兄弟俩，为什么能够领先众多著名的发明家将飞机发明出来？

就是因为他们采用了多点开发的迭代模式，充分运用了精益开发的思想，在开发过程中有系统地积累见识。

首先，他们认为直接发明飞机非常困难，所以决定在造一架完整的飞机前，先积累飞机各个系统部件的经验知识和实验数据。于是他们将飞机的飞行技术分为机翼构造、动力以及机体控制三个领域，在每个领域中反复进行基础实验已获得见识。

比如在机翼构造的问题上，他们最初按照社会上公开的空气动力学特性参数表，制作了简易的滑翔机。但在制作过程中发现这个参数表有错误，他们只能自己动手来修订。为了获得不同形状机翼的空气动力学数据，莱特兄弟利用废弃材料制作了一个小型风洞，并且制作了模拟机翼升力和阻力的测试构件。通过对超过 200 种不同形状机翼模型进行风洞试验，莱特兄弟拥有了一份独特的知识：不同形状的机翼的空气动力学升阻力参数表。

虽然这个风洞试验花费很低，而且测试用时并不长，但其他的发明家却没有耐心做这些基础数据积累工作。后来兄弟二人又在其他两个领域积累经验。比如使用铝质的轻型发动机解决了动力问题；控制机翼表面形状的弯曲度解决三轴控制问题等。

包括兰利在内的其他发明家全都是一有想法就立刻制作成品飞机，而一旦成品飞机试验遇到了问题（一般而言，新品研发必然会出问题），结果又要返工从头开始，这就是典型的瀑布式开发方法。更重要的是，没有形成关于产品的系统知识积累。

莱特兄弟将飞机的发明分解成三个主要问题，然后专心积累知识。他们遵循了习得知识＞构建产品的原则，在三个领域通过多次备选方案的实验，积累了丰富的知识之后才根据这些知识设计飞机。

莱特兄弟将在研究开发过程中获得的知识，详细而系统地记录了下来。两个业余发明家竟然能够如此重视对过程知识的记录，实在令人非常惊讶。正因为他们积累了如此丰富的知识，所以他们第一次设计的飞机，只用了 3 次飞行试验就取得了成功。①

关于精益开发和精益创业的书籍已经很多，这里就不再赘述。只是需要提醒创

① 《精实创新：快思慢决的创新技术》，（日）稻垣公夫，广东人民出版社，2018。

新者的是，要理解精益开发的优先级是习得相关领域的见识，而不是醉心于尽快成功搭建完产品本身。

## 商业元创新者的必备工具——MVP（最小化可用提案）

最小化可用产品（Minimum Viable Product, MVP）最早由法兰克·罗宾生（Frank Robinson）提出，因为史蒂夫·布兰克（Steve Blank）及埃里克·莱斯的使用而知名。尤其是后者的《精益创业》一书广为流传，推动了这个概念的普及。莱斯建议："最小化可用产品就是一个用来在最小付出下，对客户进行最大量验证式学习的产品版本。"注意，MVP 是一个学习工具。

因为里面有一个 P（product），很容易让创新者陷入产品构建的误区。所以，不妨把这个 P 改成 proposal（提案），也就是最小化可用提案（Minimum Viable Proposal, MVP）。

MVP 是商业元创新 0—1 阶段经常使用的工具，用于向客户和市场学习有关需求、关键业务、定价等方面的见识，以便提高新品类驯化过程中的探索效能，提升判断准确度。

2014 年，克里斯托弗·班科（Christopher Bank）发表在 TNW 的文章，提供了创建 MVP 的 15 种类型建议。我们挑选并修改，整理出 10 种具有普适性的类型做些说明。

### 1. 用户模拟推销

一般而言，我们不认为深度访谈算是 MVP。深度访谈是另一种获取客户和市场见识的有力工具。当然，与真实的用户进行沟通也是一种验证各种猜想的重要途径。创新者可以假设已经有了一个产品，然后口头上向客户进行推销，以此收集客户的困惑、质疑和期待。不过，作为 MVP 的模拟推销，其目的并不是完成成交，而是面对面直接观察客户的反馈。所以，客户的任何反馈，不管是积极或消极的，都是创新者的宝贵收获。

### 2. 预售广告页（纸质、网络登陆页或预售网页）

美国鞋类电商 Zappos 刚刚起步时，创始人尼克·斯文穆恩（Nick Swinmurn）先到线下本地商店拍摄了一批鞋子照片，然后把这些照片挂到网站上。他想测试一下人们对在线购买鞋子的反应。当有人下单时，他就去本地商店买过来，然后再给客户寄过去。他这么做的目的不是在这些订单上盈利，而是想了解是什么样的客户愿意成为"革新者"（参见第四章）。这样做的好处还包括：可以更快捷地发现在真实交易中，消费者可能会遇到的问题有哪些。Zappos 最终非常成功，在 2009 年被亚马逊以 12 亿美元收购。

### 3. 社交网站的内容主页（也包括文字、视频、图片等各类社交网络工具）

通过社交网站的个人主页，也可以很容易地与潜在客户人群进行直接交流。这样的互动过程相比第一种 MVP 方式，可以更直接地收集到市场反馈信息。与第二种 MVP 不同的是，内容主页并不是通过成交来测试用户反应，而是要与潜在客户一边相互了解，一边建立长期关系。

从小就热爱美妆时尚的艾米丽·韦斯（Emily Weiss）在 2007 大学毕业后，进入时尚杂志 *Vogue* 担任助理。因为兴趣使然，她在工作之余创建了一个以分享护肤、美妆为主的博客 "Into The Gloss"。这是一个主要采访女性的博客，一般设置在对方的浴室进行访谈，顺便展示下被采访者的化妆柜。

到 2012 年年初，该网站每月拥有超过 20 万名独立访问者。到了 2014 年，韦斯才在博客上推出了第一套产品：Glossier 四件套化妆品。获得良好的市场反馈之后，她终于开始组建正式的电子商务团队，并创办了公司。

此外，《精益创业》一书作者埃里克·莱斯也是先在博客上与读者进行交流，后来才开始写作。他通过博客一方面了解到受众的观点，一方面也刺激他们将来买书的欲望。

### 4. 产品介绍视频

一段高质量介绍视频可以更立体地向客户展示产品的价值主张。最著名的例子就是 Dropbox 验证 MVP 时所发布的视频。这段普通又直观的 3 分钟视频介绍了 Dropbox 的各种未来功能，导致注册用户量一夜之间从 5000 暴增到 75000，当时的 Dropbox 甚至连实际的产品都还没有。

2011 年，迈克尔·杜宾（Michael Dubin）已经建立了一个电子商务网站，卖了几个月的刀头。不过顾客的反应却平淡无奇，绝大多数顾客只光顾一次，买几个刀头，然后就再也不买了。于是杜宾开始尝试探索"包月"会员服务。

2012 年 3 月 6 日，迈克尔·杜宾（Michael Dubin）醒来并打开了电脑，眼前发生的一切，让他惊呆了。在前一晚睡觉之前，杜宾在 YouTube 上传了一段视频。他自己亲自出镜，在吐槽了吉利公司的产品之后，推出了自己的"一美元剃须俱乐部"，而他的公司在那之前基本上无人知晓。

那天早上，他的公司网站却打不开了。即便他前一天晚上将一切都设置妥当，但网站还是崩溃了。视频发出后没多久，推特上就涌现出几百条好评。视频发布 48 小时后，一美元剃须俱乐部拿到了远超预期的 1.2 万个订单。

2016 年 7 月，联合利华花费 10 亿美元全资收购了杜宾的这个创业项目。

## 5. 产品筹款

一些产品众筹网站为创业者测试 MVP 提供了很好的平台。创业者可以在上面展示自己的想法，然后发起众筹。之后还可以根据人们的支持程度，判断市场对于产品的态度。更主要的是，众筹还可以帮助创新者接触到种子客户，他们的意见对创新项目来说非常珍贵。

## 6. 贵宾式 MVP

贵宾式 MVP 和第 2 种 MVP 的预售广告页类似，只不过不是虚构一种产品，而是向特定的用户提供高度定制化的产品。差别是贵宾式 MVP 能够服务的客户数量有限，所以不必在乎单一客户上的服务和产品是否盈利。比如餐厅可以专为一人开设一道新菜；AI 产品没有开发出来之前，可以用人工为少量客户提供模拟服务；等等。

贵宾式 MVP 可以解决福特所说"客户要一匹更快的马"的问题。对于某些超出客户常规认知范围之外的产品，创新者可以通过让客户进行真实体验，以便创新者能够观察到客户给出的现场反馈。

## 7. 数字媒体广告投放式 MVP

传统经营思路是等产品成熟后，再进行广告宣传。在数字媒体投放广告的 MVP 可以借助移动互联网工具，尽可能多地接触到市场，尽早找到种子客户。前文介绍的"焕新窗"案例中，老于从一开始就是在互联网上投放广告，根据投放后的销售线索反馈情况，修订广告语（本质是修订产品的价值主张）；对咨询客户的沟通话术进行优化，以便了解客户的顾虑；对已经成交客户进行贵宾式 MVP 的探索，以便习得关键业务突破的要点。

虽然，信息流广告、搜索广告的竞争越来越激烈，广告价格也会越来越高。但是 MVP 式投放广告的主要目的，在于探索客户的刚需和对产品的要求，不用追求曝光量。而且商业元创新项目服务的是边域用户的非主流刚需，初期投放时候的成本还是可控的。

## 8. 基于开源共享开放平台的 MVP

有些项目如果需要 IT 化演示，可以先不要耗费大量人和资金去开发一个成型的应用，如 App 等。可以借助现有的 SaaS、开源软件以及微信小程序等开放软件，用"低代码"做出一个 UI 简约、功能简配的 MVP。

随着各类企业级服务产品越来越多、越来越成熟，在此之上开发这类 MVP 的现象也会越来越多。

### 9. 单一功能的 MVP

在做最小化可行产品时，可以只专注把某一个核心功能展示出来，而将其他次优先级功能搁置。

这样一方面节约开发时间和精力，另一方面可以集中探测客户的主要烦恼。

Uber 的 MVP 是创始人自己驾驶着一辆车到处转。而手机应用程序只有一个非常基础的功能：可以让用户实时看到车辆的位置，然后按一下按钮就可以叫车了。

Foursquare 在上线之初只是为了让用户可以在社交媒体上签到。他们的第一版 App 也仅有这一个简单的功能。

这种限制可以帮助创新者尽量聚焦在种子客户，从而关注更重要的问题，比如：客户的刚需苦点到底是什么？

### 10. A/B 测试

当创新者有多个猜想，并不确定哪个更接近事实，那么可以尝试 A/B 测试，也就是用两种 MVP。比如开发两版页面，然后将这两个页面以随机的方式同时推送给所有浏览用户，然后通过分析工具，了解用户对于不同版本的反馈；再比如精准投放两款不同样式的 MVP，观看媒体受众的反应。

## 【如何用 MVP 驯化创新者认知】

最小化可用提案（MVP）是一个见识增长工具，需要嵌入对创新者认知的"驯化"过程中。我们下面解析一下 MVP 的常规运用过程。

第一步：种子客户 / 苦点猜想

种子客户是谁？为什么而烦恼？替代品有哪些？替代品为什么没有解决种子客户的烦恼？客户在什么时隙场景下产生烦恼？客户解决烦恼的动机是什么？这些可以整理成一张需求画布，具体将在第九章进行更深入的讨论。

客户猜想从何处来？来自对亮点的提炼。

通过一线的观察、访谈以及上一轮的 MVP 探测，从而发现一些客户麻烦已经被解决的亮点故事。需求画布是对这些真实亮点故事的专业化呈现。

在 2010 年的一次假日聚会上，杜宾遇到了马克·莱文（Mark Levine）。莱文是他一位朋友未婚妻的父亲。无意中，马克·莱文聊到了剃须刀的问题。他说："一个不错的剃须刀的价值是刀片和电机，但它的消耗点仅仅在于刀片，现在市面上刀片的价格甚至超过了一个全新的剃须刀。""而我作为消费者，剃须刀带给我的体验感是极差的。我也相信，我遇到的问题也是大多数男性遇到的问题。"

于是杜宾投入 2.5 万美元建立了一个电子商务网站，售卖低配版的剃须刀和刀片，但是效果并不好。哪怕只是定价 1 美元，来购买的用户仍然有限，而且这些用户买了之后很少再次购买。这是一次 MVP 探索，虽然没有出现亮点信号，但至少证明价格并非客户的苦点。

像上一章阐述的那样，在商业元创新的 0—0.6 阶段，需要大量动作，才有可能出现值得放大的亮点。

创办之初，公司只有杜宾一个人，于是他自己通过邮件、电话、聊天软件、社交媒体等渠道为订户解答各种与剃须有关的问题。

有一次杜宾想到自己父亲会为忘记买刀片而抱怨。根据这个客户故事，他形成了一个新的猜想，于是决定调整销售模式，尝试采用按月订购模式，并且强调公司是一个"俱乐部"（club）。这是另一次 0—0.6 阶段的 MVP 探索。

这个模式一启动后，市场有了些亮点反馈。新模式给他带来大概 1000 个用户下单。于是杜宾决定放大这个猜想。于是他做了一个视频 MVP 来测试市场反应，结果在上文有所讲述。

第二步：MVP（展示给猜想的种子客户）

相对来说，提案比产品更能站在客户的视角。最简单的提案也得给客户提供至少 5 个方面的关键信息。下面以杜宾的"一美元剃须俱乐部"的视频 MVP 为例做一下解析。

1. 说法：解决客户什么问题、项目的价值主张

所谓价值主张，就是你准备"用什么手段解决什么问题"。在视频里，杜宾用讽刺搞笑的方式，多次阐述"一美元剃须俱乐部"的价值主张：

● 别再发愁每个月总记不起要买剃须刀片，赶快想想每个月我帮你省的钞票你得藏哪儿。

2. 看法：解释产生客户麻烦问题的原因

视频通过指出替代品（或竞品）给客户造成的麻烦以及造成这些麻烦的原因。包括老牌公司的顽固，产品的浮华和服务的不足等。这是一个教育客户的过程，普通消费者对专业领域的认知肯定不足，需要在他们的认知边缘建立一个新的消费景观。

● 你真的喜欢每月花 20 美元买大牌子的剃须刀吗？其中 19 元作为代言费都给了费德勒，打网球我也会啊！

● 你真觉得你的剃须刀需要"震动手"？别花钱净整那些你用不上的高新剃须科技了！

- 配套这些高科技，你还不能忘了每月买新的刀片！

3. 做法：如何解决苦点，客户得到的结果（可度量的）

在视频的一开始，杜宾亲自出镜自问自答。

- 我是"一美元剃须俱乐部"创始人。
- 什么是"一美元剃须俱乐部"？
- 每月仅需要一美元，我们就会将高质量的剃须刀片直接邮寄到你的家门口。

4. 去障：消除客户转变行为带来的顾虑

客户做出改变，除了要有新价值获得，还需要消除改变的顾虑。哪怕是种子客户也不可能对陌生事物没有一点心理障碍。

- 你没听错，只要一美元！那这刀片到底好不好呢？我们的剃须刀质量可太好了！

5. 促动：客户要做哪些动作

MVP还要给客户指明行动的路线，以便让客户能够找你。

- 你还在等什么？

问完之后，视频展示了"一美元剃须俱乐部"的官网网址。

第三步分：收集信号

MVP释放出去后，任何反馈都是有效反馈。

比如没有客户回应，这也是一种反馈。当然，创新者要着重在MVP探索中，觉察市场反馈中的亮点。亮点故事一般是那些意外的成功、意外的失败、特别奇怪的事件。

第四步分：修正种子客户／苦点猜想

根据收集到的亮点故事中的信号，形成对种子客户猜想和苦点猜想的修正。也就是回到第一步继续探索。比如杜宾放出视频后，网站被访问至瘫痪，新客户涌入进来。他发现也许是视频在新媒体播放的缘故，反响最积极的是20～30岁年轻男性。这样杜宾就可以对种子客户的画像做一次修订，在后续提供的探索中有针对性地调整解决方案。

# 本章小结

在商业元创新的 0.6—0.9 阶段，创新者开始着手挑战"其他人为何不提供产品"的难题。那些同样看到 0—0.6 刚需苦点机会的市场参与者，不如商业元创新者的地方就在于，后者能够实现关键业务的突破。

而这个突破的要点，一定是商业元创新者运用了结构性的创新，突破了观望者的认知惯性。

范式则是束缚非创新者的一个重要原因。当今正是采摘、农耕、工业等文明对产品范式，向网络文明新范式——蜂巢范式转移的时代。很多产业都将被重构，这才是数字化转型的本质，而不是仅仅通过信息化技术实现了更精准的自动化。

新范式只是给了创新者的一个选择视角，而要在 0.6—0.9 阶段完成对商业元创新关键业务的驯化，则可以运用亮点放大原则，将限制转化为机会，在问题里找到答案。

关键业务的驯化本质上又是创新者自己见识的驯化，常见的工具就是最小化可用提案（MVP）。

本章补充案例及知识点深化部分，请扫码进入《商业元创新》互动区。

第八章

# 商业元创新的 0.9—1

在商业元创新的 0—0.6 阶段关注新刚需是否出现，以及新刚需在种子客户人群的心智中是否被划分为新品类。

0.6—0.9 阶段关注针对新刚需的解决方案，以及这个解决方案是否足以解决种子客户的问题。

种子客户有新刚需也找到了与之对应的解决方案，但如果新产品价格过高，超出了种子客户的预算，则无法成交。而如果定价过低，新品类不经济，没有足够利润，也无法维持项目的可持续发展。

因此在 0.9—1 阶段，需要驯化出一个能够稳定盈利的商业元创新经济模型。理解这个经济模型的关键，一是要搞清楚商业元创新企业与客户之间的关系，二是要理解超越工业文明范式的定价模型。

## "复购"是一切商业创新经济问题的答案

王永庆（1917—2008 年）是我国台湾著名的企业家、台塑集团创办人，曾被誉为台湾的"经营之神"。

王永庆祖籍福建省安溪县。清道光年间，像很多福建同乡一样，王永庆的曾祖父王天来迫于生计，漂洋过海来到台湾。到台湾后王家世代以种茶为生，到其父王长庚一代，家境依然清寒，一年年辛苦劳作也只能勉强度日，有时候连肚子都填不饱。

王永庆 5 岁就得上山捡煤卖钱来补贴家用。上小学之后，每天上学前他都要把家里的水缸打满水。后来母亲生了妹妹，每天放学后王永庆还得扛一袋将近 50 斤重的饲料回家喂猪。

王永庆 9 岁那年，父亲患上了非常严重的疾病。为了不拖累一家人，也不想让本就不太富裕的家庭生活雪上加霜，父亲选择了自杀。但幸运的是，被王永庆的母亲及时发现，救回了一条命。此事对王永庆冲击很大，他决心要改变家中的贫穷状况，于是小学毕业后王永庆就不再继续上学了。

1931 年，14 岁的王永庆在叔叔的帮助下，来到素有"鱼米之乡"之称的台湾嘉义，找到一家日本人开的米店打工。当时仅有 14 岁的王永庆身材瘦小，老板觉得他年龄过小，长得太瘦，干不了重活，就安排他去打杂。

虽说只是一个小杂工，但是王永庆做得勤勤恳恳，边干活边学习。每天关门后，他留心看老板怎么记账、如何核算成本；晚上睡觉前，他会回想一天做过的事，回忆老板的每个动作、每句话，从中学习米店的经营知识。

15 岁的时候，王永庆回到自己的家。一天，他心事重重地找到母亲，说想要开一家属于自己的米店。不巧，他们的谈话被父亲听到了，父亲强烈反对。王永庆的父亲认为家中情况本不是很好，再加上他现在病情非常严重，根本就没有什么积蓄可以给儿子去开店。

听了父亲的话，少年王永庆并没有轻易地放弃，而是坐到父亲的病床旁，讲述了这一年以来种种经历以及自己总结的经验。看着一直都很懂事的儿子和他的决心，父母最终还是同意了王永庆去创业。

1932 年，在父母和亲戚的支持下，王永庆带着家里凑的 200 元钱和两个弟弟回到嘉义，开了一家米店。

米店开张后，王永庆在之前米店里学到的知识并没有给店里带来多少客户，当时嘉义原来就有 30 多家米店，大部分顾客依然还是习惯于去老店买东西。毕竟大米的品质都差不多，市场不会为穷人家的苦孩子单独开绿灯。拿着家里四处凑来的这点小本钱，每天入不敷出，兄弟三人愁云惨淡。

命运的转机来自一次偶然的和顾客聊天的时刻。如前文所讲，答案就在问题里，客户会告诉创新者方向。

一天，店里进来一位顾客，他四处转了转，点着一袋米对王永庆说："就来这一袋吧。"

"先生，对不起，这袋不卖的。"王永庆说道。

"为什么啊？"

"这是我们店里自己要吃的米。"

"难怪这么干净。如果你家店里的米都像那袋米一样干净就好了。"客户摇摇头，就离开了店。

这个时候，王永庆表现出来超出常人的创业家直觉。他准确地捕捉到了一个信号，并决定把它放大，从而走出了驯化商业创新的第一步。

原来，那个时代米店卖的米都很粗糙，米里面有很多糠、沙砾和小石头等杂物，需要在煮饭的时候自己挑拣干净。这已经成为嘉义当地的一种生活习惯，没人觉得奇怪。

但是这个客户的一句抱怨或者说是期待，给了王永庆很大启发。既然客人有期待，那为何不提供差异化的新产品呢？

于是兄弟三人就分了一下工：三弟外向善交际，就负责接待客人和照顾店面；二弟性格内向，就在店面后面专心从米里挑杂物；王永庆自己则走街串巷去搞推销，观察客户还有什么"求而不得"的情形。

因为提供没有杂质的新产品，店里的生意逐步好起来，三兄弟晚上都要加班加点才能供应得上白天的需求。

不过，创新也带来了新问题。王永庆家米的质量是提高了，但因为挑出杂质，米的分量却减少了。价格没有提高，又要想弥补损失，只有增加销售量。怎么才能扩大规模呢？王永庆又开始苦思冥想。

结果，客户又一次给出了答案。

一天，有一位主妇听说王永庆家的米没有杂质，就慕名而来。到现场一看，哎哟喂，米好还不涨价，来三斗。等称好米、付了钱，小妇人突然发现，自己眼大力气小，三斗米根本就拎不动，于是只能改要一斗。

王永庆觉着好容易来一个大主顾，不能就这么放弃吧，于是他主动提出可以帮顾客把米送回家。在送米的路上会路过其他一些米店，店里伙计有认识王永庆的人就问："阿庆仔，怎么送米上门吗？"就这样，一连有 3 个伙计都问了这句话。

王永庆突然灵机一动为什么不能送米上门呢？

就这样，他把米送到小妇人家里之后还主动问对方这三斗米大概能吃多久，下次他就直接送过来，顾客可以不用再跑店里一趟了。小妇人相当高兴，就当了王永庆的第一位"订阅式"会员。

这件事后，王永庆就把"送米上门"提到米店经营的日程上来。他开始添置一些运输工具，这样就可以同时送很多家，减少路上消耗的时间。同时他每次上门，都会精心做一些大数据统计，比如这家几口人，每天用米量是多少。甚至送米的时候他会细心地为顾客擦洗米缸，以便把新米放下面，陈米放在上面，顺便就记下来了米缸的容量。

这样一来，王永庆就建立了一个客户服务数据库（一个小本子），从而可以推导出每个客户需要多长时间送一次，每次送多少米。

当时大部分人家家境都一般，手头没有多少富余的钱。那个时代的米店也是一手交钱一手交货，大家也习以为常了，而王永庆决定再做一次创新。

在他的客户服务数据库里，他记录下来每个顾客家发工资的日子。他给客户送米的时候先不收钱，然后在顾客们发了工资的一两天内去讨米钱。

就这样通过发现并满足了几个客户的新需求：

- 不需要再花费精力从大米中挑选出杂质；
- 家庭主妇不需要自己辛苦地搬运米袋；
- 不需要自己动手整理家中米缸，以便于让陈米可以先被吃掉；
- 不用操心家里米是不是够用，不用担心忘记买米；
- 可以先吃米然后再付款的信用消费。

因为关注客户的反馈，一个极其平常的大米生意，被王永庆"发现"出如此多的新机会。

由此，王永庆米店生意越来越好。从最初的每天卖不到一包 12 斗，到一两年之后，王永庆一天就可以卖出十几包米，营业额增长了十几倍。[①]

就这样，王永庆通过卖大米积累了资金，后来又买了碾米设备，在嘉义建了一家碾米厂。直到 1941 年，日本人实施"共进共贩"，王永庆的碾米厂和米店都被迫关门。于是，王永庆用自己 10 年辛苦经营的积蓄在家乡附近购买了 20 亩的林地，在云林大埤和嘉义大溪厝共买了 5 亩水田，为后来的发展打好了基础。

在中国古代，那些走街串巷贩卖货物的人被称为"商"；有固定场所，坐着贩卖，等着人自己过来购买的叫作"贾"，故言"行商坐贾"。

王永庆的米店就是"贾"。"贾"在固定地点营业，不流动，也就意味着要与客户多轮交易。理性的经营者要获得更高利润必然不能靠坑蒙拐骗，只会追求回头客的复购。

虽然王永庆在米店服务上探索出了很多创新点，但他在经营上的注意力其实只是围绕在一点，那就是：打造回头客。

**复购是一切商业创新经济问题的答案。**

**不追求复购的商业创新必然动机不良，也不可能是真正意义上的商业创新。有**复购的客户才能谈得上"顾客终身价值"（Customer Lifetime Value，CLV），才有可能

---

① 《王永庆全传》，双根，华中科技大学出版社，2010。

建立起健康的商业创新经济模型。

## 订阅式复购

亚马逊 CEO 杰夫·贝佐斯（Jeff Bezos）将公司成功的最大原因归结于"对客户的强迫性关注，而不是对竞争对手的关注"。亚马逊的"Prime 会员"模式就是这一强迫性关注的产物。

首先看一下 Prime 会员机制取得的成果：

① Prime 会员数量及会员消费体现出高续订、高留存，保持了多年的增长。到了 2018 年 4 月，Prime 会员数量就已经超过 1 亿人。2018 年 Q2，会员订阅收入为 34.1 亿美元，同比增长 55%。

② Prime 会员忠诚度及交易活跃性极高，交易占比 50% 以上；30 天免费试用之后约 75% 的用户会选择订阅第一年的会员服务，而第一年之后 91% 的用户会续订第二年。

③ Prime 会员单用户交易金额高，且随会员年限不断增长。2018 年的研究数据显示，Prime 会员在亚马逊上花费的金钱为普通用户的 4.6 倍，1 年内的会员全年平均消费 886 美元，而 3 年以上的会员年平均消费可达到 1640 美元。[①]

这个最初代号为 Futurama 的亚马逊秘密项目，源于一位软件工程师对亚马逊免费快递服务的沮丧体验。当时亚马逊上的消费者被要求每份订单的最低金额需要达到 25 美元，才能享受到快递津贴，然后还需要等待 8 到 10 个工作日才能收到货。

而同样在图书行业，亚马逊有一个竞争对手。该对手开设了一个价值 30 美元的会员资格产品。客户只要支付 30 美元的会员费，就可以升一级。于是这位工程师就提出：是不是可以通过收取会员费，然后给会员提供一天半价、隔天免费的快递服务？

贝佐斯立即对这个项目表示出了浓厚的兴趣，并且力排众议给予大力支持。当时亚马逊向顾客收取 9.48 美元的隔天送达快递费，所以可以想象，第一批注册 Prime 的人肯定是过去支付隔天送达服务的人。之前他们每次都会多出将近 10 美元，现在成为 Prime 会员，只要购买次数就节省了这笔支出。

---

① 《亚马逊会员体系研究》，邓文慧，《东方证券研究报告》，2018 年 8 月。

另外，大规模提供"隔天送达"的免费快递服务，还将对订单交付中心产生巨大压力，短期内不可避免地要增加不少成本。

但贝佐斯坚持认为："我想保护好我们最好的客户，我们不会把最好的客户视为理所当然。"

2005年2月，亚马逊正式推出了Prime服务：预付79美元成为会员后（2014年，亚马逊将会员年费提高25%，达到99美元），会员可以享受免费的2日达（Two-day shipping）或3.99美金的1日达（One-day shipping）送货服务。

亚马逊认为人一生中最有可能改变购物行为的两个时刻：一是当客户是学生的时候，另一个是当客户有孩子的时候。只要他们认为亚马逊是买东西的最佳场所，养成了购买习惯，那么这些客户会随着年龄的增长，越来越沉迷于亚马逊。于是亚马逊单独给大学生们提供一年的免费Prime时间（后来改成了六个月）。针对后一类客户，亚马逊则推出了"亚马逊妈妈"（Amazon Mom）活动。这对新手父母们来说真是天大的福音，他们有机会得到长达一年的Prime服务，同时还享有许多其他优惠活动，比如可以每月定期收到纸尿布。总之，为了将消费者转化为终身客户，贝佐斯简直不惜代价。

Prime在最初的几年内并未向世人展示出它后来所取得的巨大成功，甚至一开始在亚马逊公司里都很少有人知道。这一直是个能够提高客户满意，但给企业产生巨大压力的项目。

在对Prime的信心上，贝佐斯几乎是单打独斗，每天都要密切关注注册人数，每当零售团队在主页上降低了对Prime业务的宣传力度，他都要出面干涉。

Prime的发展花了很长时间，直到贝索斯把一些数字视频业务捆绑进来，它才真正开始了业务起飞。亚马逊首次推出影音服务是在2006年。当时亚马逊推出了Unbox，提供成千上万的电视节目和电影DVD，供消费者下载购买或租赁。仅仅一年后，Netflix除了推出DVD业务外，还推出了流媒体视频服务。亚马逊马上意识到，如果要在在线娱乐行业有一个真正的未来，它还需要建立一个订阅视频服务。于是在2011年，它们推出了Prime Video。

Prime Video推向市场是一个巨大的转变时刻。这样Prime会员除了之前的服务之外，还能额外享受到无限量的电视和电影节目观看资格，还有照片存储服务；以及超过35万本Kindle电子书免费下载。

贝佐斯提出将免费视频放入Prime项目的时候，公司高管都不知所措。他们困惑地问道："你在说什么，亚马逊Prime？这不是免费送货计划吗？"

正是这些能够与客户持续联结的服务项目，才使得 Prime 会员保持了极强的忠诚度。根据 Kantar Millward Brown 公司的分析，购买同样的商品时，只有不到 1% 的 Prime 会员可能会去非亚马逊平台购买。以竞品 Target.com 为例，亚马逊的非 Prime 会员消费者从亚马逊转到 Target.com 购物的可能性是 Prime 会员的 8 倍多。

Prime 会员模式产生的顾客忠诚至少带来两个特别的好处：

①养成新的消费习惯

Prime 会员模式出现之前，多数美国人不会将电子商务作为购物的首选渠道。当 Prime 会员不用考虑物流成本，并且能够在 1 ～ 2 天内到货之后，美国人就觉得网上购物其实还是非常便利的，从而逐步提升了网上购物的消费比例。

②一个入口形成的范围经济

从最初的物流打包快送服务之后，Prime 会员不断被加入电子书、流媒体视频、音乐等各类产品服务，后来还包括通过全食超市（Whole Foods Market）为会员提供的 Amazon Go（线上订货，线下取货），将生鲜零售导入购物类目之中。

2018 年，在亚马逊三大支柱业务（交易平台、云服务、Prime 会员）中，Prime 会员业务增速最快。2018 年 5 月，Prime 会员年付费价格提升至 119 美元 / 年。

亚马逊 Prime 会员展示了一个经典的订阅式复购案例。有复购，就意味着供需双方有可能也必须建立起相对稳定的关系。这种关系不是负担，而是宝贵的经营资产，是比货币资本更宝贵的社会资本。

**而建设好这样一种有"市场定价"属性的人类关系，将是一个非常大的挑战。**

## 市场经济下的人类关系模型

### 【"人类关系模型"与伦理】

人类学家艾伦·菲斯克（Alan Fiske）于 20 世纪 90 年代初提出过一个人类关系模型（Relational models theory，RMT）。模型里有四种关系，分别是公用共享、权威序列、平等匹配和市场定价。

● 公用共享（Communal Sharing，CS）关系中，人们相互分享资源，不介意谁付出多少，谁又得到多少。他们将彼此之间视为血肉相连的一体。因此在 CS 关系中，人们的独特身份被忽略，强调共同并具有亲密的关系。典型的 CS 关系如家人、亲属、家族、战友等。这种关系也会出现在民族主义、明星粉、宗教、体育等凸显"我们都是一类人"的场景。

● 权威序列（Authority Ranking, AR）关系中，人们沿着某种等级排序，这些等级可以由权威、地位、资历、性别、身材、财产等维度构成。AR 关系的主要特征是关系中一方的排名是高于还是低于对方。等级较高的人有权接受下级的供奉，可以要求下级顺服和尽忠；而等级低的下属则有权得到上级的家长式、牧师式或者贵族式指导和保护。军队中的军衔是呈现 AR 关系的典型工具。

● 平等匹配（Equality Matching, EM）关系中，人们采用比如轮候、抽签、投票、等额分配等规则建立公平分配资源的模式。或者采用针锋相对的报复模式处理冲突。EM 关系是人类公平意识和直觉经济意识的基础，在家人、知己和战友之外，它让人们以熟人、同事、邻居、生意伙伴的形式联结在一起。

● 市场定价（Market Pricing, MP）关系中，人们依赖数字、数学公式、会计和规范合约等工具，基于价格、租金、工薪、收益、利息、信用、其他衍生品进行人际互动。如快递小哥与收件人之间的关系就是典型的 MP 关系。

根据 RMT 理论，人类关系模型的不匹配是人际交往冲突的常见原因。不同的人类关系模型会暗示关系各方在相同情况下的不同行为规范。不同人类关系模型要求关系各方都要遵守不同的"心灵契约"。

以两个室友共同洗碗为例。假如在室友 A 心目中他与室友 B 的关系是 CS（公用共享）关系，而室友 B 则认为双方是 EM（平等匹配）关系。那么在这两个框架下：A 希望两人各尽所能洗碗，不要分彼此；而 B 希望他们轮流洗碗。

结果出现了一种情况：A 忙而 B 不忙。A 就会期望 B 洗碗，但是 B 认为前两天自己已经洗过碗了，现在是 A 的义务。B 会对 A 的那种理所当然的要求感到不满；A 则会认为 B 不体谅自己、不像一家人而伤心。

菲斯克的关系模型还能解释人际关系的复杂性，比如人类关系模型的匹配还要适应不同的社会场景。两个亲近的朋友之间，在日常消费生活中的互动可能是基于公用共享 CS 关系。比如他们在饭局上可以随意地分享食物，互相买单，绝不斤斤计较。但是如果他们在同一家公司上班，就得面临其中一人是专家，可以对另一人下达业务指令（权威序列关系）的场景。

当一个人在关系中违反了共识过的 RMT 规范，违规者会被视为害虫或者骗子，成为道德谴责的目标。但是，当一个人将某个人类关系模型的规范用于原本受另外一个人类关系模型制约的行为时，会产生一种新的心理现象，就是这个人被其他人视为"不懂规矩"。人们对不懂规矩的反应程度可以从困惑、受窘和难堪，一直到震惊、反感和愤怒。①

对人际互动模型的思考，离不开道德这个话题。道德在社会治理中扮演举足轻重的作用，也制造了一系列的冲突问题。

人类学家理查德·施韦德（Richard Shweder）和他的合作者发现，全世界的各种道德规范基本集中在少数几个主题上。这些主题可以归为三大类：自主（autonomy）伦理，承认个体有自行选择自己行为的权利；社团（community）伦理，其道德在于对组织、机构、国家等集体的责任、尊敬、忠诚和相互依赖。神性 / 神圣（divinity）伦理，坚持某些精神的神圣不可侵犯与玷污。

中国传统儒家提出的五常曾贯穿中华伦理多年，成为中国人社会价值观中最核心部分。在这五常中，孔子最早提出"仁、义、礼"，孟子扩充提出"仁、义、礼、智"，后董仲舒再次扩充为"仁、义、礼、智、信"。《三字经》云："曰仁义，礼智信，此五常，不容紊。"

我们把上述人际道德观念与菲克斯模型相结合，可以得到如表 8.1 中的观念对应关系：

表 8.1　施韦德、菲克斯、儒家五常与中国乡土传统观念对应表

| 施韦德模型 | 神性 / 神( divinity) | 社团（community） | | 自主（autonomy） |
|---|---|---|---|---|
| 菲斯克模型 | 公用共享 | 权威序列 | 平等匹配 | 市场定价 |
| 儒家"五常" | 义 | 礼 | 仁 | 信 |
| 中国乡土传统 | 情 | 理 | | 法 |

说明一下，五常中的"智"没有列入对照表中。孟子在"仁、义、礼"之外加入"智"，构成四德。《孟子·告子》曰："是非之心，智也。"儒家早就意识到处理诸如"忠孝不能两全"等相互冲突的人际关系，需要权变之智。"智"用来处理人类关系模型使用中的矛盾冲突，而并非一种人际关系伦理。

**【市场定价是最后发展出来的一种人类关系】**

将人类关系模型与道德进行对应，可以更有效地解释很多人际冲突。尤其当市

---

① 《人性中的善良天使——暴力为什么会减少》，（美）斯蒂芬·平克，中信出版社，2015。

场定价关系试图取代其他三种关系，重构各方心灵契约的时候，要么会挑战神圣道德底线，要么出现"谈钱伤感情"和"谈感情伤钱"的尴尬。

中国人常说"买卖不在仁义在"，同时又被先人教育"人情送匹马，买卖不饶针"！这些人际关系建议之间如此相互矛盾，根源在于市场定价既非直觉亦非感情，还需要与其他三种关系建立恰当的协调机制。这也体现在工业文明和功利主义哲学取得巨大成果的同时，给人类文明带来了新困扰。

2001年，美国一对夫妇把他们儿子的命名权放到eBay和雅虎上出售，他们希望能有一家公司购买这个冠名权。一时间，这个拍卖活动成为网络热点事件。这对父母计划用这笔钱购买一处舒适的房子，好给新来到来的小生命创造一个更好的家庭环境。然而到最后，这笔生意没有做成，没有哪家公司愿意涉足此事。

当最早出现人寿保险产品的时候，公众认为这是在给人的生命标价，并让妻子拿丈夫的死亡投注获益，对此非常反感。后来人寿保险业不得不重新诠释了产品的伦理关系，将寿险产品定位成"有责任心的丈夫"必须考虑的安排——寿险让他可以在自己万一出意外去世的情况下，能够继续照顾好家人。

按照人类学家的分析，与其他三个关系模型不同，市场定价关系虽然已经逐步成为全球各地社会秩序的主体，但作为最后一个出现的人类关系模型，它需要依赖文字、数字和其他新近发明的社会技术和物理技术而存在，尚不具备普适性。这个最晚出现的人类关系模型还没有刻入人类基因里，所以人们还不能天然地接受市场定价关系的逻辑。[1]

市场定价关系之所以令人警惕，本质上是因为：**其他三种关系的出发点都是"相互利他"或者"先利他后利己"，而市场定价关系的出发点是先利己。** 就算是在权威序列中，关系双方也都是要先为对方着想。一个不考虑员工未来的老板，也得不到员工的忠心。

与其他人类关系模型不同，市场定价关系不需要有利他的初心，完全可以从利己出发，借助社会外部力量约束，或者根据一定的风险预判，通过博弈达成临时的关系均衡。**市场定价关系的优势在于：可以相对容易地在陌生人之间形成临时合作关系。缺点是这种关系缺乏稳定性，每一轮交易都可以重新博弈。** 所以人会觉着越是商品化程度高的地区，人情味越少。而作为社会性动物，经过几十万年的进化进程，人类在基因里刻满了对稳定关系的渴望。

但是既然市场定价关系是最后一种出现的人类关系，那么它也代表了社会发展

---

① 《人性中的善良天使——暴力为什么会减少》，（美）斯蒂芬·平克，中信出版社，2015。

的一种趋势。比如哈耶克在《致命的自负》中提到："休戚与共和利他主义只能以某种有限的方式在一些小团体中有可能行得通……相互合作的团体的成员的大多数生产活动一旦超出个人知觉的范围，遵守天生的利他主义本能这种古老的冲动，就会实际阻碍更大范围的秩序的形成。"

### 【变革中的人类关系社会结构】

上述四种人类关系构成了社会秩序的底层逻辑。但是在不同时代、不同经济条件下，四种关系在社会中的主体位置、适用边界也会不同，从而形成不同的社会关系结构。

菲斯克看出："在世界范围内，最近 3 个世纪以来，社会制度在整体上沿着从'公用共享'向'权威序列'，再向'平等匹配'和'市场定价'的方向加速移动。"

这其实也是一个全球工业化的加速过程。经济模式的重构必然导致人类关系社会结构的重建。

以中国为例，在 2000 多年的历史进程中，乡土中国曾经建立过一个稳定的社会结构。费孝通将这个依照儒家伦理建造的社会结构，称为"差序格局"，"以'己'为中心，像石子一般投入水中，和别人所联系成的社会关系，不像团体中的分子一般大家立在一个平面上，而是像水的波纹一般，一圈圈推出去，愈推愈远，也愈推愈薄。在这里我们遇到了中国社会结构的基本特性。我们儒家最讲究的是人伦，伦是什么呢？**我的解释就是从自己推出去的和自己发生社会关系的那一群人里所发生的一轮轮波纹的差序"**[①]。

在这样一个差序格局中，四种人类关系适用于不同的范围。在乡土社会，大家庭内追求公用共享关系，宗族内强化权威序列关系，宗族外适用平等匹配关系。在生产力相对低下的农耕文明时期，利用差序格局下的社会结构和文化共识，在如此广阔的土地上，中华民族成功地将如此分散的众多人口聚合成了一个精神共同体。

不过，历史学家黄仁宇曾指出："中国两千年来，以道德代替法制，至明代而极，这就是一切问题的症结。"[②] 由此，传统中国社会成为一个"潜水艇三明治"（submarine sandwich）结构：上面是一块长面包，大而无当，乃是文官集团；下面也是一块长面包，乃是成千上万个相互之间较为独立的乡村自治体。黄仁宇分析，传统中国没有孕育出资本主义，没能建立近代欧美社会那样集中财政、高效军备和产业技术，根源是缺乏支持"数目字"管理的社会关系结构。

---

① 《乡土中国》，费孝通，北京大学出版社，2012。

② 《万历十五年》，（美）黄仁宇，生活·读书·新知三联书店，2015。

而能够支持黄仁宇所提出的"数目字"管理的社会关系结构只能是市场定价关系。这就意味着需要将乡土中国的差序结构推倒，建设出一个全新的社会伦理结构。这种变革涉及家家户户、方方面面，而且方向不明，其艰难程度可想而知。

计划经济时代的中国，人际关系结构依然与乡土中国类似，公用共享关系为目标，其他三种关系为手段。其中宗族式的权威序列关系被整个社会从上而下的计划管控所替代，而且有一段时间国内（包括乡村）的市场定价关系还曾被暂停。实践证明，这种"公社"社会结构与乡土中国一样，适应不了大规模社会化分工的工业经济要求。最终从 1978 年开始，中国社会向"发挥市场在资源配置中的基础性作用"这一方向逐步改革。

但是，这一改革触及的不仅仅是经济体制问题，也导致了已经形成几千年的社会文化、道德伦理、家庭观念出现重大变化，甚至是被颠覆。用 100 多年的时间重构已经运行 2000 多年的社会关系秩序，中间出现各种不适应在所难免。

比如在中国传统习俗下，新婚夫妇签订婚前协定，属于将市场定价关系侵蚀公用共享关系。这类法律协定在传统中国伦理习惯下，会被认为谈钱伤感情，挑战了婚姻的神圣道德属性。

再比如，在中国传统上，基于"师道尊严""师传"的"教化型"价值取向，老师和学生的关系更像是权威序列关系。但是现代教育的结构化、流水线化，使得老师和学生的关系变成了平等匹配关系或者市场定价关系。所以在 2008 年汶川大地震时候，出现老师不照顾学生自己先避险的"范跑跑"现象，就曾引起社会上不同认知群体之间的较大争论。

**四种人类关系模型的历史进程，可以按照如下顺序排列：公用共享＞权威序列＞平等匹配＞市场定价**。对上述关系模型的辨识以及排序，既能反映人类社会结构发展的进化之路，也能反映出一个人从儿童到成年的心智成长历程。

在互联网上经常会有一些骂战、网络暴力事件。细分析之下会发现，一个事件中的各方对于相互之间应该适配什么样的人类关系模型缺乏共识。不同的价值取向、不同的心智成熟的人，会有不同的选择，从而造成各种冲突。

2022 年 4 月 3 日，住在上海市虹口区的一位女生想给住在青浦区的听障父亲送菜。但是届时上海处于新冠疫情封控期间，女生手机下单后一直没等到有人接单。正好，她手机上有前一天来送菜的外卖小哥的电话。于是她试着联系了对方，说明了情况。外卖小哥觉得这个女生很孝顺，收菜的又是残障老人，虽然是跨区 20 多公里（平时他只送周边二三公里），还是一口答应了。疫情封控期间阻碍重重，又加上电动单车出现故障，历时 7 小时，外卖小哥才把这一单完成。女生为了表示感谢，要给外卖小哥钱，外卖小哥没要。于是女生就给外卖小哥充了 200 元话费。

事后，有人将这段"正能量"故事发到网上。没有想到的是，一些不在上海的网民表现出了极强的道德感，嫌该女生给的钱太少。他们对该女生谩骂、指责，甚至对该女生发出大量私信，发起网暴。[①]

其实，这本是一个女生和外卖小哥之间的平等匹配人际关系，只要双方感觉平等匹配，就是和谐关系。如果是外卖小哥来网上投诉，觉得不公平，网民给予同情，似乎还情有可原。现在的问题是，两人之间觉得关系处理得挺好，外卖小哥一再强调，他送菜根本不是为了钱。但是处于第三方的网民一定要介入这个关系中间来，为什么呢？

因为这些网民认为他们和女生、外卖小哥之间属于公用共享关系。大家都在一个国家、一个社会，应该有一种"和我一样正确的人际关系规范"。另外在这个公用共享的关系遮盖下，也是一批网民在用市场定价来衡量他们自己 9 个小时的劳动价值。

这件事一方面反映了这些网暴人员的心智发育迟缓，另一方面也反映几千年中国传统的人际关系文化还在发挥着作用。

### 【市场定价关系引发的焦虑】

基于工业文明的社会市场化在过去的 500 年间极大地推动了人类生活的富足。同时，市场定价关系也逐步成为建立社会秩序的主体关系，攻城略地进入很多其他 3 种人类关系所规范的领地。从而给人们带来道德焦虑。

著名政治学家迈克尔·桑德尔（Michael Sandel）30 多年来一直在哈佛大学讲授一门名为"公正"的课程，是哈佛历史上累计听课学生人数最多的课程之一。后来这门课被放到网上，也成为在全球最受欢迎的 MOOC（慕课）之一。桑德尔还写过一本书，名字就叫《金钱不能买什么：金钱与公正的正面交锋》，其列举了一系列令人不安的市场定价行为：

● *牢房升级：每晚82美元。在加利福尼亚的圣安娜和其他一些城市，非暴力罪犯可以用钱来买到更好的住宿条件，即一间与不出钱的罪犯的牢房分离开来，又干净又安静的监狱牢房。*

---

① 《深夜疾驰 27 公里送菜的外卖员：看到顾客被网暴，我难过得睡不着觉》，李楚悦，上观新闻，2022 年 4 月 6 日，https://www.shobserver.com/staticsg/res/html/web/newsDetail.html?id=469431&sid=67.

● 印度妈妈的代孕服务：每位6250美元。西方国家那些寻求代孕的夫妇们越来越多地将怀孕之事外包给印度妇女，因为代孕在那里是合法的，而且价格也不足美国现行价格的1/3。

● 狩猎濒危黑犀牛的权利：每头15万美元。南非开始允许农场主把射杀有限数量犀牛的权利出售给狩猎者，以此激励农场主去饲养和保护各类濒危物种。

● 出租你的前额（或者你身体的其他部位）用来放置商业广告：777美元。新西兰航空公司雇用了30个人，把他们的头发剃光并印上写着"需要做出改变吗？请来新西兰"广告语的临时刺青。

● 为私人军事公司去索马里或阿富汗打仗：每天250美元至每天1000美元不等。这项报酬根据人员的资质、经历和国籍的不同而不同。

● 为一位病人或老人购买一张人寿保险单，在其有生之年为其支付年度保险费，然后在他／她去世时可获得死亡收益，其价值可达数百万美元（具体收益取决于保险单中的规定）。这种在陌生人的生命上下赌注的做法，已然成就了一个300亿美元的产业。陌生人死得越快，投资者赚的钱也就越多。

● 查德·波斯纳（Richard Posner）法官曾建议用市场手段来分配那些供收养的婴儿。波斯纳认为，一些更讨人喜欢的婴儿相较于不太讨人喜欢的婴儿，可以要求收养人出更高的价格。他论辩说，在分配供收养婴儿这件事情上，自由市场会比现行的收养制度做得更好，因为现行的收养制度虽说允许收养机构收取一定的费用，但却不允许拍卖婴儿或索要市场价格。[①]

金钱律令（money's writ）让桑德尔不安，原因是市场定价关系正在将某些神性／神圣和社团道德属性的事物商品化，从而触发了"社会禁忌"（social taboo）。

而大多数经济学家的观点则正好相反，他们认为现在不是市场化过度，而是市场化不足。很多领域，都应该对市场开放，以便提高资源使用效率。

经济学家肯尼斯·约瑟夫·阿罗（Kenneth J. Arrow）曾经说过："像许多经济学家一样，我也不想过分地依赖那种用道德伦理去替代自利的做法。我认为从整体上来讲最好的情况是，对伦理行为的要求只能有限地适用于价格体系失效的那些情形……我们不想鲁莽地把利他动机这类稀缺资源都用尽。"

---

① 《金钱不能买什么：金钱与公正的正面交锋》，（美）迈克尔·桑德尔，中信出版社，2012。

阿罗的思想代表了大部分经济学家的观点，即利他资源是稀缺的，能够用利己驱动的市场定价来解决问题，就不要用利他精神来解决。市场可以像解决土地、资本、劳动力一样，节约保护稀缺的利他精神。

与谈钱伤感情和谈感情伤钱不同，这些经济学家的奇特论述是谈钱省感情，他们认为这种经济学美德可以拓展到社会生活的方方面面，因此这种思想也被其他学科称之为"经济学帝国主义"。

其实，两派观点都有可取之处，也都有局限性。

经济学家的误区在于，"谈钱省感情"并不符合生活常识。利他主义、爱与关怀并不像自然资源那样是外部给定的、有限的。利他精神反倒会在相互利他过程中被激发出更多，而不是越用越少。换言之，如果利他精神被驱逐，很少被众人感受到，那么整个社会的利他精神有可能还会减少。

以献血为例，英国社会学家理查德·蒂特马斯（Richard Titmuss）在 1970 年的研究中，比较了英国和美国的血液采集系统。在英国，所有用来输血的血液都来自无偿献血者；而在美国，一部分血液来自无偿献血者，还有一部分血液是有偿购买的。蒂特马斯所提供的大量数据表明，从经济和实际的角度来看，英国血液采集系统要比美国血液采集系统运行得更好。

蒂特马斯认为，美国把血液变成一种市场商品的做法消减了人们的利他精神，侵蚀了他们献血的义务感，从而减少了无偿献血的积极性。

所以全世界很多国家都逐步从有偿买血转向提倡无偿献血。当然，非市场化的无偿献血需要有效的社会动员机制才能发挥作用。而这一点，对很多国家而言也是非常大的挑战。有些国家缺乏社会动员能力，对内提倡无偿献血，但不得不从国外购买血制品。

反对经济学帝国主义的学者，指出了金钱玷污问题，但还没有找到能对抗金钱律令的稳定新机制。同时，市场定价机制会随互联网计算能力的增长越来越丰富和强大。

## 【市场定价关系内嵌平等匹配关系】

人类建立公平互惠的平等匹配关系愿望是如此强烈，从著名的"最后通牒"试验能够得到充分体现。据称，最后通牒博弈是当今重复次数最多的人类学实验。

最后通牒赛局（Ultimatum Game）是一种由两名参与者进行的非零和博弈。最早由沃纳·古斯（Werner Güth）、罗尔夫·施密特伯格（Rolf Schmittberger）和伯恩德·施瓦泽（Bernd Schwarze）于 1982 年在科隆大学提出，之后在全世界范围内被重复了无数次。研究者之所以热衷于这个实验，是因为其实验结果与新古典经济学的经济人

（活在纯粹市场定价关系中的人类）假设大相径庭[①]

古斯他们找了42个被试者实验，分成了AB两个小组，每个小组21人，然后两组人交叉，组成21对搭档。实验方要求每对搭档分4马克。其中一个人作为提议者，提出分钱方案，他可以提议0和4之间任何一个钱数归对方，剩余的归他自己。另一人则属于回应者，他可以选择接受或拒绝。若是接受，实验方就按他们所提方案把钱的发给两人。若"回应者"选择拒绝，钱就被实验方收回，两个人一分钱都拿不到。

为防止交情、一时冲动、事后的社会议论等因素起作用，实验采取双盲方式。提议者和回应者都不知道对方是谁。而且在实验规则宣布后，他们有一天的时间做慎重考虑。

按照纯粹经济人假设下，提议者与回应者属于典型的市场定价关系，对于回应者而言，哪怕是拿到1分钱，也总比什么也没有强。理论上，只要提议者给出大于马克最低面额的出价，回应者都应该接受。

但是实验结果显示，超过25%的提议者提出了50∶50均分的分配方案，多数给对方的份额介于总金额的30%和40%，低于10%的出价非常少见。低于30%的出价常常会被拒绝，甚至要瓜分钱的总数从4元上升至100元时也是如此，50%的回应者会拒绝70∶30分配方案，即放弃30元的收入而惩罚不公平的提议者。

这个实验在欧洲、亚洲、南北美洲等不同文化群体中都进行过。除了亚马逊雨林的原始部落之外，其他地区的结果与古斯他们的实验结果都差不多。人们在市场定价关系中居然会放弃金钱，努力追求公平，双方的关系期待依然是平等匹配类型，哪怕双方不认识、将来也可能不再见面。

就像乔纳森·海特（Jonathan Haidt）认为的，公平感是人类天生的一种道德模块。从根本上来说，人类就是会舍生取义，为追求公平而放弃金钱。[②]

陌生关系尚且如此，在熟悉或半熟悉的持久关系框架下，人们更有选择建立平等匹配关系的倾向。

双方交换互惠的义务让平等匹配关系成为一种比较仁爱的互动模型。也就是孔子说的"己欲立而立人，己欲达而达人"的世界。在这个模型中，各方都以对方的存在和福祉为自己的存在和福祉的前提。对等互利鼓励换位思考，而换位思考能产生真正的同情。

---

① 《认知盈余》，（美）克莱·舍基，中国人民大学出版社，2012。
② 《正义之心：为什么人们总是坚持"我对你错"》，（美）乔纳森·海特，浙江人民出版社，2014。

现在我们回到市场创新的相关问题。

正常的新品类，会存在大量稳定复购的客户关系。随着移动互联网发展，每个消费者的身份和消费行为都可以被识别得越来越精准。在这种类似社群的全新人类组织结构下，人类关系会有从市场定价关系向平等匹配关系演化的趋势。

汉语里面会使用"客户""顾客"这种带有"主人—客人"关系隐喻的表达。说明**在中华民族的商业文化里面厂商与消费者之间是一种友好的朋友关系**。在网络文明下，人们比以前更加紧密地被联结在一起，新品类能够更容易地追求与客户的稳定关系。这种稳定关系下，新品类也必然面临如何理顺市场定价关系和平等匹配关系的边界，充分发挥两种人类关系的优势，应对两种关系边界模糊带来的挑战。

## 客户企业：用使命重构市场经济人类关系

属于利润驱动还是利他使命驱动，是区分商业机构践行新和旧商道的重要标准，自然会建立起完全不同的厂商与客户的人类关系模型结构。

### 【股东企业】

在利润驱动型的传统企业组织内，人类关系模型主体是权威序列关系。从股东会到董事会再到经营团队和基层员工，是一个自上而下的委托代理博弈激励机制。这类企业组织存在的目的就是为股东产生利润。其作为一个法人，负责的对象其优先级排序是：股东第一，员工第二，客户第三。股东第一也是资本最乐于看到的治理理念。因此在资本主导的社会架构下，利润驱动型企业成为商业世界的主流组织形态。

如果企业的实际控制股东是家族或类家族的合伙人，他们之间的人类关系模型适用的是公用共享关系。随着企业走向资本市场股东人数增多，这种关系会逐步变成平等匹配关系和市场定价关系。这个变动过程中，如果对于人类关系模型变动各方缺乏共识，就会产生人际冲突。

在与客户的市场定价关系的互动中，利润驱动型企业往往会与客户展开零和博弈，双方面对面对抗，各自维护自己的权益。

而在新商道价值体系下，股东优先级不是第一，客户才是，因为新商道企业使命的利他对象就是客户。资本、产品、组织都是手段，满足客户需求解决客户难题才是目的。这种企业我们可以称之为"客户企业"，旧商道企业则可以称为"股东企业"。

**【客户企业】**

客户企业是一种新型经济组织，具有新型的人类关系模型结构（如表 8.2）。

当客户企业与消费者建立了稳定的回购关系之后，经过多轮的社会互动，消费者会出现分化，其中一部分消费者会因为认同企业利他使命而试图更靠近组织，这部分人可以被称为"利他使命客户"。

表 8.2　新旧商道四类关系对照表

| 施韦德模型 | 神性 / 神（divinity） | 社团（community） | | 自主（autonomy) |
|---|---|---|---|---|
| 菲斯克模型 | 公用共享 | 权威序列 | 平等匹配 | 市场定价 |
| 儒家"五常" | 义 | 礼 | 任 | 信 |
| 中国乡土传统 | 情 | 理 | | 法 |
| 旧商道 | 家族合伙 | 委托代理 | …… | 零和博弈 |
| 新商道 | 合创 | 多中心驱动客户企业 | | 差别定价 |
| | | 利他共创 | 利他使命客户 | |

而另外一部分消费者，主要是接受客户企业的服务，根据自己的需求支付相应的价格。这部分消费者与客户企业之间遵循市场定价关系模型。当然，这部分消费者又可以分为目标客户与即兴消费者。客户企业要通过创造独家价值与目标用户建立稳定回购关系，从而达成企业使命，并维持企业的可持续发展。即兴消费者需求被满足的优先级则被客户企业放在最后。这样，客户企业就建立起一个以利他使命客户的平等匹配关系为中心的差序结构。

在客户企业里，原有的股东企业员工团队也会按照差序结构出现分化。一部分员工将企业使命作为个人使命，成为客户企业的共创者，并领导组建小型业务团队。另一部分员工则继续受共创者的雇佣，遵循权威序列关系，这类员工可以被称为跟创者。共创者带领跟创者形成一个利他共创团队。

利他共创团队构成了客户企业的多中心，围绕企业利他使命"自驱动""自组织"。这也是网络文明下蜂巢范式在企业组织的应用。这些多中心驱动的利他共创团队，就像 SpaceX 火箭的梅林发动机，这些利他共创团队之间再通过系统和机制相互联结起来，实现整个客户企业的功能（如图 8.2）。

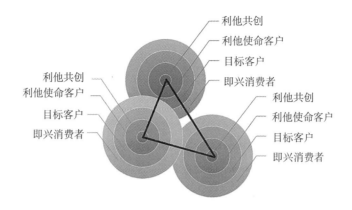

利他共创
利他使命客户
目标客户
即兴消费者

利他共创
利他使命客户
目标客户
即兴消费者

利他共创
利他使命客户
目标客户
即兴消费者

图 8.2　多中心驱动客户企业结构示意图

在客户企业的结构里，共创者是多中心驱动的关键。共创者与消费者、新品类项目平台之间的关系，可以套用阿里巴巴首席战略官曾鸣教授的 S2b2c 框架。

在曾鸣的概念里，S2b（Supply chain platform To business）指的是服务于中小企业的供应链平台。小 b 指的就是那些独立经营的中小企业。然后小 b 再去服务 c（消费者）。在这个架构里，S 与小 b 共同服务 c。S 发挥了资源优势、规模效应和技术能力，为小 b 提供强大的类 SaaS 的轻配置业务环境和供应链。小 b 则发挥个性化供给优势，为 c 提供灵活的服务。

S 与 b 之间的关系是规范与被规范的权威序列关系。规范就是给 b 划定风险边界，并给予引导。同时，S 要对 b 给予训练和资源倾斜，也是一种孵化与被孵化的关系。

在客户企业中，利他共创团队就是小 b。而孵化、联结、规范利他共创团队的人，也就是 S，被称为"合创者"。合创者内部遵循的人类关系模型则是以公有共享关系为主。合创者中的领导者，被称为"领创者"。

蒙田说过："一个有使命感的生命，是人类最伟大的作品。"在客户企业内，**领创者、合创者、利他共创者、利他使命客户这些角色都是人类最大的作品**。

## 【客户员工化的力量】

2017 年，市场上已经有了不少早教中心。

与倡导解放父母潮流相反，彭琳琳认为 0—3 岁最重要的陪伴者一定是父母，早教中心不能替代父母。用她的话说："自己教是必选项，别人教是可选项；自己教是责无旁贷，别人教是锦上添花。"

但是当好一个家长，其实是需要大量知识的。于是彭琳琳创建了"小步"在家早教。最初她只是在网上写一些内容，给0—3岁孩子的妈妈们提供一些居家、外出环境下的早教方法和技巧。经过一系列试错之后，小步将产品对知识付费进行调整，为妈妈们提供系统的教育培训服务。

小步的课程按照孩子成长规律设置。上课方式采用"玩中学"的概念，鼓励开放式创新，让家长们更积极地实现高质量陪伴。同时，小步还为家长提供适合0—3岁孩子的各类教具。

一位妈妈在网上写道："小步在家早教一开始吸引我的是10分钟游戏，因为我确实不知道该怎么跟我家宝宝一起玩，从小我就是独生子女，记忆里我小时候就是一个人在家里看书，但内心里，我是不希望我家宝宝的童年也像我小时候那么无聊的。"

小步在2017年成立之后，得到了快速的发展。投资人表示，小步在家早教2019年营收超过2亿元。2020年那场突然而来的疫情，让"在家早教"这个新品类一下子成为市场上的幸运儿。到2020年9月，其单月流水已突破5000万元。并且众多妈妈已经在小步在家写下超过2亿字的打卡评论。[1]

当然，小步的快速成长还有一个重要的原因。据公司核心团队成员邓非的公开分享，小步快速增长的秘诀之一就是发展客户社群，推动"客户即员工"。

新客户接触小步先从训练营产品开始，然后转为正式客户。而训练营的班主任岗位则从之前的客户妈妈中招募。这些提交申请的客户妈妈需要每天要完成3个小时的学习和2个小时的作业。一个月后小步官方会进行考核，合格才能上岗。申请到最终通过率只有35%。

只有妈妈才更了解妈妈。

这些客户妈妈爆发了极大的营销和运营能力，并在这个过程中展示了集体智慧。比如有用户高频抱怨课程贵。当时针对这个困扰，小步官方把问题包装成项目，让妈妈班主任们自己来解决。来自湖南郴州的一个宝妈给出了最佳解决方案。她在买菜的时候灵机一动，将一捆葱的照片发给了抱怨贵的用户，还附上了一句话："你给孩子的投资，就相当于每天多买一捆葱而已，你觉得贵吗？"

没有太多的广告投放，甚至连主动发声都很少的小步在家早教，于2019年年底用户数量突破了千万大关。除了北上广深这样的一线城市，小步还覆盖到中国下沉城市，甚至已经发展到英美等发达国家。

---

[1] 《单月流水5000万，小步在家早教如何破局规模化？》，冯玮，多知网，2020年11月4日，http://www.duozhi.com/industry/preschool/2020110411297.shtml.

邓非说："我们 2020 年营收 5 亿元，销售团队则只有 20 人。这 20 人管理 20000 个核心用户，最终是靠谁实现的营收？答案是用户。管培训团队只有 2 个人，谁来具体执行？答案是用户。"[①]

在新能源汽车行业，也有一个将客户即员工理念发挥得淋漓尽致的案例——蔚来车友会。在蔚来最艰难的 2019 年，一些车主甚至主动在户外给蔚来做广告。这一年，全国多地车主赠送给蔚来价值将近一亿元的广告位。也是在这一年，上海车展期间，蔚来的展台上出现了 58 个来自全国各地的车主，他们自己支付行程费用飞到上海，每天早上到车展现场帮蔚来一起准备车辆，跟陌生人分享自己的用车体验。

这一切都是源自创始人李斌从小米公司学习来的粉丝经营心得。不同于传统观念汽车公司只关心购买新车的用户，蔚来关注车主的全周期，通过各种服务形成陪伴，让自己成为车主生活的一部分。蔚来试图打造出一个生活方式平台。车主购入车辆后，仿佛拿到进入社区的钥匙。在社区中与创始人互动、与其他车主互动成为车主生活的一部分。蔚来还提供了一个积分系统，奖励那些推荐新车主和提出良好建议的老车主。

甚至，李斌还提出了"用户企业"的概念。2018 年 8 月 13 日，蔚来正式向美国证监会递交了 IPO 申请。在招股书中，蔚来创始人李斌拿出自己持有的 5000 万股蔚来股票——相当于他个人 1/3 的股份，设立了一个信托架构，在自己保持投票权的同时，其经济收益将与蔚来的车主用户一起讨论如何使用。

一位蔚来 ES8 创始版车主曾在 EP Club 评论区留言称："EP Club 是精神领袖，创始版车主是销售大军，蔚来车主都是义务员工！"

### 【利他使命不清晰带来的困扰】

利润驱动型的股东企业也会喜欢将客户作为员工，但是其出发点不是利他使命，而是利用客户自媒体的价值洼地，收割客户的社会资本。

企业如果没有利他使命，或者客户企业不以利他使命来动员，而是对客户诱之以利，最终难免会陷入利益团伙式的纷争。这里的"利"指的不仅仅是金钱，也包括面子、人情、成就感、价值观等，只要是利己的激励，都会因为客户—员工边界不清晰而造成心理上的"分赃不均"。

小步代言人正成为小步在家营销推广的主要渠道。根据其代言人用户协议，小步代言人是小步最核心的用户，当代言人向其他用户推荐小步，则可获得相应奖励。

---

[①]《小步在家早教：20 人一年营收 5 亿的私域打法！》，私域张公子，人人都是产品经理，2021 年 6 月 30 日，https://www.woshipm.com/operate/4783351.html.

但是在网上出现过一位名为"兰心妈妈 LU "的微博博主，宣称自己作为客户妈妈担任了小步班主任岗位。她在微博上发出的"给小步公司的一封公开信"中，对小步公司奖金分配方案的利益不均表达了强烈的不满。

在这种冲突中，心怀抱怨的客户会认为自己与企业之间的人类关系模型是平等匹配关系，而不是市场定价关系，不会接受之前的所谓商业契约。中国近些年的加盟商风波、合伙投资风波等，都是类似的原因。

"凯撒的归凯撒，上帝的归上帝。"只有那些与企业有相同利他使命的客户，才适合进入组织边界以内。

小步这样一个比较容易激发客户利他使命感的教育类项目，却让核心客户聚焦于去做销售推广，也许与它在 2017、2018 年连续获得了 4 次风险投资有关系。一般而言，在这样的资本结构下，很难成为客户企业。

在连续多年亏损之后，蔚来开始考虑推出面向中低端市场的大众品牌。蔚来早期核心客户加入社群，想过一种"有面子"的生活方式，本质是满足自己的社交需求。而蔚来低端新品牌的客户也有这样强烈的需求吗？创始人李斌能够化身多重生活方式的代言人吗？

所以到现在为止，虽然在用户参与上蔚来已经超出了传统燃油车企业很多，但蔚来给车主提供的"超值体验"，与奔驰售卖"领袖感"，宝马售卖"驾驶感"没有本质差别。无非是 20 世纪 60 年代，汽车产业从售卖功能升级为售卖生活方式的社交版。尚未见到蔚来车友会形成什么利他使命，所以蔚来汽车提出的用户企业概念还是停留在利益共识层面，不是真正意义上的客户企业。

### 【对国有企业的另一种解读 】

从设立初衷来看，国有企业具有公共服务的属性，天然就有利他使命。但是全世界的国有企业经济效率都不高，还涉嫌垄断资源、分割市场。

国有企业效能不高，并非一定是"所有者缺位"问题。实际上，现在的很多规模较大的公众公司，股权已经非常分散，经常被内部人控制，也会出现"资本主义大锅饭"现象。

有一些国有企业遇到了优秀的企业家，敢于承担责任，在市场竞争中也能有优异的表现。公众期望国有资本保值增值，但更应该期待国有企业承担其社会责任。那么，有没有一种可能性——将国有企业改造成为客户企业呢？

要达成这个目标，至少需要先达成以下几个先决条件：

　　①国有企业需要合法地形成一个透明的企业章程，明确面向某一类人的利他使命；

　　②国有企业的领创者、合创者要有渴望去践行章程界定下的利他使命。对他们的考核不应该是资本的升值，而是利他使命的践行成果；

　　③将国有企业开放成为一个孵化器平台，孵化、选育那些愿意践行该国有企业利他使命的共创团队；

　　④将一些利他使命客户纳入国有企业治理权力系统里。

## 差别定价：蜂巢范式的经济模型

　　在新商道的关系模型里，市场定价关系适用于目标客户以及即兴消费者。

　　严格来说，价格也是解决方案的一部分。上一章节提到解决方案的背后有不同的经济范式，范式里也包含着经济模型。

　　采摘文明运用"小规模差异化"的"艺术范式"，其经济模型要点是于差异化中寻找到高价。所以，艺术品销售常常采用拍卖方式。

　　农业文明运用"小规模标准化"的"工匠范式"，其经济模型要点是提高标准水平，从而获得高收益。所以手艺精湛的匠人，收入就会高。

　　工业文明运用"大规模标准化"的"流水线范式"，其经济模型要点是获取市场规模，以标准化降低学习成本，从而在供需两方面实现规模经济。所以可口可乐在长达 100 年的时间里，都很难涨价。

　　网络文明运用"大规模差异化"的"蜂巢范式"，其经济模型要点在于差异性产品的差别定价，收取消费者剩余，获得范围经济。所以 Google 通过竞价排名可以常年获得超过 20% 的公司净利润率。

　　21 世纪的新品类，通过差别化定价找到获取消费者剩余的模型，是尽早实现创新项目经济性的要点。

### 【蜂巢范式下的消费者剩余】

　　所谓"消费者剩余"，就是消费者为某种商品或服务愿意支付的最大值和实际价格之间的差额。如果你愿意花 100 元买一件衬衫但是实际支付了 40 元，那么消费者剩余就是 60 元。

　　消费者的支付就是消费者愿意为解决自己某个问题要付出的代价（cost）。

这个代价可以是金钱，也包括消费者为获得服务而付出的时间、经历甚至一些不得不放弃的其他机会。

客户付出的代价大小，能够更好地区分出客户对产品的"爱"到底有多深。

埃里克·布莱恩约弗森（Erik Brynjolfsson）、阿维纳什·克里斯（Avinash Collis）与格罗宁根大学的费利克斯·埃格斯（Felix Eggers）在 2018 年进行了一项研究。

他们会问消费者如下的类似问题：

"你会为了 10 美元放弃使用一个月的谷歌搜索吗？"

"你会为了 ×× 美元放弃使用 ×××× 吗？"

为了确保回答的真实性，他们要求消费者接受后续措施，比如让参与者必须确实放弃该项服务的使用权限，才能获得他们的理想补偿。

以针对 Facebook 的测试为例，大约 20% 的用户同意以 1 美元的价格停止使用该服务，而也有 20% 的用户拒绝以低于 1000 美元的价格放弃 Facebook 的使用权限。[①]

从中我们可以看到，不同客户对同一种产品，愿意付出的"代价"差距是如此之大。

但是，在一个统一透明的"流动性"市场，厂商只能为一种产品提供单一定价。在这种情况下，厂商并没有获得那些愿意付出更高"代价"的消费者之"爱"。如图 8.3 所示，我们可以看到单一产品下的消费者剩余是被如何计算出来的。

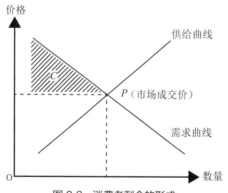

**图 8.3 消费者剩余的形成**

其中 C 的部分，就是那些更有爱的客户原本愿意支付给创新者的代价。

网络文明的蜂巢范式可以让创新者获得这部分消费者原本就愿意给出的收益。虽然这类蜂巢范式还在探索中，但是已经有一些可以让消费者剩余得到释放的定价模型。

---

① 《如何衡量数字经济？》埃里克·布莱恩约弗森. 阿维纳什·克里斯，《哈佛商业评论》，2019 年 12 月 8 日。

### 【按照效果付费】

2013 年，西班牙政府决定将针对剧院表演的课税由原本的 8% 涨至 21%，从而导致西班牙艺术市场一片低迷。在此情况下，西班牙巴塞罗那的 Teatreneu 喜剧俱乐部决定尝试按照"笑数量"收费的新模式，看看能否改变经营状况。

这个收费方案需要一些技术改造。为此，剧院在每张座椅的后背安装了一个有摄像头的电子屏幕，后台引入了名为"Pay-Per-Laugh"的脸部辨识收费系统。它能准确记录观众的每次笑容，并按此计费。观众免费入场，但在观看喜剧的时候，人脸识别系统会识别出用户在戏剧表演过程中是否在笑，一旦识别出，便会记录下来。

等表演结束后，观众可回溯查询自己的"笑记录"，也可以分享到社交网站。当然，观众们事先就承诺愿意按照笑的次数付费。笑一次 0.3 欧元，计费次数不超过 80 次，即最高票价 24 欧元。

新收费模式推出后，"笑"果不错。相较于之前购买普通门票，新方案的人均付费多出了 6 欧元。其中笑点最低的观众整场笑了 80 次，缴纳了 24 欧元。另外，观众流量也增加了 35%。每场按照"Pay-Per-Laugh"模式收费的演出平均收入为 7200 欧元，而平日按门票收费的表演每次平均收入则仅为 4400 欧元。据悉，这种别出心裁的收费方式吸引了不少想免费看戏的民众前来挑战，但成功者很少。剧场还推出了按笑收费月季票。

按照"笑果"付费的生意没有扩展到全世界，这里面有隐私保护、业务创新等多种因素。但是现在通过网上的订票系统在电影院选位等方式，商家则已经开始施行差别化定价了；在某些飞机上选择不同的座位位置（是否靠近通道等）也需要缴纳不同的小费。这些都是网络时代基于信息技术，按照效果定价来开发消费者剩余的尝试。

其实按照效果付费的方式历史悠久，比如律师行业的风险代理。近些年还出现了按照经营结果收费的管理咨询公司、按照线索付费的广告公司、按照节能结果分享收益的能源管理公司，这些都是对按照效果付费定价模型的探索。

2015 年 9 月，图灵制药公司（Turing Pharmaceutical）的 CEO 马丁·史克雷利（Martin Shkreli）被舆论骂得狗血喷头，最后不得不辞职。原因是该公司将生产的治疗艾滋病药品售价上涨了 5000%。但是全球各大型医药公司也一直都在抱怨药品开发成功率不确定，开发成本降低不下来，希望将药品价格提高。所以药品如何定价，一直是个难题。

2007 年，杨森开发的多发性骨髓瘤化疗药物万珂（Velcade）在英国上市，英国政府负责药品成本效益评估的监督部门认为，该药价格太昂贵，不同意纳入英国医保目录。于是杨森提出了按照效果支付模式：经过 4 个疗程，如果病人的病变蛋白没有降低到 25% 以上，可以得到全额退款。相关部门接受了这一建议，这种支付模式后来被称为万珂反应补偿方案（Velcade Response Scheme，VRS）。

在英国医疗系统，按效计价支付的案例除了强生公司之外，辉瑞的立普妥也做过这样的尝试。

在按照效果付费的架构下，供需双方的焦点由对抗变成了合作，形成一种市场定价关系服务于平等匹配关系的机制。

### 【 "看着给" 打赏式定价 】

2017 年 6 月 11 日，苹果公司在其开发者网站上更新了一版《安全审核指南》。其中明确在应用内的向原创作者的打赏属于 "应用内购买"（In-App Purchase，即 IAP 机制）。这标志着打赏这种 "看着给" 定价模式已经得到主流商业系统的承认，不再是私人之间相互赠予的性质（因此在税种上应该属于营业性收入，而不是个人性的被赠予财产）。

新浪微博在 2014 年对长微博 "文章" 开通了打赏功能。其发布的数据显示，2016 年 1 月至 9 月，微博打赏交易额连续保持增长态势，三个季度打赏订单量超过 200 万笔。①

其实，在中国互联网娱乐行业，打赏（或买虚拟礼物）早就已经是不少主播、写手收入的主要来源。依靠 "订阅 + 月票 + 打赏" 等收费模式，网络文学圈也涌现了一批年收入千万的作者。2013 年，网络作家梦入神机的一位读者给出了一次 158 万元的打赏，轰动了整个文学圈。这位读者姓林，24 岁，福建人，做食品行业生意，喜欢看网文。他称不是炫富，而是憋了一口气，"只是想爽一下而已"。

在娱乐业，打赏也是最早的定价模式。比如以前在天桥说相声、打把式卖艺的人们，都是依靠现场观众打赏来维持生计的。即使是那些名伶艺人可以在戏园子演出，比如清末京剧大师们，靠着卖票也过不上富足的生活，大笔收入来源还是达官贵人的打赏。文艺复兴之后，一大批欧美的文学家、艺术家也是靠富人赞助才能维持创作。

网络上开始流行的 "看着给"（Pay What You Want，PWYW）定价模式，并非中国互联网企业的原创。2007 年 10 月 10 日，英国另类摇滚乐队电台司令（Radiohead）

---

① 《2016 微博用户发展报告》，微博数据中心，2016 年 12 月。

推出一个包含十首歌曲的新专辑《彩虹里》（*In Rainbows*）。在此之前，像其他音乐人一样，电台司令签约了传统渠道公司进行销售。他们的代理商百代唱片公司（EMI）替电台司令乐队卖出超过 2000 万张唱片。但是因为互联网下载盗版严重，以及需要结算大笔中间费用给代理商，乐队想尝试下通过官网直接销售，而且让粉丝们自己决定出多少钱来下载。

在乐队主页的支付页面，访问者点击价格箱，就会出现一个对话框："给多少钱你来决定吧！"

8 周后，当这个项目结束时，有超过 180 万人下载了这个专辑，虽然 60% 没有付钱，但还是有 40% 付了钱，甚至有人愿意支付 100 美元！实验一年之内，下载量达到了 300 万张，其销售额达到了 175 万英镑。

就像电台司令乐队经理克里斯·赫福德（Chris Hufford）所说："如果一样东西足够好，人们是愿意花钱的。"

让客户看着给的定价模式不仅仅在虚拟商品领域有应用。西雅图郊区柯克兰的 Terra Bite 酒廊、一名哲学系学生在维也纳开设的 Der Wiener Deewan、澳大利亚墨尔本的 Lentil as Anything 连锁店等都采用了这种定价模型。

2003 年针灸治疗师丹妮丝·施瑞塔（Denise Cerreta）决定转行开一家餐馆。餐馆名叫"世界大同咖啡"（One World Cafe），位于美国犹他州盐湖城闹市区的一栋褐色小楼里（如图 8.4）。

图 8.4　丹妮丝·施瑞塔 2005 年在"世界大同咖啡"餐厅 ①

和其他餐厅不一样的是，世界大同咖啡没有价目表、没有收银员。如果想付款或者给小费的话，你就把钱塞到柜台上的一个灰色铁箱里。至于金额，你自己看着给吧！

---

① OWEE 官网：www.oneworldeverybodyeats.org/history.

经过培训的服务员会这样告诉顾客："我们并没有定价，您可以看着给！"而禁止出现任何有关"捐款"、"免费"和"小费"的字眼。因为这是一家纯正的商业餐厅而不是慈善组织。

基于这样一种奇怪的生意模方式，餐厅居然在2005年就开始盈利了。

"我的餐馆为什么没有被吃垮？"丹妮丝·施瑞塔说道，"因为我们的饭，实在是，实在是太好吃了！"作为提供高档美食的餐馆，丹妮丝一律采用当季的有机食材，咖啡也是通过公平交易局认证的有机咖啡。到了秋冬季，寒冷的盐湖城缺乏本地优质食材的时候，施瑞塔就从农产品业极为发达的加利福尼亚州进货。

在盐湖城这个拥有200多万人口的美国中等城市里，世界大同咖啡的客流量达到每天200多人，平均每人付费10美元。根据《华尔街日报》的报道，2007年，这家饭店的毛利是348730美元，比2006年增加了4万多美元。事实上，有的人会付市场上同类产品的双倍价钱。而根据统计，只有大约2%的客人完全不付费。

丹妮丝表示，自己为不同的人提供了不同的选择。"如果你很有钱，可以多付点，没有太多钱，可以少付点，实在没有钱，可以打工换食，如果不愿意付出劳动的话，我们还有免费汤粥提供。"

丹妮丝说："当你认真地信任别人时，会得到难以想象的回报。"在餐厅经营之初经营还很困难的时候，一对夫妇坚持每个月帮助她支付房租；一个工人免费将盥洗室里的瓷砖换成新的；还有人捐献出半英亩（1英亩≈4046.9平方米）土地的使用权，给餐馆做花园；一个家庭主妇把家里的盘子拿到餐厅来给大家用；附近的大学生也常来做刷碗工……

曾有一个无家可归者，总来餐馆里吃东西的人。有一天，丹妮丝告诉他可以通过劳动来换取食物，但不能一直这样蹭饭、随后这个流浪汉就消失了。半年后的某一天，他打扮整洁地出现在餐厅，然后拿出50美元给丹妮丝，告诉她这是他对之前行为的补偿。[①]

餐厅之所以能够保持健康的商业运营，和丹妮丝与客户之间保持了稳定、善意关系密不可分。"我们相处得很好，还会互相串门。"丹妮丝笑着说。来餐厅的人中有各种阶层的人，包括律师、职业经理人、大学教授，也包括周边社区的洗衣店主、便利店主甚至还有周围快餐店的老板。

2006年，来自丹佛的一对夫妇 Brad 和 Libby Birky 联系了丹妮丝，他们想复制 One World Cafe 模式，丹妮丝很高兴地前往科罗拉多州，协助他们成功开设了 SAME

---

① 《美国老板娘的世界大同梦》，杨芳，中青在线，2008年11月19日，http://zqb.cyol.com/content/2008-11/19/content_2436806.htm.

咖啡馆（So All May Eat）。受这件事情的启发，丹妮丝创立了非营利组织 One World Everyone Eats Foundation（OWEE），并在 2012 年关闭在盐湖城的餐厅，专心协助其他人开设"按需付费"的咖啡馆。截至 2017 年，OWEE 已经孵化了 60 多家这种类型的咖啡和餐馆。

近些年看着给定价模式也越来越多地被行为经济学的研究者所关注。对买卖双方而言，这种定价模式**将以价格为中心的对抗性零和博弈，转变为以价值和信任为中心的双赢交换**。看着给定价模式涉及事后定价、礼品经济、重复博弈等多重因素，也有其适用范围。但这个边缘型的定价模式正在逐步进入主流视野，还是源自网络文明新范式的发展和影响。当人们已经被紧密地联结在一张网络之上后，就像 OWEE 官网上的一句话："有了爱，美好的事物就会成长！"

**【自动降价】**

价格必须由厂商来定吗？客户有没有权利定价？上文提到的看着给定价模式是其中一种，另外还有就是客户之间的竞价。这样的竞价过程，也是消费者剩余被开发的过程。

比较古老的客户竞价模式是拍卖。在供不应求的时代，常见的拍卖是价高者得，珍稀艺术品的定价一般采用这种模式。而如果供过于求，或者新品类用户的认知尚且不足，就要考虑"荷兰式拍卖"。

荷兰式拍卖，亦称减价拍卖，就是拍卖标的先从一个最高价开始，不断往下喊价，直到第一个竞买人应价（达到或超过底价）就成交。其实，荷兰式拍卖中也有加价的情况，并不总是减价的。当遇到同一价位多人应价时，拍卖师就立即转入加价拍卖形式，一直持续到无人再加价为止。在大多情况下荷兰式拍卖是加价和减价拍卖混合进行的，所以有时候也被称为混合拍卖。

这种拍卖法的好处是，随着价格从高往低，顾客要评估其他消费者是不是会动心，万一此时保守，侥幸等待更低价，心仪的商品就可能被别人买走。

有一些商品和服务的品质具有时效性，比如鲜花、食品、流行服饰等。于是，有人就研究出一种伴随这类商品库存时间的荷兰式拍卖定价模式——自动降价。

从广东起步的生鲜超市"钱大妈"，品类定位为"不卖隔夜肉"。钱大妈店面每天晚上七点开始打折，先打 9 折。然后，每半小时进行一次折扣。八点半左右是七折，晚上十一点价格为零，随便拿。实际经营中，一般都是在七折的时候商品就全部清完，店铺当日没有库存（如图 8.5）。

图8.5　生鲜超市钱大妈的店头招牌

首先，钱大妈为什么选在社区？

钱大妈原本是东莞农贸市场的一家猪肉专卖店，但是在菜市场里不卖隔夜肉的生意并不好。于是2013年4月，创始人冯冀生、冯卫华在深圳临近香港口岸的住宅区开出第一家社区店。

中国房地产经过近20年的高速发展，出现了一个全球前所未有的特殊城市化现象。就是一个小区往往盖上几十栋差不多一模一样的楼，然后把相近收入水平、相近年龄阶层，相近家庭结构的人汇聚在一起，从而形成了对某类商品的强大的购买力。

其次，钱大妈想解决的刚需——鲜食需求。

成立前5年，钱大妈一直局限在广东，即便是香港店也是为广东本地做基础，迟迟没有进行异地扩张。直到2019年4月，才在上海开出异地的第一家店。2020年后，钱大妈开始在北京、郑州等地扩展，但是效果并不好。因为各地消费者对"鲜食"的刚需程度不同。从传统上说，广东人比较注重猪肉的新鲜程度，但北方人则对此反应并不热烈。

钱大妈2012年开始时只做生鲜食材，米、面、粮、油都没有碰，为的就是聚焦经营。在销售结构中，猪肉在总销售额中的占比达到40%，蔬菜占30%，鱼占10%到15%，水果占不到10%。通过降低货品类型数量，再加上"自动降价"模式，可以更有效地解决客户对鲜食的刚需。

这样的隐形拍卖定价模式，并不用担心顾客都会等到晚上11点半来捡便宜。从2019年的经营数据看，80%门店盈利，开店6个月后门店毛利率在20%左右。开店一年及以上的成熟门店，会根据周边情况和客流量，提高价格，提高单价，毛利率控制在20%到25%。[①]自动降价机制的前提是商品随着时间会有价值变动，而不同的消费者对这个变动的敏感程度不同。比如晚上8点来钱大妈的客户对新鲜的要求就

---

① 《钱大妈，昙花一现还是生鲜的另一条出路？》，吴倩男，虎嗅网，2020年2月21日，https://pro.huxiu.com/article/340728.html.

没有早晨 8 点来店里买肉的客户敏感。

自动降价机制早在 1909 年就出现在美国波士顿的 Filene's Basement 折扣服装商店。当服装上架 12 天后，价格自动减去 25%；再过 6 天，价格仅为原价的一半；再过 6 天，降到原价的 25%；再过 6 天，这件商品将会捐给慈善机构。

波士顿的传统零售商们都嘲笑这种新做法，认为这家商店没多久就得关门。但是令他们大跌眼镜的是，经历了三次经济衰退、两次世界大战和一次经济大萧条，Filene's Basement 都是波士顿最热门的地方。这么多年来，因最终没卖出去而捐给慈善机构的服饰仅仅占总业务量的 0.05%。截至 1950 年，折扣商店平均每年卖出 50 万件时装，其中的 90% 都是在首次降价之前就售出的。在 1982 年的一期《纽约时报》上，Filene's Basement 被描述成"波士顿的重要景点之一"，来波士顿旅游的必经之所。[1]

### 【客户竞价】

Priceline 是一家 1998 年就早早进入在线旅行领域的创新者。它是互联网公司中当之无愧的"活化石"，见证了互联网泡沫破灭的全过程。1999 年以 16 美元价格在纳斯达克上市后，它和亚马逊一样经历了泡沫估值，股价下挫超过 90%。到 2022 年初，Priceline 每股价格已经达到 2000 元，是过去 20 年美国回报最高的股票之一。

通过独创的客户定价（Name your own price），Priceline 成为 C2B 商业模式的行业领导者，为全球用户提供机票、酒店、租车、旅游保险等网络经纪业务。

客户定价模式允许消费者自定义他们的旅行产品，以及准备支付的价格，自定义的内容包括出发时间、离开时间、产品的级别（如机票的头等舱或公务舱，酒店的星级等）、目的地等。

Priceline 接到消费者报价后，从其定价系统中搜索与之匹配的供应商在系统内提供的折扣报价。

如果消费者不愿意接受供应方的这些报价，消费者可以等待，或者调整某种参数再次竞价。

消费者一旦接受报价便不能反悔，所以便有"逆向拍卖"或"买方定价"之称。客户定价是一种不透明服务，仅在消费者接受公司提供的报价后，消费者才能知道具体是哪家酒店或航空公司。

从消费者角度来说，只需要向 Priceline 提供相关需求信息：期望产品、期望价

---

[1] 《让顾客自己来定价》，（美）贾格莫汉·拉古，中国人民大学出版社，2012。

格，剩下的就由 Priceline 来完成。

在机票或者酒店行业，越临近登机或者入住，机票和酒店客房的持有价值风险就越高，而一旦飞机起飞或者客房空置超过夜里 24 点，其价值便会为 0。如果定价不合理没能在风险点来临前成交，损失就很大。

如下图 8.6 所示，A 服务在不同时间形成 A1 和 A2 两种产品，Priceline 将之与报价的需求方撮合成交，A 服务就能额外获得其中的 S 部分。

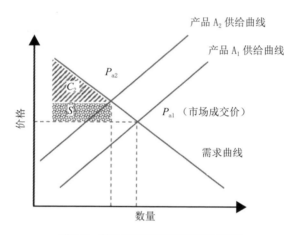

图 8.6　差异化产品后的消费者剩余变化

Priceline 的出现让各种类型的消费者的真实需求都有机会得到满足，让服务商可以发现自己产品的价值，并且尽可能地减少浪费。所以它在诞生之后就受到了双方的欢迎。1999 年第一季度，Priceline 卖出了 19.5 万张机票，最高峰一天卖出 6000 张机票，有 18 家航空公司加入 Priceline 淡季机票销售计划。

除了 Priceline 之外，采用"消费者出价等待商家"这种模式的，还有帮消费者买演唱会门票的 ScoreBig 公司和帮助消费者用便宜价格购买电子产品的 Greentoe 公司。当然，这个模型中的商品都是有库存压力的品类。

客户竞价的模式除了上述模型，还有一个常见的类型——竞价排名。这在搜索行业关键词广告和移动互联网信息流广告投放中已经被广为使用。

客户竞价模型的出现基于 IT 技术发展。它通过允许客户自主出价、调整价格，让客户之间"自组织"起来，将厂商的产品及资源进行最充分的开发，使得消费者剩余得到充分释放，从而创造出比工业文明流水线范式更高的经济效益。

## 本章小结

在商业元创新的 0.9—1 阶段，需要解决项目的营利性问题，并在这个挑战中对客户风险和产品风险进行再次确认。

而项目的盈利问题首先离不开定价这个话题。对于旧商道而言，企业与客户之间是一个面对面的博弈过程。俗话说"卖的总比买的精"，股东企业可以充分利用消费者就价格的茫然和缺乏专业积累，获得超额利润。

"许多像我这样从事营销教育的人都会在开课时说：'我们讲的不是要操纵消费者，我们是要发现并满足需求。'"哥伦比亚大学的埃里克·约翰逊（Eric Johnson）说，"接着，等你入行干上一阵子，你会意识到，嘿，我们分明能够操纵消费者嘛！"①

而在新商道下，多中心驱动的客户企业因为有利他使命，所以要与客户建立追求复购的长期关系。客户企业要建立利他共创团队，并将利他使命客户团结在利他共创团队周围，一起自主灵活地服务目标客户。网络文明下的客户企业，可以通过按效果付费、看着给、自动降价和客户竞价模式，超越工业文明经济范式，获得更高经济效能，形成可持续发展。

本章补充案例及知识点深化部分，请扫码进入《商业元创新》互动区。

---

① 《无价：洞悉大众心理玩转价格游戏》，（美）威廉·庞德斯通，华文出版社，2011。

第九章

洞见新刚需的两个工具

"变革都不是立竿见影的。哥白尼固执地认为行星的轨道肯定为圆形，因为上帝以圆形的方式思考；文艺复兴时期的医学记事很可能让现代读者望而却步；而达·芬奇和其他所有人一样迷恋炼金术。"[1] 即使是这些伟大人物身上都混合着各种落后与进步的元素，何况芸芸众生。我们如何在普通人身上找到代表进步的亮点呢？

从 0—1 的商业元创新驯化，就是对"新刚需、新范式、新传播"的探索、选择和放大。创新者放大的是构成上述"三新"的实践亮点。首先难点是如何在平常的生活中洞见新刚需。

## 白天看到星星

探索是要选择出实践亮点，而放大的是被选择出来的实践亮点，所以在这个驯化模型里，选择扮演着非常重要的功能。

选择需要一双会发现亮点的眼睛，能够在白天看到星星。

### 【从欠 300 万美金到赚 250 美金】

多丽丝·奈斯比特（Doris Naisbitt）曾给中国读者分享过一个发现亮点的美国故事。[2]

1912 年，在西奥多·罗斯福（Theodore Roosevelt）竞选美国总统活动接近尾声时，竞选团队准备再做最后一次努力。团队计划每到一站都向选民散发精美的宣传小册子，争取更多的支持选票。

但是当 300 万份小册子印好时，一位工作人员突然发现每本小册子里的罗斯福形象照片底下都有这么一行小字"芝加哥莫菲特摄影室"。问题是，团队中没有人事先征得过莫菲特的授权。如果未经授权就在宣传册上擅自使用这些照片，至少要向莫菲特支付每册一美元的版权费，总计 300 万美元。而且他们调查过，莫菲特的生

① 《发现的时代：21 世纪风险指南》，（南非）伊恩·戈尔丁／（加）克里斯·柯塔纳，中信出版社，2017。

② 《像狐狸一样聪明》，刘坤喆，《中国青年报》，2013 年 06 月 03 日。

意近期并不好，不排除他狮子大开口要更多版权费的可能性。但是如果不用这些照片，重新印制 300 万小册子，不单单是资金浪费，时间也来不及。

沮丧的工作人员立刻找到罗斯福竞选委员会的总经理乔治·珀金斯（George Perkins），讨论如何解决这一灾难性的两难问题。珀金斯同时也是 J.P. 摩根银行的合伙人，有着丰富的商业经验。

为了挽回局面，珀金斯沉思片刻，给莫菲特摄影室发了如下电报："我们计划散发成千上万份宣传册，宣传册封面将印有罗斯福总统照片，这将给提供照片的摄影室带来巨大的宣传效果。如果宣传册使用贵摄影室的照片，你们愿意付给我们多少钱作为宣传费？请速回电。"

很快，莫菲特摄影室回复："以前我们从来没有做过这种交易，但是在目前的情况下，我们愿意支付 250 美元。"

罗斯福的团队印刷宣传册没有取得版权方许可，大部分人只能看到风险和问题，而珀金斯则从中看到了这个事件中的亮点，即：对摄影室来说，大量的宣传也是一个机会。

从欠 300 万美金到赚 250 美金，源自珀金斯在沉思片刻后，发现亮点的顿悟。

## 【深数据与顿悟】

大数据（Big Data）曾一度成为最火热的 IT 行业词语。一般而言，它可以概括为 5V，数据量（volume）大、速度（velocity）快、类型（variety）多、价值（value）高、真实性（veracity）强。2012 年《纽约时报》的一篇专栏中写道："大数据时代已经降临，在商业、经济及其他领域中，随着数据收集和处理能力的大幅提高，决策将日益基于巨量数据分析而作出，而并非基于经验和直觉。"

大数据分析，也就是对规模巨大的数据进行分析，可以从庞杂的数据背后挖掘、分析用户的行为习惯和喜好，找出更符合用户口味的产品和服务。诚然，大数据分析是网络时代一种全新决策支持手段，对功效级商业创新起到如虎添翼的作用，但是大数据分析不可能对未发生的数据、潜意识里的数据进行分析。所以，对尚处于青萍之末的 0—1 阶段商业元创新，大数据的贡献远不如深数据（Deep Data）。

何为"深数据"？如果大数据强调的是在巨大数据量里淘金，那么深数据强调的是见微知著，所谓一叶知秋。

《韩非子·说林》中说："圣人见微以知萌，见端以知末，故见象箸而怖，知天下不足也。"

英国文学史最伟大的六位诗人之一威廉·布莱克（William Blake）的《一粒沙子》

曾经被李叔同、徐志摩、梁宗岱等人翻译成中文。其中以徐志摩翻译的版本最为著名，其前四句："一沙一世界，一花一天堂。无限掌中置，刹那成永恒。"

一沙真的能包容一世界？一叶就真的能知秋？会不会以偏概全？

你如果要想证实一个命题，深数据肯定做不到，其实就算大数据也只能是给出一个更高概率的置信区间而已。但是，如果你以小样本个案证伪却可以做到，毕竟只要你发现一只黑天鹅，就可以否定到"天鹅全是白色的"的命题。

知名发展经济学家阿尔伯特·赫希曼（Albert Otto Hirschman）曾说，他对统计显著性不感兴趣，因为真正重要的，都是例外。而深数据则长于呈现各种例外。

**深数据没有打算给出经得起推敲的严密结论，但是它能开启你的思路，打破你的认知边界。让你豁然开朗——原来世界还可以这样啊！**

经济史教授、英籍俄裔经济学家迈克尔·波斯坦（M. postan）在剑桥的就职演讲中曾提出："对于依靠大量详细具体论据才能证明的真实概念，是不可能用确切的概念抽象出来的。"

深数据的核心价值在于：挑战旧认知，给你看到更多可能性，让你产生创造性顿悟（creative insight）时刻。

德裔美国心理学家、格式塔心理学派创始人之一沃尔夫冈·柯勒（Wolfgang Kohler）在1913—1920年间，进行了有关黑猩猩顿悟的经典实验。

在实验中，柯勒常常把饥饿的黑猩猩关在笼子里，并且把香蕉挂在笼子高处或者笼子外面，使黑猩猩无法够到。其中一个设计项目中，苛勒为黑猩猩设计了两根棍子，两根棍子都不长，不能直接够到食物，但其中一根棍子较细，另一根较粗。

黑猩猩花了很长的时间也没办法够到笼子外面的香蕉。但是黑猩猩一直把玩着两根棍子。它漫无目的，但是玩着玩着，突然发现手里各拿着一根棍子，两根棍子的位置看起来像条直线。于是，它把细的棍子插到粗的棍子中，然后迅速跑到笼边，用接起来的棍子拿到了食物（如图9.1）。

图 9.1　柯勒的黑猩猩顿悟实验

柯勒还设计了许多类似的情景让猩猩解决问题，比如其中一个实验是把几个箱子散放在笼子里，看看猩猩会不会把它们叠高去拿悬在空中的香蕉。通过这些研究，柯勒认为：没有具体场景的信息刺激，黑猩猩纵然冥思苦想也不可能产生顿悟。

出现顿悟的机理目前还不完全清楚，但有个看法已达成共识：顿悟依赖于情景。当答案的基本部分与当前情景的关系较易察觉时，才容易出现顿悟。例如在猩猩实验中，如果箱子离香蕉很近或者几个杆子放在一起，猩猩就容易发现这些工具之间的关系。

柯勒顿悟实验给我们的启发是：**创新者要回到具体的商业场景中，近距离接触鲜活的商业活动现场**，从"一叶""一沙"这样的具体人、事的个案中去探索。在将具体个案的全方位数据进行整理、分析，并通过观察、互动等方式补充更多维度的数据之后，创新者会形成深数据。这样的深数据可以让创新者获得浸泡其中的体感，从而形成"具身认知"（embodied cognition），产生创造性顿悟。

具身认知理论在最近几十年来有长足的发展，在神经科学、心理语言学、哲学、认知心理学、发展心理学、自动化和人工智能等领域都产生了深远影响。具身认知理论认为，我们全部的概念都深深依赖身体。[1]

当观察到水溢出浴缸，阿基米德发现了皇冠之谜，或者凯库勒在梦里发现苯分子结构，再或者落下的苹果引发了牛顿的灵光一闪，这都是具身认知促成创造性顿悟的时刻。

---

[1]　《表象与本质：类比，思考之源和思维之火》，（美）侯世达，（法）桑德尔，浙江人民出版社，2019。

顿悟不是在大脑里思考出来的，而是身体主体全身心地投入所在环境，以身体性的活动，在实践中发生的。顿悟不是大脑的顿悟，而是身体在复杂环境中发生的顿悟。[①]

商业元创新的鲜活现场就是客户故事、替代品故事等商业活动一线场景。对这些个案进行深度觉察，从中得到启示。

### 【获得深数据与顿悟的方法：客户故事】

"要爱具体的人，不要爱抽象的人；要爱生活本身，胜于爱生活的意义。"陀思妥耶夫斯基在《卡拉马佐夫兄弟》一书中这样写道。

越具体，越深刻；越具体，越接近真相。要从市场中洞见需求，最基本的方法是去感受鲜活的生命，在一个一个客户的人生故事中获得顿悟。

2004 年，哈佛商学院的学生杰里米·斯托普尔曼（Jeremy Stoppelman）得了一场感冒。他到网上去搜人们对于医生的评价，以便于找一个好医生，结果大失所望。这样一个不敢乱找医生、焦急得希望得到他人建议的生命体验，给斯托普尔曼留下了深刻的印象。他想是不是能够创建一个网站，收集别人的评论？于是斯托普尔曼开创了美国知名的点评网站 Yelp。

在前几章的众多案例中，都会有 Yelp 这样的情形，商业创新始于一个客户的烦恼故事。

创新者在 0—1 阶段要有意识地搜集这种活生生的、具体的客户故事，而不要急于从故事中"抽象"出需求。理解人并不是一件容易的事。值得关注的客户故事是一些意料之外、情理之中的类型。

比如意外的挫折。

Yelp 的创建就是源于创始人的意外挫折。甚至，有人戏称商业创新始于"仇恨清单"，一个商业创新就是一个复仇故事。

这些挫折包括客户的求而不得故事、客户的抱怨等等。王永庆卖没有杂质的大米，也是源于买米客户的抱怨；提供送米上门服务是源于小妇人本来计划买几斗米，但是因为背不动而放弃购买。

比如意外的成功。

斯托普尔曼下决心创建 Yelp 之后，找来了小伙兴冲冲地建立了网站。最初的时候，他们认为应该去征询自己朋友们的意见。于是给亲朋好友发邮件：我有一个东

---

① 《具身化的课程：基于具身认知的课程观建构研究》，张永飞，云南人民出版社，2017。

西，希望大家能够支持我们，结果效果很不好。

但是在网站下面有一个团队随手的链接：如果你对我点评的对象没兴趣，你有自己要点评的东西，可以从这里进入。没想通过这个链接，倒是有一些人点进去发表了自己的评论。原来，Yelp团队邀请亲朋好友点评的时候会给对方一个具体的对象让他们去点评，而亲朋好友可能对此并无兴趣。

于是Yelp团队转变了方向，允许人们列出自己感兴趣的饭店、医院和对象进行评论，从而产生了第一代点评网站。

为了生存，1994年陶华碧在贵阳龙洞堡开了一个名叫"实惠"的小饭店。等贵阳环城公路修建通车之后，偏僻的龙洞堡变成贵阳主干道，途经此处的货车司机日渐增多，他们成了陶华碧小饭店的主要客源。小饭店也就是个小生意，平淡无奇。但是陶华碧发现自家制作的豆豉辣酱、香辣菜等小吃和调味品很受卡车司机欢迎。有人将这些赠送的调味品带走，甚至还有卡车司机为了这些调味品慕名而来。陶华碧注意到了这些意外成功的客户故事，于是转型做出了后来著名的"老干妈"辣酱。

意外成功客户故事对商业创新的贡献巨大，这种案例还有很多，也是驯化模型最常见的放大对象。

比如意外的客户行为。

强生的婴儿爽身粉、3M公司推出湿砂纸、舒尔茨决定加入咖啡行业，都是发现有一些客户或商户出现了不合常理的购买、来信或交易。

寻找意料之外、情理之中的客户故事，难点不在故事有没有，**而在于创新者对意外是否有触动，在于创新者对于奇怪的事情有没有好奇心，还在于创新者习惯沉浸在自己的世界里，没有广结善缘，帮助客户解决问题的利他之心。**

一位从事直播带货的创新者讲述了自己拜访客户时所遇到的挫折故事。之前她们的项目是孵化主播，然后自己带货。因为遇到了发展障碍，项目暂停了。于是她们想转型服务一些工厂，计划与对方合作运营。某一天，团队去拜访一个工厂老板。会面之前，她们精心准备了作品和策划方案。最初双方交流得很好，老板也认可她们的专业水平。但是讨论之后，工厂老板还是不想将直播项目外包，而是准备自己组建部门，并随口提一句："能否帮我们介绍一些人才？"最终，项目团队因为自己的方案没被接受而沮丧地打道回府。

复盘这个客户故事的时候，我们就问创始人："为什么不能帮着工厂老板介绍人才？"也许这就是一个参与"直播行业猎头服务""直播行业团队搭建咨询服务"的机会呢？创始人也一愣，好像是哦。为什么看出这个意外的客户行为是值得研究的客户故事呢？因为创始人沉浸在自己的世界里。

创新者要对客户有好奇心，有解谜的渴望。

"人是一个谜。应当去解开这个谜，即便一辈子都在破解这个谜，你也不要说这是在浪费时间；我就在破解这个谜，因为我想成为一个人。"在写出成名作《穷人》之后，陀思妥耶夫斯基曾说过这样一句名言。

顿悟客户需求要从一个一个具体的客户故事入手，从丰富、生动的活生生的生活和生产场景去感受客户的痛苦和麻烦。不要在一堆人员属性数字（年龄、收入、学历等）中寻找需求。

**创新者要利他，而不是利他们。**

# 苦点画布

在第六章商业元创新的0—0.6阶段，我们将需求划分出5个层次，即欲望、需要、一般需求、刚需和苦点。**只有新刚需和新苦点才能孕育出新品类和新行业。**

在商业元创新的0—1阶段，最大的挑战就是如何从客户故事中发现实践亮点，找到种子客户及苦点。本章重点介绍两个工具来应对这一挑战。

首先就是"苦点画布"。这个工具用于将客户故事里可能的亮点进行结构化。通过结构化的分析、梳理客户故事，苦点画布可以实现证伪的目的。也就是说，可以将一个客户故事整理成需求画布，如果故事逻辑不自洽，那这个客户故事可以先搁置，创新者要继续寻找其他客户故事。

如果客户故事整理成画布，逻辑自洽，虽然不能证实这个苦点足以成为商业元创新项目的利基，但至少值得在这个方向上进行放大。创新者可以继续寻找与画布逻辑接近的类似的客户故事。

## 【种子客户】

需要强调的是：画布一定是基于某一个真实的客户故事，而不是传统市场营销里面的细分市场客户描述。

撰写画布中的种子客户，一定要写到某个具体的人，如章三、Mary，然后还要补充下这个人的背景资料（年龄、家庭、经历、职位等）。背景应尽可能详细丰富，有利于大家对画布进行评估时候掌握更充分的信息。

如果故事中涉及多个人，那么每个人单独写一张画布（如图9.2）。

种子客户＿＿＿＿＿＿＿＿＿＿＿＿，

在＿＿＿＿＿（时隙、场景）＿＿＿＿＿的情况下，

因为＿＿＿＿＿（动机）＿＿＿＿＿的原因，

必须要解决＿＿（有多目标决策困境的麻烦）＿＿问题，

如果不解决的话会有＿＿＿（具体描述）＿＿＿的"恶果

但是，

尝试解决方案＿（1）＿因为＿（具体描述）＿的原因，没有解决种子客户的"麻烦问题"

尝试解决方案＿（2）＿因为＿（具体描述）＿的原因，没有解决种子客户的"麻烦问题"

尝试解决方案＿（M）＿因为＿（具体描述）＿的原因，没有解决种子客户的"麻烦问题"

图 9.2　商业元创新的苦点画布

## 【时隙场景】

客户故事也是一种故事，既然是故事，就必然会有故事场景。

场景原指影视剧中的场面、情景。影视专业下场景有人物、时间、空间。一个个场景的衔接，构成了影视剧的故事情节。

首先，在所有的场景中，人是最重要的元素，没有人的话，场景也就失去了它存在的意义。

其次，场景的空间既包括物理空间，还要包括社会空间。比如下班坐地铁回家路上的场景中，地铁车厢就是一个物理空间，而一群人在地铁内如何坐立、如何互动，就是一个社会空间。在商业世界里，社会空间是场景空间的核心部分，物理空间只是辅助社会空间形成的条件。

再次，消费场景还有一个认知空间，也就是消费者都有自己认可的消费景观。这是一种被传媒、社区、朋友塑造的生活方式，也是消费者自我搭建的消费价值观体系。这部分在写画布的时候，比较容易被忽略。比如关于如何教育子女，能区分出几十种，甚至上百种价值观，与之对应的会有各类不同的消费景观。

最后，场景一定嵌入在时间轴中。现代社会已经形成了生活、生产的节拍，在这个节拍的节奏下，人们的社会生活场景会周期性或有节奏地呈现出来。因此，某种社会生活场景一定要与时间紧密联系在一起。周末出游、傍晚下班、暑假夏令营等，生活在现代社会很容易理解这些与时间节奏相关的社会生活模式。

为了便于大家理解和使用，我们可以把时隙场景用图9.3来表示：

时隙场景=人+空间（物理空间和社会空间+认知空间）

时间轴

图9.3　时隙场景示意图

人们的生活场景一直在变化中。当今时代，导致场景变化的首要因素是各类商业元创新的不断出现。比如智能手机已经重塑了人类生活的很多领域；可穿戴设备有可能让人们的生活中出现元宇宙场景。再比如自动驾驶的智能汽车早晚会出现，而那时候在新汽车这个空间里，也一定会产生新场景。

**新场景带来新刚需，新刚需孕育新品类，新品类又会创造出更多新场景。**

比如城市化带来的小家庭化、不婚族白领的日益增多，就会带来对小居室家具的新刚需（宜家公司就受益于此）。北方人候鸟式养老，也会给海南地区带来一系列的新刚需。而空调的出现可以让热带地区人口增加，创造全新的旅游和办公场景，甚至还能改变政治版图。

对于创造新品类的商业元创新而言，场景在解决方案环节需要给予足够重视。"（商业）新物种首先是场景表达，之后才是模式建构。"①

正是因为场景对于商业元创新如此重要，所以要重视对场景中的客户故事的刻画分析，从中觉察是否有可值得放大的亮点。

既然场景中包含了时间，为什么还要特别强调"时隙"概念呢？时隙，顾名思义是一个时刻，是时间段之间的缝隙时刻。客户的需求会在某个场景下发生，但一定是在某个矛盾冲突的时刻达到高峰，从而促使客户产生行动。比如年轻人周末去KTV唱歌到凌晨，饿了想吃重口味的食物。周末在KTV唱歌的场景并不会产生购买需求，只有凌晨饿了的那个时隙消费者才会有行动的愿望。

时隙对于网络文明下的创新者非常重要，这可以成为消费者行动的FMOT（First Moment Of Truth，即第一关键时刻）。在工业文明时代，就算消费者有这样行动愿望的时刻，需求也很难得到满足。而移动互联网普及之后，消费模式产生了翻天覆地的变化。因为在任何时隙下，人们都可以通过移动互联网向厂商发出消费指令。

如果说工业文明通过蒸汽机、电气化等技术进步使人类可以跨空间、跨地域地

① 《新物种爆炸：认知升级时代的新商业思维》，吴声，中信出版社，201。

紧密联结在一起，那么，网络文明则通过信息技术将人类的碎片化时隙联结了起来。

在企业营销工作中需要触达新客户，也要非常重视时隙。比如代驾的广告最好是贴在餐馆、KTV 的厕所里。因为人们喝多了去厕所呕吐的那个时隙，看到代驾广告更容易激发对代驾的消费。

### 【动机】

并非所有的人类行动都有动机（motivation），但是能够产生持续消费的行为一定有稳定的动机。动机可以解释为什么人在特定时间发起、继续或终止某种行为。消费动机是促使一个消费者形成购买行为的内部驱动力。

最知名的动机理论——需要层次理论（Need Hierarchy Theory）由美国心理学家亚伯拉罕·马斯洛（Abraham Maslow）提出。但这个理论更多地用在组织管理领域，用这个框架分析消费动机过于粗糙且难以落地。而且层次理论表达的是人会逐步追求更高层次的需求，虽然体现了人生的积极一面，但对于 0—1 阶段的商业元创新而言，并没有太大的实践指导意义。

商业元创新在 0—1 阶段服务的是边缘、小众的客户，这些客户选择新品类并不是追求积极的人生，而是不得不如此。因此，在 0—1 阶段商业元创新更应该关注如果人们不选择新品类，会有什么损失。也就是这个阶段，要更关心"负面动机"。

根据实验心理学家丹尼尔·卡尼曼（Daniel Kahneman）和阿莫斯·特沃斯基（Amos Tversky）提出的前景理论，人们面对同样数量的收益和损失时，认为损失更加令他们难以忍受。损失带来的负效用为收益正效用的 2 至 2.5 倍，甚至更多。这种人类心理规律被称为损失厌恶（Loss Aversion）。

**真正强大的动机并不来自一个人能够获得什么，而是他害怕失去什么。**

以儿童家长教育领域项目为例，养育孩子更健康、更聪明，远不如害怕孩子有童年心理阴影能让妈妈们做更多的努力。真正的焦虑不需要贩卖，因为它们在小众人群中客观存在。

### 【困境】

客户在某个场景中遇到的某个具体麻烦，自己解决不了，从而产生商业需求（即通过购买服务和产品来解决自己的麻烦）。

什么样的麻烦能够让客户去尝试新品类呢？毕竟冒险不是大部分人的偏好，损失厌恶心理也让人们不愿意轻易更换生活的"老配方"。

一般而言，只有客户遇到了决策困境，才会不得不尝试新事物。所谓决策困境指的是：**种子客户要同时面对相互冲突的多个目标做出行动决策**。通俗地说，就是种子客户"既要什么，又要什么，还要什么"。要想出现麻烦问题，这些相互冲突的目标就必须同时出现。

农民们在耕地面积不增加的情况下，提高粮食产量养活家人，怎么办？这个两难问题推动了化肥的出现。

企业家要在员工因为疫情需要在家的情况下，与其一起工作，怎么办？推动了远程视频会议系统的创新。

农民工在吃甜为主的无锡地区打工，但是想吃上四川老家的辣味，怎么办？这就推动了鸭脖子等重口味休闲食品在江南地区的高增长。

我们以0—3岁早教的苦点画布为案例：

东东妈妈需要同时实现两个相互冲突的目标：一是东东妈妈希望在家里进行亲子早教；二是东东妈妈希望能够科学早教。

乐乐妈妈则要同时达成三个相互冲突的目标：一是乐乐妈妈希望在家里进行亲子早教；二是乐乐妈妈希望能够科学早教；三是乐乐妈妈希望不需要太动脑筋和太过辛苦就能对宝宝进行科学早教。

因为面临的决策困境不同，所以在东东妈妈和乐乐妈妈身上就会体现出不同的需求。

需要提醒一下的是，支付能力并不是消费决策的多目标之一。预算肯定是消费决策的关键部分，但它不是消费决策要追求的目标而是决策约束条件。这些约束还包括法规、意识形态、社会压力等因素。有需求但是没有预算能力的消费者，可能是未来消费者。

如果故事中种子客户没有什么决策困境，那就很难从中找出新刚需和苦点，也就不足以从中发展出商业元创新。对善义创业者而言，也就是还没有找到自己的利他使命。

### 【"恶"果】

衡量一个刚需的常见证伪工具就是问一下：如果不解决上述麻烦问题，种子客户会有什么"恶"果呢？

比如东东妈妈觉着如果不能在家科学早教，孩子会在0—3岁的童年缺失某些发展机会，从而让妈妈愧疚一生。这个"愧疚一生"对种子客户（东东妈妈）就是"恶"果。

"恶"果与负面动机两者的差别在于，前者是种子客户自身未来可能面临的处境，后者是种子客户对负面客观事件的担心。动机中的负面事件如果成真了，种子客户就要面临"恶"果。

消费本质上也是一种人类决策，但是并非人人都能善于进行决策，也并非都善于清晰表达自己的决策逻辑。结构化提炼客户故事，能够帮助种子客户梳理清楚他们的真正决策逻辑，能更容易与创新者同频对话交流。

【尝试解决方案】

种子客户如果有真实的刚需或者苦点，为了避免"恶"果的出现，他们会有所行动，会尝试寻找各种解决方案。**如果一个种子客户没有行动甚至都没有思考过如何解决麻烦问题，那这个种子客户的苦点猜想可以被证伪。**

另外，种子客户可能会找一些你想不到的方案来解决自己的麻烦问题，因为有这些替代方案的存在，他们的麻烦问题就不足以构成苦点，而仅仅是一个刚需。

当人们用手写字的时候，通常是从左向右写。那么左利手遇到的问题是，在书写的时候手总会把墨迹蹭花。听起来这似乎是个令左利手们头疼的问题。

于是，有个创新者决定发明一个手套，服务于左利手们，产品叫"防蹭花卫士"（Smudge Guard），可以防止左利手从左向右写字的时候把墨迹蹭花。但是市场反响并不好。

这位创新者忽略了很多左利手们已经尝试去寻找了很多解决方案，比如有些人会训练自己，改变手腕的角度来进行书写；还有一些人会把纸翻过来写；甚至还有个极其简单的尝试解决方案——可以直接用铅笔啊！

防蹭花卫士创新者除了没能对尝试解决方案的见识形成足够积累之外，更主要的是忽略了苦点的一个基本要求：该麻烦问题是最近几年出现的新问题吗？左利手写字烦恼是新刚需吗？

在社会系统的演进历史中，如果人们遇到的麻烦问题一直没有得到解决，没有激发持续的创新，那说明很可能他们已经找到了一些并不满意但也能容忍的尝试解决方案。只要人们能够忍受，那就构不成苦点。除非某一项社会变革导致了一小部分特别的人群没有办法接受前辈们积累下来的尝试解决方案，才会给到商业元创新者带来机会。

最常讲的尝试解决方案是：DIY。种子客户的这种尝试对商业元创新者而言非常宝贵，值得深入研究。这里面孕育着集体智慧，很有可能从中找到值得放大的亮点，可以最迅速地帮助创新者积累该领域的见识。之前也提过，不少商业创新者投身事业的缘起就是自己曾经通过 DIY 解决了自己遇到的麻烦问题。

但是种子客户往往不会没有尝试过其他解决方案，一上来就自己动手丰衣足食。通过访谈和观察，我们可以整理出来种子客户自己动手之前都尝试过哪些动作，分析过哪些解决方案。

东东妈妈在备孕的时候，就为宝宝0—3岁早教做过一些准备，比如曾经尝试过自己学习早教理论，自己设计、使用"巧虎"等电视早教的产品以及一些网络公众号提供的早教服务。因为这些解决方案都没能够有效地解决东东妈妈的"多目标追求"，这就给新品类留下了机会。

尝试解决方案的整理，还有利于创新者对未来产品的定价思考。

英国Inon价格咨询公司的创办者利·考德威尔（Leigh Caldwell）曾说："当消费者首次遇到一种新的产品或服务时，他们通常对该产品或服务的价值并无多少概念……很可能会拿它跟他们之前遇到过的类似产品做比较，并以那种产品的价格为基准。"[①] 这个类似产品就是客户遇到麻烦问题的时候，可能会去尝试探索的解决方案，从而也就锚定了种子客户的价格量级，比如是几十元还是几百元，甚至是几十万元。

## 【画布示例】

我们以早教妈妈东东的客户故事为案例，整理一个苦点画布，如图9.4所示。

种子客户 东东妈妈( 男孩、事业编制辞职生头胎并自己带到3岁，石家庄，老人不在身边，本科学历，学习能力强，意志力强大，原生家庭无特殊情况 )

在　一个人在家带孩子，有充足时间养育、陪伴、受网络影响有亲子陪伴的早教理念　的情况下，

因为　担心"低质量陪伴孩子"会让孩子在0-3岁阶段身体和心理发育异常影响一生　，

必须解决 妈妈希望在家里进行亲子早教，但是妈妈还希望能够给孩子科学的早教　问题，

如果不解决的话会有　妈妈感觉一生都会愧对孩子　的"恶"果。

但是，

尝试解决方案　自学理论自己设计　因为 需要较长时间系统掌握方法，还需要自己准备教具，没有解决种子客户的"麻烦问题"。

尝试解决方案"巧虎"等总阿娇电视栏目因为只提供一些教具，但没有如何进行早教的动手指导，没有解决种子客户的"麻烦问题"。

**图9.4 基于东东妈客户故事整理的苦点画布**

图9.4这个画布中有几个需求之"新"。

---

① 《价格游戏：如何巧用价格让利润翻倍》，（英）利·考德威尔，浙江大学出版社，2017。

● 种子客户的行为模式新：为了安胎、养育居然辞掉公职，对抚养下一代投入高；

● 强烈的亲子早教理念：重视让孩子从小就感受妈妈的爱；

● 强烈的科学早教意识：尊重专家经验；

● 而且这个妈妈为解决自己的多目标决策困惑还做了不少尝试，对市场上的各类早教相关产品进行了研究。

对应这样的种子客户以及苦点，在 2017 年后，中国市场上涌现出来一些"在线早教课程"的新品类。

## 深度访谈

**只有客户才可以告诉你，你是否发现了一个值得解决的问题。**

市场营销公司常用调查问卷来了解客户的需求，但这种方式对商业元创新很难有大贡献。统计数字不能给商业元创新者带来恍然大悟的感觉，只会让人更加疑惑或产生误解。

顿悟需要深数据。而深度访谈时产生深数据，是让创新者形成"具身认知"（Embodied Cognition）的一种有效方式。

深度访谈不是调查，不是采访，不是焦点小组，而是找到一个可能的种子客户，面对面地交流，时间超过 1 个小时，才能称之为有深度的访谈。访谈处理对话以外，还要重点观察被访谈者的行为，从中顿悟。

### 【深度访谈的 10 个初级法则】

*1. 探索商业元创新的访谈，公司创始人应当亲自做研究，否则浪费时间。*

第三章提到商业元创新成长的本质是见识的增长。见识超越信息、知识，隐含有行动智慧，一定只能落在某个具体人的心智中。这也是大企业会陷入创新者窘境的原因，因为探索商业元创新的过程中所积累的大量见识存储于团队成员心智中，在没有转化为市场结果之前，这些"专有的无形资产"很容易随着团队成员的离开而流失。这对成熟企业来说非常危险。因此，成熟大企业不愿意开展商业元创新有其组织结构上的必然原因。而如果这个见识积累放到了公司创始人身上，那就不存在上述问题。

2003 年 7 月 1 日，新能源汽车公司特斯拉成立，就在同年同月的 24 日，一群人聚集在好莱坞永久墓地。一名风笛手带领着一个游行队伍，队伍中包括一辆闪闪发光的白色灵车和大约 24 辆通用汽车的 EV1 电动车。这是一场公关活动，是 EV1 的粉丝和支持者对通用汽车回收并销毁 EV1 电动车这一行动的抨击。[①]

1996 年至 1999 年期间，通用汽车共生产 1117 辆 EV1，但是只租不卖。EV1 就是那个时代的特斯拉 Model S（如图 9.5）。它曾经得到好莱坞明星、导演和环保组织的大力赞扬，这款车辆本身的表现也得到用户的好评。但是到 2003 年，最后一批剩余的 EV1 租约到期，通用汽车要求客户必须归还汽车。客户中有些人不情愿，请求购买这些汽车，但通用汽车拒绝了他们（如图 9.6）。

图 9.5　比特斯拉早 10 年出尽风头的通用 EV1 电动车

图 9.6　客户对 EV1 依依不舍

即使有 EV1 爱好者们的努力，却也无法阻止这辆车走向终点的脚步。葬礼后的几个星期到几个月里，通用汽车在其位于亚利桑那州沙漠的试验场碾碎了这些汽车

---

① 纪录片《谁消灭了电动车？》（*Who Killed the Electric Car*？），克里斯－佩恩导演，索尼经典（Sony Pictures Classics）出品。

303

（如图 9.7）。

图 9.7　回收并被压扁碾碎的 EV1

之所以要碾碎这些划时代的先进产品，是因为通用汽车法律团队担心 EV1 还不成熟，未来可能有安全性隐患——因为这些车的电压有点高。要是遇到后来特斯拉失火、失控的现象，估计这些律师们会疯掉。

一群不是创始人的商业精英在一起，不要说发展商业元创新，反倒可能阻碍商业元创新的出现。因为他们是如此聪明，以至于非常善于发现新生事物的缺点。

2003 年，通用汽车首席执行官里克·瓦格纳（Rick Wagoner）终止了 EV1 计划。他后来告诉 *Motor Trend* 杂志，取消 EV1 计划是他在通用汽车职业生涯中最糟糕的决定。

创新是少有人走的路，不适合一群人做集体决策，需要的是"众议独裁"机制。只有公司的创始人亲自下场去做访谈，去亲身接触种子客户，才有可能形成可持续的见识积累。在充满未知和不确定性的情况下，背负一个看起来问题重重的商业元创新项目，除了公司创始人，谁又能带领大家迈出坚定前行的步伐？

深度访谈需要创始人主导，但并不等于只有创始人一个人来做。毕竟不是每个创始人都善于沟通、精于访谈技巧。更佳的组合是创始人与访谈专家联合组队。

**2.深度访谈要围绕"画布的 6 个主题"展开**

深度访谈的目的是探索真相，找到实践亮点。在 0—1 阶段探索刚需苦点的客户访谈中，真相就是：带来多目标决策困境的麻烦问题、这些问题产生的时隙场景和动机、不解决这个麻烦问题有什么"恶"果、被访谈人做了什么动作去解决这个麻烦问题。

深度访谈要围绕苦点画布的上述主题展开探索。之所以称之为探索，而不是直截了当地让客户回答上述问题，一方面是上述问题太专业、太抽象，超出了客户的认知习惯；另一方面是客户可能自己都不知道上述问题的答案，客户的行动受显意识和潜意识的复合驱动。就像小朋友的行为也有自己的逻辑，但是你让他自己表述为什么要做这件事、为什么要做那件事，小朋友未必说得清楚。

只要接触足够多的种子客户，创始人就会比客户还要了解客户，因为创始人在该领域的见识足够多。

### 3. 给客户展示的机会，你才能观察到更多

当你说了太多的时候，被访谈者往往就没有时间去听。

当访谈进入画布的一个主题之后，最好是问被访谈者一些开放式问题，让他可以一直说下去。这样，公司创始人就有更多时间去觉察。

一般来说，调查问卷的大部分内容都是"在几个选项中选择"的封闭式问题。一般的日常交流很难像数学语言那样严谨，所以很可能问问题的人没说清楚，被访谈者没听明白，然后被访谈者还说不明白。所以，这样的控制性、封闭性的选择题模式，有可能是鸡同鸭讲。

而如果你问了一个开放式问题，比如问："东东妈妈，你在怀孕的时候对未来的孩子教育都研究了什么呢？"你就可以引导她从知道自己怀孕那一刻的感受讲起。她十月怀胎的过程甚至都可以讲出一本小说来。

当被访谈者给你呈现出一幅她的生活画卷，就像一部多角度的纪录片展现在你面前的时候，你就有机会从中观察到更多。你就能觉察到某些时隙场景表现得比较异常，然后可以把这个异常场景下的细节再放大展开，从而找到出乎意料的实践亮点。

### 4. 访谈者要对人好奇，才有可能看到更多的人生画卷

苦点画布的第一个主题就是种子客户，就是人。公司创始人的功利心会严重破坏一场有趣的访谈深度交流。你不要总是说生意，你交流得越多，他们就分享得越多。你也要说说你自己，不是那个创业、创新、做生意的你，而是一个活生生的父亲、儿子、朋友、有爱好、有趣的人。你也要把对方当成这样的人。

如果你对被访谈者没有善意、好奇心，对方很容易就能感受到。那么对方也会调整与你对话的模式：公事公办或者有选择性地输出部分信息，让你看不到全貌和真相。

记住，你是在和对方交朋友，真的关心对方的烦恼。就算对方不是你当下的种子客户，也不见得就不能成为你使命的同行者、助力者。深度访谈是可以帮助公司创始人广结善缘的。

访谈者不要引导被访谈者"为赋新诗强说愁"，而是要让对方放松地、立体地展示自己的生活画卷。

如果你把访谈当成是要完成一件工作，一个商业项目，那将是非常枯燥无趣的

和充满挫折的事。而当你对被访谈者这个人充满好奇，关心他人生中的喜怒哀乐，访谈就会成为一场体验丰富的心灵旅行。

**5. 对访谈主题的内容，你要让被访谈者主动描述更多细节。**

人的适应能力很强，虽然存在刚需苦点，但被生活一次次地摩擦之后，人们也会慢慢麻木。

所以你在探索被访谈者那些"习以为常"的日常行为中，要把某些生活画卷镜头放慢，提高"分辨率"，然后就能从中捕捉到意料之外的那些麻烦问题。

还有一次，一个女性创始人访谈了父母离异的年轻人，然后给我回馈说：现在的年轻人不太在意父母离婚，与父亲的亲密关系没什么求而不得，也没有什么烦恼麻烦。主要有两个原因：其一，父母离异后对孩子有愧疚之心，所以对孩子都有补偿，以至于孩子甚至会认为得到了两对父母的关爱。其二，同伴中离异的比较多，也都不太在意。创始人说这是访谈了自己老师的儿子（已经 20 多岁），他们从小就熟悉，所以对方说得很真实。正好这个访谈者就在我们那场活动上，于是我就把他们两个约到一起，由我来再做一次访谈。

我对女创始人问道：你的父母生活在哪里啊？

女（创始人）：在老家，离我们这个城市 2000 公里的县城。

我对男生问道：你的父亲生活在哪里呢？

男（父母离异）：也在老家，父亲是老师。

我对女生说：你觉得和父母的联系多吗？

女生：挺多的啊。

我问男生：你觉得和父亲的联系多吗？

男生：不算多，挺少的。

我问女生：那你一年回家几次，和父母见面几次？

女生：四五次吧。

我问男生：你呢？每年回老家和父亲见面几次？

男生：十几次，差不多每月都回去吧。

女生就很震惊。男生每年和父亲见面十几次，居然还感觉和父亲联系"少"。没有这些细节，听被访谈者做一些价值判断，很难了解真相。

我继续问男生：你父母是什么时候离婚的，你那时候多大？

女生抢着说：他父母对他挺好的，是他上大学才离婚，所以对他没有什么心理影响。

我没有回应女生，而是继续问男生：你父母是什么时候准备离婚的？

男生停顿了一会儿说：我六岁的时候。之后他们天天吵架，直到我上大学。

说完之后，男生已经泪流满面。

父母离婚真的对孩子的心理没影响吗？

### 6. 访谈中除了"谈话"还要观察被访谈者"行为"

有一次访谈一位男士，问他如何看待自己的外在形象。这位被访谈者脱口而出："我这个人，不怎么在意什么形象不形象的。"他一边说一边掏出个小梳子梳了梳头。

对于客户刚需苦点的觉察，论心更要论迹。

宝洁在历史上曾经有过一个非常了不起的发明，带来过很高的利润，解放了不少家庭主妇。这个产品是怎么被研发出来的呢？

宝洁的产品经理要研究美国家庭主妇在日常清洁过程中还有哪些问题值得解决。但是他自己已经没有思路了，于是把这项创新任务外包给了波士顿的 Continuum 创意设计公司。

项目团队的负责人是 Continuum 现任 CEO 哈利·韦斯特（Harry West）。

于是他们就找了一些家庭，协商后在每个家庭架上摄像机，记录这些家庭的主妇在平时清洁过程中都做什么，会遇到哪些问题。最开始访谈的时候，这些家庭主妇觉着清洁工作就那样，一切都挺正常的，没有什么特别的啊。

于是宝洁的产品创新团队就这样重复地录制着每一户人家的平凡清洁活动，一录就是 3 个月。那么多家庭 3 个月的数据看起来真是挺枯燥的。

但是 3 个月后 他们发现了一个"奇怪的正常现象"。家庭主妇在拖地的时候，拖地和洗拖把的时间差不多一样长。创新团队觉得这事有点怪，于是问这些家庭主妇，为什么要花这么长时间洗拖把呢。

这些家庭主妇会觉得这个问题很奇怪，不花那么长时间去洗拖把的话，拖地不干净啊。

除非在这个麻烦问题上，人们花费了足够的时间和精力想去解决，否则那就不能算是苦点。

于是创新团队就想：能不能制造出来少洗甚至不用洗的拖把呢？

如果你是宝洁的创新团队，会怎么做？是不是要组织一群工程师、材料科学家开始研究起来？他们没有。

而是继续在这些家庭拍摄，看看这些主妇们有没有什么行为可以增长创新团队在清洁问题上的见识。

又过去几个月，又是一堆枯燥的录像带。某一天，创新团队突然叫道："我们找到了。"原来，他们在录像中发现了一个实践亮点。

一位老太太清理厨房地板上的咖啡污渍。在清扫完地板之后，她弄湿了一块纸巾，并用它擦拭撒在地毯上的咖啡污渍。也许这一幕太平常不过了，但是对于在寻找"不洗拖把"的保洁创新团队而言，就是一个顿悟时刻。拖把头可以不用布，而是用一次性的纸张，这样不就不用再花那么长时间去洗拖把了吗？

可是宝洁公司的高管并没有对这个设计表现出特别的兴趣，因为仅销售拖把和洗涤液产品，就能给宝洁公司带来 10 亿美元的收入，何必要用一个听起来如此不靠谱的新东西呢？但是 Continuum 的创新团队并没有放弃，韦斯特确信他们洞见到了拖把的未来。经过一年的苦求之后，宝洁的决策者终于被打动了，决定给 Continuum 创新团队试一试这个想法。

1997 年，也就是在韦斯特和他的创新团队开始收集视频资料的 3 年后，宝洁公司正式申请了美国专利。1999 年初春，这种新型清洁工具进入了全美国的超市，且一投入市场就大获成功：到 1999 年年底，它的销售额就超过了 5 亿美元。这种产品的名字叫速易洁拖把（Swiffer）。现在，这个"装在杆上的纸巾"是最好用的地板清洁产品之一。[1]

### 7. 拥抱意外，接纳对原有猜想的否定

**访谈不同于漫谈，需要从客户故事中梳理出画布脉络。但是，被访谈者的故事很可能与你想象的不一样。这其实也是深度访谈最有趣、最值得期待的部分。**

访谈并不是为了证明你的猜想是对的，而是恰恰相反，要找到你过去猜想中有哪些"不对"的部分。每个被访谈者的故事都可以呈现出一个独立的猜想，或者对你原来的猜想进行局部修正。这才是深度访谈的成果。

这是一个对探访者自己认知的驯化过程。驯化的方向就是如何接近人们的需求真相，而不是如何接近你的猜想。

自己构建起来的猜想坍塌，难免会有挫折感。我们要意识到这是一种执念，需要放下。金刚经说"应无所住，而生其心"，不被自己的猜想所阻，不要被自己的功利心所阻。保持空杯之心，就有机会听到、看到、觉察到那些草蛇灰线。

否定原有猜想的客户故事不是意外，而能够重新建立起新猜想的客户故事才是意外。意外对创新探索是好事情。

---

[1] 《想象：创造力的艺术与科学》，（美）乔纳·莱勒，浙江人民出版社，2014。

### 8. 要安排稳定的访谈环境

人们在坐着的时候比在走路或站着时更愿意和人说话，接受别人提问。因为坐着的时候他们很难走开。你要与访谈者一起建立一个适合长时间谈话的场域，否则将会得到太多噪声，淹没那些有价值的信号。

随着信息技术的广泛应用，在线沟通工具越来越多。为了提高效率，很多创始人在访谈时候会选择微信文字、语音留言等工具。

至少从现在的经验来看，上述"异步沟通"的方式，达不到深度访谈效果。主要的原因有两个。一个是被访谈者可能并不严肃认真对待这场谈话，比如他在忙着别的事，顺便回复你的消息。还有一个原因是文字、留言的东西能够展示的信息量太少。

美国心理学家艾伯特·麦拉宾（Albert Mehrabian）曾经在 20 世纪 70 年代，研究人类在沟通过程当中对语言的使用、讲话时的音调和沟通时面部表情这三个要素的作用。结果发现，语言在整个情感交流的过程中仅仅占了 7% 的比例，讲话的音调占了 38%，而非语言沟通方式的面部表情却达到了 55%。[1]

所以，你要做深度访谈，建议尽量面对面，实在不行也要借助视频会议交流。

### 9. 学会寻找到新的访谈对象

持续寻找访谈对象也是一个挑战。

最常见的方法是与当下你要访谈的对象建立友好关系。在访谈最终请求对方的帮助，帮你介绍一些新的访谈对象。毕竟在你们的交流中，对方可以了解到你对什么类型的人感兴趣。

另外，新的数字精准营销工具也能够帮你破圈，不过这需要你有一个强大的团队，能够帮助你联系到可以说真话的被访谈者。

### 10. 访谈复盘

在访谈现场，要倾听、引导还要思考，所以你的注意力会不足。所以回到家里整理访谈"逐字稿"非常重要。也就是要把访谈过程中双方交流的内容，逐字逐句地整理出来。这个整理过程也是你再次审视被访谈者积极信号的过程，也是提升自己访谈技巧的过程。

随着 AI 技术的发展，语音识别准确率大幅度提升。在征得对方同意的情况下，可以对访谈过程进行录音，事后再用 AI 技术进行识别整理成文字。这样的整理还有一个好处，就是可以请团队的其他成员、顾问机构协助一起进行觉察。

---

[1] 《FBI 超级询问学》，金圣荣，黑龙江教育出版社，2018。

## 【常见的三个大错误】

除了上述十个初级原则，深度访谈中还有 3 个常见的错误要避免。

### 1. 推销你的猜想和你的解决方案

访谈是为了增长见识，了解更多真相，修订自己的猜想。而不是要说服被访谈者去采纳你的创新点子。

为什么有的公司创始人会在深度访谈过程中习惯性地推销想法，甚至卖产品呢？可能是他们急于要一个经营结果，想早日成功。

急于获得洞见的努力，反倒会破坏对洞见的觉察。镜子和窗玻璃的差别就在于前者镀了一层银子。这样你照镜子时就只能看到你自己，而透过窗玻璃才能看到外面的风景。

善义创业者遵循利他使命的新商道，要落实到对每个客户的真诚关怀上，关心他们的疾苦，而不是自己的所谓事业成功。这样反倒能够更容易"白天看到星星"。

向被访谈者推销你的主意，还会造成被访谈者的抗拒，让大家对话的焦点由外（麻烦问题）转内（观点辩论）。本来深度访谈是一个与被访谈者肩并肩，去回顾被访谈者人生画卷的心灵旅程，现在变成了辩论、质疑甚至对抗。

### 2. 与被访谈者一起探讨你的创新事业

在与被访谈者交流的过程中，对方也一定会问到你要做什么，为什么要方案。你可能会介绍自己的创业历程、项目进度等。被访谈者可能会对你的项目表达出浓厚兴趣，然后给出一堆有关这个项目如何发展的建议。这也是深度访谈中最常见的大问题。

这样做不仅仅是让本次访谈失焦，更要命的是会导致被访谈者不再客观阐述他自己的画卷。被访谈者主观上先建立了对你项目的认可或否定之后，他给你提供的信息就会有倾向性。这是因为被访谈者会有认知失调（Cognitive Dissonance）的认知偏差。

认知失调由社会心理学家由利昂·费斯廷格（Leon Festinger）1956 年提出。认知失调通常体现为人们会因为从事与自己价值观认同相悖的行为，而产生的心理压力或焦虑。根据利昂·费斯廷格的理论，为了缓解认知失调的压力与不适，人会努力更改矛盾的认知，调整自己的认知去适应自己的行为。

被访谈者如果认同了你的项目，他为了避免自己的认知失调焦虑，就会下意识地修改自己的认知。这样对方给你提供的就是扭曲记忆或者只利好你猜想的部分信息。

### 3. 与被访谈者一起讨论未来的可能性

永远不要问以"你会不会？"开头的问题。这是一个非常糟糕的问法，你从中很难学到什么，因为你们都在讨论假设性的问题。人心似水。被访谈者未来如何行动，他当下是没办法预测的，毕竟一个人的实际行为要受到很多因素的影响。

你也许不是想推销产品，但会忍不住想测试一下你的产品设想，并且安慰自己说这就是一次 MVP（最小化可用提案）测试。前文在讨论 MVP 的时候就曾提出，访谈不是 MVP 的一种类型。

访谈是要从历史的脉络中探索客户的内心，MVP 则是通过刺激用户做出反应来进行需求的评估、解决方案的概念验证。

MVP 测试之前不需要进行访谈，这样用户的反应才更纯粹。至于 MVP 测试之后的随访，也更多的是探索客户对 MVP 各环节反应的行为逻辑。

深度访谈和 MVP 测试需要两个不同的环境，不要混淆在一起同时进行，导致两种探索活动相互干扰。

## 本章小结

商业元创新在 0—1 阶段的探索充满不确定性，尤其是新刚需的探索更加不容易。这个探索不是灵光一闪的闭门造车，只有客户才会告诉你真正的答案。创新者只有"浸润"在鲜活的真实客户故事中，才能具有"白天看到星星"的洞见新刚需能力。

有两个工具可以帮助创新者洞见新刚需。其中一个工具是苦点画布，这是一个帮助创新者检查自己猜想的"证伪"工具。通过积累更多客户故事，从中提炼关键信息，我们可以逐步修订画布的逻辑，逼近市场真相。

另外一个工具是深度访谈。只有客户才可以告诉你，你是否发现了一个值得解决的问题。

本章补充案例及知识点深化部分，请扫码进入《商业元创新》互动区。

第十章

# 商业元创新的 1 到 10

当商业元创新从0—1阶段发展到1—10阶段的时候，就会面临第一个市场鸿沟。这也意味着0—1市场与1—10市场并非一致，前者消费者的意见扩散不到后者。

## 两类种子客户

按照第四章介绍的创新扩散理论，1—10这个阶段对应的客户类型是早期采纳者，罗杰斯和摩尔认为这类客户是有远见卓识的人。摩尔在《跨越鸿沟》一书中写道："有远见者追求的并不是小小的改善，而是根本性的突破。"这些远见者的动机是"他们能够发现一些具有巨大潜力的投资项目，这些项目能够为他们自己带来'重量级'的可观回报，而且他们也愿意承担非常高的风险来推行这些项目"。因此，从行动上"他们愿意与一些几乎或者完全没有任何资金的销售商合作，他们愿意对那些刚刚研制成功，但还没有经过任何测试的产品进行投资"。（如图10.1）[1]

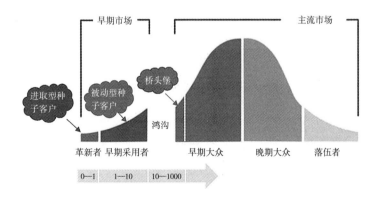

图 10.1　早期市场种子客户分类

---

[1] 《跨越鸿沟：颠覆性产品营销圣经》，（美）杰弗里·摩尔，机械工业出版社，2009。

对于早期市场客户，商业元创新理论与两位乐观主义思想者的认知不同。早期市场中确实会存在一些发烧友、远见者，但他们并不足以形成稳定的市场力量。早期市场真正的中坚力量是那些"不得不用"的客户——种子客户。这些客户的需求得不到满足，他们会有"恶"果。所以即使在新品类的功能、品质、价格都不是很令人满意的情况下，他们也会一边抱怨一边试用。

而种子客户又分为两大类：进取型种子客户和困惑型种子客户。分别对应创新扩散曲线的"革新者"与"早期采纳者"。进取型种子客户分布在商业元创新的 0—1 阶段，他们在没有供应商出现的时候会主动想解决办法。甚至，还有些进取型种子客户都已经 DIY 开发出产品来解决自己的问题。不过这些产品仅限于给他们自己和周边朋友使用，并没有商业化。还有一种现象，就是商业元创新者自己就是进取型种子客户。

## 【困惑型种子客户】

而困惑型种子客户分布在商业元创新的 1—10 阶段。他们并非没有苦点，需求得不到满足也并非没有"恶"果，而是因为相比主动型种子客户，他们如果选用商业元创新的早期产品会遇到困惑。

在中国电动单车这个新行业发展的过程中，"坤车"是个重要的里程碑，甚至可以说是产品从助力代步车到电动单车性质上的改变。为一线城市年轻女性研发的踏板车，解决了这些女性穿裙子没法使用助力代步车的根本难题。虽然这个突破相对电池续航、无刷电机等这些关键业务突破而言没有那么大的技术难度，但确实给困惑型种子客户解决了最后的使用障碍。在商业元创新的 0—1 阶段，只是完成了解决方案与客户问题之间的匹配，对困惑型种子客户而言，并没有做出可用性产品。

Airbnb 的两位创始人布莱恩·切斯基（Brian Chesky）和乔·格比亚（Joe Gebbia）设计专业毕业后住到了旧金山。这是世界上消费水平最高的城市之一，他们的房租要到期了，他们最初并没有打算创办一家有朝一日会成为几百亿美元市值的企业，只是不想失去自己的家。

在绝望中想出给设计师同行们出租床垫和提供早餐后，他们收到了其他人的邮件，希望他们能够在其他城市也能有类似的服务。这些积极的反馈鼓励了两位贫穷的艺术家，促使他们决定开始专注于 Airbnb 创业。

图 10.2 是 Airbnb 最初的三位客人，分别是：凯，一位住在波士顿的 30 多岁的设计师；迈克尔，一个 40 多岁的犹他州五个孩子的父亲；Amol 是孟买人，刚从亚利桑那州立大学毕业。图 10.3 是当初他们出租出去的房子。

图 10.2　前 3 位 Airbnb 客人

图 10.3　Airbnb 创始人出租的第一所房子（也是他们自己住的房子）

虽然这个出租私人房间的主意得到了一些市场的积极反馈，也在奥巴马竞选大会上受到瞩目，完成了从 0—1 的客户风险检验。但是进入 1—10 阶段后，Airbnb 发展并不顺利。

2008 年，为了发展用户，Airbnb 的两位创始人想了很多办法，甚至采用了一些擦边球的技术手段，从当时最大的本地分类广告网站 Craigslist 那里蹭了一些流量，但业务上的实质发展依然缓慢。

到了 2009 年夏天，Airbnb 的成交情况更加不乐观。两位创始人决定深入研究下市场。他们四处飞行，在 24 位不同的客户那里去现场体验，并对客户进行了访谈。结果，一个情理之中意料之外的原因凸显出来：不少在 Airbnb 上发布房间的人并不懂得如何把发布内容弄得好看些，他们拙劣的审美水平、糟糕的拍摄技术和毫无吸引力的文案，遮蔽了房间原有的亮点。这让访问网站的游客一头雾水，当然也就谈不上下订单了。

这个情形在两位创始人看来有些出乎意料。毕竟他们俩作为美国罗德福设计学院设计专业的毕业生，一点也想不到仅仅是拍张好看点的照片，居然会那么难！

答案就在问题里。

Airbnb 创始人 2009 年的活动，再次让我们看到了与客户接触、深度访谈对商业元创新的重要性。

泰雷兹·S. 特谢拉（Thales S. Teixeira）曾任哈佛商学院教授，他在《解构客户价值链：如何驱动消费者颠覆》一书中提到，和其他硅谷创业公司相比，Airbnb 的创新颠覆更多源自其对客户需求的识别能力，而不是什么技术突破。[1]

遇到这种客户不善于操作产品的情况，一种方法是给用户群发邮件，教会他们如何去拍照，并给他们评估打分。而 Airbnb 则采用了另一种"笨办法"。他们花 5000 美金租借了高档摄影器材，挨家挨户服务那些 Airbnb 纽约房间出租者。两位艺术家为他们免费拍摄房间照片，并优化它们在网站上的介绍内容。

与电动单车行业的"坤车"创新类似，这样一个消除种子客户困惑的产品改进取得了重大成功。当月 Airbnb 在纽约的订房量上涨了两三倍。然后两位创始人决定把这一做法复制到了巴黎、伦敦、迈阿密等地。

2010 年夏天，Airbnb 签约了 20 位摄影师，正式成立了专门的项目，为屋主提供拍摄服务。任何屋主都可以事先预约一位专业级的摄影师上门拍照。这样一来，对那些追求个性的年轻租房者来讲，相比古板的传统酒店，高颜值、个性化的民宿就不再是低端货。一个对双边市场都很关键的产品改进，让 Airbnb 迅速地占领了"早期采纳者"市场。

于是，Airbnb 开始跟踪自己的产品关键指标——每月的拍摄次数。当房间出租者打电话来时，公司便提供专业摄影服务。数据已经证明，更专业的照片意味着更多的生意。到了 2012 年 2 月，Airbnb 每月已经提供近 5000 次拍摄，并且业务还在继续加速增长（如图 10.4）。

---

[1] 《解锁客户价值链》，（美）塔莱斯·S. 特谢拉 .（美）格雷格·皮肖塔，2022。

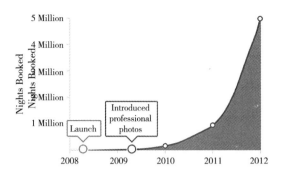

图 10.4　Airbnb 在 1—10 阶段产品创新激发了业务的井喷 [①]

资料来源：Joe Zadeh，Airbnb 在 Lean Startup SXSW 上的演讲。

## PMF 障碍

2007 年，硅谷知名的创业家和投资家马克·安德森（Marc Andreessen）在他的博客里创造了"产品—市场匹配"（Product-market fit，PMF）这个概念。虽然这个词经常被硅谷产品经理们使用，但它的定义还是非常不明确。不过安德森提出这个概念的原意，可以从下面这句话中得到更好的体现——"初创企业的生命周期可以分为两部分：找到 PMF 之前，和找到 PMF 之后。"

如果把一个产品可用性设为 100 分而 60 分是及格线的话，假设商业元创新 0—1 阶段的解决方案可以打 80 分，那么，将其运用到 1—10 阶段早期采纳者市场，则该解决方案的得分会小于 60 分。原因就是，适用于 0—1 阶段的"进取型"种子客户的原解决方案，在 1—10 阶段出现了 PMF 障碍（也就是 M 与 P 不匹配），不能满足困惑型种子客户需求。

消除这些 PMF 障碍是商业元创新者在 1—10 阶段面对的重要挑战，也是解决方案走向产品化的一个重要过程。要达成这一目标，需要与困惑型种子客户深度互动，从中觉察到具体的障碍点。

常见的 PMF 障碍至少包括以下五大类：

①种子客户（M）因为自己的禀赋能力问题不能使用 0—1 阶段的"解决方案"。因此，对应的商业元创新产品（P）需要改进，从而降低客户使用难度。中国电动单车早期女性用户遇到的就是这种类型的 PMF 挑战。在一些

---

①

教育类的新品类中，这种现象也很常见。Airbnb 房东不会美化房间也属于第一类 PMF 障碍。

②（P）缺陷会给（M）带来损失。或者（M）使用（P）之后会有风险，因而有顾虑。所以，需要（P）主动澄清如何降低（M）的风险。

③（P）需要达到一定用户规模，形成网络效应之后，才能有效解决（M）的问题。比如社交产品都有类似的"冷启动"障碍。

④（M）要解决问题比较复杂，单靠一种商业元创新产品解决不了，因此需要（P）去联合其他品类的（P）来一起解决。

⑤（M）购买力有问题，因此（P）要想办法把成本和价格控制下来。

了解了这五种类型的 PMF 障碍，我们还需要进一步了解为什么会产生这些障碍。作为商业元创新者又该如何应对这些障碍呢？

【 "知识诅咒" 与 PMF 障碍 】

要消除 PMF 障碍，首先得能够发现它们。

对于经历了 0—1 阶段见识积累的创新者，在 1—10 阶段需要注意破除"知识的诅咒"（Curse of knowledge）。

1990 年，美国斯坦福大学研究生伊丽莎白·牛顿（Elizabeth Newton）在自己的心理学博士学位论文中提出了一个"猜音乐"游戏。游戏中，参与者分别扮演表演者和听猜者两类角色。表演者会拿到一份著名曲目的清单，包括《祝你生日快乐》和美国国歌《星条旗永不落》等 25 首耳熟能详的歌曲。

表演者选定一首后，在桌上把曲子的节奏敲给听猜者。后者的任务是猜出正确的歌名。在伊丽莎白的实验过程中，表演者一共击打了 120 首歌，听猜者猜对了 3 首，成功率仅为 2.5%。

这还不是该项研究的要点。重要的是在测试之前，伊丽莎白·牛顿让表演者估计对方能够猜中的概率是多少，平均下来，表演者预测对方能够猜出曲目的概率是 50%。这与实际结果相差 20 倍！

试验后，表演者对结果都很惊讶：这调子难道还不够明显吗？你怎么能这么蠢呢？

这个实验研究的不是听猜者行为，而是对表演者的认知反映展开研究。表演者的上述行为情形被称为知识的诅咒。也就是一旦人们掌握了某种知识，就无法想象他人不知道这种知识时的反应。知识"诅咒"掌握知识的人们。

知识诅咒使得创新者很难与客户分享他对产品的认知。创新者去琢磨透客户一方在使用产品时候的心理状态，也因此而很困难。

知识的诅咒概念最早出自科林·卡梅勒（C.F. Camerer），乔治·洛文斯坦（G. Loewenstein）和马丁·韦伯（M. Weber）1989 年发表在美国芝加哥大学的期刊《政治经济学》杂志上的一篇论文。他们从不对称经济分析出发，基于一些个体性实验得出一个结论：就算是在充分市场的情形下，知识诅咒依然有 50% 的影响没有被消除。

知识的诅咒会伴随专业知识的累积而愈加严重。帕梅拉·海因兹（Pamela J. Hinds）曾经做一个试验。要求一家手机公司的推销员估测购买手机新用户学会操作某项功能（例如在语音信箱里存入一句问候语）需要花费的时间。结果表明，销售员推测新客户学会某项操作需时 13 分钟，而新客户实际上花了 33 分钟。即使先让这些销售人员回想自己当初学习这些手机功能时遇到的各种困难，再让他们预测新客户在学习新功能所要消耗的时间，他们依然过低地估计了新客户学习新功能的难度。

知识诅咒的基本结论是：专业人士会极大低估新手用户所需的学习成本。

这对于商业元创新者来说绝对不是好消息，这个问题在商业元创新的 1—10 阶段凸显得更严重。

2012 年夏天，Airbnb 决定重新设计"心愿列表"（wish lists）这一功能。其实在此之前，心愿列表功能早已上线数年，但效果一般。这个功能设计也是为了消除第一种 PMF 障碍（客户当前自身能力欠缺）。为了过上向往的生活，也为了逃避现实压力，一些访客会收藏一些美好的房间，已备将来圆梦，这就是心愿清单。对于 Airbnb 而言，这是一个非常聪明的增长策略，它将这些客户未来的需求进行了锁定。

在经过一系列尝试之后，开发团队偶然发现，一个小改动居然能让客户对该功能使用率提高 30%。原本代表收藏功能的是一个星形图标，现在改为一个心形图标。从技术人员的角度，这实在是不可理喻，其他知名网站的收藏功能也都是"星形"。但是从客户角度来看，这个该产品不是被简单地收藏，而成为具有情感价值的美好期待。4 个月后，45% 的用户使用过该功能，累计创建了超过 10 万个心愿列表。

商业创新者不应该忽略表达层面的产品改进，而仅仅认为这是无关痛痒的细枝末节。从需求侧的视角来说，产品解决什么难题，为什么这个难题需要解决，是客户关心的首要问题。而"言语有道断"的知识诅咒为供需双方制造了巨大的沟通障碍。**商业创新者需要测试各种成交话术，将刚需得不到满足后的"恶"果对客户进行充分澄清，在客户的认知边缘重建其消费景观。**旧商道常在此处给客户制造焦虑，而新商道不能为了私利无中生有，但是因为知识诅咒的存在，商业创新者需要运用消费者自己的语言澄清未来可能的困境和麻烦。

## 【第二类 PMF 障碍】

在 Airbnb 发展的 1—10 阶段，也遇到过第二种 PMF 障碍。2011 年 7 月，Airbnb 遭遇了一次非常严重的房东信任危机。一位旧金山房东在网上愤怒地贴出了自己出租房间的照片，照片中房子就像被洗劫了一样。这位房东遇到了一个毫无羞耻心的 Airbnb 房客。因为 Airbnb 模式已经引起了媒体的注意，类似《纽约时报》《华尔街日报》等主流媒体迅速跟进，把这个事件作为头条报道。这个世界总会有个别害群之马，人们对于让陌生人住到自己家里的不安全感被点燃了。很多人尤其是传统酒店行业的人，预测 Airbnb 这次必定名誉扫地，肯定要玩完了。

新生事物发展需要一个过程，在成长期间产品和服务难免会出现瑕疵，从而给客户带来问题，其实这也是很正常的现象。对于"进取型"种子客户而言，可以容忍这些瑕疵。但是"困惑型"客户的宽容度要比进取型的低。所以在 1—10 阶段出现产品瑕疵的时候，正是商业元创新产品改进的契机。而且只有产品成熟度高了，才有可能跨越后面的鸿沟进入早期大众市场，毕竟后期的市场对产品成熟度要求会更高。

为了应对这次危机，在旧金山房东公关事件之后的一个月，Airbnb 迅速推出了 5 万美元的房主保险计划。保险计划弥补了原有服务设计上的一些缺陷，一经实施，信任危机很快化解（如图 10.5）。后来，房主保险计划的担保金额范围也从 5 万美元提高至 100 万美元。

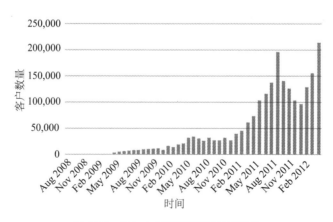

图 10.5　Airbnb 早期按月统计的客户数

资料来源：Robert J. Moore 博客，https://blog.rjmetrics.com/2012/04/27/airbnb-data-analysis-6-million-users-by-year-end-only-20-active/.

需要提醒一下，创新者在针对第二类 PMF 障碍的访谈或测试过程中，要识别对方是否属于种子客户。如果你遇到的是早期或后期大众市场客户，得到的反馈很可能会造成误导。

**【第三类 PMF 障碍】**

具有网络效应的新品类，会遇到第三种 PMF 障碍：网络效应需要一个冷启动过程。

关于网络效应的定义很多，在第四章也简单作过一些介绍。网络效应用到商业元创新领域，对其定义还是要从客户需求侧来表达。一个新品类是否有积极的网络效应，其标志就是：**一个新客户的加入，能够给老客户带来更多好处；也意味着新客户能够得到比之前老客户更高水平的产品和服务。**

具有网络效应的业务增长，其出发点是更好地服务客户，而不仅仅是满足创新者个人成功的欲望。这也正是善义创业的精髓所在。

网络效应经常会和病毒增长混淆，其实两者完全不同。具有网络效应的产品 / 服务并不会天然就有病毒式增长。而有些创新者即使针对不具有网络效应的项目，也很擅长将其操作出病毒式增长。但是没有网络效应的创新项目往往容易被模仿，虽然能够快速成长，也可能会快速消失。

第三种 PMF 障碍是：老客户的问题如果要被更有效地解决，就需要更多的新客户加入。

以 Airbnb 为例，它是一个典型的双边市场，也具有双边网络效应。有更多的个性化房屋出现在网站，也就会吸引更多租客；反之亦然。如果网站上可选择的房屋太少或者访客太少，这样一个市场就没法运行起来。

是不是通过大规模营销推广，增加足够多的双边客户就能自然形成网络效应呢？这也是一个常见的误区，以至于创新者和投资人会采取比较极端的烧钱方式，靠免费、砸广告、搞补贴等方式不惜代价地迅速聚集人气。

如果这种聚集没有去针对性地解决种子客户问题，就只会是一种虚荣指标，还会消耗种子客户对新产品的耐心。

即便是拿到了 YC 的投资，Airbnb 在客户那里依然名不见经传。而且获得的投资有限，公司也拿不出多少市场预算。于是两个创始人就借力当时最大的分类广告 Craigslist 的资源，比如允许用户在 Airbnb 发布信息的同时，方便地将信息内容拷贝一份发布到 Craigslist 上（通过 Airbnb 机器人自动发布）。当 Craigslist 出现新的招租信息时，Airbnb 机器人就会模拟成客户给屋主留言，发出这样一封邮件：我非常喜欢你发布的房间，你也可以同时把它发布在 Airbnb 上啊，这里可是每月也有超过 300 万次的页面浏览量呢。

在经过专业摄影服务这个产品突破之后，Airbnb 的发展开始加速。最活跃的种子客户自然能够从 Airbnb 这一新兴模式的好处。比如能与当地人交流结识，深度体会当地文化，而且与传统酒店相比住宿价格便宜 30% ~ 80%。但是无论是早期大众客户、后期大众客户或者一些喜欢博眼球的尖锐媒体，他们都会指出，如果入住民宿的是一些不法分子，难免会有伤害房东的事情发生。而且因为这是一个新的住宿系统，缺乏安全监管，一些偷情、吸毒聚会、罪犯聚集等事件也难免会发生。同时，房客也面临着不了解房东的背景信息，有可能被引诱和被侵害。这些不利于新事物的声音也不无道理。Airbnb 若想继续成长，就必须面对用户之间的相互信任问题。

于是在 2011 年夏天，Airbnb 启动了"社交网络连接"功能，鼓励客户接入他们的 Facebook 等社交媒体的账号。通过这些社交系统，租房者与房东能够看到与对方之间的共同好友是谁，对方有什么爱好。双方甚至可以看到他人给对方的评价。当然，系统也设置了隐私保护，给客户更多管控自己信息的权利。

这一产品功能启用后没多久，Airbnb 就宣布已有 1600 万对好友关系，并且还在持续猛增。

通过网络效应（如 Airbnb 借助社交媒体）来解决原有产品服务中的不完美部分，要比烧钱堆积大杂烩客户群的方式更有效和高质量。一方面大杂烩客户群中部分用户并非刚需，很难对 1—10 阶段的产品满意；另一方面这类客户也有可能伤害双边市场的另一方体验。

## 【第四类 PMF 障碍】

还有一些商业元创新的项目，对人类社会发展的推动巨大，但也意味着项目成熟的前置条件更多。他们所需要的社会及市场配套就不能仅仅靠一个新品类来解决，这是商业元创新在 1—10 阶段可能会遇到的第四种 PMF 障碍。

米其林餐厅在美食界赫赫有名，但同时还有一个米其林轮胎也是全球知名品牌。他们为什么重名呢？

1889 年，在法国中部城市克莱蒙费朗，有一对兄弟安德烈·米其林（Andre Michelin）和爱德华·米其林（Edouard Michelin）创立了以他们姓氏命名的轮胎公司。

当时法国国内的车辆总数少于 3000 辆。汽车销量少，用轮胎也就少；汽车出行的里程少，轮胎磨损也就少。米其林兄弟就开始研究解决这个问题。人们为什么要开车呢？除了上下班、公务用车，如果日常生活中有开车出去的刚需，那么是不是就能够把汽车轮胎这个蛋糕做大呢？

　　想来想去，米其林兄弟想到了开启消费者、给汽车找到更多用途的方法——他们着手制作一本小册子，纳入各种实用信息，将从如何换轮胎、哪里加油、哪里可以用餐和借宿等信息，都收录在册子中。于是，1900 年《米其林指南》出版。

　　《米其林指南》的第一版印刷了 35000 份，册子内容还了包括地图、机械师和加油站列表以及如何修理和更换轮胎的说明。更重要的是，它给车主们列出了法国热门路线沿线的特色餐馆、酒店（如图 10.6）。

图 10.6　米其林指南小红书（图片来自官网）

　　除了印刷了消费指南，米其林兄弟甚至还为车主们四处竖起了自制的路标。这些都是对汽车这个新品类进行配套的基础设施网络。

　　1914 年第一次世界大战爆发，米其林暂时停止了该指南的发行。但到 1920 年它又回到了正轨，不过这次有所变化——开始收费了。为什么免费发行整整 20 年的小册子决定收费了呢？这倒不是米其林兄弟想从中盈利，而是有一天安德烈·米其林来到轮胎店，看到心爱的小册子居然被用来垫高工作台。于是他颇为感叹道："看来，人只会尊重自己付费得到的东西。"1920 年，米其林指南便以 7 法郎的定价开始零售。

　　1926 年，米其林指南开始给精致的高级餐馆颁授星星，从最初的一颗星开始，到 5 年之后设立零、一、二及三星架构。1931 年，该指南的封面从蓝色变为红色，这本"小红书"也随着轮胎业务的发展流传到了世界各地。

　　二战期间小红书的发行又被中断，不过却发生一件有趣的事。在 1944 年，盟军请求公司为军方专门重印了 1939 年的法国指南，原因是它的地图印刷得实在是太好、太实用了。

　　多年来，《米其林指南》因其慎重而独特的方法，成为全球独一无二的餐饮畅销书。目前来说，《米其林指南》横跨三大洲 24 个地区，销售了 14 个版本，评价的餐馆超过 4 万家，在全球卖出超过 3000 万本。

**【第五类 PMF 障碍】**

2021 年 12 月 25 日圣诞节，英国跨国电信运营商 Vodafone 将全球第一则 SMS 短信内容，通过 NFT（Non-Fungible Token，简称 NFT）的形式对外拍卖，最终在巴黎的拍卖所，以等值 15 万美元的以太币被匿名买家竞得。

这则 SMS 短信内容很简单，文字只有"Merry Christmas"（如图 10.7）。这是在 1992 年 12 月 3 日，由 22 岁的英国信息基础设施专业公司 Airwide Solutions 工程师尼尔·帕普沃思（Neil Papworth）从计算机上，发送给当时担任沃达丰总裁查德·贾维斯（Richard Jarvis）的圣诞节祝福。不过当时接收到这条短信的电话不仅重如秤砣，还没有回复功能，所以这条短信并没有得到回应。

图 10.7　通过 NFT 拍卖第一条短信

当时正是 BP 机流行的年代，而帕普沃思和贾维斯以及他们的团队，希望能够找到一种超越 BP 机的信息传递方式。其实，短信的想法最早由芬兰工程师在 1982 年"未来通信大会"提出来。既然电话号码能在手机上显示，那为啥字母不行？但是直到 1993 年，诺基亚第一款支持短信功能的手机推出后，短信才开始进入消费市场，在此之前都是工程师内部交流的一个小玩意。

1993 年 6 月，爱尔兰 Aldiscon 无线公司工程师布伦南·海顿在洛杉矶发出第一条商业手机短信，内容是"Burp"（打饱嗝的声音）。海顿回忆说："当时人们都说不会有人爱发短信的，因为用手机书写短信实在是太麻烦了。"

而 1995 年，键盘输入模式 Tegic 系统（即 T9 短信输入系统）被推出，大大缩短了在移动电话小界面上输入文字的时间。这也是一个为"早期采纳者"市场消除了第一类 PMF 障碍的案例。从此，短信业务可以起飞了。

第一批短信都是免费的，但是只可以在同一个运营商网络的用户间发送。随着短信数量大幅增加，运营商们很快意识到可以从中赚钱。在 2001 年 2 月，英国每个月的短信数量已高达 10 亿条。

根据新华网 2005 年的数据：截至 2002 年 12 月底，中国移动电话用户数达20661.6 万。中国移动电话用户使用短信的数量从 2000 年的发送总量为 10 亿余条，发展到 2001 年手机短信发送量 189 亿条，而在 2002 年，则已经达到了 900 亿条。

国际电信趋势（TTI）公司发表的研究报告显示，2002 年美国共有移动电话用户 1.42 亿人。但是 2002 年，全美的移动电话用户发送短信息的总数只有 81 亿条。美国移动电话用户人均发送短信只有中国用户的 13.1%。为什么差距这么大呢？

文化差异是一个因素。但是美国短信的使用量一直在提高，正因如此，2005 至2008 年，美国主要移动运营商甚至还将短信服务的价格提高了一倍，按条付费的短信费用从每条 10 美分上升至 20 美分，赚得盆满钵满。这也从另一个角度说明并非美国人民不爱用短信。

两国短信业务发展速度差距之所以如此大，主要原因就在于中国电信运营商在短信这个新品类进入到 1—10 阶段，有效地消除了第五类 PMF 障碍——消费者预算不足问题。

在欧美国家的通信费设计中，SMS 与语音的费率比差不多是 1∶3，而在中国市场，手机资费还在采用"双向收费""长途费""漫游费"等名目，核算下来短信与语音通信的费率比差不多接近 1∶6。所以短信业务在中国发展比欧美要更迅速。

美国联邦通信委员会（FCC）日前发布的一份报告称，美国移动电话用户 2002年每月平均交纳话费为 48.40 美元，而同期中国移动用户的月话费为 91 元。表面看来两国短信费用都是 0.1 元，但是在通信消费中的性价比差距却很大。

美国手机付费大多是每月固定金额，从 20 多美元到 100 多美元不等，并且从晚上 7 点或者晚上 9 点起就全部免费。而手机短信大多需要单独付费，发一条信息的费用高达 0.1 美元。美国短信过高的价格成了阻碍美国手机短信发展的关键因素。

在欧洲，以沃达丰为例，当时有几种不同的资费可选择：第一种是繁忙时段通话是每分钟 40P（便士），空闲时段每分钟是 10P，周末也算空闲时段；第二种是前三分钟 25P，之后 5P 一分钟；发短信是 12P 一条。在这种资费结构下，短信对比语音的优势也没有那么明显。

所以到了 2004 年，全球发送短信总数量达到 5100 亿条，中国用户就占了其中的 1/3，而同期中国的移动电话用户只占全世界移动电话用户总量的 1/5。

# 创建"支持增长"的组织体系

PMF 障碍消除的过程是产品（P）成熟的过程，也应该是支持产品和服务稳定运行的组织系统成熟的过程。

在商业元创新的 0—1 阶段，为了提高效能以及控制成本，新企业开创者需要亲力亲为、快速调整。而到了 1—10 阶段，已经有一些客户，新企业需要为其持续稳定提供服务。所以在商业元创新的 1—10 阶段，**需要把创业者个人的行为逐步转化为一群人的组织行为。**

一方面，随着业务扩展，没有办法能够为更多客户提供服务；另一方面，业务涉及面越来越多，新企业开创者的注意力被分散，没有一个良好的转换过程，关键任务的突破反倒会受阻。

以 Airbnb 为例，2011 年的在旧金山房东公关事件之后公司迅速推出了房主保险计划，并在 2012 年 Airbnb 创立了专门处理用户投诉的信任与安全部门。后续该部门还推出了一系列的新政策、为客户提供 7×24 客户服务和保险。这样一个"发现问题—找到解决方案—解决方案组织化—以组织对解决方案再优化"的过程，就是商业元创新产品运营的组织化过程。

这个组织化的过程，可以按照以下 5 个步骤进行，即：订策略、建系统、搭班子、设标准、做考核。

## 【订策略】

制订组织化策略需要先评估以下几个关系：

### 1. 与其他商业组织的关系

这里的组织化要考虑哪些功能放入组织内，哪些功能通过市场进行交易购买。

组织资源的配置与预算不是一个概念，这里涉及一个行业分工问题。按照科斯提出的"交易成本"概念，一个企业的边界是"交易成本 = 管理成本"的位置。

社会发展的一个大趋势就是分工越来越细，而且随着计算能力的持续提升，网络文明逐步成为社会主体文明，能够用市场来解决的东西越来越多。

所以在 1—10 阶段，组织设计的第一原则就是能够买到的（哪怕比自己组织生产的成本高些、不可控些），都要尽量从市场上购买。

**创新者要克制住通过雇用员工来解决供给问题的控制欲和安全感。**宁可依靠商业生态、建设商业生态，也没必要建立庞大的雇佣体系。

非核心功能外包，大家都好理解。但是像技术开发等所谓企业核心能力模块都要市场化，大家还是难以接受。但是从 2000 年开始，宝洁公司在技术开发环节就开始推行"联发 C&D"（联结与开发）而不是"研发 R&D"（研究与开发）的全新模式。宝洁公司通过与世界各地的组织合作，向全球搜寻技术创新来源。几年后，新模式就推出了超过 100 种新产品。在这之后，超过 35% 的宝洁新产品都来源于公司外部，创新成功率也提高了两倍多。

美国加州伯克利大学汉斯商学院亨利·切萨布鲁夫（Henry Chesbrough）教授提出过一个"开放式创新"（open innovation）概念，他指出：在今天信息爆炸的环境下，公司应该或者必须借助内部和外部的创意资源，打破只有研发部门才能提供想法的禁锢。[①]

回顾第一章，我们曾提到"创新的不是企业，是市场"。创新者要善于运用市场资源，采用"探索—选择—放大"驯化模型，创建一个善于吸收学习的开放组织。

### 2. 与企业基因的关系

企业基因的四个象限决定了组织资源配置的差异。比如外星人象限从供给侧出发解决显性的市场刚需，那么组织的资源配置自然向供给侧的攻坚克难之处配置，而较少花费在市场营销等业务功能。

2020 年特斯拉向媒体证实，他们已经解散了公关部门，在欧洲和亚洲市场还有一些公关经理，但在美国工作的核心全球团队已经解散。

众所周知，与传统车企很不一样，特斯拉几乎不在营销上过多投入，也很少买媒体广告和为 KOL 付费发布信息。营销行业媒体 Morketing 发布的一份《汽车行业营销花费榜单》显示，2019 年特斯拉的营销费用只有 1.86 亿元。排名第一的大众汽车集团则高达 1620.45 亿元。

"特斯拉几乎是没有公关和广告，我们没有预算做发布会这些活动，也没有媒体方面的预算。"特斯拉中国区副总裁陶琳进一步表示，"我们认为做再多的营销也不如给消费者颠覆性的产品。"不过在 2021 年中国市场出现一系列公关危机后，特斯拉中国区的公关部门加大了招聘力度。

机敏象限的项目在客户沟通上配置的资源要比外星人象限项目多。领主项目的组织资源会向垄断供给方向配置，草原狼象限项目则在营销传播或客户关系上不惜血本。

### 3. 与产品范式的关系

严格来说，组织也是产品的一部分。

服务业自然如此，就算是工业品也有售前咨询、售后服务，这些服务过程也都

---

① 《开放式创新：进行技术创新并从中赢利的新规则》，（美）亨利·切萨布鲁夫，清华大学出版社，2005。

会产生客户与组织的交互。

组织发展的策略需要伴随解决方案和产品的设计思路。流水线范式必然配合生产线节拍来建立业务组织。蜂巢范式的多中心驱动型业务架构，也必然要求与之配套的多中心驱动型组织。多中心驱动会要求每个小中心配置自驱型人才，还要创建自组织机制和跨中心协作机制。

以袁家村为例。几百个不同的小吃店构成了一个多样性的乡村美食生态，但是有可能酸奶店一天能卖29万元，馒头店一天只能卖1万元。那么馒头店的小店主怎么能不想开个酸奶店呢？靠竞标、靠管控，都不那么容易让大家心平气和、各安其职。

2012年，袁家村开始逐步组建合作社，让本村村民有机会分享收益，平衡各方利益，后来甚至扩展到周边村庄。袁家村"允许村民富，但不能暴富"，短时间内"允许翻一番，但不允许翻十番"。一旦有新项目，都是在群里发个消息，大家自愿报名投资，"如果报的人太多，会限制大户、鼓励小户"。

将农民组织起来不是一件容易的事。郭占武方法灵活，没有那么多条条框框，讲实效，接地气。他大处着眼，小处着手，因事定策，因人施策，极具创造性地设计出一整套符合关中乡村实际和当地农民特点的社区合作制度。

蜂巢范式的产品及组织设计还会涉及一个"最小业务单元"问题，这一点会在下一章进行讨论。

## 【建系统】

在前文介绍的一般系统论中，我们已经提到，一个系统要包括：要素、结构、功能。在商业元创新1—10阶段的组织系统建设，就是从功能输出角度，反向设计结构。这里有几个要点需要注意：

### 1. 分离"业务系统再造"与"业务系统运营"两个组织功能板块

在新企业商业元创新的0—1阶段，最佳组织形态就是一个以开创者为核心的小型创始团队。这样可以快速迭代、迅速执行。

而到了1—10阶段，已经需要对一些客户提供持续稳定、质量可控的产品和服务。这个时候就需要建立一套业务运营子系统。

所以在这个阶段的组织系统设计上，开始分离业务系统的运营与再造两大功能板块。后者类似从事写菜谱或画框工作，前者则是按照菜谱做好菜或者把框填满。

运营子系统追求的是持续改进而不是结构性创新。这种持续改进需要一个稳定的市场环境和稳定的业务模式。在0—1阶段养成的组织风格，并不适应这个子系统。运营板块追求基于客户服务的各类降本增效业绩目标，比如客户满意度、营业额、成本，等等。运营子系统一般包括几个模块：生产现场（或服务现场）、常规营销和销售、客户服务以及与之配套的人事、财务等职能模块。

再造板块依然负责对商业元创新的持续探索，它关注对新的细分市场、新的产品、新的技术进行习得和突破。这些工作鼓励跳跃性的思维，追求快速试错。

与 0—1 阶段不同的是，再造板块的工作内容还要新增加对运营子系统的结构升级功能，这个升级工作类似改菜谱或者重新画框。

### 2. 必须要建立"质量管理闭环机制"

质量管理模块是再造子系统在商业元创新 1—10 阶段新增的功能之一。新品类如果没有品质可控的产品和服务，一方面不能满足 1—10 阶段客户的需求，另一方面也不可能跨越鸿沟进入"早期大众市场"。因为这个市场对产品的成熟度要求比前面 0—1 阶段都要高。

高质量的产品服务是一个系统的成果。它涉及产品设计、生产工艺、服务现场、人员管理、成本控制等众多因素。更重要的是，这个系统还要有从质量事故中习得改进见识的机制。

对于质量管理系统的优化，需要配置专门的注意力资源，要在建系统的工作中给予足够重视。

### 3. 业务要逐步转为"数据驱动"

高效能的运营子系统，需要建立计划、组织、指挥、控制、协调的过程管理能力。在网络文明时代，这些能力的建立都需要基于对业务数据的掌控。

1—10 阶段业务数据驱动组织的要点至少包括：

● 建立业务"仪表盘"。将业务各个环节的数据呈现给运营系统的各个角色。就像飞行员靠仪表盘驾驶飞机一样，有了仪表盘，经营者才能做出控制业务的动作。2008 年，Facebook 的发展有些漫无目的，于是 2009 年 1 月，Facebook 暂停了所有试验，花了一整个月的时间改进对数据的跟踪、收集和整合系统。在进行了数据整合之后，运营者就能够看到每个用户在网站上的活动，可以更全面地了解到用户使用网站的方式以及在使用过程中出现的问题，从而可以提出更有针对性的改进试验。[1]需要提醒一下，1—10 阶段的仪表盘设计不宜过多，重点关注影响客户服务满意的关键指标即可。

---

① 《增长黑客》，（美）肖恩·埃利斯 摩根·布朗，中信出版社，2018。

● 建立产品 / 服务质量自动报警系统。比如承诺 1 小时给客户回报电话，但是业务人员没能即时做到，那么相关质量管理岗位人员的仪表盘就能收到通知。

● 建立超级客户曲线（Power User Curve，PUC）检测系统。客户使用产品都有一定的频率，比如每周使用次数。一般而言，使用产品频率越高，使用的客户数量越少。每周使用 2 次的数量一般会比使用 1 次的少。但是某些受欢迎的产品，客户使用频率会呈现"微笑"曲线。也就是在使用频率高的一定程度之后，该频率的客户数量有增加的趋势。绝大多数成功的商业元创新产品都有超级用户——那些使用频率非常高的人。超级客户对产品非常了解，活跃度非常高，对用户社群贡献也最多。超级用户曲线能够反映出商业元创新产品是否触动了某个忠实核心用户群的神经。这些客户可能是种子客户，也可能是随着业务发展新出现的细分市场客户。

### 4. 运用"驯化"方法建系统

组织系统具有生命属性，不能像盖楼房一样，按照图纸搭建。建系统也应遵循"习得＞构建"的原则，坚持"探索—选择—放大"的驯化模型，让系统逐步生长起来。

1927 年的秋收起义之后，毛泽东的军事指挥生涯正式开启。但是，起义失败的悲观情绪始终笼罩全军。9 月 23 日，部队在江西萍乡芦溪镇遭到朱培德部队伏击，为掩护部队，起义军总指挥卢德铭牺牲。在撤退转移途中，部队开始接连出现逃兵。甚至还有一个排，在放哨时带着武器全部逃走。如何凝聚人心，建设一支有战斗力的军队是摆在毛泽东首先要解决的问题。

这个时候，一个人引起了毛泽东的注意。他便是在一团一连担任连指导员的何挺颖。因为毛泽东发现，何挺颖所在的连队，几乎没有一个人脱离队伍。

何挺颖，陕西南郑县（今汉中市南郑区）人。15 岁时考入汉中联立中学，受新思想熏陶，率先开始用白话文创作。1924 年，何挺颖进入上海大同大学，并在 1925 年参加了五卅运动。1926 年夏，他受组织指派加入北伐军。紧接着，他便在团长卢德铭的率领下，参加了湘赣边界秋收起义，任工农革命军第一团一连党代表。

毛泽东找到何挺颖，调查了解他这一连的特殊情况产生的原因。何挺颖认为之前一个团才有一个支部，在连一级没有党组织，根本就联结不住士兵。他的连队不但连队有支部，班、排还有党小组。这个组织结构让毛泽东产生了重大启发。

1927 年 9 月，秋收起义部队转移到了比较安全的江西永新县三湾村，在这里进行了著名的"三湾改编"。毛泽东"放大"了一团一连的成功经验，做了三件重要的事：第一，遣散不愿留队的人员；第二，建立士兵委员会，规定长官不打士兵，官兵平等待遇；第三，将党组织建设到连一级上面。

后来，毛泽东在《井冈山的斗争》一文中曾总结道："红军所以艰难奋战而不溃散，'支部建在连上'是一个重要原因。"[①]1929 年 12 月，毛泽东在他所主持起草的《古田会议决议》中明确规定："每连建设一个支部，每班建设一个小组，这是红军中党的组织的重要原则之一。"

## 【搭班子】

建好系统的结构的下一步就是往结构里填充要素。最重要的元素就是人。

一个人变成一群人开展工作，除了这群人要分配在不同的系统结构里之外，在每个业务单元都面临人员搭配的设计。比如复杂产品的销售一般都会与售前商务和售前技术搭班子。

这里重点讨论领导团队的搭班子问题。

而每个业务单元的领导团队至少要具备三种能力：推动执行的能力、策略制定的能力、获取资源的能力。形象地说，执行人才类似韩信，策略制定人才类似张良，获取资源人才类似萧何。

领导班子人数的设计原则是人不宜多，2 到 3 名为佳。领导班子成员一人可以同时具备多种上述能力。

能力是一个方面，价值观一致也是不用讨论的问题。但是有一个常被忽略的点需要注意，就是"人的自驱力"。这是一种非常特殊的人才禀赋。无论是画框的人还是填框的人，都有自驱力强和不强之分。业务单元领导班子成员一定都要是自驱力强的人，这是领导班子搭建成功与否的关键。只有基于自驱动的业务单元领导班子，组织系统才会有自下而上的能量，才有可能实现多中心驱动的蜂巢范式。

搭班子后要做好分工，主要是决策分工。班子肯定有班长，班长除了具备执行、策略、资源三类专业能力的一种之外，还需要有领导力。关于领导力的研究已经很多，这里重点提其中一点，就是托付能力。

古代君王纳谏，就是一种托付。毕竟面对的未知或不确定性情形的时候，领导者自己没有决策能力，去相信、接受班子其他成员在这种情形下的决策能力，确实

---

① 《毛泽东选集》，毛泽东，人民出版社，1991。

需要勇气和智慧。这也是"为帅之道"与"为将之道"的重要差别。**为帅之道更关心如何选择做决策的人，而不是自己的决策能力。**

## 【设标准】

系统有了结构和要素之后，需要放在时间轴上运行。也就是在时间序列下，将业务、人、资源等串接起来。因此在商业元创新的1—10阶段，一些基本的运营工作流需要被创建。

### 1. 工作流标准

成熟组织都有标准工作流（Standard Operation Procedure，缩写为SOP），就是将业务操作的流程步骤和要求罗列出来，形成标准，用于指导和规范日常工作。这些标准能够更高效地协调团队和资源，也能保障交付给客户的产品服务的品质。**高水平的 SOP 很重要，它让经验可被传承、让知识可被迭代、让人才培养得以统一。**

但是，很多组织编制 SOP 不以服务客户为基准，而有过度关注内部控制的倾向，这对1—10阶段的商业元创新项目会造成很大困扰。1—10阶段的 SOP 不宜过多，因为流程还处于测试、优化阶段，应将重点放在客户触点 SOP 的迭代上。

客户的决策和消费旅程是情绪化的，由其内在需求和产品接触体验所触发。所以，凡是与客户有接触的环节都应建立可持续改进的互动工作流，目标是让客户围绕产品定位有良好的获得感、参与感，在一些关键时刻形成一系列的巅峰体验。

### 2. 岗位胜任力标准

除了服务质量标准、工作流标准之外，系统结构上的每个岗位，也都需要建立岗位胜任力标准。选择大于努力，不要幻想对不胜任的人进行培训就让其变得胜任。只有将本身就符合岗位胜任力标准的人才放在恰当的系统岗位上，系统的工作流才能有效运行。

在1—10阶段不建议对不胜任的人进行适应性培训，这种努力不适合这个阶段的创新项目发展要求。既然在这个阶段"选择＞努力"，那么招募工作本身就应该是组织工作的焦点。关于招募的系统设计、SOP 和相关岗位胜任力，则是"元岗位胜任力"。如果负责招募的人不胜任，寻找来的组织成员能否胜任就看运气了。

### 3. 标准的形成

标准设置的依据是什么？还是老方法：从实践中寻找依据，放大实践中的亮点，驯化出一个符合本组织业务和人员特点的、有根基的标准。

**【做考核】**

这里讨论的考核是不着重于人力资源的技术工具，这方面的资料已经很多。对于一个新组织而言，更重要的是这些 HR 工具背后的东西。考核不是无效，而是过度有效，其焦点在于组织评价的文化。

罗布·戈菲（Rob Goffee）和加雷斯·琼斯（Gareth Jones）在 1996 年曾经提出过一个组织文化模型。在这个模型里用两个指标划分出四个象限。两个指标是和睦交往程度（sociability）与目标一致性度（solidarity）。[①] 这两个指标，一个关心"人的协作"，一个关心"事的结果"。

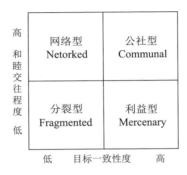

图 10.8　罗布·戈菲和加雷斯·琼斯组织评价文化模型

两个指标都低的组织：既不关心人际关系也不关心业绩结果，被称为"分裂型"组织。高度关心业绩目标，而不关心组织中人际情感的组织被称为"利益型"组织。高度关心人际和谐，而对团队整体业绩目标关注度低的组织，也被称为"网络型"组织。两个都关注的组织被称为"公社型"组织（如图 10.8）。

首先，并非一个组织只有一种文化形态。可能研发团队属于网络型，而在销售团队就偏重利益型。在某个区域团队是公社型，在另一个区域就是分裂型。

其次，在组织发展的过程中，在不同的历史阶段，组织文化的主基调会变化。这一点在第四章介绍的伊查克·爱迪思（Ichak Adizes）企业生命周期理论里也有类似的解释。

罗布·戈菲和加雷斯·琼斯组织评价文化模型也可以与第八章提到的菲斯克四种人类关系结合使用。

似乎公社型组织是企业要追求的目标，但这种组织形态也最不稳定。因为两个

---

① 《什么使现代企业团结一致？》，罗布·戈菲和加雷斯·琼斯，《哈佛商业评论》，1996 年第 11/12 期。

维度的因素在同一时空会出现冲突。人类历史的组织经验显示，只有一种类型的组织能够保持公社型，那就是使命驱动型的宗教、公益等组织。**使命驱动的组织才可以在强化组织绩效目标的同时，并不伤害人际关系**。这是因为，使命驱动组织的成员认为达成绩效的目的是利他，也自然是"利"组织里的志同道合者。

因此，有使命驱动的善义创业团队可以在使命驱动的基础上进行严格的绩效考核，当然，这个考核目标的设置要分层、分类，并且要以可以量化的使命里程碑、使命行动成果为基准。

# MOT 体验设计

产品和服务的根基在于通过满足客户的需求为客户创造价值。但是这个价值还需要客户能够感受到。这个感受过程也就是"客户体验"。它是产品和服务的重要组成部分。客户触点 SOP 的目标就是要设计出一个让客户感受良好的体验流。在这个体验流的关键点是 MOT（Moment of Truth，关键时刻）体验。

在商业元创新的 0—1 阶段，创新者关注的是问题与解决方案的匹配，产品的成熟度不足，客户的体验设计不好没那么重要。而到了 1—10 阶段，这些不足、不好需要通过各种功效级创新来解决掉。

1986 年，北欧航空公司 CEO 詹·卡尔森（Jan Carlzon）写了一本名为《关键时刻 MOT》（*Moments of Truth*）的书，记录了北欧航空公司起死回生的传奇故事。在书中，他写道：

"在北欧航空公司，我们曾经认为飞机、维修基地、办公室和办事流程就是公司的全部。但如果你询问乘客对北欧航空公司有何印象，他们不会说我们的飞机怎样，我们的办公室怎样，或者我们如何筹措资金。相反，他们谈论最多的还是有关北欧航空公司的人。北欧航空公司不仅是一堆有形资产的集合，更重要的还在于乘客与直接服务的一线员工之间进行着怎样的接触。"

"去年一年中，北欧航空公司总共运载 1000 万名乘客，平均每人接触 5 名员工，每次 15 秒钟。也就是说，这 1000 万名乘客每人每年都对北欧航空公司产生 5 次印象，每次 15 秒钟，全年总计 5000 万次。这 5000 万次关键时刻便决定了公司未来的成败。"[1]

为此，卡尔森提出："我们必须利用这 5000 万次的关键时刻来向乘客证明，搭乘我们的班机是最明智的选择。"

---

[1] 《关键时刻 MOT》，（瑞典）詹·卡尔森，浙江人民出版社，2020。

关于 MOT，卡尔森认为，任何时候，当一名顾客和一项商业的任何一个层面发生联系，无论多么微小，都是一个形成印象的机会。不过 2002 年诺贝尔经济学奖得主丹尼尔·卡尼曼在其著作《思考，快与慢》中提出了一种人类非理性认知模式：峰终定律（Peak-End Rule）。[①] 这个规律使得创新者在 MOT 设计上需要抓重点。

21 世纪初，在休斯敦机场的乘客反馈意见本上，大批人抱怨领取行李的等待时间太长。为解决这一问题，管理人员增加了行李搬运工来轮班工作。这个办法奏效了，等待的平均时间被缩短到 8 分钟，低于同行业标准。但乘客们的不满意见却还在一直持续。

机场管理人员十分困惑，并进行了一次更为细致的现场分析。他们发现乘客从到达入口到行李领取处需步行 1 分钟，等待行李需 7 分钟。换句话说，最后时刻他们都是在等待行李。所以乘客对行李服务印象的最后时刻，就是等待太久了。

于是机场决定采取新办法：他们没有缩短等待时间，而是将到达入口从主航站楼挪出去，让乘客下飞机后走 6 分钟，然后在行李传送带那里只等 2 分钟。之后，乘客的抱怨就神奇地消失了。

尼尔·卡尼曼提出，人类对体验的记忆由两个因素决定：

● 巅峰时的感觉（无论是正向的还是负向的）

● 结束时的感觉

所以首先，要把与客户接触的每个时刻都整理出来形成列表，然后有针对性地进行精心设计，但是尤其要重点关注以下 4 个 MOT（关键时刻）。

### 【FMOT（第一关键时刻）】

2005 年 9 月，宝洁的一个内部研究探讨了如下问题：在消费者购物决策过程中，宝洁产品的决胜点应该是何时？

宝洁发现有两个关键时刻：FMOT（First Moment of Truth）和 SMOT（Second Moment Of Truth）。消费者会站在货架前，面对一大堆洗发水，脑子里决定买哪个。这个时刻的长度，宝洁的研究是 3 到 7 秒。这个关键的 3 到 7 秒，宝洁称之为：First Moment of Truth，简称为 FMOT。

消费者决策的 FMOT 意味着陌生客户对新品类决策只能通过第一印象。第一印象并非总是正确的，但却是最鲜明、最牢固的，并且决定着以后双方交往的进程。

---

① 《思考，快与慢》，（美）丹尼尔·卡尼曼，中信出版社，2012。

第一印象效应也叫首因效应。美国社会心理学家洛钦斯（A. S. Lochins）在 1957 年以实验证明了首因效应的存在。他指出，交往双方形成的第一次印象对今后交往关系的影响，即先入为主带来的效果。

所以新品类给客户的第一印象要容易被识别、容易被记忆，更重要的是让客户不需要太多思考就明白新品类的定位。形象的品牌名、令人印象深刻产品颜值、出乎意料的戏剧性出场、通俗易懂的价值主张 Slogan 等等，都是在 FMOT 体验设计要注意的事项。

### 【SMOT（第二关键时刻）】

宝洁发现的第二个关键时刻 SMOT（Second Moment of Truth）在用户体验的最后环节。客户使用产品和服务后，感觉是否达成了自己的预期，满意、失望、惊喜尖叫还是糟糕透顶？这一时刻决定了他是否会复购、是否会推荐给身边朋友。更重要的是，在人人都是自媒体的时代，超出预期的满意和不满意，都可能会导致客户在社交媒体上进行分享。

2015 年左右，中国大学生已经开始接受医疗美容来改变容貌，以便找到满意的就业机会。但是毕业生的求职简历、护照、工牌等上面贴的身份照片依然很传统，很多女生已经没法忍受这种丑陋。面对这个细分市场，一些商家开始提供"轻化妆的合格证件照"服务。因为这个人群比较集中，有些商家就在校园做广告。但是有一家创新品牌充分利用了 SMOT。他们会在拍照时候帮客户多拍摄几张，客户最后要从中挑选。如果客户对多出来的照片都很满意，又舍不得多花钱，商家就会对客户说，只要你把自己满意的照片分享到微信朋友圈，就可以免费获得几张额外的照片。那些对拍照效果满意的客户本来就很想"秀"一下，于是正中下怀。而客户的朋友们通过社交媒体发现了该客户在使用新品类，也会过来咨询。结果，这个品牌没有花费多少力气便宾客盈门。

从生活常识中，我们也都知道，做事要善始善终。最后一刻给客户留下的体验一定要设计，要有一个美好的结局。所以，送客送到十里之外，电影结尾普遍是大团圆。

### 【PMOT（峰值关键时刻）】

根据峰终定律，客户对服务中的巅峰时刻和灾难时刻都会印象深刻。这一点对于服务业尤其重要，因为客户完成消费的过程比消费一个实物产品要长得多。这些 MOT 可以被称为 PMOT（Peak Moment of Truth，简称 PMOT）。

2001 年的"9·11"事件给美国航空业带来了灾难性影响，在整个美国民航业凄风冷雨、大幅亏损的情况下，西南航空竟然还实现了盈利。西南航空利用其他航空公司减少航线、缩减运力的机会，开辟了新的航线，提高了市场份额，在危机中实现了逆势增长。

2008 年的次贷危机，引发了美国民航史上一次最大的破产重组潮。而美国西南航空则以良好的资产负债率顶住了这场风暴，继续保持了盈利纪录，并逐步成长为全球最大的廉价航空公司。

2020 年，一场百年不遇的全球疫情再次重创全球航空业，也终结了西南航空连续 47 年盈利的传奇。但是在 2021 年全球民航旅客运输量复苏率只有 50% 的情况下，美国西南航空又实现了强劲复苏，营业收入达到 157.9 亿美元，恢复到 2019 年营收水平的 70%。而且大力扭亏，实现盈利 9.77 亿美元，成为全球最赚钱的航空公司，稳居全球航空公司市值第一。

西南航空的强大不是因为它价格低廉（虽然它定位在廉价航空）。西南航空公司是美国民航界唯一连续多年获得行业"三冠王"称号的公司，即航班准点率冠军、顾客满意率冠军、行李转送准确率冠军。

另外还有几个可圈可点的服务设计，让乘客与其他航空公司的糟糕体验对比之后，更显美好。

● 西南航空有最慷慨的常旅客计划，在 12 个月内积累到 16 分时，即可获得一张不受限制的往返程机票。

● 西南航空取消订票不收费用。如果旅客已经通过西南航空电话订票中心订票或购票，在 24 小时内取消，西南航空不收取任何费用。

● 西南航空提供免费（两件）托运行李政策。西南航空也是美国国内唯一一家提供国内旅行两件免费行李托运的航空公司，除了这些服务产品设计令乘客有美好体验，西南航空在飞机上的空乘服务也经常有令人尖叫的巅峰体验。

比如 2019 年 7 月底，一名搭乘西南航空从纳什维尔（Nashville）飞往费城航班的乘客，在登机时看到一名空姐躲在行李架之内，并不时地探头向其他乘客打招呼。这名乘客大笑不止，然后将画面录下来上传到社交媒体并发文："我是在做梦吗？"西南航空对此事件发表声明："西南员工以展示他们的幽默感和独特个性而著称。在这种情况下，我们一名空姐试图在登机时与客户进行短暂的娱乐。"

西南航空公司鼓励员工以个性化的方式，为客户提供美好体验。比如在飞机落地后打开机舱前的广播播报中，你可能会听到空姐开心地对大家喊："今天是多么美好的一天，大家冲啊！"你还可能会收到飞行员和空姐用卫生纸做的生日蛋糕。还有一些在其他航空公司飞机上你听不到的话语，比如：

● （飞机起飞晚点1小时……）机长为晚点表示道歉："一会儿起飞之后，我们会把这架飞机开得快得像是我们偷来的一样。"

● "我们即将调暗客舱灯光，这主要是为了让我们的空姐看上去更美一点。"

● "请一定先给自己戴好氧气面罩，再帮助旁边需要的人。如果你旁边坐的是你的前任，那就算了。"

● 你可能有50种方法逃离你的爱人……但是你只有5种方法逃离这架波音737客机……

● （飞机刚刚降落，正在滑行，安全带指示灯还没熄灭，就有人纷纷开始站起来拿自己的行李）"大家好，我们一会儿需要大家帮忙刷厕所，如果您愿意帮忙，请起立！"（然后所有人就都坐下了……）

这些拉近人心的MOT都有机会制造出客户体验的巅峰时刻，令其留下难忘的体验。

西南航空能够创造这些PMOT与公司独特的员工管理文化有关。公司提倡"目标一致、知识共享、互相尊重"为特色的关系协调模型。[①]西南航空是"公社型"组织文化实践的一个典型。它的使命是"用热情、友好、自豪感与公司精神，专注提供最高质量的服务。**通过友好、可靠、低价的空中旅行帮助人们与他们生命中重要的人和事进行连接**"。

西南航空的第一位女总裁科琳·巴雷特（Colleen Barrett）曾说："每隔三英尺就贴有我们的使命陈述，遍布我们的所有地方。所以，如果你是我们公司的乘客，你一定会看到它。"

---

① 《西南航空模式》，（美）乔迪·吉特尔，机械工业出版社，2011。

### 【ZMOT（第零关键时刻）】

谷歌（google）在 2011 年提出了 ZMOT（Zero Moment of Truth）概念。起初可以理解为这是谷歌为了推广其搜索广告而打造的一个消费景观。不过它也揭示了网络文明时代的消费者决策行为变化，即在尚未造访商品之前，消费者就已经开始尝试寻找信息，进行探索，甚至可能做出了购买决策。所以，ZMOT 的重要性伴随网络文明扩展日益凸显，而且 ZMOT 可以与 SMOT 产生很好的对接。

对于处于 0—1 和 1—10 阶段的商业元创新项目而言，ZMOT 尤其重要。因为种子客户有刚需苦点，没有替代品能够很好地解决，他们会到网络上去搜寻、提问和尝试。因此新品类要重视在网上建立认知科普，让种子客户能够理解新品类的解决方案为何有效，从而提前建立购买信心。

还有一种运用 ZMOT 的方式是产品众筹。它是一种预消费模式，用"团购 + 预购"的形式帮助一些类型的创新者得到种子客户，度过早期市场的难关。Indiegogo 是全球第二大产品众筹网站，在首页它是这么表达自己定位的：在创新进入主流市场之前，Indiegogo 是革新者和早期采用者发现富有生动想象力技术的地方。看来这个项目的创始人也是鸿沟理论的拥趸。

另外，为什么一些新品类身处网络时代还热衷于开线下店？比如苹果、华为手机、特斯拉等厂商完全都可以在线销售，但是这些品牌都热衷在城市中心建设体验店？其实这些体验店并非为了直接创造销售，也不是为了品牌知名度的传播，而是为了让客户能够逛的过程中现场体验到厂商的价值主张。这也是一种重视 ZMOT 的市场行为。

### 【"啊哈时刻"与 MOT】

"啊哈时刻"（Aha moment 或 Eureka moment）又译作"顿悟时刻""尤里卡效应"。

啊哈时刻最早由德国心理学家、现象学家卡尔·布勒（Karl Buhler）在 100 多年前提出。当时的定义是：在思考过程中，一种独特的、快乐的体验会突然出现，让你对之前不透明的事情有了深刻的了解。

《增长黑客》一书中对产品的啊哈时刻这样定义："'啊哈时刻'就是用户真正发现产品核心价值——产品为何存在、他们为何需要它以及他们能从中得到什么——的时刻。换句话说，就在这个时候，用户认识到这个产品对他们来说为什么不可或缺。正是这个时刻下的体验使早期用户转变成产品的超级用户和宣传大使。"[1]

---

[1] 《增长黑客》，（美）肖恩·埃利斯、摩根·布朗，中信出版社，2018。

啊哈时刻往往在创新产品中才会被激发出来。种子客户之所以会有啊哈时刻，产生那种"众里寻他千百度，蓦然回首，那人却在灯火阑珊处"的惊喜，主要是因为种子客户一直有意识或潜意识地在苦苦搜寻如何解决自己的某个麻烦问题。所以啊哈时刻是一个客户主观感受的时刻，而 MOT 是供应方计划与客户相遇产生触动的时刻。

《增长黑客》认为啊哈时刻是在产品使用后才会有。其实不一定，尤其是在商业元创新的种子客户人群中，客户可能在 ZMOT、FMOT、SMOT 和 PMOT 中的任意一个中产生啊哈时刻，也可能在供应方没有设计的环节产生。

当然，如果创新者没有设计好，啊哈时刻也可能整个服务过程都没有产生。

**新品类 MOT 设计的一个重要目标就是激发客户至少一个"啊哈"，将客户从认知边缘带到新知识域。**

## 获客路径

产品的改进需要得到充足的实践反馈，所以并不是说等到产品成熟了才要增长。产品改进、组织发展和客户增长三者相辅相成。

商业元创新要在业务增长中消除 PMF 障碍，在消除 PMF 障碍的过程中实现客户业务增长；在客户增长中创建支持增长的组织体系，在支持增长的组织体系的保障下，实现客户增长。

客户增长的常规过程为：获客、激活、留存三个阶段。在商业元创新的 1—10 阶段，消除 PME 障碍解决的是留存问题；MOT 体验设计产生啊哈时刻解决的是激活问题。

激活和留存问题解决得好，获客系统的效能就会大幅度提高，这对预算不足的新项目而言，尤其重要。在《增长黑客》一书将上述系统的团队分工如下图 10.9 所示：

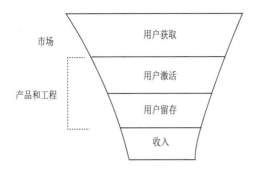

10.9　客户漏斗与典型部门权责划分

一般而言，获客方式主要分为裂变和拉入两种。

## 【从内而外：裂变】

最常见的裂变就是病毒增长，就是老客户引导新客户加入，也可以说这一种自增长，这往往源自新品类本身的特性。

### 1. 产品本身具有网络效应

产品尤其是社交性的产品，比如微信、WhatSapp 等产品，客户使用产品的目的就是要与其他客户互动，那么客户自然会发展、辅导新客户来使用该产品。

再比如，Hotmail 利用发件人的邮件签名栏鼓励收件人进行注册。收件人只需要单击鼠标，完成一个非常简单的注册过程就能获得免费邮箱。

这种裂变的核心特征就是老用户邀请新用户可以直接提升自己的产品体验，而不应该为了客户增长而强行植入产品中。新客户是服务老客户的产品元素，这一部分在 0.6—0.9 阶段的关键业务突破部分就应该有所设计。

### 2. 口碑裂变：MOT 的体验分享

在工业文明时代，新闻源由专业媒体的记者掌握。而随着移动互联网的普及，第一新闻源已经转移到每个乐于分享的消费者手中。创新产品如果能够激发客户的啊哈时刻或者产生了巅峰体验，就很容易被分享到社交媒体上，形成口碑裂变。因此，口碑营销的真正动力来自产品设计，而不是营销。

好事不出门，坏事传千里。良好的口碑传播并不容易。良好口碑传播的要点之一是激发客户的某些积极情绪。

但是并不是所有的积极情绪都能激发口碑传播。除了原来的积极情绪与消极情绪维度划分外，心理学家们还将情绪划分为高、低两种生理唤醒类型，从而形成了四个象限，如图 10.10 所示。

|  | 高唤醒 | 低唤醒 |
|---|---|---|
| 积极 | 敬畏　消遣<br>兴奋　（幽默） | 满足 |
| 消极 | 生气　担忧 | 悲伤 |

图 10.10　影响口碑的情绪分类 ①

其中，口碑营销比较关注"积极—高唤醒"这个象限的情绪。例如海底捞的出圈就主要源于消费者的口碑分享。大家津津乐道的是海底捞的"变态"服务要多"变态"就有多"变态"。客户和分享者的兴奋（幽默）情绪被调动起来

### 3. 公共事件：产品的社会价值

商业元创新的新品类产品本身就能够解决一些社会问题，能够承担社会责任。因此，将产品使用过程中发挥出的社会价值，通过一系列社会活动展示出来，会达到自然而然的获客效果。

例如坚持环保主义的巴塔哥尼亚公司，曾经大胆地提出了回收并出售二手户外运动服装的项目，一时之间被媒体广为报道。另外，在 2011 年商家打破头的"黑色星期五"期间，巴塔哥尼亚居然在《纽约时报》刊登了一幅广告，标题是"不要买这件夹克"。（如图 10.11）

图 10.11　巴塔哥尼亚"黑色星期五"反消费主义广告

公司宣称："为了减轻我们的对环境的破坏，每个人都需要减少消费！企业需要生产更少，但质量更高的东西。客户在购买之前，则需要三思而后行。"

2020 年 11 月，巴塔哥尼亚发布了"Buy Less, Demand More"活动，鼓励客户购

---

① 《疯传——让你的产品、思想、行为像病毒一样入侵》，（美）乔纳·伯杰，电子工业出版社，2014。

买更少的新产品和增加对可持续生产过程的要求，例如使用再生材料、再生有机棉和进行公平贸易。

巴塔哥尼亚认为最佳产品的标准取决于"功能、可修复性，以及最重要的耐用性"。"我们可以控制环境影响的最直接方法之一，是使用可以持续几代人或可以回收利用的商品，以便其中的材料得以继续使用。制作最好的产品对拯救地球很重要。"这些真心践行使命的公共事件引起很多的思考和讨论，也成功地扩大了公司的影响力。

2011 年 3 月 11 日 13 点 46 分，日本本州岛东岸发生里氏 8.8 级的强烈地震。地震发生两小时后，谷歌应急小组发布一个简单的网络工具"寻人"（Person Finder）用来帮助人们发布和寻找失踪亲人与朋友的消息。

点击"寻人"后，即可输入人名进行查询。Google 会提供一个包含人员外貌特征和家庭住址的页面，还可以显示该人目前状况，如已经被找到或取得联系。失踪人员也可以自行创建个人资料，向他人报平安。Google 表示，Person Finder 可被嵌入任何网站。

将自身产品的定位、创新活动的社会责任真实展示出来，旗帜鲜明地感召客户、公众，成为某一项社会变革运动的领导者，要比通过诱导、贿赂、谄媚消费者更能凝聚人心。

#### 4. 促销和低价引流的风险

给予老客户金钱或产品奖励，激励他们去发展新用户，这是很多团队常使用的裂变方法。但老客户完成推荐后得到的奖励不管是什么都必须与产品的核心价值相关。否则这种"贿赂"模式一方面会导致带来的新客户未必是创新者需要的目标客户，另一方面还会伤害老客户的社交形象。比如卖保险的职业声望一直不高，主要是因为被推荐的人会怀疑推荐人事后有返利提成。将菲斯克四种人类关系中适应于小社群的平等匹配的关系变成了适用于陌生人的市场定价关系，会造成老客户的行为困惑。

多项实验已证明，如果对新客户能够产生价值，老客户推荐产品的原因是"利他"，老客户的推荐积极性会更高。

正如 Airbnb 的增长团队所言："是爱创造了增长，而不是增长创造了爱。"比如他们在老客户对新客户发出的邀请信里会这样写："你的朋友摩根为你在 Airbnb 上的第一次旅行省去了 25 美元，Airbnb 是最好的旅行方式，一定要感谢你的朋友！"（如图 10.12）

图 10.12　Airbnb 的 A/B 对比测试显示：客户更愿意为利他而推荐

**【由外向内：拉入】**

通过各类营销广告方式获取新客户，已经有很多书籍讲述了太多的理论和方法。但是对于新企业而言，往往没有多少预算，所以总是觉着广告这条路径不合适自己。

不过，互联网的发展使得"窄告"越来越成为可能，从而给专注于小众市场的1—10阶段商业元创新带来全新的机会。第七章介绍的"1美元剃须俱乐部"项目就是运用互联网媒体获客的典型案例。

媒体行业本身也在持续创新，因此会阶段性地出现媒体新品类，这里有一个媒体价值洼地或者新媒体流量红利的概念。比如当大家都做电视报纸广告的时候，最早做google关键词搜索的厂商就获得了新媒体流量红利。再比如，在21世纪初中国各地的电视台夜间12点之后的时间都是闲置的，什么也不播放。电视购物等品类最先发现了这个媒体价值洼地，获得了超级回报。2017年后，移动新媒体的信息流广告又成就了一批新品类。第四章介绍的"三小时焕窗"业务能够迅速成长，也是借助了抖音等移动新媒体的流量红利。

广告的投放和渠道选择将是商业元创新10—1000阶段的重要工作内容。而在1—10阶段，需要对这项工作着手做准备。这个准备主要是习得见识。创新者要研究与自己相关或类似品类的项目在当下市场有什么最新的营销广告模式出现。在这个习得见识的探索过程之后就要做出选择。常见的一个选择误区就是对新品类进行多渠道立体营销，认为这样最有利于增长。但这样做的结果是，团队无法专注于优化一两个可能最有效的渠道。

彼得·蒂尔（Peter Thiel）被誉为硅谷的天使，投资界的思想家，曾提出过一个"销售的幂次法则"。他说："这对大多数企业家来说是反直觉的，他们总以为销售策略越多越好，但是大杂烩式的方法——雇用几个销售员，在杂志上登广告，并且尝试增加一些产品的后续功能，使其能够呈病毒式增长——并不起作用。多数公司没有一条有效的销售渠道，导致它们失败的最主要的原因，不是产品差，而是糟糕的销售。如果你有一条有效的销售渠道，你就能成功。"[①]

## 本章小结

商业元创新的 0—1 阶段需要验证问题与解决方案的匹配程度。其中首先是选择要解决什么问题，然后通过关键业务的突破形成与之对应的解决方案。而到了 1—10 这个阶段，因为要服务的种子客户由"进取型"变为"困惑型"，属于不同的细分市场，所以需要将解决方案升级、扩展，消除 PMF 障碍，实现客户需求与产品的匹配。

在 1—10 阶段验证增长路径不是为了满足创新者的成功欲望，而是因为项目的网络效应属性，让更多的人加入可以使之前的客户和新加入的客户都能得到更高质量的服务。

针对 MOT 的体验设计和优化，除了能够给现有客户创造小幸福，也能够形成基于客户口碑的自增长。

在 1—10 阶段，为了服务更多客户，还需要做好支持增长的组织系统建设。除此之外，创新者在这个阶段，还需要解决如何抵达未来不同细分市场的问题，需要展开获取陌生客户的路径探索，为跨越桥头堡市场做好准备。

本章补充案例及知识点深化部分，请扫码进入《商业元创新》互动区。

① 《从 0 到 1：开启商业与未来的秘密》，（美）彼得·蒂尔，（美）布莱克·马斯特斯，中信出版社，2015。

第十一章

# 商业元创新的 10—1000

商业元创新在 0—10 阶段面对的是早期市场，而在 10—1000 阶段面对的细分市场则已经属于主流市场。这就意味着，商业元创新要开始准备从边缘地区向中心地带移动，跨越鸿沟之后实现出圈。

## 桥头堡市场

### 【野蛮人来敲门】

商业元创新在成长到 10 以后就要进入大众市场，开始对替代品类产生挤出效应。

以前商业元创新服务种子客户，其他品类的厂商并不会关心，因为这些人本来就不是他们愿意服务的。而大众市场不一样。一旦新品类开始占领这些领域，就意味着要与旧品类争夺存量客户，被后者反击是必然的情形。所以，新品类进入大众市场的首个细分市场很重要，意味着新品类是否能够在主流市场先有个立足点。

就像从 1 到 10 阶段一样，创新者需要针对新细分市场进行功效级创新，消除相关 PMF 障碍，对某些功能、效能进行适配和调整，升级丰富原有产品线。不过，在从 10 跨越到 1000 的桥头堡细分市场是主流市场的一部分，其对产品的成熟度要求更高（如图 11.1）。

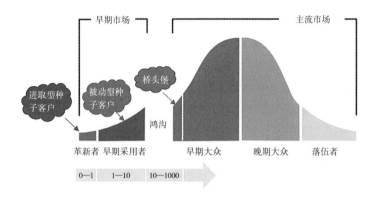

图 11.1 桥头堡市场

2013 年中国彩电市场的总销量为 4781 万台，其中单 TCL 一家就占了 955 万台。同年 9 月，小米发布第一代小米电视，当年的销量仅为可怜的 1.8 万台，互联网电视在当时国内电视市场的占比不到 1%。[①]

仅仅过了 6 年，2019 年，调研机构奥维云网、中怡康数据显示，小米电视获得了当年国内市场出货量、销量双冠王。不仅如此，小米电视 2019 年的国内出货量更是突破了 1000 万台，成为中国电视工业有史以来第一个达成这一成就的电视品牌，成功引领了新品类对旧品类的替代。

小米电视 0—1 阶段的种子客户（革新者）是苦陈旧彩电技术久矣的 IT 发烧友，而早期采用者是居住环境狭小、就业没有多久的白领。所以直到 2015 年 3 月，小米电视都只有一款屏幕尺寸——47 寸。实话说，在整个电视行业里 47 寸真心不能算大屏，但却是雷军在发布会上说的"年轻人家里放得下的大屏电视"。

在"互联网电视"这个新品类成长的 0—1 阶段和 1—10 阶段，小米一直专注在种子客户身上，对产品进行精心打磨，而不太关注销售增长。2012 年小米就成立了小米电视相关部门，但直到 2014 年，小米电视才正式独立，拥有了自己的市场运营团队。

在这个"年轻人的第一台电视"和"年轻人的第一套家庭影院"的早期市场里，以王川为首的小米电视团队将重心放在打磨新品类功能，以及理顺供应链和进行配套的组织系统建设。比如小米首创的 11 键遥控器彻底改变了传统电视机复杂而冗余的老式遥控器，后来成为各大厂商遥控器的设计标准。小米的分体式设计，成功解决了屏幕与智能硬件使用寿命不等的问题。最为重要的是，经过软件和服务的整合，

---

① 奥维咨询 2013 年中国电视市场占有率报告。

形成了小米"硬件+AIoT新零售+互联网内容服务"的三驾马车结构，让互联网电视与海尔、TCL等传统电视厂商的产品形成了鲜明的差别。

2016年9月27日，小米正式发布"PatchWall拼图墙"智能电视系统，为进入主流市场做好了准备。

按照媒体"IT之家"的报道："PatchWall拼图墙系统最大的特色就是把小米已经用在MIUI中的'Mi Brain'人工智能技术搬进了电视端"。PatchWall拼图系统深度学习用户习惯，基于观看者喜好自动更新新闻以及最新视频，让不善于上网的老人可以不用花费太多精力就可以收看最新的电视剧。

与此同时，PatchWall拼图墙系统在人工智能语音技术的加持下，操作电视可以动口不动手。比如，用户可以用语音指令，对着遥控器说"我要看××"等诸如此类的话，系统能够有效识别和智能推荐。这些产品和服务是传统彩电厂商没办法提供的。

小米电视早期市场的种子客户是年轻人，他们对小米电视进入主流市场也起了较大的推动作用。当小米电视已经为老年人等大众客户做好准备之后，这些年轻人就会在家庭购买电视时推荐小米电视，从而帮助小米电视跨越从10—1000的这个成长鸿沟。

小米电视跨越鸿沟建立的桥头堡市场是哪个呢？

2015—2016年是各大互联网公司和IT企业冲入电视市场的一个高潮期。除了最早搞得满城风雨的乐视之外，微鲸、暴风影音、风行、PPTV、联想相继入局，爱奇艺等内容服务商也跃跃欲试。一时间互联网电视市场从几个玩家的竞争变成了几十个玩家的大混战。

2016年3月，小米电视3S发布，这一年小米没有公布电视销量，这也是小米自创业以来最为艰难的一年。

虽然这些试图用"互联网+"思维来改造传统电视行业的厂商看起来发展得如火如荼，但是他们在客户风险、产品风险、市场风险、增长风险等领域没有扎实地成长，对客户服务问题、供应链问题、规模效应、网络效应等在新品类早期市场需要攻克的难关都没有系统突破，结果纷纷陷入困局。

这就给耐心耕耘早期市场，并蓄势待发进入大众市场的小米电视带来了一次跨越鸿沟占领桥头堡市场的机会。

在经过了2年的野蛮生长后，2017年互联网电视开始走向第一个低谷。2017年"双十一"前夕，PPTV宣布全线产品降价特惠，并由此带动整个电视价格进入"421

时代"，即 65 寸降到 4000 元以下，55 寸降到 2000 元以下，32 寸降到 1000 元以下。①
但是，持续的价格战并没有提升互联网电视的市场份额。

根据中国电子视像行业协会与奥维云网（AVC）联合发布的 2017 年彩电行业
报告：2017 年互联网品牌的市场份额仅为 13%，较 2016 年同期反倒下降了 6 个百分
点；2017 年互联网品牌新上市机型数量 161 个，同比下降 11%。

但正是这一年，小米电视得到了高速发展。小米电视总经理李肖爽在微博上发
布的数据显示：在 2017 年 1 月，小米电视出货量列中国市场全品类电视出货量的第
11 位，距离 TCL 海信创维等传统电视还有很大的差距。而到了 2018 年 12 月，小米
电视出货量就已经爬到了全国第三的位置，仅次于创维和海信。

奥维公布全国电视市场的全渠道总数据显示：2017 年 1 月至 9 月，中国市场彩
电销量较 2016 年同期下降了 9.2%，而小米则出现了逆袭，销量同比增长了 99%。
在此期间，小米电视迅速超越了乐视、微鲸等互联网品牌，在"互联网电视"这个电
视细分市场里占据了支配地位，成功实现了从"早期市场"到"大众市场"的惊险一
跳，完成了从"年轻人的第一台电视"到"互联网电视第一"的定位转换。之后两年，
小米电视乘胜追击，引领了新品类，逐步占领主流市场。

## 【"鸿沟"理论需要与时俱进】

在第四章，我们分享过"鸿沟"理论提出者杰弗里·摩尔（Geoffrey Moore）的洞
见：商业创新在"早期采纳者"到"主流市场"之间有一道"鸿沟"，意味着这是两个
相互区隔的市场。

他认为：市场中的每一个成员在决定是否购买的时候，都需要参考其他成员的意
见。如果两个人因为同样的原因购买了同样一件产品，但是他们却无法相互参考对
方的意见，那么这两个人就不处于同一个市场中。

所以摩尔认为，早期市场与主流市场之间出现鸿沟的根本原因是前者的意见扩
散不到后者。在摩尔提出该理论的 1991 年，这个认知确实有其道理，但是经过了互
联网高速发展的 30 年后，这个"意见不可扩散"的假设面临严重挑战。人类社会从
来没有像现在这样如此紧密地连接在一起。虽然还存在着各种认知茧房，但不同人
群之间的对话、分享条件已经大大改善。

比如小米电视针对的年轻人市场与传统电视针对的中老年人市场，按照摩尔的
理论是完全不同的两个市场，相互之间意见很难分享。但是，经由微信等社交软件，

---

① 《互联网电视七年之痒》，智东西，虎嗅网，2019 年 8 月 17 日，https://www.huxiu.com/article/313792.html。

年轻人的生活方式会通过社交媒体自动对家庭其他人员产生辐射；家里老人购买电子产品时也很容易主动向年轻人咨询。这样就完成了双向市场的意见沟通。

所以，在网络文明时代谈论早期市场与主流市场之间的意见隔离，已经不合时宜。

网络文明减少了不同市场之间的意见隔阂，这对商业元创新者来讲是个好消息。这样一来，10—1000 的跨越鸿沟的过程，也将以新的方式出现——基于最小业务单元的增长。

## 最小业务单元

蜂巢范式下的商业形式接近自然生态，有着多中心驱动的业务架构，这在第七章有所论述，我们再对多中心驱动深入探讨下。

高铁的铺设极大地改变了中国城市化的进程。高铁的运行速度可以达到 350 千米 / 时，而传统火车则能到高铁速度的 1/3 就不错了。两类火车存在很大的不同，首先在系统结构上就存在重大差异。

传统火车的动力由一个火车头来提供，通过它来拉动十几节甚至几十节车厢。而高铁采用的是分布式驱动结构。以为 CRH380BL 型动车组为例，它由 16 辆车组成，由 4 个对称布置的"牵引单元"组成（即 EC01—FC04 车、FC05—IC08 车、BC09—SC12 车、SC13—EC16 车）。每个牵引单元包括：两个动力车、一个变压器车和一辆带蓄电池充电机的拖车。每一台动力车均配有一台含控制单元（TCU）的牵引变流器，四个牵引电动机并联提供牵引。[1]

所以高铁（包括动车组）标准的配置是 8 节和 16 节，因为每个牵引单元由 4 节车厢构成。

在蜂巢范式的商业创新项目中也存在类似的牵引单元，我们称之为"最小业务单元"（MBU）。这类创新项目的增长，可以通过复制 MBU 来实现。

比如在 Uber 共享出行模型中，一个区域的车辆和叫车人数都需要有一个最小规模，只有达到了这个规模才能保障叫车的人能够在 10 分钟内叫到车，也能保障驾驶员能够有稳定的收入。这样一个最小规模的网络，就是 uber 的最小业务单元。

在线教育的商业项目里，一个班需要配备班主任，然后组织学员进行课程学习，那么这个班就是最小业务单元。星巴克的一个店，辐射周边 3 ~ 5 公里，那么这个服务圈就是星巴克的最小业务单元。"三小时焕窗"项目的最小业务单元可能是一个

---

[1] 《CRH380BL 型动车组》，孙帮成，中国铁道出版社，2014。

居民小区。小米电视这类消费性产品，其 MBU 则是一个客户的朋友圈。

在 1—10 阶段，蜂巢范式的商业元创新要完成"最小业务单元"（MBU）的建设。而跨越鸿沟进攻桥头堡市场，则需要基于 MBU 的增长、组合和同步行动。

### 【MBU 与涌现】

从 MBU 视角来看，蜂巢范式的商业元创新项目具有"分形"特征。所谓分形就是：局部与整体有"自相似性"，每一部分都是（至少近似）整体缩小后的形状。分形（fractus）概念的提出者美国数学家伯努瓦·B.曼德布洛特（Benoit B. Mandelbrot）在著作中写道："云不只是球体，山不只是圆锥，海岸线不是圆形，树皮不是那么光滑，闪电传播的路径更不是直线。它们是什么呢？它们都是简单而又复杂的'分形'……"[①]

从分形和混沌的相关研究中可知，对简单的事物应用简单的规则，经过层层迭代，将产出与原来简单事物性质和特点完全不一样的复杂事物。这种现象被称为"涌现"。涌现理论奠基人约翰·霍兰德曾说："我观察了很多系统和模型。我发现在其中，**复杂现象都是从简单的元素中涌现出来的。**"

美国理论生物学家斯图亚特·阿兰·考夫曼（Stuart Alan Kauffman）给出过一个关于涌现、相变的通俗解读：请想象 1000 枚纽扣散落在硬木地板上。假设你的手里有一些线，你随机拾起两枚纽扣，用线把它们连起来，然后又把它们放回去。在最开始的时候，你很可能让许多纽扣两两相连。随着工作的不断进行，在某个时刻你就会突然拾到一个两两相连的纽扣串，然后你再加上第三枚。最终，完全孤立、从来没有被连接的纽扣会越来越少。

一些有四枚纽扣或五枚纽扣的纽扣串开始形成，就像一座座小岛散落在纽扣的海洋里。接着，随着你不断串联纽扣，那些孤零零的有 N 枚纽扣的纽扣串突然开始连成一个巨大的超级串——比如两个 5 枚的串连成一个 10 枚的串，或是一个 10 枚的串加上一个 4 枚的串成为 14 枚的串。

这样突然出现巨大的超级串从而形成新的价值的情形，就是分形节点相互作用后，涌现出来的相变（类似水变成冰的情形）。

在随机网络中，从小型串到巨型串的相变发生在某一具体时刻，即线段（边）与纽扣（节点）的比率值超过 1，也就是说平均一条线段对应一枚纽扣。我们可以认为一条线段对应一个节点的比率是一个"引爆点"（如图 11.2）。[②]

---

① 《大自然的分形几何学》，（波）伯努瓦·B.曼德布罗特，上海远东出版社，1998。
② 《财富的起源》，（英）埃里克·拜因霍克，浙江人民出版社，2019。

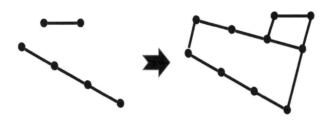

图 11.2 线段（边）与纽扣（节点）比率 >1 的引爆点

蜂巢范式的商业元创新项目是具有混沌特性的社会系统。通过 MBU 的持续叠加和相互作用，就会涌现出"大于部分之和"的整体性新属性，产生出新秩序，比如成功跨越 10—1000 的鸿沟，占领桥头堡市场。

【出圈路径】

从增长形式看，常见增长方式分为三种：线性增长、幂增长和指数增长。

线性增长是：随着时间增长，每次只增加一个数值。以 $f(x)=2x$ 为例，按照时序，该增长形式如下图 11.3 所示：

| 时序 | | | | |
|---|---|---|---|---|
| 1 | 2 | 3 | 4 | 5 |
| 1 | 1 | 1 | 1 | 1 |
| 1 | 1 | 1 | 1 | 1 |
| | 1 | 1 | 1 | 1 |
| | 1 | 1 | 1 | 1 |
| | | 1 | 1 | 1 |
| | | 1 | 1 | 1 |
| | | | 1 | 1 |
| | | | 1 | 1 |
| | | | | 1 |
| | | | | 1 |
| 2 | 4 | 6 | 8 | 10 |
| 总量 | | | | |

图 11.3 函数为 $f(x)=2x$ 的线性增长的示意图

单个 MBU 的业绩提升一般是线性增长，比如每年提升 20% 或者 50%，这个增长率会最终趋于稳定。

幂增长则是每增加一个时序，每次增加一个新组，而组内依然遵循线性增长。以 $f(x)=x^2$ 为例，示意如图 11.4：

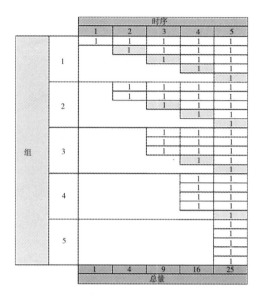

图 11.4 函数为 $f(x) = x^2$ 的幂增长示意图

常见的经营型的幂增长形式是通过增加更多销售区域、更多分公司来进行业务扩张。在这种方式下，单个区域内的增长还是线性增长。

指数增长则指的是随着时间增加，每个新个体同时都能复制出一个新个体，类似病毒复制的模式，如下图 11.5。

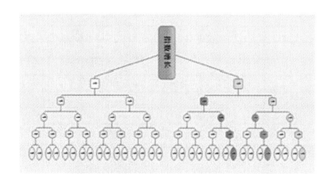

图 11.5 函数为 $f(x) = 2^x$ 的指数增长示意图

以 $f(x) = 2x$、$f(x) = x^2$ 和 $f(x) = 2^x$ 来对比，在时序 1 和 2 中的，三种增长形式中，线性增长的表现并不差；在时序 3 和 4 的时候，幂增长效果最佳；在时序 5 的时候指数增长超过幂增长（2 的 5 次方是 32，而 5 的二次方是 25）。到时序 10 后，指数函数结果为 1024，幂函数结果只有 100，线性函数结果更是只有 20 了。

要实现从早期市场到主流市场的出圈，这三种增长形式中比较有效的是指数增长和幂增长两种路径（如图 11.6）。线性增长很难跃过这个 10—1000 的鸿沟。通过指数增长跨越鸿沟，可以称之为"裂变出圈"；通过幂增长跨越鸿沟，可以称之为"凝聚出圈"。

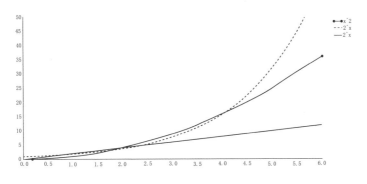

图 11.6　三种增长形式对比

## 裂变出圈

2004 年 2 月 4 日，哈佛大学大二学生马克·扎克伯格推出一个名为 The facebook 的网站。当时这个网站的产品非常简单，只有个人资料，也只有一个非常简单的活动产品，用户可以用它来组织聚会。网站上没有上传照片的地方，只有你的个人资料可以弄个头像。

### 【0—1 阶段的 Facebook】

这个网站看起来很像当时正在大火的 Friendster 和 Myspace，但它有一个根本性的不同，就是用户都用真名。

当时正是互联网的早期发展阶段，基于反抗传统的叛逆精神，互联网上的主流思维都强调匿名性。这种匿名性极大地激活了年轻人参与的热情，但也导致互联网成了不受监管的世界，成为黄色信息和病毒制造者的乐园。

The facebook 则在互联网世界第一次引入实名制，使得鱼龙混杂的互联网虚拟空间里，第一次出现了同现实世界高度接近的内容（如图 11.7）。

最初的 The facebook 只允许拥有哈佛域名邮箱的人登录，它为哈佛学生创造了一个安全的环境。可以说，Facebook 在与 Myspace 等主流社交网站的较量过程中脱颖而出，完胜旧品类，秘诀就在于 Facebook 的实名制。

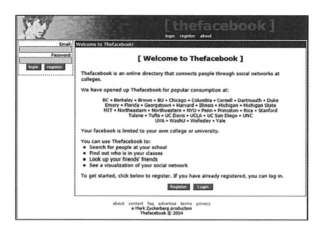

图 11.7　Facebook 在 2004 年首次亮相时的登录页面

从 2004 年 2 月到 5 月，扎克伯格将 Facebook 对哥伦比亚大学等美国常春藤系列顶级大学开放，然后又谨慎地扩展到 34 所学校，用户数量扩展到 10 万。在这些学校里，70% 以上的学生都加入 Facebook 的网络里。这批学校的学生就是 Facebook 0—1 阶段的进取型种子客户。在这个阶段，Facebook 还是精英大学生们的小圈子产品。

【1—10 阶段的 Facebook】

随着精英大学市场的逐步饱和，Facebook 就要进入 1—10 阶段。这个时候必须升级产品线，消除 PMF 障碍，以便于服务"早期采纳者"市场。

Facebook Photos 于 2005 年 10 月上线。Facebook 开始允许用户上传照片。之所以推出这个产品，一个重要的原因是 Facebook 团队发现有些大学生居然每小时换一次个人资料照片，只是为了分享他们自己的照片。扎克伯格决定把这个功能放大。结果，该项产品大受欢迎，Facebook 迅速发展到大约 500 万用户。

这个分享照片的产品有一个最大的亮点是标记照片上的人，这真的改变了游戏规则，成为 Facebook 第一个大规模增长机制。

当时没有 AI 技术，但是 Facebook 有精力过剩的年轻人。他们上传照片后，自己标记出来该照片中有谁，然后 Facebook 会发一封邮件给被标记的人。当你收到这样一封电子邮件，上面写着"有人把你的照片上传到互联网上"时，你能不去看一看？没几个人能不好奇，这是人类的天性。

2005 年 12 月，澳大利亚和新西兰的大学也加入了 Facebook，至此，在 Facebook 里总共有超过 2000 所大学和高中。"照片标记"这个产品帮助 Facebook 完成了从"革新者"到"早期采纳者"的鸿沟跨越，也让扎克伯格和团队意识到 Facebook 有机会出圈到大学以外。

这个时候 Facebook 就要开始面对新品类发展的第二个鸿沟——从早期市场到主流市场的缝隙，也就是要从 10 到 1000 占领桥头堡市场。

扎克伯格的最初探索是选择了两个细分市场：高中市场和职场网络。尝试将其中的一个作为 Facebook 出圈的桥头堡市场，但是效果并不好。

### 【Facebook 如何跨越 10—1000 鸿沟】

2005 年 9 月 2 日，扎克伯格推出 Facebook 高中版，不过当时还没有"照片标记"这个新产品，而且还不允许大学生与高中生相互加为好友。结果市场反响效果一般。

2006 年 2 月 27 日，Facebook 应用户要求，允许大学生把高中生加为好友，情况有所好转。大学生们邀请他们还在上高中的弟弟妹妹加入，以便于加强相互的联系。但是在 Facebook 网站上，高中生没有大学生的那种沉浸感。因为高中生们仍然与同学之外的网络——父母、课外活动和其他学校的朋友，保持着良好联系。与高中生不同，大学生们的朋友圈基本都已经在 Facebook 上了。

2006 年春天，Facebook 试探性地开放了工作网络。扎克伯格打算以公司而非学校作为社区的基础。Facebook 挑选了 1000 家包括科技公司、军队在内的大雇主，允许任何拥有这些组织电子邮件地址的人注册。扎克伯格想参照 Facebook 的常春藤发展模型，以职场的高端细分市场作为进入主流市场的桥头堡市场。但这次尝试以失败告终。与大学生们不同，这些职场人士通常希望把社交生活与工作分开，并不是所有公司都像 Facebook 这种初创企业那样，员工们都在一个紧密的社区里工作、玩乐和恋爱。成年人的世界，扎克伯格们还是不太懂。

2006 年中期，Facebook 停止了增长。大部分大学生们已经都在 Facebook 上了，而 Facebook 在高中未能获得同样的成功，工作网络则彻底失败。这个时候出现了一些手握现金的行业大佬，纷纷向团队抛出收购的橄榄枝，最接近成功的是当时如日中天的雅虎。这对几个 20 多岁的创始团队成员来说，诱惑巨大。早期的天使投资人也都准备套现庆祝胜利了。而扎克伯格则坚决不同意出售公司，但 Facebook 又停在进入主力市场的鸿沟前徘徊不前。此时，公司内外的形势都比较危急。

在扎克伯格 2017 年哈佛大学毕业典礼演讲上，总结了这个时期自己的失败在于：没能有效地将 Facebook 的创办目的传达给员工。没有强大的内部支持，他感到孤立无援，"那是我一生中压力最大的时候"。

### 【Facebook 为登陆桥头堡市场的准备 】

Facebook 在高中的表现并不如预期，但也有一些亮点：首先，扎克伯格最担心新网络加入会伤害老用户的领地感。高中版让这个担心消失了，让更年轻的青少年使用，并没有让已经使用的大学生觉得 Facebook 不酷。其次，大学生邀请自己弟弟妹妹这样一种基于社交关系的扩散，效果很好。这为 Facebook 后来登陆桥头堡市场提供了重要思路。

高中版和工作网络的试验，让 Facebook 更加清晰地意识到，不能形成沉浸感的社交网络构不成自己的 MBU，就是大家必须得紧密联系在一起。大学这样的物理分区并非 Facebook 的 MBU。

找到自己的 MBU 并为 MBU 建立沉浸感产品，是 Facebook 跨越 10—1000 鸿沟的主要矛盾。

在成功解决上述矛盾、帮助 Faceboo 顺利登陆桥头堡市场的过程中，News Feed 产品发挥了至关重要的作用。Facebook 第一批员工之一的埃兹拉·卡拉汉（Ezra Callahan）曾说："News Feed 就是今天 Facebook 的基础。"

News Feed 项目于 2005 年秋季启动，2006 年秋季交付。最初，扎克伯格称之为"个人订阅的报纸"。这也是"News"一词的产品思想源头。这个产品的灵感来自"照片标记主动推送"导致的病毒性传播效果。当你的朋友们有新照片、新聚会活动，甚至变更了恋爱状态，它都会第一时间推送给你。你不用再去外面搜索信息，在自己的主页等着就行了。所以，你完全可以"泡"在自己的主页上。

令人没有想到的是，News Feed 推出后，有一些用户非常反感这个产品。他们觉得自己的隐私受到了侵犯。有人在 Facebook 上组织了抗议 News Feed 的群组，不到两天就有 100 万人加入。还有一些人在办公室外游行抗议。创业团队不得不雇了一个保安。

关于隐私问题，事实并非如大众所担心的那样。News Feed 中显示的所有内容都是人们已经放在网站上的东西，如果有人去访问了他们的个人资料，这些内容都会被看到。

扎克伯格顶住了压力，9 月 5 日晚 10 点 45 分，扎克伯格发布了对产品抗议的回应《冷静，呼吸，我们听到了你的声音》。"我们都同意，跟踪并不酷。但是，能够知道你朋友的生活中发生了什么，却很酷。"他写道。

同时团队发现，即使是那些抗议的人群也在大量使用 News Feed 产品。看来客户的认知感受和行为之间并不一致。不过为了降低负面情绪，News Feed 产品团队通宵工作，对客户隐私增加一些保护。其中一项功效级创新就包括"隐私混合器"——让用户可以控制谁能看到和自己有关的条目。"我认为没有人用过它。"由最初的投资者变成员工的杰夫·罗斯柴尔德（Jeff Rothschild）后来评论道，"但仅仅让用户知道有控制措施，似乎就平息了愤怒。"事实是，网站使用量在 News Feed 发布后飞速上升。

News Feed 让 MBU 内的人们之间拥有了专属的沉浸感，产生了更强大的黏性。Facebook 为登陆桥头堡市场已经准备就绪。

### 【裂变式"登陆"桥头堡市场】

与一般人对桥头堡市场理解不一致的是，Facebook 的桥头堡市场并非类似大公司、高中校园等相对独立的细分市场。它运用的是网络文明时代登陆桥头堡市场的方法——MBU 扩展。

Facebook 的 MBU 并非按照大学、高中、公司这样的实体特性进行划分，而是以个人为中心的"熟人社交圈"，即每个人的真实朋友圈就是一个 MBU。这一点在 Facebook 高中版的测试中已经得到了一定的验证。

2006 年 9 月 26 日，Facebook 正式对所有 13 岁以上持有有效电子邮件的用户开放。Facebook 对 .edu 教育网外面的用户打开了大门。当新用户加入的时候，他们需要选择自己的高中、大学和工作单位，然后就有机会发现自己在现实世界的朋友们。事实上，如果一个人不是被邀请进入 Facebook 社区的话，会感到非常无聊。如何帮助孤岛式的新客户加入社区是 Facebook 到了 1000 以后，在早期大众市场后期才要面对的问题。在登陆桥头堡阶段，真正的用户增长来自现有客户的裂变。

在 Facebook 开放注册后，增长团队对数据进行了深入研究，以搞清楚用户是如何来到 Facebook 的。他们发现，最大的用户增长来源基于一位工程师开发的程序，它可以帮助用户从微软的电邮服务 Hotmail 中导入联系人。这款程序名为"寻找好友"（Find Friends）。该程序支持 Hotmail、Gmail 和 Yahoo!Mail。用户在使用时需要先提供自己的用户名和密码，然后 Facebook 会对用户所有的联系人进行扫描，并将数据导入自己的数据库。如果联系人中有已经注册 Facebook 的，那么系统便会替用户发送加好友的申请。那些还没有注册 Facebook 的其他联系人则会被呈现在新注册用户眼前，用户只要在他们的名字旁边点击一下，系统便会发送电子邮件邀请他们加入 Facebook。在完成这一切操作之后，Facebook 会删除存在自己这里的用户登录信息。[①]

现有的 Facebook 大学生用户邀请自己教育网之外的熟人朋友，扩展了现有

---

① 《Facebook：一个商业帝国的崛起与逆转》，（美）史蒂文·利维，中信出版社，2021。

Facebook 的 MBU 规模。然后，被邀请进来的新用户又把自己的"熟人朋友圈"导入进来，从而再建立一个新的 MBU。这样就形成了一个病毒式的裂变。在这个裂变中，Newsfeed、照片标记、好友关系导入等产品，迅速强化了 MBU 内部以及 MBU 之间的互动，从而激发了相变，完成了 Facebook 从早期市场到主流市场的飞跃。

从 2006 年最后几个月到 2007 年，Facebook 停滞的增长数字开始上升。扎克伯格后来回忆道："在发布开放注册后一周内，我们的注册人数从每天不到 1 万人增加到每天 6 万至 8 万人，从那时起，注册人数迅速增长。"

Facebook 终于从大学生市场出圈了。

## 凝聚出圈

裂变出圈往往依靠 MBU 的病毒式复制，走的是指数增长路径。而如果商业元创新项目不适合病毒式裂变，那么还可以通过 MBU 幂增长路径完成跨越 10—1000 鸿沟的凝聚出圈。

幂增长就是要增加独立的 MBU，这也是市场营销中最常见的手法。网络文明时代，适合早期创新项目的幂增长式"凝聚出圈"的手段有两种：游击营销和直复式营销。

### 【游击营销：产品借势的智慧】

游击营销（Guerrilla Marketing）的理念最早由美国资深营销专家杰伊·莱文森（Jay Levinson）首创。适用于营销预算微薄的中小企业用以小搏大的方式，在媒体过剩的时代吸引消费者目光。[1]

2013 年 3 月，在巴西圣保罗，一家名为"洗车公园"的小公司发起了一场"寻找脏车窗"行动。做法就是在积灰的汽车车窗上擦出一张优惠券。带着这张优惠券，汽车到店清洗可享受半价折扣（如图 11.8）。这就是一个典型的游击营销案例。优惠券首先吸引了车主，其次相当于"行走的广告"。如果是在当今的网络媒体环境下，说不定还能带来一波话题流量。

---

[1] 《游击营销》，（美）杰伊·康拉德·莱文森，格致出版社，2010。

图 11.8　借助脏车窗画出的优惠券

　　游击营销真正的价值在于使用低成本的方式，用"意想不到的、非常规的"互动来唤起强烈的情绪，并引起口碑传播。特别适合新品类在网络时代发起从早期市场进入主流市场的进攻。

　　运用游击营销，需要注意几个要点：

- 低成本
- 意想不到的、非常规的互动
- 唤起强烈的情绪
- 口碑传播

　　如何做到上述几点？最常见的创意策略是借势。比如，"洗车公园"借助的是脏车窗可以作为创作的画布，用这个意想不到的视角唤起兴奋的情绪。

　　游击营销需要创新者找到看世界的新视角。比如瑞士最大的跳伞学校，将电梯的地板贴成逼真的 3D 画面，让人如在天际，绝对会让乘坐电梯的人肾上腺素飙升，从而唤起强烈的恐惧情绪。这个游击营销活动最终也引起了媒体的大量报道，使业务量激增。

　　多芬（Dove）沐浴乳曾经给加拿大网红们邮寄过一款创意广告宣传单。读者可以在"scratch"部位刮一刮，然后漏出一句话："如果你使用的是其他品牌沐浴产品，刚才那些就是你对自己皮肤的所做所为。"在文字旁边，还配上了多芬沐浴乳的产品照片（如图 11.9）。

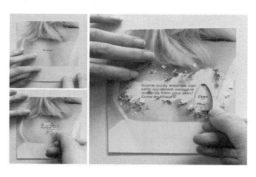

图 11.9　可刮刮的多芬沐浴乳宣传单

这样的互动迅速调动起网红博主们的情绪，形成了一波话题。最终，该活动网站被点击的数量超过了 180 万次。

借助户外广告资源，采用"谐音梗""谐形梗"，也是一种借势的思路，经常在游击营销中被使用。比如福来恩（frontline）是一款给狗除跳蚤的产品。厂商就把一张 225 平方米大的巨型贴纸铺满了一家百货公司的大厅地面。行人在这幅图画上走来走去，从高处看就像是狗狗身上的跳蚤一样（如图 11.10）。这样的创意设计，让观众看着就浑身发痒，传递了产品的价值点，调动了大家的兴奋情绪，也一定能引起媒体的关注。

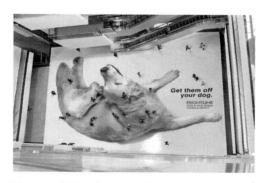

图 11.10　福来恩（frontline）将行人纳入广告画面[1]

对产品本身的功能进行跨界设计，也能达成游击营销的效果。比如德国肉制品生产商 Reinert 公司推出了一款手机 App，试图唤醒人们对该商品的童年记忆：每个人都可以上传自己的照片，然后看到自己的面孔用香肠做出来是什么样子（如图 11.11）。

---

[1]　《拒绝平庸：100 个最佳市场营销案例》，（德）珍妮·哈雷尼，（德）赫尔曼·谢勒，中国友谊出版社，2017。

图 11.11 香肠可以印出人脸

比如科尔伯格（Kohberg）公司是丹麦最大的面包生产商，2011 年 11 月 4 日，科尔伯格面包设计了一款包装袋，并从每一份卖出的产品中都拿出部分金额捐赠给丹麦乳腺癌基金会（如图 11.12）。结果 75 天内这款面包售出 18 万袋，为基金会筹集了 18 万丹麦克朗的善款。

图 11.12 为乳腺癌筹集善款的面包广告

夸张地、出乎意料地展示新产品的某种功效，能够给公众留下深刻的印象，对产品的定位宣传可以起到良好的效果。美国 K–TEC 科技公司 2007 年推出了 Blendtec 厨房食物粉碎机后，在互联网上传了"粉碎系列"视频。一位头发花白的专家穿着白大褂，总是把各种莫名其妙的东西塞进粉碎机中搅拌，然后从容地给出他的结论。粉碎 iPhone 手机的那一期视频，在 YouTube 网站上浏览量超过 140 万次。"这个能搅拌吗？"一度还成了网络流行语。

可以将游击营销在 10—1000 阶段的应用总结为四个步骤：

● 借势展示创意

● 激发强烈情绪

● 引发口碑传播

● 激活新的 MBU

在激活 MBU 的过程中，社交互动非常重要。所以，游击营销的创意尤其要强调社交互动的成本，要容易参与、有趣地参与。当然，本质上这些社交互动是为了凝聚人心，展示商业元创新的领导者气质。

**【精准营销：移动互联网时代的新直复营销】**

在 2014 年东京世界营销峰会（World Marketing Summit）上，菲利普·科特勒（Philip Kotler）将 20 世纪市场营销理论分为七个时期，分别是：战后时期（1950—1960 年），高速增长期（1960—1970 年），市场动荡时期（1970—1980 年），一对一时期（1990—2000 年）以及最近五年所产生的价值观与大数据时期（2010—现在），在不同的阶段，都曾有卓越的思想者提出过重要的营销理念（如图 11.13）。

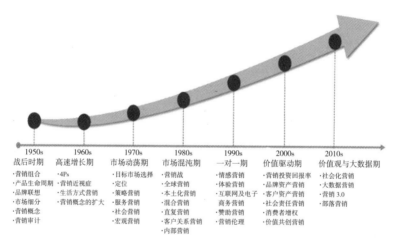

图 11.13 营销发展历程（菲利普·科特勒 2014 年世界营销峰会演讲）

其中科特勒将"直复营销"（Direct Response Marketing）受到重视的时间列在市场混沌期的 20 世纪 80 年代。

直复营销最早被提出是在 1961 年，提出者是莱斯特·伟门（Lester Wunderman）。也是在这一年，美国广告代理协会（4A's）接受直复式营销作为一门独立的学科。2004 年，伟门获得首个由直复营销教育基金（Direct Marketing Educational Foundation）所颁发的远见奖（Vision Award），表彰他对直复营销的思想贡献。

传统直复营销的主要形式包括：直邮订购营销、目录营销、电话营销、电视营销等。直复营销起源于邮购活动。1498 年，阿尔定出版社的创始人阿尔达斯·马努蒂厄斯（Aldus Manutius）在意大利威尼斯出版了第一个印有价目表的目录。这普遍被认为是最早有记载的邮购活动。1667 年，威廉·卢卡斯（William Lucas）在英国出版了第一个园艺目录。后来，邮购活动在美国、意大利、英国等地都有了一定的发展。

　　美国最早的直复营销要追溯到 19 世纪 70 年代。一个叫亚伦·沃德（Aaron Ward）的美国人最先使用邮购目录，将一些商品零售给农村客户（如图 11.14）。1875 年，沃德创造性地提出了"不满意退款"的营销思路，业务获得了迅速的发展。

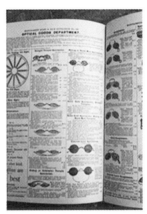

图 11.14　亚伦·沃德和他的目录邮购

　　到了 1926 年，谢尔曼（Sherman）和沙克海姆（Sackheim）在美国创办了第一个现代图书俱乐部——月月图书俱乐部（The Book of the Month Club）。他们开始运用免费试用的方式，即先向消费者寄书，直到消费者不再订购或者不再付款为止。这与传统的先收款后寄书的方式截然不同。这也是营销人员试图测量顾客终身价值（CLV）的尝试。

　　伟门曾提出过一个有意思的见解，他认为人类社会最开始的交易就是一对一的销售（服务），这种方式最符合并能最大限度地满足人们需要，而工业革命所带来的大量生产和大量营销是不道德的。可以理解伟门的核心思想是商业应该满足"个性化"需求，而这一点在工业文明时期很难实现。一方面厂商与客户之间的关系被打断（比如有中间批发商），另一方面即使厂商能够直接接触到客户，但是服务规模大了以后，也没法与客户互动。

　　所以，直复营销一直作为一个非主流的营销形式出现在创新者的工具箱里。在最主流的营销模型中，"营"（marketing）和"销"（sales）相互分离。大公司里也对应地将其设为两个部门，"营"的部门更关注品牌、传播、广告，而"销"的部门对成交、销售额直接负责。

而这一分工情况将随着互联文明的发展被彻底颠覆，技术的进步，也将直复营销带入一个新的时代。

从 2016 年开始，网络直播在电子商务网站、短视频平台上逐步火热（如图 11.15）。人们突然发现，一个支持"新直复营销"的社会支撑网络已经形成。

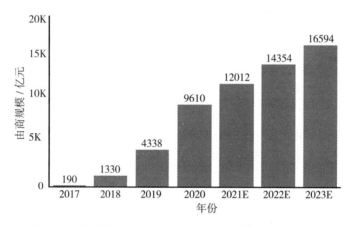

图 11.15　艾媒咨询 2017—2023 年中国直播电商市场规模及预测

数据来源：iiMedia Research（艾媒咨询）

这场"新直复营销"的变革，新在哪里呢？对商业元创新的意义又如何呢？

1. "直"的变革

抵达客户无非"推""拉"两种途径，即：要么推给目标客户，要么等着目标客户自己找上门。

大多数品类的商品都已经进入主流市场，消费者也都对他们具备了一定的认知。因此，旧品类的销售渠道也都更多地支持消费者主动这个"拉"的路径。比如城市街头的店面，便于周边居民获取自己需要的商品；比如搜索网站，客户自己输入关键词去找。"推"这条路径，则包括电视广告、户外广告、散发传单等，这条路径对于想实现销售成交的厂商来说成本巨大（因为绝大多数接受对象不是商品的目标对象），而且"推"的效果需要较长时间才能得到反馈。所以，"推"这条路径更多用于传播品牌印象，而不用于销售。

在过去的技术条件下，厂商达成销售额基本上是以"拉"的渠道为主（地面作战），"推"的渠道为辅（空中支援）。但是，这个模式对商业元创新者则是一场灾难。

首先，新品类的早期市场属于"小众中的小众"，这些"拉"的渠道很难抵达具有足够种子客户浓度的市场区域。

其次，新品类并没有在人群中建立起消费景观。即使是种子客户，也不知道如何搜索、如何主动找到新品类。

留给商业元创新的机会只有一个：精准推送。而这一点，在移动互联网出现之前是不可能实现的。

随着移动互联网对人们消费行为的数据标定，以及 AI 技术在媒体中的应用，基于内容互动的信息流广告投放极大地利好 0—1000 阶段的商业元创新项目。商业元创新项目在很早期就能抵达猜想客户。

2. "复"的变革

传统的直复营销也许能够通过高成本、骚扰大众的方式解决"直"的问题，但是在互动这个"复"的环节总是非常低效。而且得到回复的形式，无非就是有意向的客户，而那些大量没有意向的潜在客户反馈则根本收集不到。对于产品尚处于快速迭代改进阶段的新品类来说，这是一件非常痛苦的事。而移动互联网则有效地帮助商业元创新项目解决了这个问题。

手机视频、在线互动、在线支付、快速物流等社会系统整合在一起，完成了可见即可得的所有条件。厂商的一个设想，立刻就可以得到一定规模的市场反馈，从而能够帮助商业元创新项目实现快速迭代改进。

通过对售前、售中和售后每个 MOT 的直接监控，新产品的体验改进也可以非常有针对性。最重要的是，厂商可以与使命客户、超级客户建立直接联系。这些类型的客户也可以通过各类渠道，主动找到厂商。

我身边就遇到过这样一位消费者，她把自己的意见反馈给在线客服后，担心自己的意见得不到重视，然后她就和朋友商量，是否该直接联系品牌负责人。

最终，她终于还是想办法找到品牌创始人，然后给对方发了如图 11.16 的一条长长的短信：

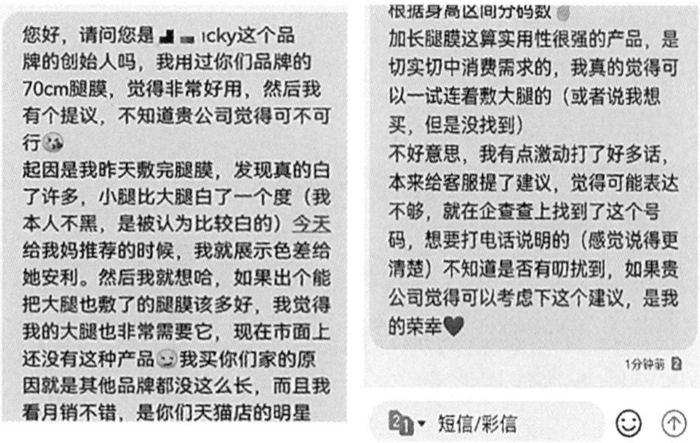

图 11.16 迫不及待地与厂商互动的消费者

3. "营"的变革

在 1967 年出版的《景观社会》一书中，法国哲学家让·博德里亚（Jean Baudrillart）提出："在现代生产条件无所不在的社会，生活本身展现为景观（spectacle）的庞大聚集。"

在景观社会下，到处是少数人演出而多数人默默观赏的某种表演。所谓的少数人，是指作为幕后操控者的资本家。所以，博德里亚用沉默的大多数来形容痴迷的观众们。景观的这种作用并不是一种外在的强制手段。在景观所造成的广泛娱乐迷惑之下，大多数会偏离自己本真的批判性和创造性，沦为景观控制的奴隶。

传统的营销重心在于塑造消费景观，给消费者洗脑。这是建立在大多数都只能沉默的前提下。多中心驱动的新媒体，彻底颠覆了景观操控者所拥有的信息不对称性优势。市场上的大多数不再沉默，尤其是其中会涌现出使命客户和消费意见领袖，这样传统营销的暴力说服模式也不再有效。

强大的多媒体互动能力不仅仅解决了信息交换的问题，更能够创造前所未有的社群情绪体验。

首先，厂商可以将第一现场直接送达客户，消除中间渠道的信息误导和周转成本（如图 11.17）。

图 11.17　通过视频对采茶第一现场进行播报

其次，消费者可以成为市场第一新闻源。近些年一些厂商试图炮制一些新概念，比如某种营养成分、某种美容功效，都会被众多"成本党""科普党""课代表"打脸。这届消费者不再那么容易被洗脑割韭菜了。这种消费者逐步掌握话语权也有积极的一面。对于有前途的商业元创新，也会出现一批"忠粉"。"饭圈文化"将会入侵各个新行业。

总之，商业元创新在 10—1000 阶段，可以充分利用精准营销这种新直复营销手段，通过互动的方式，在广阔的市场中迭代寻找到桥头堡市场客户；用幂增长方式，建立一个个的 MBU，然后随着 MBU 浓度的增加，在某一个时刻实现相变，从而成功进入主流市场。

## 情感价值主张与使命领导者

1967 年菲利普·科特勒的《营销管理》已经修订到 15 版了，它也早已成为美国各大院校的营销经典教材，被营销界广为使用。科特勒曾将欧美市场营销战略思想转变的历史划分为四个阶段，如图 11.18 所示：

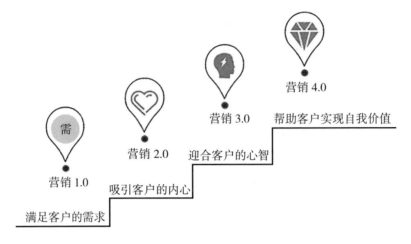

**图11.18　科特勒的营销进化四阶段**

资料来源：菲利普·科特勒 2015 年东京世界营销峰会演讲的 ppt.

● 营销 1.0 就是工业化时代以产品为中心的营销，帮助企业实现如何实现更好地交易。功能诉求、差异化卖点成为帮助企业从产品到利润，实现马克思所言生产到消费的"惊险一跃"。

● 营销 2.0 是以消费者为导向的营销。不仅仅需要产品有功能差异，更需要企业向消费者诉求情感与形象，因此这个阶段出现了大量以品牌为核心的公司。

● 营销 3.0 是以价值观驱动的营销，它把消费者从企业"捕捉的猎物"还原成"丰富的人"，是以人为本的营销。

● 营销 4.0 以大数据、社群、价值观营销为基础，企业将营销的中心转移到如何与消费者积极互动、尊重消费者作为主体的价值观，让消费者更多地参与到营销价值的创造中来。[1]

见表 11.1，科特勒营销 1.0—4.0 的综合对比。

---

[1] 《营销革命 4.0：从传统到数字》，（美）菲利普·科特勒/（印尼）何麻温·卡塔加雅/（印尼）伊万·塞蒂亚万，机械工业出版社，2018。

表 11.1　科特勒的营销 1.0—4.0 的综合对比

| 项目 | 1.0 时代（产品中心营销） | 2.0 时代（消费者定位营销） | 3.0 时代（价值驱动营销） | 4.0 时代（共创导向的营销） |
|---|---|---|---|---|
| 目标 | 销售产品 | 满足并维护消费者 | 让世界变得更好 | 自我价值的实现 |
| 推动力 | 工业革命 | 信息技术 | 新浪潮科技 | 社群、大数据、连接、分析技术、价值观 |
| 企业看待市场方式 | 具有生理需要的大众买方 | 有思想和选择能力的聪明消费者 | 具有独立思想、心灵和精神的完整个体 | 消费者和客户是企业参与的主体 |
| 主要营销概念 | 产品开发 | 差异化 | 价值 | 社群、大数据 |
| 企业营销方针 | 产品细化 | 企业和产品定位 | 企业使命、远景和价值观 | 全面的数字技术＋社群构建能力 |
| 价值主张 | 功能性 | 功能性和情感化 | 功能性、情感化和精神化 | 共创、自我价值实现 |
| 与消费者互动情况 | 一对多交易 | 一对一关系 | 多对多合作 | 网络性参与和整合 |

资料来源：KMG 研究，菲利普科特勒凯洛格商学院讲义。

## 【情感价值主张】

科特勒的营销 2.0 阶段指出，价值主张需要从产品功能本身上升到情感化，即功能价值主张之外还要形成"情感价值主张"。

在 0—10 阶段，商业元创新聚焦于通过产品功能来解决客户的问题。而一旦进入 10—1000 阶段，就会有更多的客户跟随，就需要从 0—10 阶段的历史实践中提炼出情感价值主张，占领消费者的心智，也就是成功定位。

品牌不仅仅要有知名度，还要有人间烟火气。每个品牌都是一个 IP 人物，需要有自己的个性、情感和生命力。客户不仅仅是在消费一个商品，还是在与一个"法人"建立人际关系。如果是一个他不喜欢的人，必然影响相互之间的交往。爱上一个品牌，不仅仅是因为产品的功能，更是因为品牌 IP 传递的情感打动了目标客户的心。所以在 10—1000 阶段，商业元创新除了要定义新品类产品的功能定位之外，更需要为品类定位一个人物设定，提出自己的情感价值主张。

最常见的方法，是把品牌融入故事中，将自己隐喻为某种"英雄"。

美国比较神话学家约瑟夫·坎贝尔（Joseph Campbell）在 20 纪 50 年代出版的《千面英雄》(*Hero with a Thousand Faces*) 一书中提出，在研究了世界各地的神话传说之后，他发现：开创性神话的英雄主角表面上各有不同，其实都是同一个人。也就是这些神话都是"一个故事结构"和"一个英雄"。"《吠陀经》写道：'真理只有一个，圣人用各种不同名字称呼它。'人类合唱团的各种演绎方法都反映了同一首歌。"[①]

坎贝尔提出的"英雄之旅"故事结构包括 3 个部分：启程—启蒙—归来。

启程：英雄从日常的世界勇敢地进入超自然的神奇区域（$X$）；

启蒙：在那里遇到了传奇般的力量，经受住考验，取得了决定性的胜利（$Y$）；

归来：英雄带着这种力量从神秘的冒险之旅中归来，赐福于他的人民（$Z$）（如图 11.19 ）。

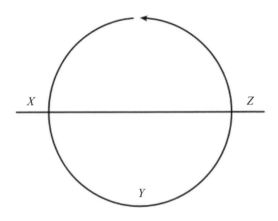

图 11.19　坎贝尔"英雄之旅"基本结构

《星球大战》的导演卢卡斯曾表示，坎贝尔是他的创作导师。他说："我为这个作品写过很多草稿，后来无意中看到了《千面英雄》。我第一次真正开始有了焦点……《千面英雄》是第一本将我凭直觉一直在做的事情聚焦到一起的书。"这本书已经成为内容创作者必读经典著作之一，之后很多人丰富了"英雄之旅"的结构细节，有 12步版本、17 步版本等（如图 11.20 所示）。

---

① 《千面英雄》，( 美 ) 约瑟夫·坎贝尔，浙江人民出版社，2016。

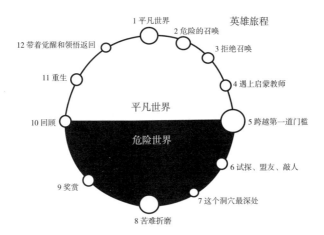

图 11.20 "英雄之旅"的 12 步版本

虽然对于是否全人类的神话背后都只有一个原型，还存在很大争论。但是坎贝尔的"英雄之旅"的故事叙事模型，倒是值得商业元创新者进行借鉴。

首先，对于商业元创新者来讲，开创新品类、新行业本身就是一个"好故事"。实际上，在"英雄之旅"的故事中，最引人入胜的部分通常不是经历本身，而是英雄克服恐惧、迎难而上的特质。这些特质也很自然地能够强烈支持到品牌的情感价值主张。

有人就曾将乔布斯的故事按照"英雄之旅"结构做了一个类比（如图 11.21）。

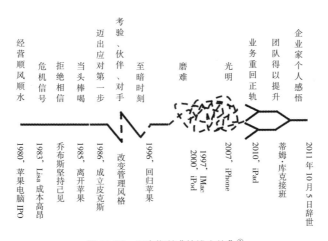

图 11.21 乔布斯的"英雄之旅"①

———————

① "危机造英雄：坎坷之路，英雄之旅"，北京大学光华管理学院路江涌教授，微信公众号中欧商业评论，2020 年 5 月 11 日。

此外，Instinctif Partners 创意总监布莱恩·莱纳德（Brian Leonard）还曾提出：创业者与其将自己打造成英雄自我追捧，不如让客户成为英雄，让品牌成为推动客户开始冒险的启蒙者、导师，或是一路上协助客户奋战的伙伴、朋友。为此他还给出了品牌故事的英雄历程结构：

平凡世界：受众了解某位"客户英雄"的平凡生活状态。

挑战来临："客户英雄"需求的麻烦难题逐渐清晰，挑战来临。

拒绝挑战：但是"客户英雄"会犹豫，毕竟改变并不容易。

遇见品牌："客户英雄"有了一个契机，得知品牌的价值主张、信念。

跨越障碍：受品牌的指引，"客户英雄"终于开始冒险、尝试做出改变。

关键战争：在冒险中，"客户英雄"接受使用了品牌提供的产品。

获得胜利：在品牌产品 / 服务的帮助下，"客户英雄"解决了他的难题，以更好的姿态回归到日常生活中。

在 10—1000 阶段，商业元创新要为进入大众市场做好准备，要准备好一个面对大众的形象，要准备传递一种人文情感态度。

## 【使命领导者】

营销 3.0 阶段则需要将品牌提升到"价值观驱动"高度。科特勒咨询集团中国区合伙人王赛博士的解读是——营销 3.0 要解决企业"三个价值"（3 Values）的打通，即：客户价值（customer value）、品牌价值（brand value）和公司价值观（corporate values）。这三个价值要内在一致，否则品牌最多算作"认知美容术"。关于品牌、定位与营销 3.0 之间的关系，王赛用了一个通俗的方式来表达："定位"是"一箭穿脑"，"品牌"是要"一箭穿心"，那么"营销 3.0"是要"一箭穿魂"！[①] 在某种意义上，营销 2.0 还是在迎合客户的感受，而营销 3.0 则是要与客户思想共鸣。

营销 4.0 则已经有客户企业的一些思想苗头，将使命客户纳入企业治理体系内。

这些年，一些国际知名的大企业开始发布自己的年度 ESG 报告。ESG 是英文 environmental（环境）、social（社会）和 governance（公司治理）的缩写。ESG 最早出现于 20 世纪 80 年代，是一种关注企业环境、社会、治理绩效而非财务绩效的投资理念和企业评价标准。但在实际操作中，ESG 不过是大企业维护品牌形象的工具，往往与企业本身的产品创新没有多少关系。其深层原因在于，这些大企业的使命还是要为股东资本负责，要增加利润持续增长，并非以解决客户、环境、社会的艰难

---

① "12 张 PPT，跟'营销之父'读懂营销"，科特勒咨询（中国区）管理合伙人王赛，微信公众号管理的常识，2019 年 9 月 10 日。

问题作为企业的真正使命。所以，ESG 达不成科特勒所期望的营销 3.0 水平。

2018 年秋冬，巴塔哥尼亚公司 80 岁的创始人伊冯·乔伊纳德与公司 CEO 共同向员工宣布，将巴塔哥尼亚公司的使命陈述调整为更为直接、紧迫和清晰的表达："We're in business to save our home planet."（用商业拯救我们的地球家园。）从前面的介绍中我们知道，80 岁的乔伊纳德这么做并非为了盈利而进行炒作。用商业拯救地球，是他内心的真实想法，也是他创建公司的真实初心和使命。在这样的使命驱动下，愿意与这样的品牌建立关系的客户不仅购买了他们的商品，而且愿意成为这个使命的追随者。

越过 10—1000 阶段，意味着品牌完成了自己的成人礼。善义创业项目的品牌应该要承担起使命领导者的角色。

伊冯·乔伊纳德说："如果我们想要拯救地球，世界上每一家公司都必须努力做到同样一件事情。然后我就想，好吧，让我们成为最先采取行动的那家公司。"

### 【DTC 时代】

近些年在大众消费品领域，开始出现一种新的商业模式，被称为 DTC（Direct To Customer），即直接面向消费者，如下图 11.19 所示。

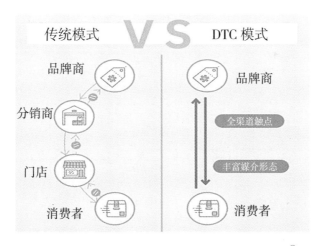

图 11.19　"罗兰贝格"关于 DTC 与传统观念模式的对比 [1]

2010 年，美国眼镜电商平台 Warby Parker 成立，在线上进行眼镜产品直销。消费者在线下提交了订单后，Warby Parker 会邮寄几款产品供消费者试戴，以解决适配

---

[1] 《DTC 模式如何引领消费品企业实现创新》，任国强、张强、蒋云莺，罗兰贝格管理咨询公司，2021。

问题。Warby Parker 产品定价较低，多为 99 美元左右，与当时市场平均价格在 500 美元的竞品相比具有明显的价格优势。这对一些价格敏感型的年轻人有很大吸引力。Warby Parker 商业模式后来被多个企业效仿。

前文提到过的"一美元剃须俱乐部"也是在这个时期发展起来的。早期的 DTC 品牌的诞生都有一个有趣的现象：剃须刀、文胸、隐形眼镜等这些"小个头"商品的 DTC 品牌逆袭传奇，几乎都是从"仇恨清单"开始。创始人出于"革命"的心理，像挑战歌利亚的大卫一样，向他们最不满的商品、品类和行业发起挑战。他们带着电子商务这把利刃，一刀刀刺入巨头的身体。[1]

2015 年至 2019 年，中国 DTC 商业模式市场规模（按销售额统计）由 253.8 亿元增长至 637.6 亿元，年复合增长率为 20.2%，也处于一个快速增长的状态。[2]

虽然 DTC 尚处于探索期，而且现在的商业创新还集中在一些消费品的功效级创新上，广告费用在销售额中的占比较高，甚至还没有脱离"电商"的身份（如表 11.2）。但是，它向商业元创新者展示出了直联客户的可能，从而让厂商具备了"直接动员客户"的社会能力。这将深刻改变商业生态的结构，为品牌成为使命领导者、建立客户企业、搭建使命社群，提供了难得的技术和社会条件。

表 11.2　部分欧美 DTC 品牌（资料来自头豹研究院）

| 品牌 | 类型 | 所属国家 | 成立时间 | 销售规模 | 营销内容 |
| --- | --- | --- | --- | --- | --- |
| The Clear Cut | 钻石品牌 | 美国 | 2018 年 | 2018 年营收过百万美元 | 求婚视频 |
| Allbirds | 环保鞋履品牌 | | 2015 年 | 2017 年的营收约为 8,000 万美元 | 快闪店模式、社交媒体传播 |
| Away | 智能箱包生产商 | | 2015 年 | 2016—2018 年营收约为 1.3 亿美元 | 展示消费者使用情况 |
| Glossier | 互联网美妆品牌 | | 2014 年 | 2018 年营收 1 亿美元 | 博客分析成分及消费者使用效果分享 |
| Brooklinen | 床品家访品牌 | | 2014 年 | 2017 年营收 4,790 万美元 | 官网展示消费者评价 |
| Casper | 床垫电商服务商 | | 2014 年 | 2018 年净收入 3.7 亿美元 | 提供产品免费体验 |

[1] 《DTC 创造品牌奇迹》，（加）劳伦斯·英格拉西亚，天津科学技术出版社，2021。
[2] 《2020 年中国 DTC 商业模式分析精品报告》，姚朝芳、费雪祎，头豹研究院，2021。

| 品牌 | 类型 | 所属国家 | 成立时间 | 销售规模 | 营销内容 |
|---|---|---|---|---|---|
| Dolls Kill | 潮流女装品牌 | 美国 | 2012 年 | 2014 年营收达 760 万美元 | 展示消费者"买家秀" |
| Dollar Shave Clud (DSC) | 男生剃须刀订阅电商 | | 2012 年 | 2016 年营收达 2.4 亿美元 | 幽默风趣的产品短视频 |
| BarkBox | 订阅宠物用品品牌 | | 2011 年 | 2018 年营收突破 1 亿美元 | 搞笑萌宠短视频 |
| Everlane | 环保时尚休闲服装品牌 | | 2010 年 | 2016 年营收突破 1 亿美元 | 透明定价及工厂生产流程 |
| Warby Parker | 定制眼镜电商 | | 2010 年 | 2017 年销量额 2.5 亿美元 | 产品介绍、眼科知识等 |
| Alma de Ace | 街头服装品牌 | 英国 | 2013 年 | — | 工厂生产服装视频 |
| Mejuri | 在线珠宝品牌 | 加拿大 | 2015 年 | 2017 年 卖 出 6 万件产品 | 与博主推出联名系列产品 |

# 1000 以后

2012 年，袁家村已经进入主流市场的视野，如何继续发展下去，而不是小富即安？郭占武凭着超常的商业直觉，做出了一个令村民吃惊不已的重大决策——袁家村要进城了。

之前西安一些商场找到袁家村，希望能够在他们那里开设小吃一条街。郭占武在袁家村已经发展到 1000 以后，决定放大这个生长信号，向新的细分市场进攻。

当初计划进城开店时，村里反对声音非常多，大家觉得"人家在城里吃完，不来袁家村了怎么办"？这是因为他们没有理解，0—1、1—10、10—1000、1000 以后都是完全不同的细分市场，客户需求有差异、产品供应也要有差异。

2015 年 8 月，袁家村第一家进城店在西安曲江银泰开业。市场反响热烈，由村民入股的 600 万元投资仅 9 个月就全部收回。在此之前，知道袁家村的基本上是西安本地人，而陕西是旅游大省，大量的外地游客根本就没听说过袁家村，而在西安市区就可以直接体验到正宗陕西民俗美食，这对他们很有吸引力。

2019 年，我去袁家村做田野调查，带领 30 多位创业者进行"商业创新，一线洞察》"社群活动的时候在现场做了一个统计：在非周末时间，到袁家村的消费者中有 50% 是外地游客。想想也是，你到陕西来玩，哪里有比袁家村这个汇集关中美食、民俗更有特色的品牌旅游地？我还见到过一些西安人，专门在袁家村接待外地亲朋好友。

在城市开店，是袁家村发展到 1000 以后转战新细分市场的一个重大战略选择，保持了自己在新品类中的领导地位。

商业元创新进入 1000 以后，就要面临主流市场的严酷竞争了。在 0—1000 阶段，商业元创新并不需要关心竞争对手，因为这个时候很多草原狼基因的企业不会太关注这些早期市场。但是，随着商业元创新项目逐步显露出成功的迹象，就有可能吸引一些嗅觉灵敏的草原狼入局。

如果商业元创新项目本身不能尽快占领桥头堡市场以外的其他细分市场，很有可能反倒被新入局的竞争对手超越。

## 【外卖大战】

2008 年，"饿了么"在上海交通大学一间男生宿舍里诞生。2009 年 10 月饿了么日均订单突破 1000 单，而此时的美团正在做团购。到了 2014 年 9 月，饿了么公司员工已经超过 2000 人，在线订餐服务已覆盖全国近 200 个城市，用户量为 1000 万，加盟餐厅近 18 万家，日均订单超过 100 万单。此时，饿了么已经完成从早期市场到主流市场的跨越，在一线城市占据了桥头堡市场，形势一片大好。然而，随着美团进入外卖市场，饿了么之后的发展就变得并不如意。

根据数据机构 Trust date 的统计，2020 年第一季度，美团外卖与饿了么的市场占比总和已经接近 95%，其中，美团以 67.3% 的份额坐上国内外卖行业的头把交椅，饿了么则只有约 26.9% 的市场份额。尤其是在非一线城市，美团外卖用户重复交易笔数约为饿了么的 2.7 倍。

2013 年 11 月，打算"去团购化"的美团经过 10 个月的秘密调研，正式推出外卖业务，开始争抢已经被各巨头都看好的这个新市场。在这个调研过程中，美团发现外卖领域还有很多巨大的细分市场存在。比如饿了么订单量前 12 个城市中排名第五的是福州。而在团购市场中，福州大概排在第 30 名，美团由此推断饿了么还有很多城市没有做好。再比如，武汉的在校大学生数量全国第一，而学生又是外卖市场的种子客户，而饿了么居然还在犹豫要不要占领武汉市场。

实际上，对于外卖的两个特别重要的细分市场，饿了么都没能及时占据头部位置。首先是二三线的校园外卖下沉市场，饿了么还在醉心于一线市场的高利润率，以及高端市场的光鲜形象。而且"大众点评"网站早期给饿了么的导流，让饿了么创新团队早早地就没有了"饥饿感"。

美团杀入外卖市场后，采用最简单的竞争策略，就是缩小 Ce–Cc 缺口，直接模仿饿了么的地推模式。而美团的执行力要比饿了么强大太多。美团第一波对校园市场的进攻就一下子打入了 30 个城市，其中 18 个是饿了么的空白市场。2014 年暑假，美团招了 1000 个人，集中培训一个月，然后派到了 100 个城市开城。整个 2014 年，美团每 1.5 天就开拓一个新城市。

另外一个被还没被饿了么占据的重要细分市场是"白领市场"。

**不同细分市场的客户需求会有所不同，需要对原有产品进行功效级创新，以便于消除新细分市场的 MPF 障碍。**

在外卖市场，白领市场相比校园市场有两个较大差异：

首先是品质要求高。白领消费能力比学生更强，更注重商家菜品和外卖包装。这需要外卖平台发展的商户要有针对性，从而逐步形成一个高端消费和高端供应的双边网络效应。

其次，白领市场对配送时效要求高，大部分白领的午休时间只有一个半小时，然后还要工作，如果配送不及时，客户抱怨远比学生强烈。

从供应上来看，白领客户分布比大学生要分散很多，饿了么原有众包给零散骑手的模式，效能较低。

2015 年 4 月，美团外卖开始自建配送团队，最初和饿了么一样是人工派单调度。到了 2015 年 12 月，美团就已经升级系统为自动派单。而饿了么在 2017 年收购百度外卖前，其派单系统还停留在人工调度的老产品模式。

到了 2017 年第四季度，即使合并了百度外卖后，饿了么的市场份额还是从 54% 继续下滑到 49.8%，而美团则已经上升至 43.5%。最先起跑的饿了么已经快要失去市场领导者位置。至于补贴大战和争夺骑手等方面，饿了么更加没有美团的狼性。

从 2021 年 9 月起，饿了么在上海当地市场份额开始低于 50%，而上海是饿了么总部所在。外卖早期大众市场领导者的地位之争，基本告一段落。[①]

回顾一下，在占领了早期市场和桥头堡市场之后，饿了么成了资本市场的香饽饽，引起了其他主流市场竞争对手的注意，而饿了么自己又没有保持对新细分市场的开发速度，最终新品类开拓者很遗憾地没有成为新品类市场领导者。

### 【Facebook 的 1000 以后】

在 2006 年 9 月对社会注册开放后，Facebook 成功地由大学生市场进入主流社会。但是到了 2008 年年初，Facebook 的增长再次放缓，始终徘徊在 9000 万的用户量。但从某种程度上来说，这次的低谷更令人担忧，因为 Facebook 的产品结构性创新基本完成，不可能再拿出类似 "News Feed" 那样的突破性产品。而且，没有人知道是什么原

---

① 《阿里本地生活裁员？饿了么回应消息不实 三季度营收不敌美团一半》，郑植文，21 经济网，https://www.21jingji.com/article/20220104/herald/7e8e2d15ad301694120c3ebb89b8ca1e.html。

因导致用户增长放缓，所有一切都陷入了停滞，突破 1 亿用户大关是如此遥不可及。

事后分析下来，那些最主动、比较主动、相对主动的社交活跃分子都已经带领自己的朋友圈登了 Facebook，这些 MBU 之间也已经形成了网络。而那些社交被动，甚至处于社交孤岛的新用户，加入 Facebook 的开始几天也联系不到多少真实朋友，几乎都收不到什么 News Feed。并且 Facebook 不像 Myspace 那样提供一些"非朋友"的娱乐八卦内容，所以这个时期进入的新用户完全体验不到 Facebook 的"啊哈一刻"。

在这次对新细分市场的成功突破中，Facebook 借助的依然是新产品。这就是后来颇有争议的"people you may know"（你可能认识的人），Facebook 内部将其简称为 PYMK 产品。这项功能作为 News Feed 的一部分，当新用户注册时候，平台系统会推荐一些可能是你同学、同事或朋友的列表。新用户可以尽快与他们建立好友关系，从而收到他们的动态消息。

PYMK 这并非 Facebook 的发明，"始作俑者"为 LinkedIn 的创始人里德·霍夫曼（Reid Hoffman），他曾对这种不惜一切代价要增长的现象进行了粉饰，并出版了一本书叫《闪电式扩张》。

在书中，他写道："闪电式扩张需要超高速增长，但不只是快速做大的浅陋策略，因为它需要有目的、有意识地去做传统商业思维认为没有意义的事。在闪电式扩张时代，你必须做出一个艰难决定：承担对公司进行闪电式扩张带来的额外风险和不安；或者保持现状，但若竞争对手抢先进行闪电式扩张，则可能面临更大的失败风险。"[1]

Facebook 推出 PYMK 虽然取得了重大成绩，但也饱受批评。比如有医生就发现他的病人们之间相互出现在对方的 PYMK 列表中；有人会发现前任男友的其他女友似乎在邀请自己加为好友；等等。Facebook 的推荐算法始终是个谜，估计程序员自己也搞不懂这个粗糙的 AI 产品为什么会出现那些诡异的事。

不过，对于这个时期注册 Facebook 的新用户而言，PYMK 产品较大地改善了他们的 SMOT 体验。

PYMK 于 2008 年 8 月正式上线，它被证明是增长团队最有效的工具之一，同时也是最有争议的工具之一，但是 Facebook 越过了 1 亿用户的大限，终于成为美国的"国家基础设施"。

---

[1] 《闪电式扩张》，（美）里德·霍夫曼，（美）叶嘉新，中信出版社出版，2019。

**【小米手机的生死之战】**

从某种意义上说，小米手机抛开 MIUI 杀入手机硬件行业，已经不能算是商业元创新项目。第一台真正的智能手机由苹果 2007 年 6 月 29 日正式发布，到 2011 年 8 月 16 日，小米公司发布小米手机 1 的时候，智能手机这个商业元创新已经进入争夺"早期大众市场"的细分市场阶段。

雷军看准了中国的中低端消费市场，也用极具性价比的新产品策略，收割网络电子商务的渠道红利，为小米手机抢入智能手机这个新行业开了个好头。但是在经历了长达数年的快速增长之后，2015 年，小米出货量增速终于出现了下滑。

2016 年 2 月 24 日，雷军在一片掌声中发布了价格依然为 1999 元的小米 5。同样是 1999 元的小米 4 系列销量则达到了 1400 万台，但是小米 5 全系列最终销量只有 920 万台。包括其他非旗舰手机在内小米全年出货量由 2015 年的 6490 万台降至当年的 4150 万台，市场占有率更是由 2015 年的 15% 暴跌至 8.9%，跌出市场前五。

2016 年对于小米而言无疑是难熬且失败的一年。10 月，堪称小米里程碑经典之作的小米 Mix 发布。2017 年 1 月 27 日，花了 4457 万元天价在春节联欢晚会上为 Mix 做了 30 秒广告，结果叫好不叫座，销售业绩惨淡。2017 年 4 月，万众瞩目之下，直至今天还有大批"钉子户"的小米 6 发布。这是一款对小米原有客户而言绝对优秀的产品，却是小米史上最惨淡的旗舰机销量，最终销量仅 550 万台。[①]

2016 年到 2018 年的手机市场上，国产手机全面雄起，国际品牌节节败退，但是小米并没有受益。根据 IDC 的中国区 2016 年度智能手机销量报告，排名第一的是一直主攻线下渠道的 OPPO，其 2016 年销售量达到了 7840 万台，同比增长 122.2%。无论是拥有长年技术积累的华为，还是主打年轻人低端市场的 OPPO、vivo，在 2017 年前后都迎来了巨大回报。反观小米手机，它却与上一年销售量相比同比暴跌了 36%。

小米，终于遇到大麻烦了。

小米在这 3 年内持续走下坡路的核心原因是未能及时捕捉市场变化，固守原有细分市场，没有看到随着一二线市场饱和度增加，这个细分市场的同质化竞争加剧（华为已经狼性十足地杀入了小米原来的细分市场）。而三四线地区的后期大众市场还有空白，小米却沉迷于原有的线上营销的舒适区。毕竟在 2016 年那个时候，中国三四线地区人们的购买习惯还是线下。

还有一个原因，是小米在手机上一直使用单一品牌，而不像华为那样有荣

---

① 《回顾小米发展历程，16—18 年几乎被淘汰出局的小米，究竟经历了什么？》，张 kid，知乎，2021 年 8 月 19 日，https://zhuanlan.zhihu.com/p/373623359.

耀、华为这样的高低端市场区分。所以，高端小米打不过苹果、华为，低端斗不过OPPO、vivo，平行位置被荣耀纠缠。以差一点帮助小米换过一口气的小米8为例，2018年5月31日小米8发布，虽然销售量冲上了1000万台，但是这部手机也令小米口碑崩塌。因为小米8基本算是对iPhone X的山寨，这对知名品牌而言相当于竭泽而渔。经济能力成长起来的年轻人、中年商务人士都会绕开小米，选择华为或苹果。高端用户的流失，对小米的盈利能力造成了严重伤害。

2019年年初，雷军终于做出了一个重大而正确的战略决策。

回顾本书第一章，什么是有前途的企业？只能从需求侧、从消费者心智中寻找前途。所谓的先进技术、丰富资源等供给侧的思维只会让创新者陷入窘境。

小米在2019年年初的重大调整，也是学习了华为、OPPO等竞品的经验，就是针对不同市场进行"品牌区隔"。2019年1月18日，"红米"独立经营，攻击中低端市场。雷军将放大小米在消费者心目中的新锐认知特征，向高端品牌发展。

5月28日，红米K20隆重发布。但是发布会上雷军消失了，代之以卢伟冰。K20定价1999元起售，正式向市场宣告从前的那个小米回来了，那个经历了3年青春期转型的小米终于回来了。

作为红米的代言人，卢伟冰开始不断活跃于各大互联网平台，到处"鼓吹"红米手机，通过碰瓷荣耀，将红米品牌植入中低端客户的心智中。经过K20、K20pro等几代机型的更迭后，红米终于在中低端市场站住脚。

而小米品牌和雷军，则选择去冲击高端市场。2020年2月，小米10、小米10pro亮相，分别定价3999、4999元起，性价比惊艳了市场。最终市场也给出了热烈响应，截至2020年11月，小米10销量已经破800万，3999元的高售价并没有成为购买障碍。同年8月，得到甜头的小米乘胜追击，推出小米10至尊纪念版，将售价提高到6000元。2021年3月，小米11Pro、小米Ultra发布，小米手机售价上升到7000元级别。

当然，小米在市场的突围成功，也与华为在2019年开始被美国政府制裁有一定关系。毕竟最强有力的狼性竞争对手遇到了不可抗力。但是机会只会留给有准备的人，小米针对不同细分市场的战略调整也正当其时。

2020年，在受全球疫情和缺少芯片等因素的影响，各大手机厂商出货量均下滑的情况下，小米出货量逆势增长2400万台，总出货量达到了1.46亿台。总算从2016年开始的发展失速死亡阴影中跳了出来。

【不忘初心】

进入主流市场之后，商业元创新者遇到的最大挑战还不是草原狼竞争对手的挑衅，而是忘掉自己的"初心"。随着团队日益扩大，各类利益相关方的逐步介入，创新者是否还能坚持自己的使命，并将使命贯彻到整个生态中，才是最大的挑战。

如果能够坚持对客户的利他之心，与使命客户在一起，凝聚目标客户的力量，那么竞争对手也就会变成使命伙伴。这样，商业元创新者与客户、竞争对手之间就不再是面对面的对手关系，而是肩并肩的伙伴关系。

## 本章小结

大众市场不均质，会有各种细分市场出现。商业元创新项目从早期市场跨越鸿沟，登陆早期大众市场需要选择一个桥头堡细分市场。新的细分市场必然也会要求创新者调整产品以消除 PMF 障碍。

在互联文明下，人们之间的联结越来越紧密，从早期市场扩散到主流市场的渠道越来越通畅。只要 PMF 障碍被消除，通过种子客户群可以自然扩散出圈。蜂巢范式的商业元创新出圈可以有裂变和凝聚两种方式，但都基于最小业务单元（MBU）展开。

除了产品层面的适配调整之外，进入主流市场之前，商业元创新项目还需要建立情感价值主张。这不仅仅是要在消费者心智中完成功能定位，还要完成 IP 定位，为创造使命驱动型社群做好准备，要开始探索如何打造出客户企业。

商业元创新项目成长到 1000 以后，会面临草原狼基因竞争对手的挑战，如果不能在 1000 以后的细分市场快速成为领导者，就很有可能失去新品类、新行业的市场领导者地位。但是，只要保有利他初心，坚持使命驱动，即使遇到这些风险，最终也一定能看到人心的胜利。

本章补充案例及知识点深化部分，请扫码进入《商业元创新》互动区。

第十二章

**创新之源**

一谈到创新，总是绕不开科学技术。

活字印刷术是中国古代创新的典范。2008年北京奥运会开幕式，将此发明做成节目恢弘地呈现给了全世界人民。但是，可能与大家想象的不一样，实际上在中国古代"活字印刷"并不流行，主流出版使用的反倒是"技术落后"的"雕版印刷"。

比如：清末版本目录《增订四库简明目录》，共著录历代书籍7748种，约计不同版本2万部。而其中使用活字印刷的只有220部，仅占总数的1%。现在去福州三坊七巷，有一个供游人参观的清朝末年传统印刷项目，依然是精妙的雕版印刷手艺。

活字印刷是比雕版印刷更先进的技术，比雕版印刷省时省工省料。而且雕版的板片在制作中，错一字即整板报废，而活字只需要换一个字就可以了。但是，活字印刷术作为一种改进雕版印刷术的新技术，在宋朝被发明后为什么没有被广泛应用？

1945年，美国科学研究发展局主任V.布什提交给美国总统一份名为《科学——无止境的前沿》的报告，后来被公开发表。布什报告中提出了一个"基础研究—应用研究—技术开发—商业应用"顺序发展的线性模型。在这个模型里商业应用被放在最后，看起来更像是科学技术的成果。

布什报告的线性模型事实上成为美国战后科技政策的准则和圣经，甚至影响乃至误导了今天的中国。

比如延续布什报告的精神，1993年美国科技政策专家布兰斯科姆（L. M. Branscomb）总结出美国科技政策的"四项基本原则"，即支持基础研究，支持国家利益技术，信奉自由的市场竞争原则，创建高效的市场环境。[1]

再比如，中国最近流行一个词叫"硬科技"。隐含的意思是只有那些高大上的、远离常人能够理解的科技手段才够"硬"，才是对社会最有价值的创新。

---

[1] 《美国科技政策的"四项基本原则"》，张翼燕，中国科学技术信息研究所，《全球科技经济瞭望》，2015年1月。

简单回顾人类的历史，我们都知道**最早使用火的先民既不懂科学，也不懂技术，但并不妨碍其对人类进步的伟大贡献**。

我们要先梳理下科学创新、技术创新和工程创新三个概念的范畴，然后帮助创业者和政策制定者关注到创新的真正焦点。这个问题不解决，我们就会将大量宝贵的资源投入错误的创新路径。

# 为什么称呼博士为 Ph.D

1994 年我本科毕业拿到的是工科学位，专业叫管理工程；硕士研究生毕业获得的则是理科硕士；而攻读博士的专业是"管理科学与工程"，研究科技管理方向，被授予的是"管理学博士"。工学、理学、管理学，专业方向没变化，学位类型却变了三次。

这一方面见证了中国管理学越来越走向独立的发展历程，另一方面也显示了中国主流社会一个令人迷惑的底层思维逻辑。

"科学与工程"能够同时放在一个细分专业，想想挺有趣的。中国的院士分为"科学院院士"和"工程院院士"两大类。如果管理科学与工程出现院士级别的人物，算是哪个院呢？

另外不知道大家发现没有，基本上所有的博士学位都被称作哲学博士（除了神学、法律和医学）。不管你是读理科、工科还是商科，如果拿到博士学位得到的头衔都是 Doctor of Philosophy（简称 Ph.D.），直译为哲学博士。为什么呢？

科学与技术、工程在各自独立的发挥领域，不能简单地用"科技"这个概念来混为一谈。

## 【"无用"的科学】

"科学"源于拉丁文 Scientia，本义是有组织的知识体系（organized body of knowledge）。通常认为，科学以探索发现为核心，关注"世界是什么"。从西方科学发展历史看，科学源自哲学。

亚里士多德作为哲学家写了很多在今天属于物理、天文、生物、化学乃至心理的文章。经过千百年的发展，尤其是文艺复兴时期，西方哲学里分出了一支所谓的自然哲学（Natural philosophy）。牛顿在 1686—1687 年出版了一本物理学名著，阐述了大家耳熟能详的牛顿三定律，书名就叫《自然哲学的数学原理》（*Philosophiae Naturalis Principia Mathematica*）（如图 12.1）。

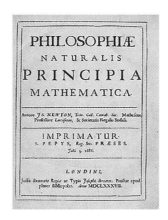

图 12.1 牛顿《自然哲学的数学原理》一书封面

15—17 世纪欧洲文艺复兴期间自然哲学人才辈出，除了牛顿之外，还涌现出哥白尼、培根、伽利略等改变人类思想的学者。其中，培根提出要基于观察、实验中取得的客观事实和理性（归纳、逻辑）的方法；笛卡儿提出的"普遍怀疑"以及"证伪"思想。这些伟人都对后续的科学研究思想产生了重大影响。

即便如此，科学一词仍然停留在地位不明的阶段。从一张 17 世纪荷兰莱顿大学图书馆的简图中可以看到：大厅中两行书架，每行 11 排，分别标明为数学 1 排；哲学、文学及医学各 2 排；历史 4 排；法学 5 排；神学 6 排。自然科学或科学仍被包含在哲学书架上。威廉·汤姆森和泰特在 1867 年完成了一本有关热力学、电磁学等涵盖了大部分物理学的专著，但仍被命名为《自然哲学论》（*Treatise on Natural Philosophy*）（如图 12.2）。

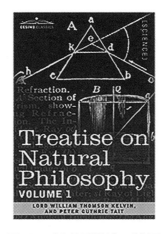

图 12.2 《自然哲学论》一书封面

因为有这样一个血脉因素，科学在价值取向上也深深地受到哲学的影响。而哲学最有趣的一点是强调"无用"。比如庄子就喜欢逍遥地告知世人要去追求"无用之用"。

2007年3月，作家梁衡专访北大知名教授季羡林老先生时，特意请教了一个问题："您关于古代东方语言的研究，您所治之学，如吐火罗文，如大印度佛教，人都不知，为何要研究？"听了梁衡的疑问，96岁高龄的季老先生肃然答道："学问，不问有用无用，只管探究，只问精不精。"

可以看出，哲学家、科学家的使命是发现、探索研究事物运动的客观规律，他们关注的是如何"认识世界"。包括人类社会和人的内心，都可以作为他们目光关注的世界。但是哲学家、科学家只关心自己对客观规律了解得"精不精"，并不关心这些对世界的解释有什么用。

1997年，普林斯顿大学唐纳德·司托克斯（Donald Stokes）教授认为，布什报告只是简单地区分了基础研究和应用研究两部分，于是他提出了"科学研究的象限模型"。将科学研究分为4类：

● 波尔象限——纯粹的由好奇心驱动的基础研究；

● 巴斯滕象限——既受好奇心驱动又面向应用的基础研究；

● 爱迪生象限——纯粹面向应用的研究；

● 既没有探索目标也没有应用目标的研究。[①]

国家给予支持的科学研究只包括波尔象限和巴斯滕象限的活动。虽然司托克斯试图调和好奇心与应用研究，但他也没有否定科学的主体就是驱动好奇心。

英国物理学家、诺贝尔奖获得者帕特里克·布莱克特（Patrick Blackett）也曾给科学下过一个定义："所谓科学，就是通过国家出钱来满足科学家的好奇心。"

1969年，物理学家罗伯特·威尔逊（Robert Wilson）在美国参议院就粒子加速器的预算作证。当参议员问他粒子加速器是否有助于保卫国家时候，他回答道："这对保卫国家没有任何直接帮助，但它可以让我们的国家更加值得保卫。"

科学应该被视为果实，而非种子。[②]

所以，科学家有国界，但是科学无国界。全世界人们的好奇心都会从科学中受益。对应的，发展科学的动力也应该只源自好奇心，应该更纯粹、更不功利。某些企业组建科学研究院，投资出发点是给自己的技术探路，就有些缘木求鱼了。企业、

---

① 《基础科学与技术创新：巴斯德象限》，（美）D.E. 司托克斯，科学出版社，1999。

② 《创新的起源：一部科学技术进步史》，（英）马特·里德利，机械工业出版社，2021。

社会对科学的投入只能是一种赞助，是慈善事业，不应求回报。

## 【"必须有用"的技术】

我们经常把科学和技术混为一谈。

那"技术"是什么？"技术"由希腊文 techne（工艺、技能）和 logos（讲话）构成，意为工艺、技能。

其实从两者发展源头上，科学和技术就完全不同。人类最重要的一个进化，就是学会了使用工具，也就是有了技术。在漫长人类发展历史上，技术从来都是独立存在的，有没有科学并不妨碍技术的发展。

这一点对于商业创新者而言，是一个必须知道的真相。

比如不懂得化学原理，原始人类一样能够熟练掌握"用火"这门技术；不懂化学方程式，祖先们照样能制造出青铜器皿、铁制农具；不懂现代建筑学原理，古代城邦、园林的建筑依然可以屹立千年；没有生物学的指导，农民依然驯化出了小麦、玉米、稻谷等越来越能满足人类生存的农作物，更是驯化出了各类家畜来满足人类生产、消费的需求。

而科学从源头上，并不服务于改造世界的活动。古希腊人很早就赤裸裸地表达过这一点。亚里士多德说过，理论家的工作在于冥想，他们的模型是恒星系统，具有永恒这一基本性质。技艺是实践者的工作，是一种关于偶然性的艺术，探求永恒原理的哲学家，不愿为也。

早期的科学开拓者要么自己拥有资产，要么以担任私人教师、医师为主，并不存在科学家这一职业（这一名词到 1840 年才出现）。古希腊人探索科学完全源自对探究世界奥秘的兴趣，这是一种人生精神追求的乐趣。从而自亚里士多德以来，形成了所谓"纯科学"的高贵精神传统。

似乎技术从传统上就显得有些低微。乃至我们看美剧《生活大爆炸》里理论物理学家谢尔顿·库珀经常调侃航天工程师出身的霍华德·沃洛维茨没有脑子，哪怕后者曾经做过航天员，毕业于加州理工这样的名校。

但科学阳春白雪的同时，技术就真的是下里巴人吗？

英国经济学家布莱恩·阿瑟（Brian Arthur）说："科学不仅利用技术，而且是从技术当中建构自身的。"按照汪丁丁的解读，阿瑟认为**技术不是科学的副产品，而是或许恰好相反，科学是技术的副产品。**[①] 有很多案例都已证明，科学上的认识源自试图

---

① 《技术的本质：技术是什么，它是如何进化的》，（美）布莱恩·阿瑟，浙江人民出版社，2014。

解释和完善技术的创新。

L.S.斯塔夫里阿诺斯在其名著《全球通史》里写道：

"公元476年，罗马帝国灭亡，被蛮族文化取代，大部分罗马文明受到破坏，欧洲进入黑暗的'中世纪'。在此后的1000多年里，中国成为技术输出的中心，向欧亚大陆输送了众多发明，如雕版印刷术、活字印刷术、金属活字印刷术、造纸术、火药、磁罗盘、磁针罗盘、航海磁罗盘、船尾舵、铸铁、瓷器、方板链、轮式研磨机、水力研磨机、水力冶金鼓风机械、叶片式旋转风选机、活塞风箱、拉式纺机、手摇纺丝机械、独轮车、航海运输、车式研磨机、胸带腕具、轭、石弓、风筝、螺旋桨、活动连环画转筒（靠热气流转动）、深钻孔法、悬架、平面拱桥、铁索桥、运河船闸闸门、航海制图法，等等。

"中国人9世纪发明的火药，13世纪传到欧洲，14世纪初欧洲人造出大炮。到1500年，欧洲制造枪炮成为十分普遍的技术。16世纪滑膛枪出现。在大炮、滑膛枪面前，弓箭、大刀、骑兵、长枪退出战场。'火药革命'削弱了骑士和封建领主的军事作用，取而代之的是用火药装备起来的陆军海军。葡萄牙人发明了风力驱动的多桅帆船，取代老式的有桨划船，装上大炮，成为炮舰。最终产生了全球性影响，为重商主义和殖民主义开辟了道路。

**"技术的发展在欧洲产生如此巨大的影响，科学在其中并没起什么作用。"**[1]

到了文艺复兴时代，依然是技术引领科学，而不是相反。比如是炮兵技术影响了伽利略的抛物线研究（将实践提升到理论），而不是伽利略的科学影响了当时的炮兵技术。

第一架高倍望远镜是荷兰眼镜匠汉斯·利伯希（Hans Lippershey）发明的。高倍望远镜光束穿过透镜后会产生色散、球面像差和畸变。这种改进一直持续到1730年，依靠玻璃制造工艺技术的改进，用几种折射率不同的玻璃互相补偿，工匠们又制造出了复合透镜。正是利用技术上持续改进的望远镜作为工具，那个时代的天文学家才得出了许多惊人的发现。

构成18世纪工业革命基础的所有技术，依然是工程师、技师、工匠做出来的，几乎没有多少科学理论的指导。技术行家们也未吸取科学的营养，如同古罗马的工程师看不上希腊哲人的知识，他们追求实用，对理论不感兴趣。知其然不一定要知其所以然。在纺织业的工业变革中，很多伟大的发明家很多都不识字。詹姆斯·哈格里夫斯（James Hargreaves）是木工；塞缪尔·克朗普顿（Samuel Crompton）生于赤贫

---

[1] 《全球通史：从史前史到21世纪》，（美）L.S.斯塔夫里阿诺斯，上海社会科学院出版社，1999。

家庭；理查·阿克莱特（Richard Arkwright）是个剃头匠。他们的洞察力来自日复一日的实践经验，他们的成功源自改善效率的现实需求。

科学与技术各行其道一直延续到 19 世纪，科学渐趋成熟，科学才对技术给予了反哺。以瓦特为代表的一批技术人员开始系统学习科学，依据科学规律来修正技术路线，解决了当时社会上的不少技术难题。

19 世纪加入了科学的支持后，药物开发、信息技术、石油化工等技术领域实现了快速突破。即使这样，如果没有新的原子光谱技术和精密加工能力，20 世纪的人类依然不可能发现量子力学的魅影。

所以，技术与科学从使命定位上，属于不同的源流，也会各按自己的规律独立发展。很多科学家仍会沿袭亚里士多德不追求有用的"纯科学"传统，很多技术也仍会在实践中先于科学进行探索。

当今科学的发展依然还会需要技术的突破和支持。作者"夏天和四叶草"在知乎上发表过的一篇文章《21 世纪：基础科学之冬》中曾经提出："我们这一代人所经历的 21 世纪（特别是上半叶）很可能会是基础科学的低谷。""和 20 世纪上半叶不一样，这是一个一流物理学家只能做二流工作的时代。"原因是什么呢？他认为这个时代，我们真正缺少的是寻找"新的超精细结构"的技术。

这文章中有一段关于技术与科学关系的论述："在技术达到某个临界点时，基础科学才会迎来大爆发式的发展。**关键技术的出现则是基础科学大爆发的前提。这个规律是贯穿科学史的重要脉络。**"

## 谁在引领创新

### 【科学知识不是创新的起始点】

1945 年布什报告中提出的"基础研究—应用研究—技术开发—商业应用"线性模型，误导了公共决策长达半个世纪。对此进行纠正的是两位经济计量史学家。

斯坦福大学教授克莱因（S. J. Kline）在 1985 年提出"链环 - 回路模型"（Chain-linked Model），又与内森·罗森伯格（N. Rosenberg）在 1986 年共同进一步完善了该模型。这一模型也叫做"技术创新过程集成模型"。

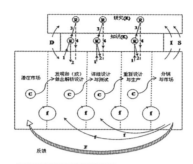

图 12.3　链环 – 回路模型

"链环 – 回路模型"提出了创新活动的五条不同的路径，分别是：

①创新链（chain of innovation），在图中由字母 C 代表。这是从市场调研开始，到产品解析设计，到详细设计，再到生产产品，最后到产品销售的一个链条。

②反馈环路（feedback links），在图中由字母 f 或者 F 代表，用以链接创新过程的后期与前期。

③创新链与研究活动的联系（connections to research），在图中由数字 1，2，3 代表，这个联系通过知识（研究活动产生的，或者创新链产生的）传递。

④发明与设计活动与研究活动的直接联系，在图中由字母 D 代表，这是因为发明属于研究与开发之间的纽带；

⑤产品与研究之间的直接联系，在图中分别由字母 I 和 S 代表，市场需求（以及国防上的需求）常常带来科学研究的课题，而且是长期的课题。

链环 – 回路模型自 1985 年发表以来，影响很大。不仅这个模型被学者们广泛采用与讨论，1996 年 OECD 出版的《知识经济》（*The Knowledge-Based Economy*）报告也采用了该模型。

相比布什的线性模型，链环 – 回路模型有两个特别重要的视角：

①科学知识不是创新的起始点和基础。科学研究不是技术创新、工程创新的直接来源，更不是唯一的来源，很多创新活动没有或几乎没有科学研究活动参与。

②工程设计（包括解析设计和详细设计）实际上是创新体制内的重要活动，而这点也被布什的线性模式所忽略了。[①]

---

[①]　"技术创新的链环模型——美国学者对其科技政策原则的反思之三"，李宁，科学网博客，2008 年 9 月 15 日。

**【改造世界的"工程"活动】**

分析科学与技术关系之后，需要谈一下在创新传统观念中比技术创新还要"更卑微"的"工程"。

engineering被美国职业开发工程师协会[The Engineers Council for Professional Development（U.S.）]定义为："设计或完善结构、机器、器械、生产程序及单独或联合地利用他们进行的工作；如同充分理解设计一样制造和操作；预见他们在具体操作条件下的行为；顾及所有方面，预期的功能、运作的经济性及对生命财产的安全保障。"

据近年的《不列颠百科全书》的解释，engineering范畴相对应的工程师职能分为：research（研究）; development（开发）; design（设计）; construction（构建），构建工程师负责准备场地，选择经济安全又能产生预期质量的程序，组织人力资源和设备; production（生产），是制造工程师的任务; operation（操作），操作工程师控制机器、车间及提供动力、运输和信息交流的组织。他安排生产过程，监督员工操作; management and other function（管理及其他职能）。①

所以，工程可以涵盖人类的各种经济、政治、军事活动。只要是人需要通过集体协作去改造世界的活动，就是一种工程。

如果说科学的使命是认识世界，那么改造世界由谁来承担呢? 是工程。人类的工程活动因为要解决人类生存发展的现实问题而产生。

美国科普作家里昂·斯普拉格·德·坎普（Lyon Sprague de Camp）在《古代的工程师》（*The Ancient Engineers*）一书中有如下总结："从某种意义上讲，文明的故事就是工程实施的故事，即通过长期和不懈的努力，使自然力服务于人类的福祉。"

科学可以追求"无用"，工程则必须追求对人类日常生活的"有用"。而技术，则一定要对科学或者工程"有用"。对某些人产生用途才会启动工程，而且工程的有用，不能抽象，一定是具体到对某些人有用。不管是为法老重生而建设的金字塔陵墓; 为了天府之国先民的生产而兴修的都江堰; 还是为了天文学家们更好地研究宇宙而落成的贵州"天眼"FAST射电望远镜，这些工程都是对某些具体的人有具体的"用"。

任何人类工程都是经济工程。无非为工程支付费用的主体不同，政府支付的属于公共工程，消费者支付的属于商业工程。

在关于中医和西医之争中，有人提出中医不科学，其实中医、西医都不科学，因为治疗人类疾病属于工程活动，生物学、化学才是科学。

毋庸置疑，商业创新属于改造世界的人类活动，显然在工程活动范畴。500年前

---

① 《工程范畴演变考虑》，杨盛标，许康.《自然辩证法研究》，2002年1月。

人类社会开始逐步全面转向市场经济后，**商业创新活动就成了人类工程活动里中最重要的类型之一**。

### 【破除"技术决定论"】

技术决定论思想甚至可以溯源到弗兰西斯·培根。而美国知名的制度经济学家托尔斯坦·凡勃伦（Thorstein Veblen）于 1929 年在其著作《工程师与价格系统》（*The Engineers and the Price System*）中首次明确提出技术决定论这一概念。在此之后，技术决定论的影响越来越大。

技术决定论认为，技术是推动人类社会发展的决定性力量。这种理论认为技术可以解释或者解决人类社会发展中遇到的一切问题。这样抓手清晰、操作容易的选项对学者以及公共政策制定者有着简单粗暴的诱惑力。

以色列学者尤瓦尔·赫拉利（Yuval Noah Harari）的《人类简史》《未来简史》都具有浓厚的技术决定论色彩。赫拉利之所以能够迅速成为世界性的网红学者，是因为技术决定论的历史观可以很好地迎合公众的认知偏好。找到了技术这个理解人类发展历程的魔法钥匙，让人类历史和未来看起来如此简洁清晰，大众读者就能从中迅速获得快感。

再比如知名经济学家布莱恩·阿瑟（Brian Arthur）2009 年还曾在《纽约时报》撰文说："不是科学，而是技术，才是让科学与经济向前发展的根本。"[1] 阿瑟虽然对科学进行了祛魅，但又陷入了技术崇拜。

公共政策上，各国政府都将大力发展技术创新作为不容置疑的政治正确，认为这是获得经济增长、解决社会矛盾的不二良药。

技术决定论有两个预设：其一，技术是独立于社会之外的因素，它是自主进化发展的；其二，技术是社会发展的决定性因素，技术发展决定社会变迁。[2]

按照技术决定论的观点，"技术已经成为一种自主的技术"。

莱斯利·怀特（Leslie White）认为，作为人类生存方式的文化是一个具有内部结构的大系统，这个系统由居于结构底层的技术系统、居于结构中层的社会系统和居于结构上层的观念系统这三个亚系统构成。他所写的一段话可以看作对技术决定论的经典表述："我们可以把文化系统分为三个层次……这些不同的层次表明了三者在文化过程中各自的作用：技术的系统是基本的和首要的；社会系统是技术的功能；而哲学则在表达技术力量的同时反映社会系统。因此，技术因素是整个文化系统的决

---

① "谁引领社会进步：科学还是新技术？"布莱·恩阿瑟，《纽约时报》2009 年 10 月 20 日。
② 《马克思技术决定论思想辨析》，王伯鲁，《自然辩证法通讯》，2017 年 10 月。

定性因素。它决定社会系统的形式，而技术和社会则共同决定着哲学的内容与方向。当然，这并不是说社会系统对技术活动没有制约作用，或者说社会和技术系统不受哲学的影响。事实恰恰相反。不过制约是一回事；而决定则完全是另一回事。"

技术决定论并非什么新观点，但是它的影响十分深远，如果不矫正这个底层认知陷阱，就会导致全社会的创新失焦，极大浪费社会资源。

对技术决定论的批判学界也一直没有停止过。只是除了批判，还要找到更好的解释逻辑和尝试更多的解决社会发展问题的创新路径。我以为，要破解技术决定论，需要引入"工程"这一视角。

相比技术创新而言，工程创新的重要性一直被忽略。尤其是市场中的经济工程，往往被认为是创新里的下里巴人。事实上，与人类生活最密切相关的这部分创新，才是技术创新的真正源头。

美国著名的技术经济学家史内森·罗森伯格（N. Rosenberg）认为：科学进步深受技术因素的影响，而技术因素又受到工业和经济的影响。

科学、工程与技术三者的关系应该如下图 12.4 所示：

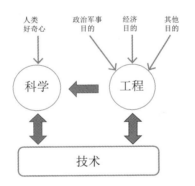

图 12.4 科学、工程、技术三者关系图

科学帮助人类认识世界，工程帮助人类改造世界。

在这样的一个动力学结构中，人类好奇心对科学产生驱动，从而刺激了技术创新。人类好奇心包括对自然的好奇，比如达尔文的环球旅行，也包括对社会事务、个人发展的好奇。

人类启动工程的动机有多种，且都有非常明确的短期或长期目标。典型的人类政治工程如埃及金字塔、阿波罗登月计划等；军事工程如长城、曼哈顿计划等；经济工程如都江堰水利工程、市场经济的各类企业经营等。

技术则能够对科学活动、工程活动给予支持。科学的创新、工程创新实践也会反哺技术创新。

"工程"对技术进步的刺激来自政治、经济、军事等方面的社会需求，并能带动科学的发展。其中军事工程在文艺复兴、工业革命的贡献超出很多人的认知，比如伽利略经典力学完全就是炮弹力学，达·芬奇也曾经设计过多种军事武器，基于火药的欧洲各国军备竞赛导致了拉瓦锡化学革命的爆发。甚至欧洲各国军事工程对技术的拉动，还可以回答"李约瑟之谜"（即为什么科学和工业革命没有在近代的中国发生）——因为中国没有欧洲各小国之间互相攻击的那种强大而持久的军事需求。[①]

工程对技术提出需求，引导技术创新方向，而不是相反。

**技术创新水平是社会进步程度的指标，不是社会发展的目标。技术自己也没有自我演进的目标。**

可以说，在社会进步的过程中，是社会需求（包括科学需求和工程需求）引导了技术的持续创新。独立于科学需求或工程需求之外的技术很难持续发展。对无用的技术，中国古人有个很好的词来描述，叫作"屠龙之技"。

### 【 社会需求拉动了技术创新 】

"链环–回路模型"（Chain-linked Model）中，新的知识并不一定是创新的驱动力。相反，这一过程要始于确定一个未满足的社会需求。

恩格斯有一句评价很形象："社会一旦有技术上的需要，这种需要就会比十所大学更能把科学推向前进。"经济学家熊彼特认为："当技术因素与经济因素冲突时，它总得屈服……在一定时期所使用的每一种生产方法，都要服从经济上的恰当性。"

1707 年 10 月，海军上将克劳迪斯里·肖维尔爵士（Sir Clowdisley Shovell）率领一支英国舰队在地中海打败了法国军队。在返航途中，船队遇到了大雾，有一名基层水手向他报告说航线可能错了。在那个时代，航线只能由船长凭个人经验来决定，严禁下属越级报告船只位置。为了避免扰乱人心，骄傲而自信的肖维尔没有犹豫，直接下令处死了那名水手。

没有想到大雾持续了 12 天。在 10 月 22 日晚，肖维尔爵士惊恐地发现，船队驶进了锡利群岛中间，短短的几分钟内，整个舰队的 5 艘战船触礁沉没了 4 艘，1600多名水手被淹死。

这次大海难再一次让英国人意识到在航海中靠个人经验确定经度的危险。于是1714 年，英国国会通过《经度法案》（Longitude Act），悬赏掌握在海上测量经度的方

---

① 《科学革命的密码——枪炮、战争与西方崛起之谜》，文一，东方出版中心，2021。

法的人。如果误差在半度以内的奖 2 万英镑。2 万英镑在当时可是巨款,有人推算,这相当于当下的 1 亿元人民币。1716 年法国政府也推出过类似的巨额奖金项目。

在追逐奖项的众人里,英国钟表匠哈里森(John Harrison)先后做出过 4 个海上计时仪。其中第一台航海钟造出来花了 5 年时间,而 3 号钟则花了他 19 年时间,在这期间他几乎没有任何经济来源。3 号钟使用双金属条感应温度,弥补温度变化,装上防止晃动的平衡齿轮,抵消船只的晃荡,每日误差不到 2 秒,45 天的航行结束后,它准确地预测了船只的位置。按说这个方案已经符合领奖条件,但英国国会组建的"经度委员会"拒绝履约。哈里森继续改进,在 1759 年拿出用发条替代钟锤的 4 号钟。在进行了两次从英格兰到西印度群岛的航海实验后,4 号钟在 3 个多月里误差居然不超过 5 秒。而且更为重要的是,哈里森造出的 4 号钟只比怀表大一点(如图12.5)。这个时候连英国国王都看不过去了,出手干涉,使得 80 岁的哈里森在 1773 年总算拿到了全额奖金。

这是创新史上一个典型的工程驱动技术的案例。

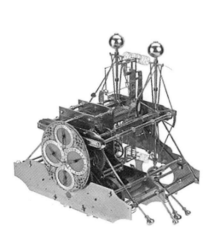

**图 12.5 哈里森发明的 H1 和 H4 计时钟**

还有一个插曲,当时阻挠哈里森最厉害的是"精度委员会"成员皇家天文台第五任台长内维尔·马斯克林内(Nevil Maskelyne)。马斯克林内也想拿到这笔奖金,因为他制作了英国第一本实用的《航海历》,船长们也可以用它来确定经度。但是这个方法需要大量数学计算,测一次至少需要 4 个小时,并不方便。

其实,马斯克林内的星图法后来也被广泛使用。很长一段时间里,海员们都会一手拿着哈里森航海表，另一只手拿着马斯克林内的《航海历》，使用两种方法互相校正。

在这个案例中，也让人看到了工程促进科学发展的影子。

**【失传的技术】**

**只有基于稳定需求，技术才能得以进化。**如果没有了需求的持续拉动，部分新技术甚至会走向消亡。

公元前 100 年罗马人就发明了水泥技术。水泥改变了建筑工程，成为构筑罗马文明的关键工具。现代工程师研究古罗马建筑时发现，罗马混凝土利用石灰（非水硬石灰）和火山灰混合而成，其配方比现代混凝土要复杂得多。使用罗马混凝土建造的古建筑经过数千年的风吹雨淋，时至今日有些依然存在，甚至有些依旧保持完好色泽。这是令人不可思议的技术，因为即使是现代混凝土建筑物经历数千年也达不到这样的效果。罗马万神殿建于公元 118—128 年，它直径长达 43 米的巨大圆顶就是由古罗马混凝土筑成，而且混凝土中居然没有任何钢结构加固支撑。

此外，两千年前罗马设计者们建起的宏伟防波堤和海港桥墩，现在也依然屹立在浪潮之中，并且越发坚固（如图 12.6）。《美国矿物学家》杂志上发表的一份研究显示，这些古罗马混凝土里面充斥着许多微小的，仍在不断生长中的晶体。杜邦先锋公司（DuPont Pioneer）长期研究罗马古迹建筑遗产的研究员菲利普·布伦（Philip Brune）表示："这些罗马防波堤和海港桥墩的材料里蕴藏着非常大的科学可能性，作为一名工程师，我可以毫不夸张地讲，这是人类有史以来使用过的最耐用的材料。"

罗马混凝土不仅更持久，而且制作时只需将其加热到 900 摄氏度，而现代混凝土则需要加热到 1450 摄氏度。所以罗马混凝土的制作更加节能、更低碳。

图 12.6　两千年的罗马防波堤

但公元 476 年，罗马帝国被汪达尔人灭亡，大部分罗马文明受到破坏，蛮族文化成为主流。在这个落后的社会文化体系下，那些包括混凝土制造在内的罗马先进建造技术都属于无用的东西。正是需求的突然中断，导致了这些新技术的消亡。以至于在其后的 1200 年里，欧洲人都是用沙土黏合材料，偶尔使用简陋石灰水泥建造房屋。直至 1568 年文艺复兴时期，法国工程师德洛尔姆（Philibert de l'Orme）才重新发现、启用了罗马的常用混凝土配方。但是直到现在，一些特殊的罗马混凝土配方还没被解析出来。[①]

还有一个有关罗马人的技术故事。

大普林尼（Pliny the Elder）出生在公元 23 年，在他所著的《自然史》第 35 卷中记载了这样一件事。一个金匠向古罗马皇帝提比略（Tiberius）进献了一个银光闪闪的餐盘。金匠声称，制作盘子的金属是从普通的黏土中提取出来的全新金属，他找到了配方，并请求皇帝支持这个项目。

而这位罗马皇帝刚刚征服了今天欧洲大陆的大部分地区，并在这个过程中抢夺了大量的黄金白银。他担心，如果人们突然之间都转而青睐于这种闪闪发亮的新金属，而不再喜欢黄金，那么他的财富将会严重缩水。因此，老普林尼在书中写道："提比略并没有给这个金匠预期的奖赏，而是下令将他斩首。"这种闪闪发亮的新金属就是铝。[②]

### 【失宠的活字印刷术】

活字印刷术为近代印刷术的发展奠定了基础，对促进世界文明的发展起到了重要作用。但是，自从北宋时期毕昇发明活字印刷术后，并没有在古代中国得到发扬光大，最主要的原因是：它遭到了印刷业主体——书坊经营者的集体冷遇，因为它不赚钱。

首先，汉字量太大。汉代许慎撰写的《说文解字》中连重复的文字在内，总共 10516 个，《康熙字典》共收录汉字四万七千零三十五个 (47035 个)。汉字是象形文字，无法像拉丁文字母那样进行自由拼写与组合。要满足排版需要，书坊要准备一副活字需要制作字模数以十万计以上，象形字制作工程还相当繁复的。清代福建人林春棋为了实现其祖父的夙愿，18 岁开始投资兴工刻造铜活字，用了 21 年时间，历经千辛万苦，终于在道光二十六年（1846 年）完成正楷体铜活字 40 多万个，累计花

① 《科技之巅 2：< 麻省理工科技评论 >2017 年 10 大全球突破性技术深度剖析》，麻省理工科技评论，人民邮电出版社，2017。

② 《富足：改变人类未来的 4 大力量》，（美）戴曼迪斯，（美）科特勒，浙江人民出版社，2014。

费高达 20 万两白银。而欧洲人使用拼音文字体系，仅需要制作数十种字母、字符的活字，便可完成排版工作。

其次，这种大成本的基础设施投入，如果印刷需求量大，单本印制有规模，那么活字印刷的经济性也能体现。但是，在中国古代，使用量最大的就是用于科举考试的四书五经，千年不变，而这些经典的雕版印刷早就已经开始，工艺成熟，制作精美。活字印刷术作为新技术，在传统主流领域没有机会。而在意识形态管制非常严格的中国古代，其他大众印刷读物也没有市场。这样活字印刷术成了屠龙之术。

清初宫廷倒是刻了 25 万枚铜活字。但是，在印成《钦定古今图书集成》后，一直被闲置。到了乾隆年间，历年既久，铜字或被窃缺少，管事人怕被追究责任，而适值乾隆初年京师钱贵，这些铜活字就被奏请炼铸为铜钱了。《清高宗召题武英殿聚珍版十韵》曰："毁铜昔悔彼，刊木此惭予。"

## 【是"颠覆性需求"而不是"颠覆性技术"在引领"颠覆性创新"】

蒸汽机的发明和使用经常被作为工业革命的标志。然而依照技术史的研究，蒸汽机并非 18 世纪的新发明。远在公元 1 世纪末，赫罗就发明出了最早的蒸汽机，并已达到相当高的工艺水平。科技史学家兰德尔斯曾根据赫罗的蓝本将该蒸汽机复制出来，每分钟转速可高达 1500 转以上。[1] 在文艺复兴时期，赫罗著作也曾被译为多种文字出版，受到欧洲各国人士的重视。[2] 但是由于当时还并没有稳定的社会需求形成，导致新技术即使已经出现多年，仍然无法获得广泛应用。

直到 18 世纪的英国，出现了各种颠覆性需求，比如大量煤矿井下抽水的需求、铁路运河大规模运输货物的需求，等等，蒸汽机技术才被大家重视起来，各类蒸汽机驱动的设备才得以被创造出来，并最终成为推动经济发展的强大力量。

人类不断改造世界、认识世界之后，生活方式也会随之不断进化。看似吃穿住行的基本需求没变，但到了每个人的具体消费场景，就会出现前所未有的新需求，从而触发了各种颠覆性创新。比如工业革命之前人们的需求是如何获取热量，长胖是福气。到了 21 世纪，大多数人在饮食上反倒开始忌糖、忌油。将来，人类开始跨星际生存，也一定会冒出今天我们绝对想不出的各类需求。

触发颠覆性创新的并非所谓的颠覆性技术，而是因为颠覆性的需求不断出现。正像从拉丁文演化来的那句谚语所说："Necessity is the mother of invention。"（需要乃发明之母。）

---

① 《世界古代发明》，(英)彼得·詹姆斯，(英)尼克·索普，世界知识出版社，1999。
② 《近代工业的兴起》，(英)哈孟德夫妇，商务印书馆，1962。

人是创新的尺度。社会的苦点，才是技术创新的起点。

# 低旧技术创新

高新技术创新令公众着迷，令媒体尖叫。新奇特的东西总是更适宜传播。而那些真正大幅度务实推动社会进步的"低技术创新"却经常被人忽略。

## 【改变世界的低技术创新】

2022 年新冠疫情期间，有人一直居家不出居然也被传染，令人百思不得其解。后来一位志愿者尝试着把纸巾塞入卫生间的地漏里，发现下水道的 U 形弯部分居然没有了水。这样楼上楼下就空气相通，从而导致新冠病毒的气溶胶传染。为什么下水道会有一个 U 形设计，并且要在其中存有积水呢？原来，这样的设计是为了避免在千万人口的城市中充满人类排便的恶臭。

抽水马桶绝对是现代社会的文化标志之一。据说最早的抽水马桶始于 1596 年约翰·哈灵顿爵士（Sir John Harington）发明的一个设备，他是女王伊丽莎白一世的教子。但是早期的抽水马桶昂贵、不可靠，更重要的是没能解决冲水后的恶臭问题。就此而言，把夜壶拿到屋外就没有这个烦恼。因此抽水马桶一直没能成为颠覆掉夜壶的创新。

生于爱丁堡的亚历山大·卡明（Alexander Cumming）解决了这个问题，将厕所文明提高了一大步。卡明最为关键的设计就是 S 形存水弯。水从高处一泻而下，将少量的水留在水管中的 S 形双弯头处，从而阻断了臭味。但是这个设计的真正完善要归功于 1778 年约瑟夫·布拉默（Joseph Bramah）的功效级创新——他把 S 弯改为了 U 形，并优化了卡明的一些画蛇添足的设计。不过，抽水马桶的真正普及则要等到 19 世纪末，伦敦建设了大量新的下水道系统，从而使得在房间内建设一个不令人恶心的厕所成了现代生活的必需品。

下水道的 S 或 U 形弯头真的谈不上什么高新技术，但它却能解决大问题。如果我们追求的是创新结果，那么技术手段是不是高明就并非要点了。

可能有人会讲，社会和生活中一些重大难题一直没有得到解决，不就是在等待高新技术的出现吗？

马克·莱文森（Marc Levinson）在《集装箱改变世界》（The Box）一书中给出过一个数据：在 1954 年，美国普通货船"勇士号"从布鲁克林向德国的不来梅哈芬港运输了重达 5000 吨的货物。这批货物共有 194582 种，规格不一，分 1156 批次从 151 个城市抵达了布鲁克林。这次航程花了差不多 11 天时间。而装船用了 6 天卸货又用了 4 天。总航运成本为 23,7577 美元，其中港口费就占到了 37%，而海上航行的成本只占到了 11%。[①]

因为全球贸易的种类越来越多，不同类型的货物要分类吊装到船上，再装进形状各异的货仓。港口装船绝对需要一门复杂的专项技术，甚至称之为艺术。

港口成了 20 世纪 50 年代全球海运的巨大瓶颈。

解决这一困扰航运业多年重大难题的人的是马尔科姆·麦克莱恩（Malcom McLean）。在搞海运之前，创业家麦克莱恩是一个卡车公司的老板。他之前就有过一个了不起的发明——在卡车之间用传送带输送货物。1954 年，麦克莱恩的公司已经成了美国最大的卡车运输企业之一，其营业收入排在第八位，税后利润排在第三位。此时，他卖掉自己的卡车公司，借钱买了一个大型的航运公司。之所以下这个决定，主要是因为他又有了一个更好的想法：为什么不把拖车的主体从轮子上卸下来，并且整齐地码放在船上？

1956 年 4 月 26 日，100 多位要人在纽华克港一边共进午餐，一边观看着"理想 X 号"的创新试验。结果，起重机每隔 7 分钟就把一个集装箱吊装到了船上，装船居然用时不到 8 个小时，并于当天起航前往得克萨斯州。麦克莱恩飞到了休斯敦去迎接"理想 X 号"的抵达。经过计算，这次运输的每吨货物装船成本不到 16 美分，而散货装船的成本是每吨 5.83 美元，节省了 97.25%，绝对是颠覆性的创新。

这样一个解决全世界海运码头运输大烦恼的创新和 U 形弯头一样，实在也谈不上什么高新技术。

类似的低旧技术创新情形还在快餐、共享出行、外卖、电子商务等众多重大创新项目中出现。军事工程、政治工程可能更喜欢炫耀高新技术，从而更有效地震慑人心，但是，经济工程要解决人们的具体生产和生活问题要务实得多。

只要能解决需求问题的技术就是好技术，而不用关心技术是不是"高""新"。

### 【联结能力是推动技术创新的核心能力】

经济学家埃里克·布莱恩约弗森（Erik Brynjolfsson）与安德鲁·麦卡菲（Andrew McAfee）也曾指出，谷歌的自动驾驶汽车、Waze、Web、Facebook、Instagram 都是现有技术的简单组合。

布莱恩·阿瑟（Brian Arthur）在其著作《技术的本质》中说道："那么所有的技术，

---

① 《集装箱改变世界》，（美）莱文森，机械工业出版社，2014。

包括新技术，一定是脱胎于之前存在的技术。也就是说，它们一定连接于、繁殖于某种之前的技术。"[1]

在阿瑟的组合理论下，技术（所有的技术）都是某种组合。这意味着任何具体技术都是由当下的部件、集成件或系统组件建构或组合而成的。那么所谓的"高新"技术并没有比"低旧"技术高出多少。顶多也只有"低旧"技术密集度的高低之分。因此对于所谓高新技术的迷恋无非是公众或政策制定者对某个领域知识不足所造成的误解。

正是因为新技术无非是"低旧"技术的组合，那么联结"低旧"技术的能力就成了技术创新的核心。

网络文明将人类社会紧密联结起来，因此技术开发的组织已经可以跨越地域和国界的限制。研发众包（crowdsourcing）已经成为当代技术创新的一种新方式。研发众包通过互联网聚集全球技术人员的智慧，协作进行攻关，共同解决技术难题。比较知名的网站包括 NineSigma、InnoCentive、YourEncore 等。

在这些研发众包网站上，全世界的技术精英联结起来，形成了一种全新的集体智慧模式。更重要的一点是，这些平台是以发包者的需求为导向而建立。也就是说，**全球技术精英的集体智慧要服务于市场的最新需求**。像宝洁这样的公司已经在很早之前就开始使用上述平台来支持自己的商业创新。

深圳市科技局原副局长周路明在微信公众号"招商引资内参"上曾发表过一篇文章，他在文中说："深圳过去 40 年在创新方面取得的成功从来都不是技术的胜利，而是在市场化的进程中不断通过制度创新消除阻碍创新的体制机制因素，激发企业家的创新热情，把技术实现的环节交给企业通过产学研合作或自己研发来解决，从而实现了高效率的创新。"

在文中，作为一线实践者和研究者，曾任深圳清华研究院副院长的周路明对于"科技与经济两张皮"现象、"科研成果转化成市场成果"的路径提出了疑问。并且他给出了一个统计数据：2005 年深圳科技局做过一项调研，深圳 97% 的科技公司都是通过需求导向模式开展创新，极少有成果转化的方式。[2]

科技成果转化的市场效果较差是不争的事实。问题的根源不在成果转化领域人员不努力、国家政策的支持力度不够，而是这条路就不是商业创新的基本路径。

政策制定者应该减少对脱离市场的高新技术研发、高新技术成果转化的关注，更应该强化对市场新需求与低旧技术联结网络的支持。

---

[1] 《技术的本质：技术是什么，它是如何进化的》，（美）布莱恩·阿瑟，浙江人民出版社，2018。

[2] 《深圳科技局原副局长：深圳创新路径揭示了一个残酷事实》，周路明，澎湃新闻网，2021 年 9 月 22 日。

# 以新刚需为基础的创新

## 【增量改革】

中国 40 多年改革开放的成绩已经让全球学者不能再把它当作一个偶然现象。在这场巨大的社会变革中，不仅经济快速增长，也几乎没有出现过产出的大幅下降和大规模失业现象，创造了巨大奇迹。

2013 年 1 月，诺贝尔经济学奖得主、年届 103 岁高龄的罗纳德·科斯出版了《变革中国：市场经济的中国之路》一书。在书中，科斯对中国经济变革给出了三个基本性结论：一是"最伟大"，他认同经济学家张五常的观点，认为开始于 1978 年的中国经济转型是历史上最为伟大的经济改革计划；二是非计划，引领中国走向现代市场经济的一系列事件并非有目的的人为计划，其结果完全出人意料；三是"意外性"，科斯将中国的崛起视为哈耶克人类行为的意外后果理论的一个极佳案例。①

中国历朝历代都曾有过时断时续的改革和变法，比如大型的变法改革就有周公制礼、子产变法、商鞅变法、王莽新政、王安石变法、张居正改革、洋务运动、戊戌变法等。这些变法大都失败或者付出了巨大代价，也让中国社会很长时间都陷入"兴亡周期"的内卷之中。

鲁迅先生在《娜拉走后怎样》中曾写道："可惜中国太难改变了，即使搬动一张桌子，改装一个火炉，几乎也要血；而且即使有了血，也未必一定能搬动，能改装。"

1978 年以来，中国改革开放取得重大成功的原因肯定很多，即使今天我们局中人也未必能给出清晰的结论。但是在改革路线上，相比中国历史上的历次变法，这次改革有一个特别重要的策略已经被证明非常有效和智慧。

中国没有走苏联和东欧国家那样大破大立、快速变革，甚至休克疗法的路线，也并非某些学者所说的"整体渐进，每个阶段寻找一两个突破"的温和可控的改良路线。而是采用了一种跳出旧体制，从增量里培养新动力的"增量改革"策略。它采用的路线是从边域到中心，以增量动力带动存量转型。避实就虚，先从农村改革，然后包围城市；从最边远的渔村深圳等特区开始，以沿海包围内地。

学者吴稼祥说："'增量改革'就是不先拆旧房子，先建新房子，让你自己搬迁。等旧房子里的人差不多搬空了，再拆不迟，不能强拆。"②

善义创业者运用商业创新解决社会难题，实现自己的利他使命，从而推动社会的进步，也相当于对社会局部进行一场变革。因此，增量改革是善义创业者必备的

---

① 《历代经济变革得失》，吴晓波，浙江大学出版社，2013。
② 《读懂中国改革》，厉以宁，林毅夫，周其仁等，中信出版社，2017。

经营理念之一。

### 【满足新刚需，让世界更美好】

善义创业者让世界更美好的增量来自哪里？是新刚需。

对工业革命初期的英国来说，最缺的就是铁。而此时铁的产量由森林的面积来决定。因为当时的炼铁技术，需要把木炭与铁矿石混在一起烧。所以到了18世纪初，英国森林的覆盖率已经比之前下降了10%。整个18世纪，英国铁产量的一半都要依靠从瑞典等森林资源丰富的国家进口木材。

后来这种局面是怎么改变的呢？这就要说到煤了。英国是煤炭储量非常丰富的国家之一。

18世纪中期，英国人在煤的使用上有了一个新的方式，就是把煤放在火上烤，使之变成"焦炭"。而焦炭可以用来炼铁。有了焦炭，英国就能摆脱对木材的约束，于是英国铁产量大幅提高。

但是，煤炭产业的蓬勃发展又暴露出一个新问题——运输麻烦。

1759年，布里奇沃特公爵弗朗西斯·埃杰顿（Francis Egerton）向议会申请，以私人方式开凿运河。这条运河长约30英里，费时3年，总花费约30万英镑，起点是曼彻斯特西北部的沃斯利，那里有公爵的煤矿，终点是西南部的朗科恩，那里有新建的纺织厂。在工程技术上，布里奇沃特运河是一条内河运河。它完全独立于江河之外，修建了水闸、蓄水池、高架桥，并直达煤矿井下，被誉为世界最伟大的人工奇迹之一。

1761年，布里奇沃特运河通航后，曼彻斯特的煤价下跌了一半。

于是英国掀起了运河热。在约30年时间里，新修运河超过2000英里。在1768年从福思河至克莱德河的运河挖掘中，有个测量员的名字叫詹姆斯·瓦特。[①]

从历史可知，瓦特与合伙人博尔顿之所以能够成功地实现蒸汽机商业化，正是基于18世纪70年代出现的煤矿开采、运河运输、铁路建设等方面的新刚需。

**新刚需造就了新品类，新品类造就了新世界。**

### 【新刚需在哪里】

两个世纪前，全世界每天人均收入折合成现价约是3美元，而且长期以来人类社会的财富水平都一直维持在这一水平上。在古希腊、古罗马，或是北宋时期的中国、莫卧儿帝国时期的印度都曾出现过短期的人均财富高增长，但是又会很快跌落

---

① 《资本5000年：资本秩序如何塑造人类文明》，彭兴庭，中国友谊出版公司，2021。

回到这个水平。而在近 200 年，这一数字却得到了持续的增长，现在全世界人均每天的收入达到 33 美元以上，比 1800 年超过了 10 倍。

而且，统计数字还没有把 1800 年以来人类能享有的商品与服务，给人们带来的独特使用价值计算进去。照明、居住、药品、通信、娱乐等方面的进步和普及程度，都是 200 年前的人们所不能想象的。这种物质文明的快速成长，商业新品类的大爆发，有来自制度进步、思想解放等众多原因。但这种历史上从来没有过的商业新品类大爆发，必定有其独特的"指数增长"理由。

奇点大学创办人彼得·戴曼迪斯（Peter Diamandis）曾写过《创业无畏》《富足》《未来呼啸而来》等畅销书，并提出了一个"指数型技术加速"的概念。他认为：任何一种技术，只要它的功率翻倍，而价格却在不断下降，我们就可以称之为指数型技术。知名的指数型技术现象如芯片领域的摩尔定律。并且他和合作者还指出：以前独立的指数型加速技术浪潮，已经开始与其他独立的指数型加速技术浪潮融合起来了。例如药物开发的速度之所以正在不断加快，不仅是因为生物技术正在以指数级的速度发展，还因为人工智能、量子计算和其他几个指数级加速发展的技术也在向这个领域靠拢。①

前文我们一直在努力破除技术决定论，强调社会需求对创新的源头作用。那么如何理解上述指数型技术加速观点呢？戴曼迪斯看到了商业新品类大爆发的现象，并发现其中技术功率的指数增长规律，但归因出现了错误。指数型技术加速只是新品类大爆发的指标，而不是成因本质。

商业新品类大爆发的指数增长的驱动力量并非来自技术的指数型加速，而是各类商业元创新之间的叠加组合，这极大地改变了人们的生活方式，从而指数型地创造出各类生活新场景，激发了消费的新文化，最终导致了新刚需的指数型爆发。

以交通领域为例。汽车这个新品类的出现，将人们的生活半径一下子扩大到 100公里范围。200 年前人们不可想象的外出就餐、汽车旅馆、轻奢野营等全新生活场景被创造出来，也激发出基于这些新场景的众多新刚需。那么，如果自动驾驶在未来10 年能够实现，是不是又会创造出一些更新的场景呢？交通领域里除了汽车，还有飞机、高铁等，也都极大地改变了人类的生产生活方式，并带来各种全新生活场景，从而激发出各种新刚需。

再以通信为例。人们对带宽的需求拉动了通信基础设施的建设。带宽上去之后，原来用于观看影视节目的视频场景，带动出了人们通过直播电子商务购买生鲜食品

---

① 《未来呼啸而来》，（加）彼得·戴曼迪斯，史蒂芬·科特勒，北京联合出版公司，2021。

的新场景，生鲜食品电子商务的需求又刺激了冷链物流供应服务的发展。而在线购买生鲜和冷链物流等新场景的搭建，又激发了中国消费者在家消费"预制菜"的新生活场景，从而家庭主妇可以在家轻松招待各类客人。

**新刚需在哪里？在新品类搭建出的新世界里，在新世界的各种新场景里，在新场景下的人心里。**

与时俱进、似水流动的人心才是创新之源。

## 本章小结

科学发现不是创新的源头，技术变革也不是创新的源头。

经济、政治、军事为目的驱动的各类工程才是创新的源头。

只有满足新需求的技术才有生命力，属于高新技术不是创新的要点。而且创新发展的历史多次证明：恰恰是"低旧"技术的有效组合形成了新技术，然后解决了新需求。政策制定者应该走出对高新技术的幻觉。

善义创业者要实现利他使命，需要从满足新刚需入手。新刚需从哪里来？各种新品类搭建出来的社会新场景会产生指数级增长的众多新刚需。

本章补充案例及知识点深化部分，请扫码进入《商业元创新》互动区。

# 鸣　谢

很长一段时间来，我宁愿做一些讲研、分享，都不愿意写书。

言语有道断，容易引起口舌之争，更麻烦的是一不留神就误导了别人。在一个立场大于事实、意见领袖高于知识分子的思想市场里，试图出版一本系统性的思想类书籍，会费力不讨好。更重要的是，我个人的积累也远远不够。所以，述而不作更适合我现在的非学术研究状态。

只是，在近几年从事创业教练的实践中发现，随着信息工具的越来越发达、知识创作者越来越下沉，旧商道的思想不但没有被逐步破除，反倒愈演愈烈。纠偏旧商道价值观、支持善义创业者、培养新的创业教练等方面都迫切需要一个系统性的表述工具。所以，前两年就有了动笔整理的念头，但一直犹豫也没有将写作提上具体日程。

在此，要感谢林锐博士和黄贵军老师的大力督导，没有他们的说服，写书的优先级在我这里还不会排得较高。另外，2022 年春天这场突如其来的上海疫情，也给了我一个相对完整的写作时段。丘吉尔说"永远不要浪费一场危机"，既然机缘到了，就顺其自然吧。

本书更是凝聚了"沐新合创"、"初鸣合创"社群伙伴的集体智慧。高佳燕老师给予了很多重要修订，殷莉菁、周晶、郝波、王云鹏、张薇、刘莹、曹靖、陈婷、李瓯等小伙伴们都为书稿的校订、解读做出了重大贡献。

此外，如果没有卞兰君女士、翁伟先生的多年支持和鼓励，这些思考也很难形成系统输出。书中的一些结论也受惠于陈镭和马桂林两位老师的启发。对以上师友在此特别鸣谢。